따름과 본받음

따름과 본받음

초판1쇄 발행 2015년 9월 18일
초판2쇄 발행 2016년 7월 13일

발행인 | 양낙규
발행처 | 도서출판 형제애
지은이 | 백남일
주소 | 서울 성북구 성북2동 241-1
전화 | 02-744-4702
http://www.brotherhood.or.kr
등록번호 | 209-90-50976

만든 곳 | 흐름출판사

ISBN 979-11-5522-069-6 93230

값 25,000원

* 본 저작물은 한국천주교주교회의 · 한국천주교중앙협의회의 천주교 관련 저작물 출판과 판매 시 협조요청(제2013-513호)에 의거 천주교 전주교구(교구장 이병호)에서 출판 승인(2015-01) 을 받았습니다.
* 이 책의 저작권은 한국순교복자성직수도회가 소유합니다.
  저작권자의 허락 없이 이 책의 일부 혹은 전체를 무단 복제, 발췌하면 저작권법에 의해 처벌받습니다.

수도생활의 전통과
교회 가르침에 따른 그리스도론적인 해석

따름과 본받음

백남일 지음

도서출판
형제애

수도생활의 영성으로 다시 꽃 피어나길

맨 처음 나의 성소를 생각해 보면 수도회 신부님을 만나면서였다. 토요일 오후에 신부님이 초대해 주시는 모임에 가서 함께 운동하고 노래하고 미사 드리고 식사하며 주말 오후를 보냈다. 이렇게 신부님으로부터 초대된 학생들이 나 말고도 열 명 정도 있었다. 그리고 이미 신학생으로 공부하고 계시는 수사님들이 늘 동반해 주셨다. 그때 나는 하느님을 따르는 젊은이들이 이렇게 웃음 가득하고 행복하다면 나도 이들처럼 살고 싶다는 생각이 들었다. 거의 1년을 성소 모임에 다니다가 본당 신부님의 추천서를 받아 오라고 했는데, 본당 신부님은 수도회보다 교구 신학생이 되라고 제안하셨다. 부모님도 이에 동의하시면서 결국 수도회가 아닌 교구를 선택했고, 지금은 교구의 보좌주교가 되어 다른 방식으로 하느님을 따르고 있다.

복음에 기초한 삶, 예수님을 따르는 삶은 같지만 생활 방식이 다른 삶을 살아가면서 수도회의 무소유의 삶이 멋져 보일 때가 많다. 때론 주교로서 내가 가진 차가 부끄럽기도 하고 대접받는 상황이 어색하기도 하다. 예수님의 삶은 거의 배척당하시면서 머리 둘 곳조차 없으신데 우리는 너무 많이 가지고 있고, 너무 안락한 삶을 살아가고 있는 것은 아닐까? 수도회도 수도회원 각자는 가난해도 수도회는 너무 부유한 것은 아닐까? 유럽의 수도원을 보면서도 그런 생각을 했었는데, 이젠 한국의 수도원들도 점차 너무 멋있어지는 것은 아닌지 염려가 된다. 그리스도를 따랐던 사람들에 대한 근본적인 점검을 해 볼 수 있는 백남일 신부님의 따름과 본받음을 읽어 보고 참으로 유익했다. "목표가 없는 배는 어디서 부는 바람이든 다 역풍이다."라는 말을 읽은 적이 있는데, 수도자로서 목표를 다시 설정하는 데 도움이 되는 책이다. 수도생활을 하는 근본적인 물음을 통해 그리스도를 따르는 목표가 있어야 한다. 성경과 그리스도의 삶에 기초한 투신의 삶에는 분명한 방향성을 필요로 한다. 그렇지 않으면 길을 잃고 방황할 수 있고 세상에 부는 모든 바람이 수도생활 전반에 역풍이 되고 시대의 흐름에 내어맡기는 변형이 생길 수밖에 없다.

다행스럽게도 역사 안에서 많은 수도회들이 이러한 역풍을 견디어 내며 그리스도를 따름이 얼마나 놀라운 일인지 보여 주고 있다. 성 베네딕도의 영성을 살아내고 있는 분도회원들과 성 프란치스코의 영성을 살아내고 있는 프란치스코회원들 그리고 성 이냐시오의 영성을 살아내고 있는 예수회원들의 근본적인 영성의 토대를 읽어 보는 재미도 솔솔했다. 사실 드러내지 않으면서도 각자의 수도 방식으로 철저하게 복음을 받아들이고 그리스도를 따르는 수도회들이 많이 있기에 우리는 늘 희망하며 살아가고 있다. 물론 밀알 하나 땅에 떨어져 많은 열매를 맺듯이 수도회의 사명을 다하고 역사 속에 사라진 수도회들도 많다. 창립 초기부터 줄기차게 수도회 규칙은 역풍을 이겨내는 방편이었으며 보다 더 적극적으로 그리스도를 따르려는 수도회 역사의 산물이다. 후반부의 교회 문헌 소개는 다소 재밌게 읽히지는 않더라도 수도자라면 반드시 알고 있어야 할 내용으로 참으로 유익할 것으로 생각한다. 유학생활을 해 본 사람은 알듯이 가난함을 체험한 사람들의 글에는 보이지 않는 땀이 스며 있다. 언어장애를 어른이 돼서 겪는 체험이란 참으로 난감 자체이지만, 이 체험들이 유학생들에게는 겸손의 큰 자양분이 되며 하느님의 자비와 은총을 체험하는 순간이다. 잘 정리된 글 속에서 신부님의 언어 실력에 감탄하며 이 책을 추천한다. 백남일 신부님의 땀방울이 수도생활의 영성으로 다시 꽃 피어나길 희망한다.

2015년 7월 10일

옥 현 진 시몬 주교

차례

추천사 _4

시작하며 _9

1장 · 따름의 성서적 기초

    1. 따름에로의 예수님의 부르심에 대한 종교적 토대 고찰 _21

    2. 신약성경 안에 나타난 파스카 사건 이전의 예수를 따름에 대한 신학적 이해 _42

    3. 파스카 사건 이후 그리스도를 따름의 새로운 형태 _61

    종합 _84

2장 · 봉헌생활의 몇몇 형태 안에서 그리스도를 따름의 역사적 신학적 전통

    1. 성 베네딕도의 영성 안에서 그리스도를 따름의 특징 _99

    2. 성 프란치스코의 영성 안에서의 그리스도를 따름 _122

    3. 로욜라의 성 이냐시오의 영성 안에서의 그리스도를 따름 _156

    종합 _190

3장 · 교황 권고 『봉헌생활』 이전의 교회 문헌 안에서
수도생활의 이상으로써 그리스도를 따름

　1. 그리스도를 따름과 수도생활 _204

　2. 수도생활의 최상의 규범으로써 그리스도를 따름의 의미 _213

　3. 복음 권고를 통해서 그분을 더욱 가까이 본받음으로써의
　　그리스도를 따름 _222

　4. 따름을 위한 조건인 그리스도 자기 비움에의 참여 _255

　종합 _265

4장 · 교황 권고 『봉헌생활』 안에서 그리스도를 따름에 대한
고유한 특성

　1. 삼위일체적 전망 안에서의 그리스도를 따름 _280

　2. 그리스도를 따름에 대한 해석과 그리스도론적인 전망 _304

　종합 _404

마치며 _411

후기 _423

시작하며

*

한국 교회는 현 시대의 수도생활의 변화와 쇄신을 위해서, 수도회와 수도자들에게 일련의 시급한 문제들을 제시하였다. 특별히 서울대교구 시노드 문헌[1]에서는 다음의 사항들에 대해 언급하고 있다. -교회의 외적 성장에 대비되는 영적 심화 노력의 부재, 각 수도회의 카리스마를 살아가는 생활보다는 사목적, 사회적으로 요구되는 과제들을 수행하는 데에 더욱 집중함으로써 수도자들 스스로 갖게 되는 신원의식의 혼동과 정체성 재확립의 필요성, 수도성소의 감소 현상, 그리고 세속화 사조의 광범위한 확산에 따른 내적인 위기감-

이러한 시대적 상황과 제기된 문제들에 대해 성찰하면서, 교회는 수도생활과 각 수도회의 사도직이 그리스도교 신자들의 생활을 풍요롭게 만들어 주는 역할에 충실하였는지, 또한 수도자들이 하느님께 봉헌된 삶의 증거를 통해 하느님 나라의 새로운 모습을 보여 주었는지 묻고 있다. 이와 관련하여, 2004년 봉헌생활의 날을 맞이하여 한국 남자수도회 장상협의회에서도 모든 수도회들이 그 어느 시대에서보다 더욱 내적 쇄신과 영적 성장을 촉진하기 위한 노력을 경주할 것을 강조하고 있음에 주목할 필요가 있을 것이다.[2] 말하자면, 수도자들 스스로의 삶이 영적으로 더욱 깊어져야 하며, 이를 통한 신자들을 위한 영적인 봉사가 그들의 가장 중요한 관심사가 되어야 한다는 것이다. 즉, 한국 교회는 각 수도회의 이러한 영적 쇄신의 노력을 통해서 교회의

---

1 서울대교구 시노드 후속 사목교서,『희망을 안고 하느님께로』(히브 7,19), 서울 2003, nn. 4-8.
2 Cfr. 오상선,『한국교회와 봉헌생활』, 사목 302, 2004, pp. 2-6.

새로운 복음화를 실현하고자 한다. 이러한 목적에서, 모든 수도회는 자신의 축성된 삶 자체를 더욱 심도 있게 충실히 살아가야 할 것이며, 이는 현 시대의 수도자들에게 가장 우선시되는 사명이라 할 수 있다. 다시 말해, 한국 교회의 새로운 복음화를 위해 수도자들에게 요구되는 것은 무엇보다 수도자로서 자신의 삶의 질을 개선시키는 것이며, 수도자로서의 정체성을 삶 안에서 실현하고자 하는 깊은 열의와 수도회의 카리스마에 충실한 삶을 통해 하느님께 대한 사랑 안에 성장하며 전적으로 그분과 하나됨을 추구함으로써 성덕의 삶을 보여 주는 일일 것이다.

사실 수도자들은 본질적으로 교회의 생활과 성덕에 깊이 관련되어 있다. 따라서 이들은 존재론적인 차원보다는 행위에 더욱 관심을 갖게 하는 지나친 활동주의와 세속화의 물결을 피하고, 복음권고를 실천하는 삶을 통해서 하느님 나라를 예시하는 표지가 되어야 한다. 이에 대해서, 교황 요한 바오로 2세의 세계주교대위원회 후속 권고 문헌 『봉헌생활』에서 다음과 같이 말한다.

> 사실 선교는 외적인 활동이라기보다 인격적 증거를 통하여 세상에 그리스도를 현존하게 하는 것입니다. 이것은 봉헌생활의 첫째가는 과제인 동시에 하나의 도전입니다![3]

이처럼 수도자들은 정결, 가난과 순명의 복음권고를 철저히 실천함으로써, 그들 삶의 표지를 통해 세상 사람들 앞에 그리스도의 현존을 증명해야 할 가장 중요한 임무를 지닌 사람들이다. 따라서 현 시대의

---

3 『봉헌생활』 n. 72b.

수도자들에게 있어서, 직면한 시대적 과제들을 해결하기 위해서는 수도생활의 고유하고 신학적인 의미를 새롭게 확립하려는 노력이 긴급히 요구된다.

어쩌면 수도자들은 스스로에게 솔직히 자문해야 할 것이다. 자신의 사도적 열의와 활동주의적 경향이 내적인 공허함, 혹은 정체성의 부재에서 비롯한 단순한 회피는 아닌가? 수도생활에 대해 규정하고자 한다면, 축성된 자로서의 수도자들의 생활을 교회 안에 다른 신분들과의 관계 안에서 어떻게 정의할 수 있는가? 무절제한 자유주의의 산물이라 할 수 있는, 행위와 효율성에 대한 맹목적인 숭배에 의해 무기력해질 수 있는 수도생활에 어떻게 생기를 불어 넣어 줄 수 있는가? 과연 이 시대에 수도생활을 새롭게 조명할 수 있는 해결책은 무엇일까?

* *

위의 문제 제기에 대한 해답으로 선택한 것은, 수도생활의 궁극적인 테마인 그리스도를 따름(추종)이라는 주제이다. 사실 수도생활 신학은 수도자들의 고유한 신원과 그들의 사명에 대한 연구를 지속하여 왔다. 수많은 연구가들의 이러한 업적을 토대로 우리는 다양한 관점에서 각기 다른 특징적인 표현들을 가지고 수도생활에 대해 정의할 수 있을 것이다. -수도생활, 축성(봉헌)생활, 그리스도 추종(따름), 그리스도를 닮음(본받음), 완덕의 신분, 복음적 권고의 서원, 복음적 생활, 그리스도인의 생활, 천사적 생활 등-

수도생활에 관한 다양한 정의들은 한편으로는 나름의 정당한 근거를 가지고 있지만, 동시에 부분적이거나 혹은 불명확하다고 할 수 있다. 그럼에도 불구하고, 오늘날 수도생활에 대해 말할 때 '그리스도를 철저히 따름'이라는 개념으로 설명한다. 이 개념은 수도생활을 묘사하는 가장 적절한 표현으로 역사적으로 많이 사용되어 왔을 뿐만 아니라, 사실 제2차 바티칸 공의회 이후의 신학과 영성 안에서, 그리고 교황권고 『봉헌생활』에서 특별히 주목받은 표현이기도 하다. 물론 모든 그리스도교인의 생활은 동일한 '그리스도를 따름'이라는 근본적인 요구 외에 다른 어떤 것으로 이해될 수 없지만, 특별히 수도생활의 정체성을 이해하기 위해서도 가장 근본적인 범주로 간주된다. '그리스도를 따름'과 관련해서, 메츠는 우리 시대를 '따름의 시기', '수도회의 시기'라고 말하며 다음과 같이 주장한다.

> 이 따름의 시기는 특히 '수도회의 시기'다. 그것은 수도자만 따름을 실천하기 때문이 아니라, 모든 그리스도인이 부르심을 받은 그 유일한 따름은 실제적으로 힘찬 추진력과 철저한 실천을 요구하기 때문이다. 이 때문에 우리는 수도회들과 예수를 따르기 위하여 새로운 길을 모색하는 사람들, 또한 전통적 교계제도 내에서가 아니더라도 철저한 삶을 시도하려고 모험하는 이들에게 관심을 집중해야 한다.[4]

'따름의 시기'와 관련한 메츠의 말을 상기하면서, 이 글을 통해 수도자들의 정체성과 사명에 대해 새롭게 이해할 수 있는 방법에 대해 탐구해보고자 한다. 이를 위해서는, 수도 신분을 다른 지위와 다르다는 전제에서 출발하여 서로 대조하면서 정의하려는 방식, 다시 말해 수도생활은 이러하지만 다른 이들은 그렇지 않다는 구분, 혹은 부정적인 명제로

---

[4] 펠리시시모 마르티네즈 디에스, 『수도생활의 재발견』, 안소근 역, 분도출판사, 2008, p.59 재인용.

써 수도생활의 정체성을 확립하려는 방법으로는 충분치 않다고 여겨진다. 오히려 수도자들이 다른 사람들처럼 살지 않는다는 데서 비롯된 차이에 덜 집중하면서도 보다 적극적이고 열려 있는 전망 안에서 모든 이들이 함께 불리어진 유일한 성소로써의 따름을 실현하는 데 도움을 주고 용기를 불어 넣을 수 있는, 수도생활의 카리스마적이고 예언자적인 봉사로써의 그리스도를 철저히 따름에 대해 새로운 해석을 통해 접근해 보고자 한다.

논의에 앞서, 용어 선택과 관련해서 우리는 따름(추종)과 본받음(닮음)이라는 두 용어에 대해 미리 알아 둘 필요가 있다. 전자가 분명하게 예수님의 등 뒤에서 걸어가는 것을 표현한다는 점에서 내적인 결단과 실제적인 행위를 수반하는 외적인 여정을 나타내는 말이라고 한다면, 후자는 모든 그리스도인의 생활의 모범으로써 예수님의 삶의 특징적인 것들을 재현하려는 윤리적 혹은 신비적인 노력을 강조하는 말이다.[5] 이 책에서는 이 두 가지 상이한 개념을 대립되는 것으로 보지 않고, 수도생활의 영성과 신학 안에서 두 용어에 대한 신학적인 연구 결과를 수렴하면서도 수도생활의 근본적인 이상으로써 '그리스도를 따름'에 대해 다루어 보고자 한다. 그리스도인의 생활은 분명 언어의 문제가 아닌 삶 자체의 문제이기 때문에, 수도생활 역시 표현과 용어적인 문제로 환원해서는 안 될 것이다. 그럼에도 불구하고, 수도생활을 정의하는 데 있어서, '본받음'이라는 말보다는 예수 그리스도를 '따름'이라는 말이 보다 더 적절한 표현이라고 믿는다. 왜냐하면, '따름'이라는 말로써 새로운 시대적 환경 안에서 그리스도교 공동체가 계승해야 할

---

[5] Cfr. B. Proietti, *I. Antico Testamento. Sequela Christi e imitazione*, in "DIP" vol. VIII, Roma 1988, cc. 1287-1288.

본연의 모습으로써 예수님의 여정을 실현 가능케 하는 지속적인 동기화, 쇄신과 현재화의 과정이 더 적절하게 이해될 수 있기 때문이다.

* * *

앞서 제시한 연구의 동기와 목적을 토대로, 이 책은 수도생활에 대한 전통과 교회의 가르침 안에서 그리스도론적인 해석을 시도하며 네 개의 주제에 따라 전개될 것이다. 1장에서는 무엇보다 예수님과 그분의 제자들과의 관계를 보여 주는 표현으로, '따름'과 파스카 사건 이후 부활하신 주님에 대한 믿음 안에서, 예수님과 그리스도인들의 관계를 규정하는 말로써 '본받음'에 대한 성서적 신학적 의미에 대해 살펴볼 것이다. 사실 '따름'은 비단 예수님과의 관계에서만 제한적으로 사용된 용어는 아니다. 즉 이 용어는 구약의 구원역사 안에서도 중요한 순간에 상이한 방식으로 쓰여졌을 뿐만 아니라, 여타 종교적인 배경 안에서나 유대 전통 안에서도 자주 등장하는 표현이기도 하다. 하지만 예수님과 그분의 제자들과의 관계를 특징짓는 개념이라는 점에 주안점을 두고 이 용어 안에 내포되어 있는, 역사적인 예수님에 대한 제자들의 생생한 체험 안에서 그 의미와 내용들을 검토해 보겠다.

 2장에서는 역사 안에 등장한 몇몇 상이한 수도생활의 형태 안에서도 일관되게 지속되어 나타났던 '그리스도를 따름'에 대한 영성과 전통을 개괄적으로 전망해 볼 것이다. 실제로 수도생활의 역사와 그 다양한 삶의 표현 방식은 그리스도를 따르는 고유한 모범을 생생히 간직하고 있을 뿐 아니라, 이러한 그리스도교 생활의 근본적이고 복음적인 이상을 공유하고 있으며 어떠한 의미에서는 이를 육화시켜 왔다.[6] 따라서

'그리스도를 철저히 따름'과 교회사 안에서 수도생활의 관계에 대한 분석을 통해, 우리는 항상 새로운 방식으로 수도생활의 고유한 가치를 재해석하고 표현해야 할 의무를 이해하기 위한 연구에 집중할 수 있을 것이다. 하지만 이 책에서는 수도회사 전체를 아우르기보다 몇몇 대표적인 수도회 안에서 드러난 수도생활의 근본 요소인 그리스도를 따름에 대해 살펴보는 것으로 제한하고자 한다.

또한 3장에서는 교회의 가르침들, 특히 제2차 바티칸 공의회의 『교회에 관한 교의헌장(Lumen Gentium)』과 수도생활의 쇄신 적응에 관한 교령『완전한 사랑(Perfectae Caritatis)』, 그리고 부분적으로는 교황 권고인『복음의 증거』와『구원의 선물』안에서 나타난 수도생활 안에서 '그리스도를 따름'에 대해 살펴볼 것이다. 교령『완전한 사랑』에서는 다음과 같이 밝히고 있다.

> 복음에 제시된 대로 그리스도를 따르는 것이 수도생활의 근본규범이므로, 모든 단체는 이를 최고의 회칙으로 삼아야 한다.[7]

이러한 원리에 입각하여 축성, 복음적 권고, 선교와 같은 '그리스도를 따름'에 있어 다양한 관점을 통합해 가며 이 주제와 수도회들의 카리스마와의 깊은 상호 연관성을 증명해 볼 것이다. 이와 함께 수도생활과 복음의 특별한 관계에 대한 분석은 모든 회헌과 규칙서, 수많은 수도회 창설자들이 그리스도를 따르기 위한 최상의 규범인 복음의 살아 있는 해석서 혹은 주석서를 대변한다는 깊은 인식에 도달하게 할 것이다.

---

6 Cfr. A. Pigna, *La vita consacrata. Trattato di teologia e Spiritualità. I. Identità e missione*, Roma 2002, pp. 138-141.
7 『완전한 사랑』 n. 2a.

그리하여 수도생활의 기원과 정체성, 즉 수도생활은 예수 그리스도의 인격과 삶의 방식에 깊이 뿌리박고 있으며, '그리스도를 따름'이라는 가장 기본적이고 역동적인 원리가 수반하는 예수님께서 살아가신 신비에의 참여와 복음적 권고의 실천을 통해서 궁극적으로는 그분 안에 온전히 변모하는 삶에로 귀결되어 있음을 증명해 보고자 한다.

마지막으로 4장에서는 교황 권고 『봉헌생활』의 가르침에 나타난 수도생활 근본 요소로써의 그리스도를 따름에 대해 검토해 볼 것이다. 실제로 이 문헌에서는 수도생활의 복음적 토대에 대해 다음과 같이 말한다.

> 봉헌생활의 복음적 토대는 예수님께서 지상생활 동안 일부 제자들과 맺으신 특별한 관계에서 찾아볼 수 있습니다. 예수님께서 제자들을 부르신 것은 그들이 각자의 삶 안에 하느님의 나라를 맞아들이게 할 뿐만 아니라, 모든 것을 버리고 그분 자신의 생활 방식을 열심히 본받음으로써, 그들의 삶을 하느님 나라에 봉사하게 하려는 것이었습니다.[8]

따라서 우리는 『봉헌생활』 문헌에서 '그리스도를 따름'과 관련하여 새롭고, 심화된 수도생활에 대한 해석들을 고찰해 볼 것이다. 이 책에서 이뤄질 이러한 작업을 통해 우리는 오늘날 수도생활의 쇄신을 요구하는 긴급한 시대적 요청에 응답하고자 하며, 다른 한편 수도생활의 정체성에 대한 다양한 신학적 해석들을 종합적으로 제시함으로써 '그리스도를 따름'이라는 주제에 대한 새로운 지평을 보여 주고자 한다. 이를 통해서, 그리스도를 따르는 특별한 삶의 방식으로 이해되는 수도생활의 정체성에 대한 보다 엄밀하고 분명한 인식을 돕고자 한다.

---

8 『봉헌생활』 n. 14a.

＊ ＊ ＊ ＊

내용을 전개하기에 앞서, 우리는 이 연구의 한계에 대해서도 인정하지 않을 수 없다. 즉 '그리스도를 따름'이란 말은 지극히 성서적인 개념이란 점에서 이와 관련한 성서적인 배경에 대해 설명해 보겠지만, 그러한 방법론이 성서를 전공한 성서학자들의 분석과 연구처럼 전문적일 수는 없을 것이다. 또한 수도생활의 역사와 관련한 부분에서도 과도하게 수많은 수도생활의 형태들을 취급하지 않고, 가능한 한 우리가 얻고자 하는 분명한 해석을 도출하기 위해 몇 곳의 수도회 안에서 특별히 의미 있는 점들에 주목하고자 한다. 이러한 전제하에 이 책의 주제인 '그리스도를 따름'에 대해 살펴보자.

1장
따름의 성서적 기초

1. 따름에로의 예수님의 부르심에 대한 종교적 토대 고찰
2. 신약성경 안에 나타난 파스카 사건 이전의 예수를 따름에 대한 신학적 이해
3. 파스카 사건 이후의 그리스도를 따름의 새로운 형태

|종합|

'그리스도를 따름'이란 그리스도교 신자들의 생활에서 본질적인 것이다.[1] 사람들이 살아가는 생활의 질서에 맞춰 형성된 여타의 언어에서처럼, 또한 아람어에서도 동사는 일반적으로 삶의 역동적인 의미와 경험을 보다 적절히 반영하고 표현한다는 점에서 명사보다 더 큰 중요성을 지닌다.[2] 따라서 '그리스도를 따름'이라는 주제와 관련해서도, 우리는 이 주제를 제한된 의미에서 일시적인 행위로써가 아니라, 본질적으로 동적인 의미에서 마치 하나의 '여정'으로써 이해해야 할 것이다.

사실 '따름'이란 것은, 한 사람이 자신의 스승을 따르는 길에 발을 들여놓는 성소의 역동성을 함축하고 있다는 점에서 제자직의 본질과 밀접한 연관성이 있다.[3] 즉 스승을 따르면서 그는 스승으로부터 배우고, 스승과 함께 자신이 선택한 삶의 이상을 나누게 되는 것이다. 물론 이러한 '따름'과 '제자직'은 오로지 성서적인 기원만을 갖고 있는 것이 아니라, 다른 문화와 종교 안에서 카리스마적인 한 인물의 지도를 받는 것과 관련해서 다양한 모습으로 확인되는 현상이기도 하다. 하지만 우리는 제 문화와 종교 안에서의 이해들은 배제하고 우리의 연구 주제에 관한 '따름'의 성서적 신학적 의미만을 찾아보고자 한다. 즉 이 장에서 먼저 예수님께서 사셨던 시대적 배경에서 하느님으로부터, 그리고

---

[1] 현대의 몇몇 신학자들은 다양한 형태로 '그리스도를 따름'에 대해 강조한다. "'그리스도교인이다' 하는 것은 예수 그리스도를 따른다는 것을 의미한다.(L. Boff) 따름은 신앙의 실제적 행위의 근본적인 구조를 가리키는 것이다.(J. Sobrino) 신앙은 예수님을 따르라는 부르심이다.(J. Moltmann) 그리스도교 신앙을 고백하는 것은 예수님을 따른다는 것이다.(A. Castillo) 따름을 실천하는 것은… 신앙의 구체적 표현이다.(J. B. Metz) 그리스도를 따르는 것은 그리스도교 윤리의 본질적이고 고유한 근본 바탕이다.(요한 바오로 2세)" J. L. Fernández, *Jesús de Nazaret, El Cristo liberador*, Madrid 1995, pp. 168-169.
[2] Cfr. S. M. Alonso, *Sentido cristológico de la vida religiosa: seguimiento e imitatión de Cristo*, in VR 31(1971), p. 26.
[3] Cfr. E. Manicardi, G. De Virgilio, *Discepoli/Seguire*, in "DBV", a cura di G. De Virgilio, Roma 2007, p. 243.

예언자라든가 혹은 종교적인 권위를 지닌 인물로부터 기원하는 성소 사건 안에 나타난 따름의 의미를 고찰해 볼 것이다. 이어서 예수님의 실천적 생활 안에서 드러난 '따름'의 모습과 그 체험의 새로운 면모들, 그리고 초대교회의 생활 안에서 이해되는 '따름'의 의미들에 대해 살펴보겠다.

1. 따름에로의 예수님의 부르심에 대한 종교적 토대 고찰

구약성경에서 '주님을 따르다' 또는 '주님의 뒤를 따라 걷다'라는 표현들은 정확히 7번 등장한다.(신명 13,5; 1열왕 14,8; 18,21; 2열왕 23,3=2역대 34,31; 예레 2,2; 호세 11,10)[4] 한 가지 주목할 만한 것은, '따르다'라는 말은 일반적으로 우상숭배를 가리키기 위한 말로 사용되었다는 것이

---

4 "너희는 주 너희 하느님을 따르고 그분을 경외해야 한다. 그분의 계명을 지키고 그분의 말씀을 들으며, 그분을 섬기고 그분께 매달려야 한다."(신명 13,5), "그러나 너는 나의 종 다윗과 같지 않았다. 다윗은 나의 계명을 지켰을 뿐만 아니라, 마음을 다하여 나를 따랐으며, 내 눈에 드는 옳은 일만 하였다."(1열왕 14,8), "엘리야가 온 백성 앞에 나서서 말하였다. '여러분은 언제까지 양다리를 걸치고 절뚝거릴 작정입니까? 주님께서 하느님이시라면 그를 따르고 바알이 하느님이라면 그를 따르십시오.'"(1열왕 18,21), "그런 다음에 임금은 기둥 곁에 서서, 주님을 따라 걸으며 마음을 다하고 목숨을 다하여 그분의 계명과 법령과 규정을 지켜…."(2열왕 23,3=2역대 34,31), "가서 예루살렘이 듣도록 외쳐라. -주님께서 이렇게 말씀하신다.- 네 젊은 시절의 순정과 신부 시절의 사랑을 내가 기억한다. 너는 광야에서 씨 뿌리지 못하는 땅에서 나를 따랐다."(예레 2,2), "그들이 주님을 따라오리라. 주님이 사자처럼 포효하리니 그가 포효하면 그의 자녀들이 떨면서 서쪽에서 오리라."(호세 11,10) "그리스어로 쓰여진 70인 역에서는 다른 두 가지 사례로, 신명기 3,41에서 동사 *Exakoluthein*과 함께, 그리고 *akolouthein theôi*의 표현으로 집회서 23,28에서 찾아볼 수 있다. 여기서 후자의 것은 덧붙여진 것으로 보여진다." M. Gilbert, *La sequela di Dio e della sapienza, nell'Antico Testamento*, in AA. VV., "Apostolo-Discepolo-Missione. Dizionario di spiritualità biblico-patristico", diretto da S. A. Panimolle, Roma 1993, pp. 29-30.

다. 특별히 이 표현은 풍요의 신인 바알을 숭배하는 가나안 민족들의 종교적인 예식과 관련해서 나타난다. 다만 예외적인 경우라면 예레미야서와 호세아서가 대표적이고, 또 열왕기 상권 18장 21절에서 야훼를 따르라고 요구하는 장면이다. 여기서 엘리야 예언자는 이스라엘 백성에게 야훼를 따를 것인지 바알을 따를 것인지 선택할 것을 촉구한다. 주님이 아닌 다른 이방의 신들이나 바알의 인도를 따르는 것(히브리어로는 32번, 그리스어로는 2번) 외에도, '따름'이라는 말은 앞서 제시한 것과 유사하면서도 조금 다른 형태로 나타나기도 한다. -'주님과 함께 걷다', '온전히 주님을 따르다', '주님의 길을 걷다', '주님의 빛으로 걷다', '주님의 현존 앞에서 거닐다'[5]- 비록 '따르다'라는 말이 이방신들의 숭배예식을 표현하기 위해 주로 사용된 것은 사실이지만, 성서적 의미에서 그리고 그리스도교 생활 안에서 이 말이 지니는 중요성은 간과되어서는 안 될 것이다. 이러한 의도에서, L. Perrone는 '따름'의 중요성에 대해 말한다.

> '야훼를 따름(문자적으로는 '야훼의 뒤를 따라감')'이라는 사상은, 비록 성서 안에 자주 등장하는 표현은 아닐지라도…, -또한 야훼를 저버리고 이방인들의 신들을 받아들이는 것을 가리키는 '이방의 신들을 따름'이라는 정반대의 표현이 더욱 빈번히 나타난다 할지라도- 이러한 이유 때문에 그 의미가 평가절하되거나 부정되어서는 안 된다.[6]

이스라엘 민족이 걸어온 기나긴 역사의 여정과 성경 안에서, '따름'이라는 말은 많은 성서의 저자들에 의해서 다양한 표현을 빌려 가며 한

---

5 Cfr. *Ibid.*, p. 29.
6 B. Proietti, *o. c.*, c. 1288.

분이신 하느님께 백성들을 인도할 목적으로 사용되어 왔음을 부인할 수 없다. 또한 구약성경 안에 자주 등장하는 '따름'이라는 주제에 대한 연구는, 오히려 이것이 믿는 이들과 하느님께서 당신 스스로 선택하신 민족에게는 첫 번째 소명(부르심)을 표현하고 있다는 사실을 보여 주기도 한다. 이러한 점은 미래에 오실 분, 그리고 '나를 따라라!' 하고 말씀하실 분의 길을 회심을 통해 충실히 준비했던 이들의 영적인 역사와 부합하며,[7] 또한 예수님의 부르심이 지니는 특별한 의미에 대해 심도 있게 연구하는 데에 있어서도 도움이 될 것이다.

1) 탈출기 체험으로부터 신명기 신학에 이르기까지 하느님을 따름의 의미

구약성경의 여러 시대적인 배경 가운데서도, 우리는 무엇보다 탈출기의 체험과 신명기 안에서 동사 '따르다'라는 말의 신학적 가치에 주목해야 한다. '따르다'라는 말은 이스라엘 백성이 주님의 뜻을 '깨우치도록' 호소하는 동시에, 주님께서 그들을 선택하셨고 구원해 주시리라고 하신 그 약속을 등한히 여기지 말 것을 촉구하는 의미를 내포한다.[8] 한편으로 하느님께서는 이스라엘이 당신의 말씀을 듣고 율법서(토라)를 배움으로써 당신의 뜻에 순명하도록 요청하신다.(신명 4,10: 14,23: 17,19: 31,12-13) 다른 한편 이스라엘 백성은 그분의 말씀을 받아들이고, 그분께서 가르쳐 주신 생명의 길을 따라감으로써 주님께서 선택하신 대화의 상대자가 되도록 불리어진다.(신명 30,14-20)

두말할 나위 없이 '출애굽 사건'은 이스라엘 백성의 역사 안에서 가장

---

7 Cfr. M. Gilbert, *o. c.*, p. 43.
8 Cfr. E. Manicardi, G. De Virgilio, *o. c.*, p. 243.

중요한 사건이다. 이 출애굽은 하느님의 백성으로서 이스라엘의 탄생과 관련되어 있을 뿐만 아니라, 하느님 구원계획 안에서 이스라엘 백성의 성소를 근거 짓는 사건이기도 하다. 즉 출애굽의 여정 안에서 하느님께서는 이스라엘 본연의 정체성의 근간으로써 당신의 진실한 모습(정체성)을 계시해 주시고, 또한 이스라엘은 스스로에게 가장 중요한 자기 신원의 근거를 찾고, 보다 성숙한 모습으로 자신이 부여받은 성소를 확고히 하며 이를 실현하게 된다. 이러한 점에서 출애굽 사건은 다음의 3가지 사실을 분명히 전해 주고 있다.[9] ① 출애굽 사건은 하느님께서 이스라엘을 예속된 종살이로부터 해방시킨 사건이며("주님께서 강한 손으로 우리를 이집트에서 이끌어 내셨기 때문이다." 탈출 13,16) ② 시나이산에서의 계약을 통해 당신의 백성을 선택하시고("이제 너희가 내 말을 듣고 내 계약을 지키면, 너희는 모든 민족들 가운데에서 나의 소유가 될 것이다. …그리고 너희는 나에게 사제들의 나라가 되고 거룩한 민족이 될 것이다." 탈출 19,5-6) ③ 당신께서 현존하시는 거룩한 성소가 공간적인 장소에 구속되지 않고 이 백성의 여정과 함께해 주심을 보여 주는 사건("그들이 나를 위하여 성소를 만들게 하여라. 그러면 내가 그들 가운데에 머물겠다." 탈출 25,8)인 것이다. 바로 이러한 역사적 신학적 배경에서 하느님을 따름이라는 사상이 은유적으로 생겨나기 시작한다.[10] 이에 대해 L. Perrone는 말한다.

9 Cfr. A. Nepi, *Esodo*, in "DBV", p. 287.
10 또한 L. Di Pinto는 다음과 같이 말한다. "야훼 하느님께서는 *hesed*의 주도권을 가지시고 이스라엘 앞에 나아가신다. 구약성서의 숙어적 표현으로써 따름은 이스라엘의 종교적 실체의 윤곽을 이루는 사건에 하나의 형식을 부여하는 차원의 것만이 아니다. 오히려 그것은 하느님 백성을 탄생시키는 구원역사의 근간을 이루는 사건과 병행하여 나타난다. 『해방, 탈출 그리고 계약』": L. Di Pinto, "*Seguire Gesù*" *secondo I Vangeli sinottici, Studio di teologia biblica*, in AA. VV., Fondamenti biblici della teologia morale, Brescia 1973, p. 225.

기원에는 출애굽의 체험, 즉 종살이하는 이들을 위해서 하느님께서 엄청난 일을 행하신다는 체험이 있다. 하느님께서는 당신 백성이 탄원하는 소리를 들으러 오시고(탈출 2,23-35), 그들을 이집트인들로부터 해방시키시며, 당신 현존의 상징적인 표시인 구름기둥과 불기둥(탈출 13,21), 천사(탈출 14,19), 그리고 특별히 움직이는 성소의 역할을 하는 계약의 궤(민수 10,33)를 통해 백성을 사막의 여정에서 친히 인도해 주신다. 따라서 이스라엘은 그분의 뒤를 따라가지 않을 수 없는 것이다. 사실 출애굽의 이야기에서 따름이란 전문적인 용어를 전혀 찾아볼 수는 없다. 하지만 의심의 여지없이 '인도자'이신 하느님의 개념 안에 따름이라는 사상이 내포되어 있음은 분명하다고 하겠다.[11]

역사의 여러 주요한 시기들을 거치면서 '따름'이라는 주제는, 모세에 의해 선포된 규율의 형태로, 그리고 이와 반하게 당신의 백성을 생명에로 인도하고자 하시는 주님께 대한 순명을 저버리거나 더 이상 주님을 따르지 못하게 만드는 우상숭배로의 유혹과 죄와 관련해서 더욱 분명히 나타나게 된다.

> 너희 가운데에서 예언자나 환몽가가 나타나 너희에게 표징이나 기적을 예고하고, 그가 말한 표징이나 기적이 일어나더라도, 너희가 알지 못하는 '다른 신들을 따라가 그들을 섬기자.' 하고 그가 말하거든, 너희는 그 예언자나 환몽가의 말을 들어서는 안 된다. 그것은 주 너희 하느님께서, 너희가 마음을 다하고 목숨을 다하여 주 너희 하느님을 사랑하는지 알아보시려고 너희를 시험하시는 것이다. 너희는 주 너희 하느님을 따르고 그분을 경외해야 한다. 그분의 계명을 지키고 그분의 말씀을 들으며, 그분을 섬기고 그분께 매달려야 한다.[12]

---

11 Cfr. B. Proietti, *o. c.*, c. 1288.
12 신명 13,2-5.

위에 언급된 내용은 우리에게 주님을 따르는 것이 본질적으로 어떠한 차원에서 이해될 수 있는 것이며 또한 어떻게 구체화될 수 있는지 보여주고 있다. 말하자면 '따름'이란, 어떠한 우상숭배 행위도 배제하는 근본적인 삶의 선택으로써, 주님의 말씀을 듣고 순명하며, 그분의 계명을 지킴으로써 표현되는 사랑과 애착의 행위인 것이다.[13] 이러한 의미에서, '주 하느님을 따르다'라는 것과 '그분의 계명을 지킨다'는 것은 실천적으로는 동일한 행위가 된다. 즉 '주 하느님을 따름'은 그분께 충실히 매달리고, 그분의 율법과 계명을 지키며, 오직 그분만을 섬기는 일(최상의 계명을 실천하는 것: "너에게는 나 말고 다른 신이 있어서는 안 된다." 탈출 20,3; 신명 5,7)에 온전히 투신함으로써 구체화된다. 바로 이러한 점에서 율법의 준수라는 전형적인 신명기 신학의 관점과 더불어 따름이라는 주제의 영성화 과정이 드러난다.

여기서 따름이라는 개념을 정확히 이해하기 위해서는 이스라엘 민족의 종교적인 배경 안에서 토라(율법서)의 중요성과 그 기능에 대한 숙고가 필요하다. 토라를 중심으로 한 이들의 따름에 대한 이해에 있어서 중요한 것은, 스승이든 그 제자이든 그들이 자신들의 생각이나 고유한 이론을 설파하는 것이 아니라, 법률보다 삶의 가르침이라는 의미에서 토라에 순종하며 사는 데 전념하였다는 것이다.[14] 사실 이들에게 토라는 이론적인 교리도 아니고 순수하게 인간적인 가르침도 아닐 뿐더러, 오히려 하느님의 신성한 원의가 담긴, 그래서 생생한 삶의 체험을 형성하는 데에 목적을 둔 실천적인 가르침이다. 신명기 신학에서 의도하는 이상

---

13 Cfr. M. Gilbert, *o. c.*, p. 32.
14 Cfr. A. Bonora, *Il discepolato nell'Antico Testamento*, in AA. VV., "Apostolo-Discepolo-Missione. Dizionario di spiritualità biblico-patristico", diretto da S. A. Panimolle, Roma 1993, p. 16.

적인 사회의 모습을 찾기 위해서 다음의 Schema 성서 구절을 보자.

> 이스라엘아, 들어라! 주 우리 하느님은 한 분이신 주님이시다. 너희는 마음을 다하고 목숨을 다하고 힘을 다하여 주 너희 하느님을 사랑해야 한다. 오늘 내가 너희에게 명령하는 이 말을 마음에 새겨 두어라. 너희는 집에 앉아 있을 때나 길을 갈 때나, 누워 있을 때나 일어나 있을 때나, 이 말을 너희 자녀에게 거듭 들려주고 일러 주어라.[15]

앞서 인용한 구절에 따르면 모든 이스라엘 사람들은 아무런 장소와 시간에 제약되지 않고, 사적인 공간(집)에서든 공공장소에서든(길) 그리고 어느 순간에든(누워 있을 때나 일어나 있을 때나), 즉 히브리 사람이면 누구든지 자신의 삶의 모든 순간에 토라의 말씀을 듣도록 초대되었으며, 이것을 마음에 새기도록 권고받고 있다. 말하자면, 이러한 이스라엘의 자의식 위에 하느님 백성으로서 이들의 모든 삶은 매순간 지속적인 토라의 습득과 가르침의 과정으로 묘사되며, 따라서 모든 이스라엘 사람들은 모세의 제자가 되는 것이다. 그러므로 신명기 신학의 이상은 토라의 견고한 토대 위에 새로운 사회를 건설하는 것에 다름 아니라 하겠다.[16] 그리하여 출애굽의 체험과 신명기 신학과 유대 전통 안에서의 토라에 충실한 삶의 이상은 후대에 "따름에로 초대하는 모든 현상들의 범례가 될 것이다.(신명 13,5-6; 민수 14,22.24)"[17]

---

15 신명 6,4-7.
16 Cfr. A. Bonora, *o. c.*, pp. 17-19.
17 B. Proietti, *o. c.*, c. 1289.

2) 영혼의 순례 여정으로써 따름

앞서 살펴본 것처럼, 구약성서 안에서 '주 하느님을 따르라'는 권고는 하느님께서 백성들을 에집트에서 구해 내시고, 사막을 거쳐 약속된 땅에 이르기까지 그분께서 친히 백성들을 인도해 주셨다는 구세사적인 사실에 기초하고 있다.[18] 하느님과의 계약이라는 중요한 사건과 관련하여 이스라엘의 종교적인 본질을 규정하는 신명기 신학에 대한 고찰과 함께, 우리는 순례라는 독특한 요소에 대해서도 숙고해야 할 것이다. 이스라엘 민족에게 있어 순례란 유목민의 전통에서처럼 공간적인 장소에 따라 외적으로 이동하는 삶의 방식과 관련되어 있을 뿐만 아니라, 자신의 존재를 순례자의 그것과 동일시하면서 영적인 여정을 걷고 있음을 암시하는 내적인 의미가 포함되어 있다. 이와 관련해 우리는 순례에 대한 성서적인 지평은 선택된 하느님 백성에게 있어 중요한 역사적인 순간들과 연관된, 즉 민족의 대이동 시기의 아브라함과 모세라는 등장인물로부터 시작해서 가나안 땅에 안착한 이후 예루살렘 성전에서 예배를 드리게 되는 시기에까지 이르는 오랜 기원을 가지고 있음을 상기해야 한다. 아브라함에게 있어 순례는 단순히 은유적인 형태가 아닌, 유목생활의 거친 현실이 담겨진 체험이었음이 분명하다. 그럼에도 불구하고 성조 아브라함의 순례의 삶은, 출발 동기와 이 여정을 통해 이르게 될 목적에서 항상 하느님과의 지속적이고 풍요로운 관계를 견지하고 있다는 점에서 동시대 유목민들의 일반적인 삶의 모습과는 확연히 구분된다.[19] 즉 하느님께서 아브라함이 자신의 순례의

---

18 Cfr. L. Di Pinto. *o. c.*, p. 225.
19 Cfr. U. Vanni, *Con Gesù verso il Padre. Per una spiritualità della sequela*, Roma 2002, pp. 33-35.

여정을 걸어가도록 초대하는 데서 그분의 신적인 개입이 결정적으로 나타나며, 아브라함은 하느님께서 명하시는바, 세상 모든 민족들을 위한 축복의 중재자가 되라는 사명을 인식하고 수용한다. 이를 위해서 그는 자신이 지금까지 살아온 생활을 버리고, 모든 인간적이고 감정적인 유대의 끈을 단절해야 한다. 또한 신앙의 응답으로써 하느님의 이끄심에 한결같이 주의를 기울이고 온전히 순응하면서 그분께서 알려 주신 땅을 향해 항상 걸어가야 한다.

> 주님께서 아브람에게 말씀하셨다. '네 고향과 친족과 아버지의 집을 떠나, 내가 너에게 보여 줄 땅으로 가거라. 나는 너를 큰 민족이 되게 하고, 너에게 복을 내리며, 너의 이름을 떨치게 하겠다. 그리하여 너는 복이 될 것이다. 너에게 축복하는 이들에게는 내가 복을 내리고, 너를 저주하는 자에게는 내가 저주를 내리겠다. 세상의 모든 종족들이 너를 통하여 복을 받을 것이다.'[20]

> 아브람의 나이가 아흔아홉 살이 되었을 때, 주님께서 아브람에게 나타나 말씀하셨다. '나는 전능한 하느님이다. 너는 내 앞에서 살아가며 흠 없는 이가 되어라. 나는 나와 너 사이에 계약을 세우고, 너를 크게 번성하게 하겠다.'[21]

아브라함의 소명사화에 대해 M. Conti는 다음과 같이 말한다.

> 아브라함에게 있어 모든 민족들을 위한 축복의 중재자, 전파자가 되라는 성소에 대한 응답은 몇 가지 극적인 표현 안에서 중요한 의미를 지닌다.

---

20 창세 12,1-3.
21 창세 17,1-2.

사실 하느님께서는 그에게 세 가지 것을 단절하면서 희생할 것을 요구하고 계신다. -고향(자신이 살던 땅과 지역), 친족(태어난 환경), 아버지의 집….- 또한 하느님께서 맺으시는 약속의 말씀은 확실하지만 포기해야 할 현재의 삶과 미래의 삶의 불확실성에 대한 묘한 대조를 잘 표현하고 있다: 여기서 하느님께서는 그에게 '너에게 줄 땅'이 아니라, '너에게 보여 줄 땅'으로 가라고 말씀하신다.(창세 12,1)[22]

약속된 땅을 향한 순례의 여정을 통해 아브라함은 우리에게 모든 회개하는 이들과 부름 받은 이들의 모델을 제시하게 될 것이다. 그리고 이 여정 안에서 세상에서 가치 있게 여기는 모든 것들을 희생하고, 하느님께서 맺으신 계약에 온전히 매달리고 아무런 조건 없이 충실히 순종함으로써 새로운 인간상을 실현하게 될 것이다.[23] 시간이 지나고

---

22 M. Conti, *La vocazione e le vocazioni nella Bibbia*, Roma 1985, pp. 132-135.
23 Cfr. *Ibid.*, pp. 129-134. 다음의 성서 구절들도 참고해 볼 수 있다. "아브람은 아내 사라이와 조카 롯과, 자기가 모은 재물과 하란에서 얻은 사람들을 데리고 가나안 땅을 향하여 길을 나서, 마침내 가나안 땅에 이르렀다."(창세 12,5) "믿음으로써, 아브라함은 장차 상속 재산으로 받을 곳을 향하여 떠나라는 부르심을 받고 그대로 순종하였습니다. 그는 어디로 가는지도 모르고 떠난 것입니다. 믿음으로써, 그는 같은 약속의 공동 상속자인 이사악과 야곱과 함께 천막을 치고 머무르면서, 약속받은 땅인데도 남의 땅인 것처럼 이방인으로 살았습니다. 하느님께서 설계자이시며 건축가로서 튼튼한 기초를 갖추어 주신 도성을 기다리고 있었기 때문입니다. …그들은 이렇게 말함으로써 자기들이 본향을 찾고 있음을 분명히 드러냈습니다. 만일 그들이 떠나온 곳을 생각하고 있었다면, 돌아갈 기회가 있었을 것입니다. 그러나 실상 그들은 더 나은 곳, 바로 하늘 본향을 갈망하고 있었습니다. 그래서 하느님께서는 그들의 하느님이라고 불리시는 것을 부끄러워하지 않으시고, 그들에게 도성을 마련해 주셨습니다."(히브 11,8-10; 14-16) 또한 X. Pikaza도 아브라함의 부르심과 그의 사명을 따름의 상징적인 모범으로써 설명한다. "하느님께서는 아브라함의 본질적인 모습(땅, 백성, 가족)을 밝혀 주시고 그를 화해한 인류의 미래에로 인도하시며, 당신의 거룩한 유대로써 성조 아브라함을 결속시킨다. 이렇게 아브라함은 하느님과 함께(그분에 의해서), 비록 인간적인 방법으로 하느님께서 자기 자신에 앞서가시는 모습은 아닐지라도(이처럼 앞서가시기 위해서 그리스도처럼 육화하시지 않았기에), 새로운 땅을 향해 걸어 나간다. …말하자면 아브라함은 하느님의 약속을 지고 가는 사람으로서 이스라엘 백성, 하느님께 봉헌됨으로써 구별되는 백성이 되며, 나중에 전 인류에게로 확장될 구원역사의 여정을 열어 나가게 될 것이다. 따라서 엄밀한 의미에서 이스라엘(아브라함의 민족)은

가나안에서의 정착된 생활은 이스라엘 백성을 차츰 도덕적으로 해이하게 만들면서 자신들의 종교적 신원의식을 상실케 하였다. 출애굽 사건 이후에 일어난 금송아지의 이야기에서처럼(cfr. 탈출 32,1-6), 이스라엘 백성은 보이지 않는 하느님을 물질적인 것으로 만들고자 하는 유혹을 떨쳐 버리지 못할 만큼 하느님과 맺어진 상호 간의 계약에 대한 신뢰를 더 이상 유지할 수 없게 되자, 하느님께서는 계속해서 그들이 아브라함으로부터 이어지는 후손임을 깨닫도록 촉구하신다.(cfr. 탈출 3,16-17) 이것은 이스라엘 백성이 불편함과 위험을 감수하고서라도 끊임없이 어딘가를 향해 나아갈 수 있는 조건, 말하자면 지속적인 순례의 여정을 따라 걷도록 함으로써, 선택된 하느님의 백성으로서 그들을 성숙케 하기 위해서인 동시에 궁극적으로는 다시금 온전히 하느님께 신뢰하도록 이끄시기 위한 것이다.[24] 여기서 주목해야 할 사실은, 오랜 세월을 거쳐 전개된 그들의 유랑생활은 이러한 떠돌이 생활의 동기가 무엇인지 밝혀 줄 뿐만 아니라, 종살이의 예속된 처지에서 하느님께서 초대하시는 자유로운 삶으로 옮겨 가기 위해서 그들에게는 기나긴 훈육의 시간을 보내야 할 필요가 있었음을 보여 준다는 점이다.[25] 순례

증거의 백성이라고 단언할 수 있다. 이스라엘은 자신의 자립성을 향유하기 위해서나 단독으로 자신을 실현하기 위해서 살지 않을 뿐 아니라 자신 안의 가치에 갇혀 있는 것이 아니다. 오히려 그들은 오로지 지상에서 모든 인류에게 적용되는 체험으로써 자유와 열려 있는 사랑의 여정을 시작한다는 점에서 구분되는 것이다." X. Pikaza, *Seguimiento-Fundamento bíblico de la Vida Consagrada*, in AA. VV., "10 palabras clave sobre Vida Consagrada", Navarra 1999², p. 25.

24 하느님으로부터 파견된 자로서 모세는 두 가지 사명을 부여받는다. 첫째 파라오에게 히브리인들의 하느님의 이름으로 그분의 백성을 자유롭게 떠나가게 하도록 요구하는 일이며, 다른 하나는 사막에서 선조들이 모셨던 성소를 해마다 순례하던 전통을 소홀히 여기기 시작했던 이스라엘 민족에게, 하느님께서 그들의 성조들에게 행하신 약속을 기억하게 하는 일이다.(탈출 3,7-10, 16-20) cfr. M. Conti, *o. c.*, pp. 143-144.

25 Cfr. U. Vanni, *o. c.*, p. 37.

자체를 성서신학적인 의미에서 성숙한 사랑의 능력인 자유를 향한 여정으로 받아들이는 이해와 함께,[26] 이스라엘 백성은 서서히 단련되어 가는 동시에 점차적으로 자신의 순례 여정을 통해 이방의 신들을 섬기는 것을 철저히 배제하는 삶의 선택으로써, 주님을 따르는 행위의 본질적인 의미를 이해하기에 이르게 된다.

또한 이러한 순례에 대한 개념은 이전과는 상이한 방법이지만 전례적으로 예루살렘 성전을 방문하는 행위 안에서도 새로운 형태로 해석될 수 있다. 하지만 이제부터는 더 이상 순례라는 주제가 물리적인 방법이 아니라, 내적이고 영성적인 차원에서 하느님을 찾아 나아가는 모습으로 나타나기 시작한다. 말하자면, 비록 물리적으로는 자신의 삶의 처지에 머무르면서도 세속적인 일상으로부터 나와서, 당신의 백성 한가운데에 역동적으로 머무르시는 하느님의 현존을 드러내는 예루살렘 성전을 향해 올라가는 새로운 순례의 여정이 가능해진 것이다.[27] 이 점에서 하느님께서 당신의 백성을 친히 만나러 오시기 위해 선택하신 예루살렘 성전을 중심으로, 그분과의 만남이라는 주제 안에는 이미 새로운 양상으로써 순례의 내적인 역동성이 담겨 있다고 하겠다. 하느님 앞에 자신을 봉헌하기 위해 일상의 모든 짐을 지고 예루살렘 성전을 향해 오르면서 사람들은 매일의 평범한 삶에서 벗어나기도 하고, 또 예배 후에 성전에서 다시 일상으로 돌아와서는, 추구하며 살아야 할 인생의 최상의 방도로써 하느님께서 일러 주신 율법을 충실히 실천하면

---

26 Cfr. *Ibid.*, p. 38. 이 점에서, M. Conti는 십계명은 하느님으로부터 선사된 자유라는 선물을 보존하기 위해서, 그리고 하느님과의 친교에 항구히 머물도록 하기 위해서 계약의 백성에게 제시된 조건으로, 결국 자유를 위한 법률이라고 간주한다. 그러므로 계약은 기본적으로 자유와 친교에로의 성소라고 말할 수 있다. cfr. M. Conti, *o. c.*, pp. 56-59.
27 Cfr. U. Vanni, *o. c.*, p. 38.

서 새로운 삶에 전념해야 했던 것이다.[28] 이렇듯 이스라엘 백성은 해마다 거행하는 축제의 예식, 즉 순례와 해방의 축제인 '파스카(Pasqua)', 율법의 수여와 하느님의 계시를 경축하는 '오순절(Pentecoste)', 그리고 간택된 민족임을 기억하는 '초막절(Tabernacoli)'을 통해 하느님의 구원사적 개입을 기념하였다. 이로써 그들은 그분과의 친교 안에서 모든 형태의 우상숭배로부터 벗어나 자유로워진 삶을 향유하게 되고, 다른 한편 하느님을 섬기는 일에 봉헌된 계약의 민족으로서 세상에서 하느님의 증인이 되라는 자신들의 사명을 수행하게 되었던 것이다.[29]

이처럼 성전에서 거행되는 전례예식을 강조함으로써 '하느님을 따르다'라는 표현은 '율법이나 하느님의 말씀을 따르다' 혹은 '하느님의 계명을 지키다'로 변화되기에 이른다.[30] '따름-순례'라는 주제의 구체

---

28 Cfr. *Ibid.*, p. 41.
29 하느님께서 이스라엘을 축복하시기 이전에, 야훼 하느님의 거룩하심은 또한 이스라엘 민족이 거룩해질 것을 요구한다. 즉 명시적으로 그들의 행위가 하느님께서 행위에 부합해야 한다고 말하지 않더라도, 예를 들자면 하느님의 선의와 자비를 닮을 것(cfr. "나 주 너의 하느님이 거룩하니, 너희도 거룩한 사람이 되어야 한다." 레위 19,2)을 직접 시사하기도 한다. cfr. B. Proietti, *o. c.*, cc. 1290-1291.
30 비록 이스라엘 사람들이 하느님의 이름을 직접 부르는 것을 전통적으로 터부시해 왔음을 인정할지라도, "야훼 하느님을 따르다(본받다)와 그분의 계명을 지키다"라는 두 표현이 동등한 의미가 있음은 분명한 사실인 듯하다. "하느님에 대해서 말할 때, 그들은 그분의 이름을 입에 담는 것을 최상의 주의를 기울이며 피했을 뿐만 아니라, 다른 표현들로 그분의 이름을 부르는 일을 대신하였다. 어좌, 이름, 하늘 등… 몇몇 신심 깊은 이들, 가령 칼렙('그러나 나의 종 칼렙은 다른 영을 지녀 나를 온전히 따랐으므로…' 민수 14,24; 32,11; 신명 1,36)이나 다윗(1열왕 14,8)이 마음을 다하여 야훼 하느님을 따랐던 것에 대해 말할 때, 혹은 나이 들어 솔로몬은 더 이상 그분을 따르지 않았다(1열왕 11,6)고 말하는 경우에, 이러한 표현들은 우리가 앞서 말했던 의미에서처럼 야훼 하느님을 닮는 것을 의도하기보다는, 그분의 계명을 지키는 것에 대해 언급하고 있다. 이렇게 야훼 하느님을 닮는 것과 그분의 계명을 지키는 것은 실제로 동일한 의미를 갖는 표현이 된다." G. *Bouwman, L'imitazione di Cristo nella Bibbia, La Bibbia e i problemi dell'uomo d'oggi*, Bari 1968, pp. 30-31. 이에 대해 B. Proietti도 다음과 같이 해석한다. "이제 더 이상 사막을 지나는 긴 여정 중에 또는 어딘가를 점령한다거나 방어하기 위한 전쟁 중에 그분의 뒤를 따라 진군하는 의미에서 야훼 하느님을 따르는 것을 이야기하지 않는다. 하느님을 따름이란, 하느님의

적인 사용에 있어 이러한 은유적인 방식의 변화와 더불어, '주님의 계명에 순종하고 따르다'라는 사상은 '주님의 길을 걸어가다' 또는 '하느님 앞에서 걷다'에서 나타나는 것처럼 '길'[31]이라는 암시적인 표현에 내포되어 지속적으로 널리 쓰이게 되었다.

3) 예언직의 스승을 따름: 엘리야와 엘리사

지금까지 우리가 이스라엘 민족의 역사적 문화적 맥락에서 광의의 '따름'이라는 주제를 고찰해 보았다면, 이제는 예언자들의 활동이라는 보다 구체적인 체험 안에서 면밀히 살펴보고자 한다. 이것은 '따름'이라는 말이 '이방 신들이나 야훼 하느님을 따르다'에 대해 이야기할 때보다 하느님으로부터 파견된 자, 또는 특정 예언자를 따름에 대해서 말할 때 더욱 분명한 특색을 가지게 되며, 바로 여기서 스승과 제자라는 관계가 성립되고 있기 때문이다.[32] 이러한 의도에서, 특별히 엘리사의

구원 행위에 대한 응답으로써, 시나이산에서 이스라엘이 자유롭게 받은 율법이 가르쳐 주는 길에 충실한 것을 의미한다. 바로 이러한 이유에서, 따름-순명은 그 자체로 계명의 엄격한 준수라는 의미로 축약될 수 없으며, 오히려 사랑으로 활기를 얻는 것이며, 인간 존재의 모든 차원을 아우르는 것이다. '다윗은 나의 계명을 지켰을 뿐만 아니라, 마음을 다하여 나를 따랐으며'(1열왕 14,8), '마음을 다하고 목숨을 다하여 그분의 계명과 법령과 규정을 지켜'(2열왕 23,3; 2역대 34,31)" B. Proietti, *o, c.*, c. 1289.

31 L. Di Pinto의 주장에 따르면, '길'이라는 표현 역시, 공관 복음의 따름(추종)에 대한 신학에 영향을 미친 구약성서의 동인 중에 하나이다. "야훼 하느님의 인도하심으로 이집트에서 나와 사막을 지나는 '이스라엘의 여정'과 '야훼 하느님의 길을 따라 걷다'라는 표현으로부터 변형된 '길'이라는 주제는 이스라엘의 종교적 윤리적 행위를 규정지었다. 또한 이 둘은 신약성서의 길과 따름이라는 주제의 연관성 안에 일정한 영향을 미치기도 하였다.(예를 들면, 마태 7,13 이하에서 예수님을 따르는 길에 들어가는 것과 그분의 제자가 될 것을 요구한다) L. Di Pinto, *o. c.*, p. 194. 그러나 B. Proietti는 '따름'의 이상이 '길'보다는 더 폭넓은 개념이라고 주장한다. '길'에 대한 윤리적 신학적인 관점에 대해 알아보기 위해서는, R. Gerardi, *Alla sequela di Gesù. Etica delle beatitudini, doni dello Spirito, virtù*, Dehoniane, Bologna 1998, 특히 pp. 17-36; P. Coda, *La sequela di Cristo come dimora nella Trinità nel Vangelo di Giovanni*, in Communio 135(1994), pp. 30-39를 보시오.

편에서 스승 엘리야를 따르는 장면(1열왕 19,19-21)은 제자직의 훌륭한 예로써 가치가 있다[33]고 하겠다. 엘리야로부터 엘리사가 부름 받는 모습에 대해 성서는 다음과 같이 전한다.

> 엘리야는 그곳을 떠나 길을 가다가 사팟의 아들 엘리사를 만났다. 엘리사는 열두 겨릿소를 앞세우고 밭을 갈고 있었는데, 열두 번째 겨릿소는 그 자신이 부리고 있었다. 그때 엘리야가 엘리사 곁을 지나면서 자기 겉옷을 그에게 걸쳐 주었다. 그러자 엘리사는 소를 그냥 두고 엘리야에게 달려와 이렇게 말하였다. '아버지와 어머니에게 작별 인사를 한 뒤에 선생님을 따라가게 해 주십시오.' 그러자 엘리야가 말하였다. '다녀오너라. 내가 너에게 무엇을 하였다고 그러느냐?' 엘리사는 엘리야를 떠나 돌아가서 겨릿소를 잡아 제물로 바치고, 쟁기를 부수어 그것으로 고기를 구운 다음 사람들에게 주어서 먹게 하였다. 그런 다음 일어나 엘리야를 따라나서서 그의 시중을 들었다.[34]

엘리야는 예언직의 상징이며 부르심 받은 자를 자신의 소유로 둔다는 표식으로 자신의 겉옷을 엘리사의 등에 걸쳐 주며 그를 따라오도록 부른다. 엘리야는 자신의 이러한 행위 자체에 특별한 의미를 부여하고 있는 것이다.[35] 엘리사의 성소 이야기에서 우리는 '따르다' 혹은 '어느 누구의 뒤를 따라가다'라는 표현을 세 번 찾아볼 수 있다. 여기서 '따르

---

32 Cfr. S. Blanco Pacheco, *Sequela. Fondamento biblico*, in "DTVC", Milano 1994, p. 1607.
33 "엘리야와 엘리사의 경우에 제시된 성소 이야기는 아마도 공관복음의 성소사화(마르 1,16-20; 2,14)와 따름에 대한 몇몇 이야기(마태 8,21 이하, 루카 9,59. 61 이하)에 영향을 미쳤을 것이다." B. Proietti, *o. c.*, c. 1290; cfr. G. Fischer, M. Hasitschka, *Sulla tua Parola. Vocazione e sequela nella Bibbia*, Roma 1998, pp. 55-60.
34 1열왕 20,19-21.
35 G. Von Rad는 이렇게 설명한다. "엘리사는 어느 한 사람을 따르도록, 결국 제자직에로 불리어진 것이다." G. Von Rad, *Teologia delle tradizioni profetiche d'Israele*, a cura di F. Ronchi, Brescia 1974, p. 77.

다'는 말 그대로 '누군가의 뒤를 따라가다'는 뜻으로 해석되기도 하지만, 동시에 성서의 특징적인 표현으로써 '누군가의 제자가 된다'는 것을 의미하기도 한다.[36] 엘리사의 성소사화에 대해 S. Barbaglia는 엘리야가 행한 상징적 행위의 의미와 중요성을 강조하며 설명한다.

> 주님께서 지나가심을 목격한 증인으로서, 겉옷은 마치 야훼 하느님께서 지나가시는 생생한 체험을 전해 주는 '성사적인' 실재로서 나타난다. 야훼 하느님께서 지나가시는 체험을 함축하고 있는 이 겉옷은 엘리야 예언자가 호렙 산에서 겪었던 일을 전해 주고 있다는 점에서 그 체험을 전수하는 역할을 한다. 다시 말해 호렙 산에서는 야훼 하느님께서 엘리야 곁을 지나가셨다면, 여기서는(열왕기 상권 19,19-21) 자신에게 맡겨진 사명을 띠고 엘리야 본인 스스로 모세와 자신에게 하셨던 하느님의 행위를 다시 재현하듯이 엘리사 앞에서 지나가고 있는 것이다. 그리하여 엘리야 예언자는 이와 같은 행위와 그 행위의 효력을 통해 자신이 경험한 일들의 증인이 되고 있다.[37]

따라서 엘리야는 엘리사를 예언직에 따라 자신을 추종하도록 초대하면서도 그를 설득하기 위한 어떠한 말도 덧붙이지 않는다. 엘리야에게는 엘리사에게 겉옷을 걸쳐 주는 행위와 하느님 앞에서 겪었던 체험[38]을 그에게 행해 주는 것으로 충분한 것이다. 반대로, 엘리사 편에서 역시 전혀 예기치 못했던 엘리야의 부름에 대해 어떠한 설명도 요구하지 않을 뿐더러, 이와 관련해서 아무런 말이나 동기에 대한 해명도 듣지 못한다.[39] 이렇듯 겉옷을 통해 이루어지는 예언직의 수여는 엘리

---

36 Cfr. G. Bouwman, *o. c.*, p. 35.
37 S. Barbaglia, *Elia/Eliseo*, in "DBV", pp. 285-286.
38 '겉옷을 걸쳐 주는' 이러한 행위는 성령의 도유의 행위, 그리고 예언직을 수여하는 행위가 된다. cfr. *Ibid.*, p. 286.

사에게 마치 야훼 하느님을 대면하듯이 그분과의 만남을 중재해 주며, 그로 하여금 자신의 온 생애에 걸쳐 엘리야를 스승으로 섬기는 일에 투신하도록 이끌어 준다. 엘리사는 추종과 제자직에 불리어진 사람으로서 스승 엘리야를 '따르도록' 정해진 것이며, 이로써 자신의 온 삶을 통해 새로운 임무를 지니게 된 것이다. 그리하여 엘리사는 이제까지 살아왔던 삶의 방식을 포기하는 표시로써, 그리고 스승 엘리야의 사명을 계속해서 이어 나가고 이러한 사명의 살아 있는 증거가 되기 위한 필요조건으로써, 소를 제물로 바치고 쟁기를 부수어 땔감으로 사용하며, 또한 아버지와 어머니를 떠나야 했던 것이다.[40] 바로 이 점에서 "가족과 재물의 포기, 예언직의 수여, 제자직과 봉사라는 요소들은 서로 긴밀한 연관을 갖게 된다."[41] 이제 예수 그리스도를 따름에 견주어 예언직에서의 따름이란 개념의 몇 가지 특징들을 간략히 언급하며, 엘리야와 엘리사의 일화에 대한 고찰을 마무리하고자 한다.[42]

① 엘리야 예언자는 주 하느님으로부터 임무를 부여받은 사람으로 사명을 수행하는데 반해, 예수님께서는 당신의 주도권을 지니고 행동하신다. 바로 이 점에서 구약성경에서 등장하는 모든 성소사화들과의 관계에서 가장 본질적인 차이가 드러난다. 위의 예화에서처럼 하느님의 부르심은 어느 특정한 인물, 즉 예언자 엘리야를 통해서 엘리사에게 주어지지만, 여기서 부르시는 이는 종국에는 하느님 당신이시다. 두 가지 경우가 있을 수 있는데, 우선 하느님께서 부르심의 권한을 어떤

---

39 Cfr. A. Bonora, *o. c.*, p. 21.
40 Cfr. *Ibid.*, p. 22.
41 M. Hengel, *Sequela e carisma. Studio esegetico e di storia delle religioni su Mt 8,21s. e la chiamata di Gesù alla sequela*, Brescia 1990, p. 38.
42 Cfr. B. Proietti, *o. c.*, c. 1290.

예언자에게 위임하는 때이고(1열왕 19, 15-18; 1사무 16,1ss.; 1열왕 11,31ss.), 다른 하나는 그분께서 직접 부르시되 예를 들자면 어떤 환시를 통해서 행하시는 경우이다. 하지만 예수님께서는 자신의 메시아로서의 권위를 지니고 직접 당신을 따르도록 부르신다.[43]

② 엘리야 예언자는 엘리사에게 겉옷을 걸쳐 주는 상징적인 행위를 통해 자신을 따르도록 초대하지만, 예수님께서는 당신 말씀으로 친히 제자들을 부르신다. 즉 엘리사에게 겉옷을 두르는 엘리야의 행위는 예언자로 불리어졌음과 그 예언직을 수여함을 의미하기에, 엘리사는 모든 것을 버리고 자신의 연장을 태우고, 또 잔치를 벌인 후에 엘리야를 따라간다. 이러한 일련의 행위들은 엘리사가 엘리야를 통해 주어진 하느님의 부르심을 온전히 수용하고 있음을 보여 준다. 물론 이에 못지않게 복음서에서도 예수님의 첫 번째 제자들은 그분의 부르심을 전적으로 수용하고 있다. 예수님의 제자들도 그분께서 직접 하시는 말씀을 하느님의 부르심으로 인정하고, 엘리사처럼 그 부르심을 즉각적으로 받아들인다. 즉 그들 역시 자신들이 일을 하는 데에 필요한 도구들과 가족 등 모든 것을 버리고 예수님의 뒤를 따랐던 것이다. 이로써 예수님의 제자들 안에서도 그분의 부르심에 대한 온전하고 무조건적인 수용이 이뤄지고 있는 것이다.[44]

③ 특별한 차이점 중에 또 다른 한 가지는, 엘리야는 엘리사가 자신의 가족들에게 작별 인사를 하고 올 수 있도록 배려하고 있지만, 예수님께서는 당신의 제자들에게 이를 허락하지 않으셨다는 사실이다.

---

[43] Cfr. M. Hengel, *o. c.*, p. 38.
[44] Cfr. E. R. Martínez, *La sequela di Gesù Cristo nel Vangelo secondo Marco*, Roma 2000, pp. 57-58.

4) 율법학자들의 전통 안에서의 따름

예수님의 활동 안에서 '따름'에 대해 이야기할 때, 우리는 당대의 율법학자들의 전통과의 유사성에 대해 주목하지 않을 수 없다.[45] 그것은 비록 예수님께서 단순히 율법의 해석가는 아니었을지라도, 율법학자들의 전형적인 모습처럼 율법에 대한 해박한 이해로부터 전혀 영향을 받지 않을 수 없었기 때문만은 아니다.[46] 사실 '랍비'라는 표현은 예수님에게도 붙여진 칭호였다.(마태 26,25.49; didaskalos: 마태 8,19: 12,38)[47]

우선 유대 사회 안에서 토라 중심주의는 가히 절대적이었다. 선택된 민족인 이스라엘 모든 사람들에게 모든 법적인 조항들은 하느님의 신성한 요구로 받아들여졌다.[48] 이처럼 토라를 삶의 중심에 놓는 사회적 종교적인 배경 안에서 스승과 제자의 관계는 랍비들의 삶에 가장 우선시되는 활동으로써 율법을 습득하고 전수하는 데 있어 가장 중요한 역할을 차지하였다.[49] 이러한 일반적인 인식과 더불어, 수많은 랍비들의 학교에서 전개되었던 율법을 해석하는 교육은 단순히 교육적인 장소에서만 국한되어 행해진 것이 아니라, 모든 사람들의 삶 자체에도 지대한 영향을 미쳤다. 동시에 예수님 시대의 율법학자들은 율법을 공경하는 모든 유다인들로부터 최상의 공경을 받아야 할 사람으로서,

---

45 M. Hengel에 따르면, A. Schulz는 G. Kittel과 K. H. Rengstorf에 의해서 연구된 개별적 단어들에 대한 분석에서 출발하여 따름에로의 예수님의 부르심은 율법주의 랍비들의 배경과 함께 그에 대한 유비로써 이해할 수 있다고 주장한다. 이러한 견해에 대해서는 다음의 장에서 예수님의 부르심이 지닌 고유한 의미들에 대해 강조하면서 좀 더 상세히 살펴보게 될 것이다. cfr. *Ibid.*, pp. 15-16.
46 Cfr. *Ibid.*, pp. 85-86.
47 Cfr. *Ibid.*, p. 78.
48 Cfr. L. A. Montes Peral, *Tras las huellas de Jesús. Seguimiento y discipulado en Jesús, los Evangelios y el Evangelio de dichos Q*, Madrid 2006, pp. 116-117.
49 Cfr. E. Manicardi, G. De Virgilio, *o. c.*, p. 246.

그리고 자신들의 학교에서 많은 제자들을 모으고 거느릴 만한 능력이 있는 대상으로 여겨졌다. 이에 대해 L. A. Montes Peral의 견해에 따라 율법학자들이 학교에서 추구했던 세 가지 근본 목표를 찾아볼 수 있다.[50]

① 율법에 대한 상세한 지식을 전수하기 위해 어느 한 스승 밑에서 제자들을 교육하는 일. 스승은 제자들이 다양한 해석학적 기술을 가지고 율법을 해석할 수 있도록 가르쳤으며, 그들의 지혜로 제자들의 일상적인 생활을 계도하기도 하였다.

② 토라의 규정들을 이론적으로 발전시키는 일. 즉 율법학자들은 제자들이 개개인의 삶의 모든 순간에 토라를 더욱 잘 이해하고 효과적인 것으로 받아들이도록 이들에게 토라의 내용을 현실에 적용하는 방법을 가르치는 일에 심혈을 기울였다.

③ 어떤 일을 판단함에 있어 정의로써 다스리고 통치하도록 돕는 일. 이들에게 있어 정의란 본질적으로 모세에게서 받은 규정에 기초한 법적인 규율에 따르는 것으로 여겨졌다.

스승과의 일상적인 관계에서 제자들은 그들로부터 법적인 규정들에

---

50 저자는 다음과 같이 설명한다. "랍비들의 학교에서는 세 가지 극본 목적을 가지고 제자들을 받아들였다. ① 첫째는 율법에 대한 정확한 이해를 통해서 그들을 육성하고자 함이다. 즉 자신의 해석학적 기술을 가지고 율법의 계명들에 대한 일치된 해석을 하도록 가르치고 그 지혜로써 일상생활을 조명하도록 돕기 위해서이다. ② 둘째는 토라를 모든 때에 보다 이해하기 쉽고 효과적인 것으로 삼고자 하는 목적에서 그 내용을 실현해 가면서 토라의 계명들을 이론적으로 발전시키는 일이다…. ③ 셋째는 판결을 내림에 있어서 정의로 통치하도록 돕기 위한 것이다. 이러한 통치는 모세의 계명들에 그 본질적인 토대를 두는 법적인 규정에 따라야 할 것이기 때문이다." L. A. Montes Peral, *o. c.*, p. 246.

대한 이론적인 지식을 전수받았을 뿐 아니라, 이러한 규정들을 충실히 실행에 옮기도록 그에 상응하는 실천적 지혜를 전해 받기도 하였다. 하지만 예수님 시대의 율법주의 전통 안에서 스승과 제자의 관계는 영구적인 것은 아니었고 특정한 시기 동안에, 이를테면 제자들이 율법에 대한 지식을 습득하여 어느 정도의 성숙도에 이르기까지로 한정된 것이었다. 사실 어느 제자가 율법에 대한 이론적인 지식과 그 실천에 있어 상당 수준에 이르게 되면, 이제는 스승으로부터 나와서 그 자신이 랍비가 될 자격을 부여받게 됨으로써 자기 곁에 다른 새로운 제자들을 불러 모을 수 있게 된다. 물론 그렇다고 해서 가장 왕성한 활동을 하는 시기에 있는 사람이든, 이미 노년에 접어든 사람이든, 모든 랍비에게 있어서 율법에 대한 지속적인 연구와 그것을 가르치고 전수해야 할 의무가 사라지는 것은 결코 아니었다.[51] 이러한 요구의 바탕에는 스승이라는 직책의 진정한 근거로 다름아닌 토라에 대한 사랑이라는 사실이 자리하고 있다.

또한 동일한 이유에서 제자들 편에서도 토라를 연구하는 것 자체는 최상의 과제로 하느님을 섬기는 일처럼 간주되었다. 따라서 모든 히브리 사람은 보다 나은 양성을 받기 위해 특정한 스승을 모시는 일에 힘썼고, 그들에게 이 같은 일은 가령, 선행을 해야 한다거나 혹은 이웃들과 평화로운 관계를 회복해야 한다거나 하는 사회적인 의무보다 더욱 중요하고 우선시되는 과제였다. 다른 한편 정해진 스승을 가져야

---

[51] "가르침에 대한 권고는 비단 전성기에 있는 스승에게만 유효한 것이 아니라 나이든 스승에게도 동일한 것이었다. (비유하자면) 그의 가르침이 마치 잘 익은 포도처럼 그리고 숙성된 포도주처럼 맛있을 때에도 제자들을 육성해야 하는 것이다.(ARN B 4; bYev 62b)" R. Neudeker, *Il rapporto maestro-discepolo nel giudaismo rabbinico*, in AA. VV., "Apostolo-Discepolo-Missione. Dizionario di spiritualità biblico-patristico", diretto da S. A. Panimolle, Roma 1993, p. 58-59.

하는 의무만 있는 것이 아니라, 여러 스승들과도 연구를 지속해야 한다는 권고[52]도 함께 나타나기도 한다. 하지만 이러한 사실이 제자들의 입장에서, 그들의 스승인 랍비의 권위를 평가절하하게 만드는 것은 아니다. 오히려 그들 서로 간의 관계에서 제자들은 자신들의 스승에 대한 합당한 존경과 함께, 일상 중에 어느 정도의 시간은 스승을 섬기는 일을 하면서 보내야 했고, 심지어는 가사를 돕기도 하였다. 학교에서나 일상생활 중에서의 이러한 스승과 제자의 긴밀한 관계는 당연한 결과로 이들이 인격적으로 깊은 차원에서 친분을 쌓으며 서로에 대해 알아가도록 이끌어 주기도 하였다.[53]

2. 신약성경 안에 나타난 파스카 사건 이전의 예수를 따름에 대한 신학적 이해

예수님을 따르는 것은 그리스도교 생활의 본질적인 차원을 표현한다. 예수님의 공생활 기간 동안에 그분을 따르던 많은 사람들이 있었던 것은 분명한 사실이다. 이들은 크게 두 개의 그룹으로 나누어지는데, 하나는 작고 한정된 범위의 한 그룹과 다른 하나는 동일한 성서적 표현인 Mathetes로 불리어지고 예수 그리스도의 설교와 가르침을 따랐던 보다 넓은 범주의 무리를 말한다. 예를 들어, 루가 복음 6장 13절과 17절[54]에는 세 개로 구분된 그룹이 나타난다. "큰 무리를 이루는 군중

---

52 "어느 한 스승 곁에서 배운 사람이라 해서, '이로써 충분하다'고 말해서는 안 될 것이다. 오히려 다른 스승에게 다시 가서 그 곁에서 토라를 익히는 데 힘써야 한다.(ARN A 3, cfr. ARN B 18)" *Ibid.*, p. 62.
53 Cfr. *Ibid.*, pp. 64-67.

들과 제자들 -말씀을 들으러 온 사람들의 무리, 그리고 그들 가운데 제자들의 범주에로 들도록 선택된 열두 사도들의 모임-(cfr. 루카 6,13; 마르 4,10)"⁵⁵

그러나 성서의 여러 텍스트들에서 실제로는 일정한 사람들의 특별한 그룹에 대해서, 즉 예수님의 선교활동 중에 지속적으로 그분을 모시고 동반했던 사람들의 모임에 한해서 '예수님을 따름'이라는 말을 사용한다.⁵⁶ 동시에 '따름'은 초기 그리스도교 기원에서부터 그 자체로 그리스도교 사상의 가장 중요한 사실을 표현하는 개념으로써, 다양한 종교적 체험과 그 의미를 정교하게 해석해 주는 말이기도 하였다.⁵⁷ 따라서 '따름'이라는 말을 특징짓는 여러 다양한 요소들과 상이한 기본 개념들은 우리가 이 표현을 이해하고 연구하는 데 있어 보다 신중히 접근할 것을 요구한다. 바로 이러한 이유에서 우리는 이 주제가 초기 교회의 역사를 거치며 발전하게 된 상황에 대해서도 함께 고려해야 할 것이다. 이에 대해 A. Vidal은 성서의 텍스트들 중에 일부는 부활체험을 통해 편집된 것들도 있으며, 역사적 사실에 대한 기억을 근거로 하는 이러한 체험들 위에 세워진 그리스도교 공동체의 시대적 상황을 반영하기도 한다고 주장한다.⁵⁸

---

54 "날이 새자 제자들을 부르시어 그들 가운데에서 열둘을 뽑으셨다. 그들을 사도라고도 부르셨는데…. 그분의 제자들이 많은 군중을 이루고, 온 유다와 예루살렘, 그리고 티로와 시돈의 해안지방에서 온 백성이 큰 무리를 이루고 있었다."(cfr. 마르 4,10)
55 E. Manicardi, G. De Virgilio, *o. c.*, pp. 246-247.
56 '열두 사도들'과 다른 제자들 사이의 관계에 대해서 J. M. Lozano는 예수님을 따름에 있어서 전자가 지니는 고유한 의미에 대해 다음과 같은 말로 분명히 밝히고 있다. "그러나 엄밀한 의미에서 갈릴래아에서 예루살렘에 이르기까지 예수님의 전교 여행 동안에 그분을 동행했던 제자들의 모임이 있다." J. M. Lozano, *La sequela di Cristo. Teologia storico-sistematica della vita religiosa*, Milano 1981, p. 18.
57 Cfr. L. Perrone, *Il. Nuovo Testamento. Sequela Christi e Imitazione*, in "DIP" vol. VIII, Roma 1988, c. 1291.

우선 '따르다'라는 동사는 4개의 복음서에서 자주 등장하는데, 대부분의 경우 항상 예수 그리스도와의 관계에서 사용된다.[59] 이 단어는 두 가지 의미로 해석되는데, 하나는 물리적인 의미에서 실제로 예수님을 동반한다거나 그분의 뒤를 따라가는 것을 가리키고, 다른 하나는 은유적인 뜻에서 예수님의 삶의 방식에 따라 살아가는 것을 나타낸다.[60] 성서가 기록된 당시에는 '따름'이란 말은 대개 단순하게 주님이신 예수님을 외적으로 동반하는 것을 말하지만, 때로는 여러 종교적인 의미를 함축하기도 하였다. 이러한 '따르다'라는 용어의 이해와 함께 우리는 다른 두 가지 단어, 즉 '제자'와 '사도'라는 개념에 대해서도 검토해야 할 것이다. 이와 관련해서, S. M. Panimolle는 다음과 같이 말한다.

> 열두 제자들은 사도로 간택되기 이전에 우선 그분의 제자들이 되어야 했다. 말하자면 그들은 이미 예수님을 따르는 길을 나섰고, 또한 그분의 학교에 들어선 것이다. 만일에 이들이 그리스도의 진정한 추종자들이 아니었거나 진지하게 그분을 닮고자 하는 이들이 아니었다면 어떠한 역할이나 선교활동도 수행할 수 없었을 것이다. 그들의 제자직이란 바로 삶의 매 순간에 스승이신 분을 따르려는 강한 책임감으로 이루어진 것이다.[61]

---

58 Cfr. S. Vidal, *El seguimiento de Jesús en el Nuevo Testamento. Visión general*, in AA. VV., "El seguimiento de Cristo", Madrid 1997, p. 14.
59 Cfr. G. Turbessi, *Sequela ed imitazione di Cristo secondo il Nuovo Testamento*, in AA. VV., "Gesù Cristo mistero e presenza", a cura di E. Ancilli, Roma 1971, p. 305.
60 Cfr. F. Martínez Díez, *Creer en Jesucristo. Cristología y seguimiento*, Navarra 2005, p. 588.
61 S. A. Panimolle, *Inviati nel mondo ad annunziare l'amore salvifico di Dio per rendere discepoli tutte le genti*, in AA. VV., "Apostolo-Discepolo-Missione. Dizionario di spiritualità biblico-patristico", diretto da S. A. Panimolle, Roma 1993, p. 11.

따라서 파스카 사건 이전에 역사적으로 예수님께서 선교활동을 펼쳤던 시기로부터 그 이후에 초기 그리스도교 공동체의 시대에 이르기까지 '예수 그리스도를 따름'이라는 표현에 영향을 주었던 근본적인 사조들, 그리고 그 개념 안에 함축된 내용과 변화되는 과정에 대해 살펴보는 것이 필수적이라 하겠다.

이제부터 우리는, 우선 예수님의 부르심과 관련된 종교적인 체험에 대해 주목하면서 그분의 지상 생애 안에서 예수님을 따름에 대해 고찰해 보고자 한다. 예수 그리스도를 따름이라는 삶의 방식은 제자들로 하여금 그분의 신성한 인격과 그분의 말씀에 근본적으로 부합하는 삶을 살도록 자극하면서 스승이신 분에게 순종하는 제자가 되도록 이끌어 줄 것이다. 뿐만 아니라 이러한 생활은 제자들 자신이 체험한 신앙의 보배를 형제들에게 전해 주어 이들 역시 숭고하고 복된 체험의 참여자가 되도록 도와줄 것이다.[62]

1) 부르심과 예수님을 따름

복음서에서 동사 '따르다'는 통상적으로 제자들 편에서 예수님을 따름에 대해 언급하기 위해 사용되었다.[63] '따르다($\alpha\kappa o\lambda o\upsilon\theta\epsilon\tilde{\iota}\nu$)'라는 용어는 복음서 안에서만 등장하며, 이와 조금 다르게 예수님의 '제자($\mu\alpha\theta\eta\tau\eta\varsigma$)'와 같은 단어와 함께[64] 복음서와 루카 복음사가의 표현법의 영향 아래서

---

[62] Cfr. *Ibid.*, p. 11.
[63] 부연하면, "4개의 복음서들의 특징들 중에 매우 흥미로운 것은, 공생활 처음부터 주님께서는 전혀 홀로 떨어진 모습으로 등장하지 않는다는 것이다. 특히 마르코 복음서에서 (cfr. 마르 2,15: 3,7: 6,1: 8,10.27: 10,46) 예수님께서는 언제나 당신의 제자들과 동행하시거나 그들로부터 둘러싸여 있는 모습이시다." E. Manicardi, G. De Virgilio, *o. c.*, p. 248.
[64] Cfr. Ch. Blendinger -H. Chr. Hahn, *Seguire-discepolo*, in "DCBNT", a cura di L. Coenen, E. Beyreuther, H. Bietenhard, Bologna 1976, pp. 1717-1732.

사도행전에서도 나타나기도 한다.⁶⁵ 이 단어는 예수님의 지상 생애에 적용되면서 문자 그대로 '누구의 뒤를 따라가다', '누구와 동반하다', '그분과 함께 살아가다', 그리고 '그분의 사명에 참여하다'라는 것을 뜻한다. 또한 동사 '따르다'라는 말이 신학적 혹은 영성적 의미를 지니면서 제자들과 관련해서, 예수님과 그들과의 관계를 묘사하기 위해서 사용된 것도 사실이다. 따라서 '예수 그리스도의 죽음 이후에, 이 동사는 복음서들 외에는 어디서도 찾아볼 수 없다.'⁶⁶

이 동사의 용례에 대한 설명과 관련해서, M. Gesteira Garza는 의미 있는 사실을 언급한다. 즉, 신약성경 안에서 이 동사는 결코 은유적인 의미에서 사용되지 않으며, 이와 반대로 항상 '누군가의 뒤를 따라가다'라는 구체적인 의미를 담고 있다는 것이다.⁶⁷ 더불어 '뒤에서'라는 표현 역시 문자 그대로의 의미에서 이해되어야 한다. 사실 '누군가의 뒤를 따라가다'는 말은 비유적인 의미로 '누군가의 제자가 된다'는 것 외에 다른 뜻이 아니다.⁶⁸ 그에 따르면, 일반적으로 예수님을 동반했던

---

65 "예수님을 '따름'이라는 어휘는 신약성경에서 오직 복음서에서만 나타난다. 묵시 14,4 (동사 ακολουθεῖν과 함께)와 1베드 2,21(동사 ἐπακολουθεῖν과 함께)은 아주 특별한 경우이며, 복음서의 텍스트와는 많이 다른 형태이다. 예수님과 관련해서 언급된 동사 'ακολουθεῖν: 동반하다, 따르다'는 마르코 복음에서 16회(이 동사는 전체 20회 쓰여진다), 마태오 복음에서는 25회, 루카 복음은 모두 17회 중에서 16회, 요한 복음은 19회 중에 17회 나타난다. …이 단어는 '동반하는 것' 또는 어떤 행렬을 실제로 '따라가는 것'을 가리키거나 이러한 모습에 반영된 고전적인 실천행위에 준하는 것으로서, 순종과 봉사 등의 의미를 함축하고 있다." S. Vidal, *o. c.*, pp. 14-15. 덧붙여서 "제자(*mathētēs*)라는 말은 많은 경우에 예수님 주변의 아주 작은 그룹에 한정되어 사용되었다. 따라서 이 말은 예수님과의 지속적이며 생생한 관계에서가 아니라면 그 의미를 이해하기 힘들다." E. Manicardi, G. De Virgilio, *o. c.*, p. 247.

66 G. Turbessi, *o. c.*, p. 312.

67 M. Gesteira Garza, *La llamada y el seguimiento de Jesucristo*, in AA. VV., "El seguimiento de Cristo", Madrid 1997, p. 38.

68 Cfr. G. Bouwman, *o. c.*, pp. 16-17. 예수님의 수난에 대한 첫 번째 예고의 장면에서 우리는 하느님의 뜻에 따르는 참다운 제자로서 있어야 할 정당한 자리에 대해 숙고해

많은 사람들의 무리에 대해 서술할 때는 이 동사의 직설법 형태를 취하지만(cfr. 마태 4,25: 8,1: 12,9; 마태 10,32), 예수님의 입에서 나온 말씀으로써 그분을 따르도록 초대되고 이러한 초대에 응답할 것을 요구받는 사람을 향하고 있을 때는 항상 명령형을 취한다.(cfr. 마태 9,9: 19,21, 8,21; 요한 1,43: 21, 19 이하; 마르 1,16 이하)[69] 동사 '따르다'의 용례에서 나타난 이러한 사실을 통해 우리는 그 시작에서부터 12제자들의 성소가 가지는 전형적인 특징을 발견할 수 있다. 말하자면 그들에게서 따름이란 것은 어떠한 제안 혹은 설득의 방식으로서가 아니라 하나의 명령으로서 실행되는 것이며, 예수님으로부터의 그 부르심은 유일한 기준점으로서 당신 자신의 인격에 온전히 집중되어 있다는 것이다. '나를 따라오너라!'(마르 1,17); '나를 따라라'(마르 2,14) 의심의 여지없이, 예

볼 수 있다. 당신께서 가시는 길을 거부하는 베드로에게 예수님께서는 다음과 같이 말씀하신다. "사탄아, 내게서 물러가라, 너는 하느님의 일은 생각하지 않고 사람의 일만 생각하는구나."(마르 8,33) 이러한 방법으로, "예수님께서는 베드로를 당신의 뒤에 서도록 물러나게 하신다. 즉 제자로서 그에게 합당한 자리에 놓으시는 것이다. 제자는 마치 스승을 인도하는 것처럼 스승 앞에 놓여서는 결코 안 된다. 오히려 스승이 인도하도록 하기 위해서 스승의 뒤에 머물러야 하는 것이다." K. Stock, *Il discepolo di Gesù nei Vangeli sinottici*, in AA. VV., "Apostolo-Discepolo-Missione. Dizionario di spiritualità biblico-patristico" diretto da S. A. Panimolle, Roma 1993, p. 95.

69 Cfr. M. Gesteira Garza, *o. c.*, p. 38. 이에 대해 A. Aparicio Rodriquez는 말한다. "예수님 이후에는, 어느 누구도 '나를 따라라' 하고 위엄 있는 말로 명령하지 못한다." A. Aparicio Rodríquez, *La hora del seguimiento*, in VR 48 (1980), p. 15. 사실 이러한 명령형을 사용하는 의미에 대해서도 L. Di Pinto는 다음과 같이 분명하게 설명한다. "따름이란 말의 명령형은 자율적인 청원으로서 놓여진 것도 아니며, 그렇다고 명령을 받는 이에게 자동적으로 응답하는 것을 요구하는 것도 아니다. 마치 구약성서에서 하느님께서 '그러므로 너희 주 하느님을 사랑하여라.'라고 말씀하시기 전에 먼저 '내가 너를 구했노라.'고 선포하시는 것처럼, 예수님의 요청($\alpha\kappa o\lambda o\upsilon\theta\epsilon\iota\ \mu o\iota$)도 하나의 단순한 명령이 아니라, 명령의 형태 아래 먼저 선사된 은총의 사건을 함축하고 있다. 즉 이러한 명령은 인간에게 먼저 하느님의 주도적인 능력으로 그분의 부르심에 응답하는 지위에 놓여 있음을 보여 준다. 따라서 따름은 무엇보다 구원론적인 사건이며, 제자의 신분은 단순히 관계의 개념으로서만이 아니라, 하나의 새로운 지위로서 이해된다. 예수님께서는 이렇게 새로운 인간의 신앙적 윤리적 본질이 자리할 근거를 창조하신다." L. Di Pinto, *o. c.*, p. 245.

수님께서는 당신을 따르도록 제자들을 부르셨고, 이 같은 사실은 예수님을 따르도록 불린 제자들이 맺게 될, 역사적인 예수님의 말씀과 구체적인 행위에 결부된 그분과의 관계에 고유한 특징들을 부여한다. 이에 대해 R. Fabris는 다음과 같이 주장한다.

> 비록 제자의 자격에 대해서 어떠한 인물이나 열두 제자의 그룹에 속하지 않은 다른 사람에게 언급되었을지라도, 많은 경우에 이것은 예수님의 순례 활동이 시작될 때부터 줄곧 그분을 따랐고, 그분의 운명에 함께 참여했던 이들의 작은 그룹을 향해 언급된 것으로 관찰해야 할 것이다.[70]

또한 '그의 제자들'이라는 표현은 예수님과 제자들 사이의 긴밀한 유대를 분명히 보여 주고, 이로써 그들을 당신의 적대자들과 명확하게 구분 짓는다는 점에서 중요한 의미를 갖는다.[71] 이러한 기본 인식을 토대로, 예수님의 부르심 안에서의 몇 가지 특징들과 특히, 12제자의 성소사화에서 나타나는 당신을 따르라는 예수님의 초대에 있어 독특한 요소들에 대해서 살펴보고자 한다.

복음서 안에서 예수님으로부터 그분의 제자가 되기 위해 제시된 조건들을 규정하는 텍스트와(cfr. 마태 10,37-38: 16,24: 8,18-22; 마르 8,34;

---

70 R. Fabris, *I Dodici apostoli nei quattro Vangeli*, in AA. VV., "Apostolo-Discepolo-Missione. Dizionario di spiritualità biblico-patristico", diretto da S. A. Panimolle, Roma 1993, p. 75.

71 Cfr. K. Stock, *o. c.*, p. 89. 유사하게 J. M. Lozano도 '열두 사도'에게 적용된 '제자'라는 표현에 특별한 의미를 부연한다. "'제자'라는 말이 공관복음서에서 예수님과 밀접한 연관을 가지고 살았던 사람들의 한정된 모임을 배타적으로 가리키기 위해서 사용되었다는 점은 매우 특별한 의미를 지닌다. 그분의 제자가 되고자 하는 사람에게 행해진 요구와 조건들에 대한 이야기들은 기본적으로는 바로 이러한 좁은 의미에서 그분의 제자들에게 청해진 것으로 보여지기도 한다. 이러한 고찰은 공관복음이 이들에게 부여했던 특별한 의미를 넘어서, 예수님께서 의도했던 제자단의 고유한 의미에 대해 이해하도록 이끌어 준다." J. M. Lozano, *o. c.*, p. 19.

루카 9,23.57-62: 14,26-33), 예수님께서 행하시는 부르심에 대해 언급하는 성소의 이야기들은(첫 번째 네 명의 제자들을 부르심 마태 4,18-22; 마르 1,16-20, 레위를 부르심 마태 9,9; 마르 2,14, 또는 부자 청년을 부르심 마태 19,21; 마르 10,21) '따름'의 본질적인 내용들에 대해서 명확하게 이야기해 주고 있다. 특히 열두 제자들을 뽑으시는 장면에서,[72] 마르코 복음서의 색채는 예수님께서 권위와 주도권을 가지시고 당신께서 원하시는 이들을(oús êthelen autós) 가까이 부르시는(proskaleítai) 모습을 잘 부각해 주고 있다. 또한 이 이야기 안에서, '열두 사람을 뽑아 세우심(epóiêsen dôdeka)'은 성서 안에서 특별한 임무나 권한을 행사하도록 누군가를 세우거나 혹은 어떤 조직체를 제정한다는 것을 가리키는 표현으로, 여기서는 열두 사도들의 모임에게 공적으로 특별한 사명이 부여되고 있음을 말해 준다.(1사무 12,6; 1열왕 13,31.33)[73] 이러한 특별한 모임을 구성하는 목적은 두 가지이다. 첫째는 예수님께 지속적으로 결합함으로써 그분의 삶의 방식과 운명에 동참케 하는 것이고, 둘째는 말씀과 마귀 들린 사람들을 자유롭게 해 주는 행위를 통해 하느님 나라의 선포자로서 그분의 사명에 참여하는 것이다. 이러한 방법으로 제자로서 불리운 이들은 자신들의 공적 때문이 아니라 예수님의 주도적인 행위로서 선택된 것이며, 그분과 함께 머묾과 파견되어 복음을 선포하는 두 가지 궁극적인 목표를 가지고 사도로서의 삶에 맞갖은 것들(양성)을 배워 나가야 한다.[74] 따라서 예수님을 따른다는 것은 단지 그분

---

72 "예수님께서 산에 올라가신 다음, 당신께서 원하시는 이들을 가까이 부르시니 그들이 그분께 나아왔다. 그분께서는 열둘을 세우시고 그들을 사도라 이름하셨다. 그들을 당신과 함께 지내게 하시고 그들을 파견하시어 복음을 선포하게 하시며, 마귀들을 쫓아내는 권한을 가지게 하시려는 것이었다."(마르 3,13-15)
73 Cfr. R. Fabris, *o. c.*, p. 79.
74 D. Fernández는 다음과 같이 설명한다. "선택된 사람들은 자신들의 공적을 내세울

의 메시지를 수용하는 것만이 아니라, 그분의 삶과 사도적인 활동에 참여케 되었음을 의미하는 것이다.[75]

또한 따름에로 부르시는 예수님의 초대에서의 독창적인 요소들은 제자들을 개별적으로 부르시는 순간에도 분명하게 나타난다. 이러한 예수님의 부르심이 가지는 고유한 요소에 대해서, R. Fabris는 다음과 같은 점들에 주목한다.

① 부르심의 이야기들이 가지고 있는 일반적인 구조는 하느님께서 당신의 예언자들에게 사명을 부여할 때와 같은 하느님의 권능과 권한을 가지고 당신의 제자들을 부르시는 예수님의 주도적인 능력을 분명히 보여주고 있다. ② 예수님께서는 상징적이고 은유적인 형태 또는 초대와 명령형의 말씀으로써 하느님 나라의 도래를 알리고 선포하는 자로서 당신의 사명에 제자들을 참여케 하신다. ③ 이러한 예수님의 초대에 어떠한 종류의 저항이나 반론도 없었다. 부르심 받은 이들은 신속하고 전적인 동의로, 즉 이전까지의 다른 모든 구속이나 유대를 즉각적으로 끊어 버리는 순명의 자세로 응답한다.[76]

이러한 부르심에 대한 고찰에 있어서 가장 결정적인 것은 제자들을

수 없다. 이것은 예수님의 메시아적 권위에서 나오는 무상의 주도적인 행위에 대한 것이다. (당신께서 원하시는 이들을 가까이 부르시니) 이러한 부르심의 두 가지 목적은 접속사 'hina'(무엇을 위하여)의 반복적인 사용으로 강조되고 있다. 당신과 함께 지내게 하시기 위하여, 그리고 그들을 파견하시어 복음을 선포하게 하시기 위하여. …파스카 이전 단계에서의 예수님을 따름은 이러한 사도적인 양성에 관련한 물리적인 성격의 것이다." D. Fernández, *Reflexión teológico sobre el seguimiento de Cristo*, in VR 48(1980), p. 24.

75 Cfr. A. Pigna, *La vita consacrata. Nodi teologici e soluzioni*, Roma 1996, pp. 127-128.
76 R. Fabris, *o. c.*, p. 78. M. Gesteira Carza 역시 이와 유사하게 예수님의 부르심 안에서 몇 가지 고유한 내용들에 대해서 찾아낸다. ① 예수님의 주도적인 능력과 그분의 권위 ② 부르심에 대한 응답을 통한 제자들의 순명 ③ 따름은 예수님께서 행하신 봉사(*diakonía*)의 연장으로서 그분의 직무와 봉사직에 동참하는 것을 수반한다. cfr. M. Gesteira Garza, *o. c.*, p. 39.

선택하고 당신에게 부르시는 모습 안에서 나타나는 그리스도의 배타적인 권위이다.[77] 이것은 하느님을 대신해서 마치 그분의 '대리자'로서, 예수님 자신이 부르심에 대한 어떠한 설명을 해 줄 필요도 없이, 자신의 근본적인 신원에서 드러나는 놀라운 권위로써 따름에로 그들을 초대하신다는 것을 의미한다.[78] 따라서 따름이란 일반적으로 제자가 되

---

[77] 예수님께서 제자들을 부르시는 이러한 권위는 첫째가는 가장 결정적인 특징이다. "Ακολούθει μοι, 예수님의 입에서 나온 말씀 중에 하나로, 아마도 가장 절대적이고 무조건적인 특징을 드러내는 것일 것이다. 또한 이것은 당신의 말씀에 엄격한 명령으로써의 초월적인 힘을 실어 주는 메시아적인 의식의 표시이기도 하다." L. Di Pinto, *o. c.*, p. 213. 이에 대해 Francis J. Moloney는 따름에로의 성소 이야기들, 특히 예수님의 첫 번째 네 제자들을 부르시는 모습(마르 1,16-20: 2,13-14)에 대해 분석하면서, 예수님의 이러한 주도권과 권위에 대해 설명한다. "우리는 무엇보다 예수님께서 어딘가를 가는 도중에 있었음을 주목해야 한다. 그분께서는 어디를 지나가고 계셨고(v. 16), 또 조금 더 가시고 있는 중이었다.(v. 19) 예수님께서는 항상 어딘가를 향해 움직이시는 상황이셨다. 즉 랍비들처럼 어느 학교에서 자기 자신 주위에 제자들을 불러 모으시지는 않으셨다. 게다가 그분께서 항상 주도권을 쥐고 계신다. …마르 1,16-20에서 그들을 보시고(vv. 16.19), 그들에게 말씀하시고(v. 17), 그들을 부르시며(v. 20), 그들에게 '너희를 사람 낚는 어부가 되게 하겠다'(v. 17)고 하신 분은 오로지 예수님이셨음을 보여 주고 있다. 하느님과 인간의 관계에서 이러한 주도권은 항상 하느님의 것이다. 시몬과 안드레아, 야고보와 요한의 응답은 또한 즉각적인 것이었다. 그들은 어떠한 말도 하지 않는다. 단순히 모든 것을 버리고 그분을 따라나설 뿐이다. 이 두 가지 이야기에서 강조할 만한 다른 요소는, 제자들은 마치 그들 이전에 아브라함이 먼저 했던 것처럼, 그들의 다른 동료들이 이 세상에서 성취하는 삶을 보장할 수 있는 최소한의 불가피한 요구들이라 여겼을 법한 모든 것들을 다 버렸다는 사실이다. 그물, 배, 삯꾼들, 그리고 아버지. 또한 일을 위한 도구들에서부터 시작하여 가족에 이르기까지, 그들이 포기했던 것들 역시 그 비중이 점차적으로 높은 것에로 질서 있게 배치되어 있다는 사실도 주목해야 할 것이다. …또한 우리는 여기서 아버지의 뜻을 실현하는 일에 온전히 전념하면서, 소박한 사람들을 당신의 직무를 수행하는 일에 참여케 하시기 위해서 부르시는 예수님의 매력적인 인성에 직면하게 된다. …성공을 위해 필요하다고 여겼던 모든 것들을 즉각적으로, 그리고 자발적으로 포기하는 것이야말로 신약성서 안에서 하느님의 거부할 수 없고 충만히 흘러넘치는 현존 앞에서 인간이 취하는 진정한 응답에 다름아니다." F. J. Moloey, *Discepoli e profeti. Un modello biblico per la vita religiosa*, tradotto da A. Lorini, Torino 1981, pp. 211-212; cfr. E. R. Martínez, *o. c.*, pp. 55-57; G. Fischer, M. Hasitschka, *o. c.*, pp. 103-106. 또한 마태오 복음서 안에서의 성소사화에 대한 주석을 위해서 F. Martínez Díez, *Rifondare la vita religiosa. Vita carismatica e missione profetica*, pp. 129-132를 참고할 수 있겠다.

[78] 이와 유사하게, 일부 학자들도 구약성서의 다른 성소사화에 견주어 볼 때 예수님의 부르심이 보다 우선적인 것임을 주장한다. "예수님께서 제자들을 부르는 이러한 방식은

고자 지원하는 이들의 주도적인 능력에서 시작되는 것이 아니라, 스승이신 분의 요구와 이에 대한 동의 여부에 달린 문제인 것이다.

다른 한편 이러한 예수님의 부르심은 제자들로 하여금 예수님의 정체성에 대해 인정하고 받아들이며 그분께 전인격적인 결합을 통해 온전한 일치를 이루게 한다. 사실 이것은 제자들에게 있어 가장 중요한 과제이기도 하다.[79] 이 부르심은 항상 온전한 순응과 완전한 내어맡김과 더불어, 무조건적으로 그분을 따르는 데 있어 방해가 되는 모든 구속으로부터 풀려나기 위한 요구 조건으로서 '버리는(포기하는) 행위'와 결부되어 있다. 예수님께서도 따름의 생생한 의미와 조건들에 대해 말씀하신다.

> 누구든지 내 뒤를 따르려면 자신을 버리고 제 십자가를 지고 나를 따라야 한다.(마르 8,34)[80]

당연히 이와 견줄 만한 다른 예를 찾을 수 없으며, 단지 하느님 당신이 행하신 부르심과 비교될 수 있을 뿐이라고 말할 수 있겠다. 이 점이 의미하는 바는, (예수님의 부르심은) 우리로 하여금 궁극적인 것에 직면하도록 하며(Ernst), 혹은 구원의 메시지로서 하느님의 절대적인 능력과 그분 나라의 도래에 대해서 알려 주고 있다는 것이다." J. L. Fernández, ¿Cómo seguir a Jesús hoy?, in AA. VV., "El seguimiento de Jesus", Madrid 2004, p. 39.
79 Cfr. K. Stock, o. c., p. 91. 무엇보다 예수님께서는 당신 곁에 함께 두실 목적으로 열두 제자를 뽑아 세우셨다.(마르 3,14) 게다가 제자들과 만남의 순간에 예수님께서는 그들이 단지 하느님께 대한 신뢰뿐만이 아니라, 당신 자신에게도 믿음을 두도록 초대하신다. 제자들을 향한 예수님의 "그러면 너희는 나를 누구라고 하느냐?"라는 물음에 시몬 베드로는 "스승님은 살아 계신 하느님의 아드님 그리스도이십니다." 하고 대답한다.(마태 16,15-16) U. Vanni에 따르면, "당신은 그리스도(메시아)이십니다."라는 베드로의 고백은 '따름'이 가져다주는 가장 아름다운 결실이며, 예수님께 대한 친밀함의 열매이다. cfr. U. Vanni, La sequela di Gesu, in CeS 6 (1983), p. 7.
80 마르코 복음의 병행 구절과 견주어 볼 때, 루카 복음에서는 문제적인 미묘한 변화가 보인다. 즉 루카 복음사가는 그분의 제자가 되려면 '매일' 십자가를 지고 따라야 한다고 명시한다. 사실 루카 복음사가는 현존하는 심각한 위기의 상황에서, 특히 박해를 받는 처지에서, 분명 이러한 말씀을 찾아 적용하고자 하였다. 말하자면 예수님께 대한 충실성 때문에 초래될 수 있는 현실적인 문제들에 이러한 말씀을 적용함으로써, 고난 속에서도

나와 복음 때문에 목숨을 잃는 사람은 목숨을 구할 것이다.(마르 8,35)

위에서 제시한 말씀들에 대해 숙고해 볼 때, 따름은 예수님과 그분의 복음에 대한 밀접한 연관 안에서 최상의 가치이자 그분과의 삶의 일치를 드러내는 표지로써 이해된다.[81] 다시 말해, 따름이란 인간 존재에 있어 가장 근원적인 실재인 생명에로 이끌어 주는 것이므로, 다른 모든 것보다 우선해야 할 근본적인 요청으로서 예수님께 대한 전적인 신뢰의 자세를 요구하는 것이다.[82] 이러한 의미에서 따름은 이를 실천하는 데 필요한 근본적인 요청으로써, 모든 것을 포기한다는 것을 수반한다.[83] -① 자신의 모든 재화에 대한 포기 ② 자기의 부모와 가족에 대한 포기 ③ 그리고 자신의 생명까지도 자유로이 내어놓을 수 있는 자세-

이러한 포기가 요구하는 바는, 단순히 다른 실재로부터의 이탈된 마음가짐만을 의미하지 않는다. 오히려 그것은 그리스도교인 생활의 모든 존재가 지향해야 할 중심축으로써, 그리고 다른 어떤 실재로부터도 아무런 제약 없이 자신의 삶을 정초하기 위한 영감의 원천으로서 하느님 나라를 유일하고 초월적인 가치로써 확신하고, 그리스도를 향한 충실한 자세를 요구하는 것이다.[84] 이러한 이유에서 여타의 선택을 규정짓는 최상의 가치로써의 따름은, 부르심 받은 이들로 하여금 삶의 모든 여정 중에서 자신을 버리고, 자기의 십자가를 짐과 동시에 이전까

신자들이 예수님과 그분의 복음을 언제나 신뢰하도록 노력했던 것이다. cfr. J. M. Lozano, *o. c.*, p. 31.

[81] Cfr. *Ibid.*, p. 96.
[82] "저희는 모든 것을 버리고 스승님을 따랐습니다."(마르 10,28)
[83] Cfr. M. Gesteira Garza, *o. c.*, p. 56.
[84] Cfr. J. M. Lozano, *o. c.*, p. 31.

지의 누려 왔던 삶으로부터 완전히 떠나서 순회하는 삶의 불확실성을 수용함으로써 예수님과의 충만한 일치를 누리는 것을 말한다. 따라서 그분을 따르기 위해 나선 사람에게는 다른 존재로서의 삶이, 그리고 다른 모든 가치들을 뛰어넘는 삶의 유일한 목표로써 예수님을 따르는 의무만이 있을 뿐이다.[85] 이렇게 예수님의 제자가 되어, 그분과의 친교 안에 일치되고 그 곁에서 더욱 깊이 그분의 인격적인 모습에 동화된 사람이야말로[86] 아무런 제약 없이 그분을 섬기며 따를 수 있게 될 것이다. 또한 이러한 봉사는 그들에게 있어 외적으로 부과된 규율이 아니라 그분에 대한 추종과 다른 이들을 위한 아가페적인 사랑의 자연적이고 필연적인 결과인 것이다.[87]

2) 다른 종교적인 경향과의 차이점 안에서 예수님을 따름의 의미

이제까지 우리는 예수님과 12제자의 관계와 그들의 성소 이야기들에

---

85 Cfr. F. J. Moloney, *o. c.*, pp. 221-231. 다른 저자 T. Matura에 따르면, 예수님과 함께 있는 것과 그분의 제자가 된다는 것은 구체적이고 전적인 포기를 요구하는 것, 혹은 요청되는 하나의 행동양식을 익히는 것만을 의미하지 않는다. 오히려 어떠한 삶의 결정을 내리는 근거로 예수님을 그 중심에 놓고, 그분의 부르심에 따라 선택하는 것을 의미한다. 따라서 예수님께서 원하시는 요구와 메시아적인 긴박한 호소 앞에 모든 것은, 심지어 부모에 대한 신성한 의무나 율법의 준수마저도 자신의 권리를 양도해야 하는 것이다. cfr. 루카 9,57-62: "죽은 이들의 장사는 죽은 이들이 지내도록 내버려두고, 너는 가서 하느님 나라를 알려라."; 마태 8,18-22: "너는 나를 따라라. 죽은 이들의 장사는 죽은 이들이 지내도록 내버려두어라." cfr. T. Matura, *Il radicalismo evangelico. Alle origini della vita cristiana*, Roma 1981, p. 40.
86 이러한 인격적인 모습에 동화된다는 말은 단순히 모방하는 것을 뜻하지는 않는다. "예수님께서는 당신의 친한 벗들에게 외적인 특정한 행위의 기계적인 답습을 강요하시지 않으셨을 뿐더러, 무엇보다 당신 행위의 구원역사적인 동기 부여를 '이해하도록' 촉구하셨기 때문이다." L. Di Pinto, *o. c.*, pp. 216-217.
87 사람의 아들에 대해 언급하면서, 예수님께서는 그분의 제자들이 왜 봉사해야 할 의무가 있는지 설명하시고, 그들에게 당신의 행위를 통해 훌륭한 본보기를 보이신다. "사실 사람의 아들은 섬김을 받으러 온 것이 아니라 섬기러 왔고, 또 많은 이들의 몸값으로 자기 목숨을 바치러 왔다."(마르 10,45)": K. Stock, *o. c.*, p. 99.

대해 주의 깊게 살펴보면서 예수님을 따름의 본질적인 의미에 대해 고찰해 보았다. 이러한 고찰을 통해 몇 가지 중요한 사실들을 요약해 볼 수 있다. -은총의 주도권, 예수님의 말씀에 대한 경청과 그분의 사명에의 참여를 통해 이루는 삶의 일치, 신성한 아가페적인 사랑의 힘에 부응하여 자신의 생명을 내어줌에 이르기까지 그분을 따르기 위한 자유로운 위탁, 자신 안에 그분의 인격과 지혜의 권위(ἐξουσία)가 넘쳐나도록 하는 일, 사람의 아들의 신비에 참여하는 일[88]- 여기서는 예수님 시대의 다른 종교적인 경향들과 대비하여 '예수님을 따름'이 가지는 고유한 특성들에 대해 종합적으로 분석해 보겠다.

① 예언자 운동과의 관계에서: 성소에 대한 복음서의 이야기들과 구약성경 안에서 예언자가 선발되는 이야기들 사이에는 몇 가지 유사성이 나타난다. 양자 모두에서 예언자적인 한 인물을 따르는 카리스마적인 성격에 대해 다루어지고 있다. 또한 처음에 성소의 기준점이 예수님께서 원하시는 사람을 향해 건네시는 그분의 초대에 있는 것처럼, 예언자로서 삶의 출발점 역시 하느님의 신성한 선택 안에 있다. 동일한 방식으로, 제자들의 중심적인 기능은 이전까지의 정주하는 삶의 방식을 포기함과 동시에 언제나 순례 여정의 도상에 있는 스승의 권능과 사명에 참여하는 데에 있다.[89]

이러한 종교적, 예언자적인 전통에 대비하여 예수님의 종교적 경향이 가지는 가장 두드러진 차이점은, 바로 그분께서는 당신의 놀라운 능력으로 하느님 나라의 구원역사적인 도래를 선포하시고, 현재 안에 그것을 현실화하는 일에 집중하셨다는 점이다.[90] 덧붙여, 예수님을 따

---

88 Cfr. L. Di Pinto, *o. c.*, p. 220.
89 Cfr. S. Vidal, *o. c.*, p. 15.

름은 특정한 파벌의 문하생들 혹은 엘리트들의 모임을 형성하려는 의도와는 전혀 무관하다. 오히려 예수님께서는 더욱 포괄적이고 보편적인 차원에서, 당신을 따르고 또한 순례의 여정을 함께하며 당신의 선교사명에 참여하는 제자들의 모임을 양성함으로써, 이를 통해 구성원 사이에 아무런 차별이 없는 새롭고 보편적인 인류를 창조하고자 하셨다.

② 유대사상과의 관계에서: A. Schulz는 따름에로 초대하시는 예수님의 부르심은 토라를 섬기는 일을 중심으로 한 스승과 제자들의 생활공동체적인 의미에서 랍비들이 사용했던 *hālak 'aḥărê*의 표현과의 유비로서 이해되어야 한다는 자신의 주장을 강하게 피력한다.[91] 이러한 해석학적 관점에 따르면, 복음서에서 서술된 예수님을 따름은 외견상으로 스승과 랍비의 제자(talmíd)를 엮어 주는 관계를 표현하는 것에 불과한 것이다.[92] 따름에 대한 성서적 해석학적 논쟁에 과도하게 개입하는 것을 피하면서, 이러한 주장에 대조되는 입장에서 예수님을 철저히 따름의 새로운 점들을 분명히 하고자 한다.

㉠ 전문용어적인 관점에서: 랍비의 율법주의의 스승 편에서, 예수님의 부르심에 견주어 볼 만한 어떠한 '성소'의 이야기나 '따름'에로 초대하는 경우를 볼 수 없다. 말하자면, 복음에서는 예수님으로

---

90 Cfr. *Ibid.*, p. 20.
91 M. Hengel, *o. c.*, pp. 15-16. C. G. Montefiore의 해석을 인용하면서, M. Hengel은 이같은 주장에 대해 반박한다. "예수님께서 원하셨던 제자직은 학문적인 관점에서의 따름도 아니었고, 랍비 율법주의의 통상적인 현상이나 전통적인 관습과 조화되는 것도 아니었다. 오히려 그것은 그분의 선교사명 안에서 스승을 돕기 위한 봉사직과 관련된 것이다..." *Ibid.*, p. 16.
92 Cfr. L. Di Pinto, *o. c.*, p. 191.

부터 당신의 제자들에게 행한 부르심이라든가 '나를 따라라' 하는 말씀이 나오지만, 율법학자들의 관계 안에서는 특정한 규율을 따르는 학교에 가입하는 것은 제자의 주도적인 선택에 달린 문제인 것이다.[93] 덧붙여, '랍비' 혹은 '랍부니'라는 말이 복음서 안에서 예수님께 적용되어 나타나긴 하지만, 그것은 랍비의 고유한 의미를 담고 있는 것이 아니라 하나의 경칭일 뿐이다.[94] 앞서 우리가 살펴보았듯이 예수님의 제자들의 성소사화가 전해 주는 분명한 사실은, 예수님께서는 구약성경에서 하느님께서 예언자들을 부르시는 모습과 같은 방식으로 당신의 신성하고 충만한 권위를 가지고 제자들을 부르셨다는 점이다.

ⓒ 스승과 제자의 관계에서: 일반적으로 랍비들은 그들이 가진 지혜 또는 신성한 율법에 대한 지식으로 인해 그들의 제자들로부터 선택되었다면, 반대로 예수님께서는 당신의 제자들을 선발하신다.(루카 6,13; 요한 13,18: 15,16.19)[95] 율법학자의 제자들의 편에서는, 그들이 맺는 스승과의 관계에서 하나의 의무였던 '섬기다, 봉사하다'의 개념 역시도 예수님의 제자들에게는 단호하게 파기된다. (루카 22,26s) 또한 율법학자들의 학교 안에서 학생들 스스로가

---

93 Cfr. M. Hengel, *o. c.*, p. 92. 율법에 관한 자료에서 '따르다'라는 개념이 사용된 몇 가지 예에서 이 표현은 단순히 물리적인 의미에서 학생이 공공장소에서 길을 걸으며, 혹은 어딘가를 여행하면서 '스승의 뒤를 따라가다'는 의미로 파악되고 있음을 보여 준다. cfr. *Ibid.*, pp. 92-94.
94 Cfr. S. Vidal, *o. c.*, pp. 18-19.
95 Cfr. M. Gesteira Garza, *o. c.*, p. 58. 또한 J. L. Fernandez도 다음과 같이 주장한다. "따름에 대한 성서의 이야기들은, 그 출발점 혹은 우선권이 예수님의 부르심과 초대에 있지, 그 부르심을 받은 사람들의 답변에 있는 것이 아니란 점에서 분명히 구분된다. 즉 유대 사회의 랍비들은 그들의 제자들로부터 선택되었다면, 성서에서는 제자들을 뽑으시는 분은 예수님 자신이시라는 것이다." J. L. Fernández, *o. c.*, p. 39.

율법을 정확히 암기하는 기술과 집중적인 교육을 통하여 실력을 향상시킴으로써 이러한 지식을 습득하고 진보하는 수준에 따라 엄격한 우등과 열등의 서열이 요구되었다. 이들에게 있어서, 이러한 능력의 서열을 두는 목적은 제자 편에서도 미래에는 자신 역시 유명한 스승이 되는 것 자체에 있다.[96] 이와 상이하게, 예수님께서는 전적으로 서열을 거부하시는 분으로 소개될 뿐더러, 그 가르침도 율법학자들의 학교에서의 학문적인 분위기와는 거리가 멀다. 예수님을 따름이 그 자체로 어떤 명성을 가져다주는 것도 아니며, 사회적으로 높은 지위에 오르게 하는 것도 아니다. 말하자면, 제자들과 스승 사이의 친교의 중심은 "어떠한 교의나 토라(tôrâ)도 아니고 오직 예수님의 인격 그 자체"[97]일 뿐이다.

ⓒ 고정된 장소의 관점에서: M. Hengel에 따르면, 율법학자들의 학교에서는 정규적인 가르침을 행하기 위해서 고정된 학교라는 안정적인 장소(stabilitas loci)와 이를 유지하기 위한 보장된 수단이 필수적으로 전제되어야 했다면, 예수님께서는 갈릴레아와 인근 지방을 떠돌이 생활하듯 두루 다니셨다.[98] 이러한 사실은 이전의 정착된 생활 방식을 포기하고, 모든 종류의 소유로부터 이탈함을 전제하는 동시에 자신의 정체성의 근간이며 경제적 사회적 관계의 가장 기본적인 요소인 자기의 가족을 포기한다는 것을 뜻한다. 그

---

96 Cfr. M. Hengel, *o. c.*, p. 96.

97 L. Di Pinto, *o. c.*, p. 192.

98 Cfr. M. Hengel. *o. c.*, pp. 96-97. 더욱이 같은 저자는, 예수님께서는 학식이 없는 일반 대중에게 설교하셨다는 점에 주목하면서 다음과 같이 부연한다. "율법학자들에게서 일반 대중을 향한 공개적인 설교는 특별히 예외적인 경우였는데, 예를 들자면 금식 기간이나 장례예식 동안 행해지는 것이 이에 해당한다. 하지만 일반적으로 노상에서 가르치는 일은 허락되지 않은 것이다." *Ibid.*, p. 99.

러므로 예수님을 따름은 기본적으로, 그리고 매우 구체적인 방식으로 그분의 유랑하는 생활과 거주할 장소의 부재 안에서 그분을 따르는 것이며(마태 8,20; 루카 9,58), 미래의 불확실성, 나아가서는 위험이 가득한 가운데서도 그분의 운명을 함께 나누는 것이다. 오직 이러한 방법으로서만이 그분의 제자가 되는 것이다.[99]

ㄹ) 제자들의 모임 특성: 예수님의 활동 안에서 그분의 제자들의 모임이 지닌 독특한 특성에 대해서도 주시해야 한다. 이 모임은 사실 여러 상이한 사회 계층 출신의 사람들로 구성되었고, 심지어는 죄인들과 여자들까지도 형제적 관계, 또는 하나의 가족과 같은 형태를 이루며 새로운 공동체의 창설을 보여 주고 그분의 제자직에 참여하고 있다.[100] 이러한 새로운 가족공동체의 형성은, 친족관계의 구조에서든 사회적인 차원에서든 이전의 인간적인 유대의 단절과 재화에 대한 포기를 수반하면서,[101] 하느님 나라의 도래와 예수님의 선교사명의 보편적인 차원을 정확히 보여 준다는 점에서,[102] 그 자체로 매우 의미심장한 특징이다. 따라서 예수님의 제자라면 주님이신 그분의 운명 외에 다른 무엇을 바랄 수 없으며, 오히려 자신 자신을 부정하면서(cfr. 마태 10,24s; 마르 8,34)[103] 고통

---

99 Cfr. *Ibid.*, p. 97.
100 "하느님의 뜻을 실행하는 사람이 바로 내 형제요 누이요 어머니다."(마르 3,35; 마태 12,50)
101 "예수님을 따르는 사람은 어떠한 교의에 구속된 것이 아니라, 바로 그분의 인격에 결합된 것이다. 이러한 이유에서 그는 예수님의 새로운 가족의 구성원이 된다. 그것은 육적으로 또는 혈연으로 된 것이 아니라, 자신의 운명을 예수님의 그것과 함께 나누기 위해서 그분의 말씀을 듣고 실행하는 사실 위에 기초한 것이다." E. Manicardi, G. De Virgilio, *o. c.*, p. 248.
102 Cfr. S. Vidal, *o. c.*, p. 17.
103 Cfr. M. Gesteira Garza, *o. c.*, p. 60.

과 십자가, 그리고 그분의 숙명적인 미래까지도 함께 나눠야 할 것이다.

㈄ 예수님에게 구약성서는 그분이 선포하는 메시지 안에서 더 이상 중심적인 자리를 차지하지 않는다. 바로 이 점은 예수님을 당시의 예언주의나 율법학자들과 차별 짓게 만드는 것이다. 대체로 예수님께서는 단지 다른 이들로부터 토라와 관련해서 질문을 받거나 공격받을 때 해석학적인 주제에 대해 논리를 펴실 뿐이다.[104] 무엇보다 주목해야 할 것은, 성서의 인용이나 설교에 있어서 예수님께서는 단순히 탁월한 해석가였던 것이 아니며, 그분에게 있어 결정적으로 중요한 것은 율법학자들의 성서적 해석 방법에 부응하는 형식의 문제가 아니라 카리스마적이고 종말론적인 새로운 내용에 대한 것이었다. 이러한 동기에서, 예수님께서 사용한 여러 비유들도 어떠한 경우에든 율법학자들의 방식으로 토라를 해석하는 데에 필요했던 것이 아니라, 오히려 하느님 나라의 도래 앞에서 당신의 예언자적 종말론적 선포의 내용을 명료하게 하기 위해서 필요했던 것이다.[105]

요컨대, 예수님께서는 유대사상의 일률적, 율법 중심적인 모든 학문적 전통의 영역 밖에 있으며, 더 나아가서는 예수님과 율법학자들 사이에는, 마치 서로 다른 두 명의 스승에게서 볼 수 있는 학문적인 수준의 차이가 존재하는 것이 아니라, 기본적인 원리의 차이가 있다고 단언할 수 있겠다.[106] 따라서 복음서 안에서 나타난 예수님을 따름은 전적으로

---

104 Cfr. M. Hengel, *o. c.*, p. 84.
105 Cfr. *Ibid.*, p. 87.

새로운 것이며, 제자들에게 있어 그들의 가치체계를 온전히 변화시키는 것이다. 그들은 이제부터 유일한 스승이신 그분의 행위와 삶에 자신의 삶을 연관 지으며, 하느님 나라를 위해 모든 것을 기꺼이 버리기까지 그분께 일치하는 삶을 지향하게 될 것이다.

3. 파스카 사건 이후 그리스도를 따름의 새로운 형태

파스카 사건 이후에, 물리적으로 예수님을 따른다거나 실질적으로 그분과 함께 머무는 것은 더 이상 가능한 일이 아니었다. 그럼에도 불구하고, 복음사가들은 '따름' 또는 '따르다'라는 얼핏 시대착오적이라 할 수 있는 개념들을 그대로 보존했으며, 예수님의 활동과 제자들과 함께 했던 그분의 삶을 표현하기 위하여 이 개념들을 사용하기도 하였다. 이러한 사실에 대하여 두 가지 근거를 찾을 수 있을 것이다.[107] 첫째는, 예수님에 대해 기억하는 한, 이 개념들을 충실히 보존하고자 했던 제자들의 의도에 대해서 생각해 볼 수 있으며, 둘째는 예수님과 제자들의 생활공동체는 언제나 모든 그리스도교 생활의 원형으로 여겨졌다는 사실이다.

당연히 초대교회 안에서는 예수님의 인격적인 모습과의 단절이 나

---

106 Cfr. *Ibid.*, p. 91. 또한 G. Theissen도 M. Hengel의 관점을 따르면서 예수님과 율법학자들에게서의 제자직의 차이점에 대해 주장한다. -장소의 고정, 시간의 제한, 암기의 중요성, 여성들에 대한 배척- cfr. F. Martinez Díez, *Creer en Jesucristo. Cristología y seguimiento*, p. 596.
107 Cfr. D. Fernández, *a. c.*, pp. 24-25.

타난다. 그러했기에 '따름'이라는 개념의 경우에, 사도교회에서도 예수님에게서 표현된 언어로서의 그 고유한 특성을 고려하며 사용했다.[108] 그러나 이와 관련하여 R. Schnackenburg는 매우 설득력 있는 견해를 내놓는데, 그에 따르면 '그리스도를 믿음'과 '예수님을 따름'이라는 두 가지 관점은 시대적인 상황에 적응하는 과정을 거치며 서로 동일시되기에 이르렀다고 한다. 즉 예수님으로부터 제자들에게 행해진 특별한 추종에로의 초대는 이제 모든 이들에게 해당되는 하느님의 요구로서 이해된다.[109] 이 같은 맥락에서, 역사적인 예수님의 인격과 부활하신 그리스도에 대한 믿음, 달리 말하면 예수님을 따르는 것과 그리스도를 믿는 것이라는 동일한 인물에 대한 두 가지 상이한 모습 사이에 신앙의 내적 연속성을 거부하는 것은 마치 그리스도교 신앙을 그 뿌리에서부터 제거하는 것과 같이 매우 위험한 일인 것이다.[110]

동일한 방식으로, 예수님과의 공동생활과 유랑 활동에 참여했던 작은 그룹으로서 '열두 제자들'에게 부여되었던 '제자'라는 칭호 역시 그

---

108 "예수님의 인격에 대한 고유성은 따름의 경우에서처럼 사도교회가 예수님의 언어에 대해 회상하는 것에 대해서도 마찬가지였다. 사도들의 저술들에서 예수님과 관련된 동사 '따르다'는 매우 보기 드문 것으로 남겨졌다. 따라서 예수님의 인격과의 단절은 초기 교회 안에서도 발견되는 것이다." A. Aparicio Rodriguez, *a. c.*, p. 13.
109 "제자로서 당신을 따르도록 부르시는 예수님의 초대는 단지 몇몇 사람들에게 향해서 행해진 것이다. 그럼에도 불구하고 모든 이들에 대한 하느님의 요청을 폭넓게 이해했던 사람들은 예수님의 이러한 특별한 부르심마저 따르기에 이르기까지 준비된 자세를 지녀야 하는 것이다.(cf. 마르 10,17-21) 이로써 우리는 어떻게 초기 교회에서 원래 당신의 제자들을 향해서 하셨던 예수님의 말씀이 대중에 대한 설교와 제자들에 대한 가르침 사이의 경계를 넘어서 교회가 놓여 있는 상황에서 모든 신자들에게 전해지고 있는지 이해할 수 있을 것이다." R. Schnackenburg, *Existencia cristiana según el Nuevo Testamento*, Estella 1973, p. 101.
110 "당연히 이러한 두 가지 상황, 즉 예수님과 부활하신 그리스도의 그것 사이에는 불연속성이 존재한다. 그러나 역사적 예수와 신앙의 그리스도 사이의 모든 연속성을 부정하는 것은 마치 그리스도교 신앙의 뿌리를 말소하는 것과 같은 것이다." F. Martínez Díez, *Creer en Jesucristo. Cristología y seguimiento*, p. 590.

고유한 의미의 변화를 겪게 된다.[111] 즉 파스카 사건 이전의 제자들의 그룹과 그 이후의 공동체 사이의 연속성 안에서, '제자'라는 말은 그리스도를 믿는 사람, 즉 십자가에 못 박히시고 부활하신 그리스도께(cfr. 필립 2,5-11) 점진적으로 동화되는 삶을 선택하고 이에 전념하고자 하는 사람이라는 말과 동의어가 된다.[112] 이러한 연유에서, 예수님께서 남기신 유일하고 진정한 유산은 바로 신자들이 모인 활기찬 공동체이며,[113] 예수님과의 공동생활은 이제 신자들과 이루는 공동생활이 된다. 사실 초기 교회공동체에게 있어서, 온전한 마음으로 예수님과 함께 머물고자 하는 결단, 그분의 뒤를 따르라(ἀκολούθει μοι)는 요청은 그리스도교 신앙 자체의 형식을 특징짓는데 필요했던 것이며, 따라서 그 자체로 '고백하는(ὁμολογεῖν)' 신앙의 빛나는 행위였던 것이다.[114] 따라서 초대 그리스도교 신자들의 가장 주요한 과제는, 스승과 동시대를 살았던 몇몇 이들이 실현했던 따름의 자세를 자신들의 삶의 본보기

---

111   이와 유사하게 G. Turbessi는 제자라는 칭호의 이러한 변화에 대해 다음과 같이 명료하게 말한다.(사도 6,1-2: 9,10.26 등) "제자라는 개념은 그것이 가리키는 모든 의미와 함께 분명히 보편화, 내재화의 과정을 향해 확대된다. 기본적으로 제자란 세례를 통해 그리스도께 속한 사람으로서, 자신의 존재 깊은 내면에서 그분께 구속되어 있으며, 이러한 긴밀한 관계의 내적인 질서에 따라 담대히 살아가는 사람이라 할 수 있을 것이다." 점차적으로 요한복음에서는 예수님의 추종자, 주님의 제자, 그리스도를 믿는 자라는 개념이 동등한 의미를 가지게 된다. G. Turbessi, *o. c.*, p. 327.
112   Cfr. E. Manicardi, G. De Virgilio, *o. c.*, p. 250; L. Perrone, *o. c.*, c. 1295.
113   "예수님의 유일하고 진정한 유산은 생기 찬 공동체이다. 예수님께서는 단지 당신의 설교나 케리그마만이 아니라, 또한 생생한 기억으로서의 생기 있는 공동체를 남기셨던 것이다." F. Martínez Díez, *Creer en Jesucristo. Cristología y seguimiento*, p. 579.
114   L. Di Pinto, *o. c.*, p. 223. 같은 저자는 파스카 사건 이후의 따름의 신학적 경향에 대해 설명한다. "교회는 예수님을 따름이라는 주제의 항구한 의미에 대해 복원하게 되었는데, 왜냐하면 바로 이러한 사실로부터 수난과 죽음, 부활, 그리고 사람의 아들이 영광 받으심이라는 일련의 사건들의 결정적인 의미를 도출해 냈기 때문이다. 이로부터 교회는 예수님의 구원사업을 회상하였고 다양한 그리스도론적인 모범으로써, 특별히 묘욕을 받으시고 영광스럽게 되심이라는 주제에서 그분의 인격적인 면을 관상하게 되었다." *Ibid.*, p. 221.

로 삼고 예수님을 모르는 다음 세대들을 위해서 그것을 다시 살아내는 것이었다.[115]

파스카 사건 전후로 구분되는 두 공동체 사이의 연속성과 관련하여, 부활하신 주님과의 만남이 있었던 갈릴레아가 지니는 상징적인 장소로서의 의미에 대해 고찰하는 것은 매우 흥미로운 일일 것이다. 일부 연구가들에 따르면 갈릴레아는 지리적인 장소로서보다는 교의적이고 신학적인 상징이라 할 수 있다. 왜냐하면 이곳은 그리스도와의 첫 번째 만남이 상징적으로 이뤄진 장소이며, 또한 역사적인 예수님을 따르며 그분과 함께 지내 왔던 장소였기 때문이다. 말하자면 제자들은 예수님의 지상 생애 동안에 갈릴레아에서 예수님을 뵙고 알았던 그 사실 때문에, 이제는 그분을 부활하신 분으로서 알아볼 수 있었던 것이다.[116] 이러한 이유에서 갈릴레아는 지상 생애 동안의 예수님을 따르는 제자들의 추종에 있어서나 예수님을 그리스도로 믿는 모든 이들에게 있어서

---

115 F. Martínez Díez, *Creer en Jesucristo. Cristología y seguimiento*, p. 593. 또한 B. Fernández는 역사적인 예수를 따르는 삶을 그분과의 관계의 범형으로써 고찰한다. "초기 교회공동체는 예수님과 그분을 따랐던 이들의 사이의 관계를 그리스도와의 관계에 있어 이상적인 본보기로써 바라보았다." B. Fernández, *Seguir a Jesus, el Cristo*, Madrid 1998, pp. 145-146.
116 "갈릴레아는 상징적으로 부활하신 분과의 재회가 일어나는 장소이다. 그곳은 발현의 장소이며, 좀 더 정확히 말하자면 예수님과의 첫 만남의 장소였으며, 역사적인 예수님을 따르고 그분과 함께 살았던 장소였던 것이다. 이러한 사실이 전하는 메시지는 결코 무의미한 것이 아니다. 따름은 만남의 결과이지만, 또한 결정적인 만남, 파스카 사건에서의 만남을 위한 전제 혹은 그 가능성을 열어 주는 조건인 것이다. 예수님의 지상 생애 동안에 갈릴레아에서 그분을 알았기 때문에 이제는 부활하신 분으로 그분을 알아뵐 수 있는 것이다. …이러한 의미에서 따름의 역사, 예수님께서 활동하신 역사, 교회의 역사는 갈릴레아에서 시작된다. 이러한 역사들은 역사적인 예수님, 그리고 파스카의 체험에 대한 언급 없이 시작될 수 없고, 이해될 수 없는 하나의 역사인 것이다." F. Martínez Díez, *Creer en Jesucristo. Cristología y seguimiento*, pp. 592-593. 이에 대해 X. Pikaza 역시 다음과 같이 주장한다. "갈릴레아로 돌아간다는 것은 원점에로 되돌아가서 새로운 생명을 느끼며, 예수님의 역사를 다시 받아들인다는 것을 의미한다." X. Pikaza, *Identidad de la vida religiosa*, in Confer 121(1993), p. 61.

나, 동일한 출발점으로서 결정적인 의미를 지닌다.

따름과 제자직에서 나타난 예수 그리스도와의 관계가 후에 어떻게 그분을 믿는 행위로 변화되었는지에 대한 이러한 사전 이해를 바탕으로, 이제 파스카 사건 이후의 예수님을 따르는 새로운 삶의 방식의 근본적인 내용들에 대해 좀 더 상세히 살펴보자.

1) 따름과 그리스도를 닮음(본받음)

파스카 이전의 예수님을 따름은 구원역사 안에서 유일한 사건(unicum)이다.[117] L. Di Pinto에 따르면 이러한 유일성은 해석학적, 신학적으로 구분되는 두 가지 관점으로 이루어져 있다.

> 한편으로, 예수님의 뒤를 따르는 것은 '나를 따르라(ἀκολούθει μοι)'는 부르심을 받고, 이로부터 나오는 요구들을 수용했던 이들이 삶으로써 실천했던 방식으로 행하는 일은 더 이상 가능한 것이 아니었다. 다른 한편, 교회는 이 은총의 시기가 지니는 대체될 수 없는 가치들을 여전히 유효한 것으로 인정했을 뿐 아니라, 깊은 차원에서 이러한 가치들이 요구하는 바에 대해 인식했던 것이다.[118]

---

117 Cfr. L. Di Pinto, *o. c.*, p. 220.
118 *Ibid.*, p. 220. 여기서 같은 저자는 특별히 복음서 안에서 추종과 본받음 사이의 관계에 대한 E. Larsson의 주장과 공헌에 대해 평가한다. "그는(E. Larsson) 복음서 안에서 추종과 본받음이라는 것을 엮어 주는 관계에 대해 강조한다. 예수님의 제자들은 단지 그분의 말씀에 순종하도록 불리어진 것만이 아니라, 또한 그분의 삶의 자세를 따라 닮아 가야 하는 것이다. 그는 파스카 이전 시기의 예수님을 따름이란 것은 유일한 사건(*heilsgeschichtliches Unikum*)임을 인정하면서도, 초기 교회의 시대에도 예수님의 역사적 사건을 구성하는 몇 가지 요소들이 지속되고 있다는 점에서 부활하신 분과의 일치 또한 '따르다(ἀκολούθειν)'라는 명제로서 표현될 수 있다고 주장한다. -주님의 파스카 신비 안에서 구원된 공동체에 들어갈 수 있는 사람이 되기 위해서 고통과 박해에 참여하라는 부르심- 바로 여기서 공관복음서의 메시지의 본질적인 요소와 바오로의 사상의 핵심이 조우하고 있다." *Ibid.*, p. 196.

우선 문자적으로 '따르다'라는 용어에 대한 분석을 검토해 보면, 이 말은 거의 4복음서 안에서만 배타적으로 사용되고 있다.[119] 즉 파스카 사건 이후에는 더 이상 물리적으로 예수님을 따르고 그분과 함께 지낸다는 것이 불가능한 일이므로, 예수님 제자들의 활동에 있어서 중대한 변화를 겪게 된다. 따라서 복음서 외에서, '따르다'라는 동사는 실제로 바오로 사도의 서간과 신약성서의 다른 저술들 안에서 거의 등장하지 않는다.[120] 바오로에게서 이러한 용어가 나타나지 않는다는 사실은, "예수님을 따르는 것은 그분의 지상 생애에 한정된 사건이며 엄밀하게는 그분의 첫 제자들의 모임과 관련된 사건"[121]이라는 이해에서 설명될 수 있다. 결국 따름이라는 말과 그 개념은 부활하신 주님과 신자들을 연결해 주는 관계의 방식에는 적용될 수 없었던 것이다.

용어에 대한 이러한 문제와 함께, 교회가 처한 새로운 상황 즉, 예수님과 그 제자들이 살았던 삶의 방식을 계속해서 실천하고자 하는 취지에서 순례자로서의 삶을 추구했던 이들의 감소,[122] 그리스도교 공동체

---

119 예수님과의 관계에서 언급된 따름이란 말은, 4개의 복음서와 그 사용된 의미가 다른 경우들, 말하자면 종교적으로나 윤리적으로 자격이 부여된 어떤 다른 인물들을 따름과 같은 경우(cfr. 사도 5,37; 20,30; 1티모 5,15; 2베드 2,10; 유다 7; 묵시 13,3s)를 제외한다면, 신약성서의 저술들 안에 단지 2번, 1베드 2,21과 묵시 14,4에서만 나타난다. cfr. *Ibid.*, p. 198.

120 Cfr. G, Turbessi, *o. c.*, p. 312.

121 L. Di Pinto, *o. c.*, p. 199.

122 '따름'이란 개념을 해석하는 데에 있어서 이러한 일반화의 경향이 있었음에도 불구하고, 제자들과 함께했던 역사적인 예수님의 생활 방식을 문자 그대로 계속해서 이어받고자 했던 일부 그리스도인들이나 그들의 모임이 남아 있었다는 사실은 분명해 보인다. 이러한 점에서, 우리는 S. Blanco Pacheco의 견해에 따라 몇 가지 실례들을 찾아볼 수 있겠다. "① 때때로 바오로 사도의 공동체는 순례 선교사들의 방문을 받기도 하였다.(cfr. 갈라 1,7; 필립 3,2; 2고린 11,20) ② 바오로 사도 자신도 어떠한 고정된 거주지에 머물지 않았으며, 친족들 간의 유대로부터 자유로운 삶을 살았었다.(cfr. 1고린 7,7 이하) ③ 요한 사도의 교회에서도 아무것도 소유하지 않고 순회하던 설교가들의 모습이 존재했던 것으로 보인다.(cfr. 3요한 5-8) ④ 다다케에 따르면, 공동체로부터 생계에 필요한 것들을 충당받았던 가난한 순례 예언자들은 어느 공동체에서도 이틀 이상 머무르지 않았으며, 주님의 행동양

의 점진적인 확산, 유대교로부터 멀어지면서 여러 고유한 문화적 전통을 유지하던 지역으로 그리스도교가 전파되는 복합적인 상황은(기원후 70년대 이후) 필연적으로 용어의 형식적인 변화만이 아니라, 예수님을 따름의 함축적 의미에 대한 새로운 해석을 요구하게 되었다.[123] 역사적인 예수님에 대한 신앙이 그분께 전적으로 일치하면서 그분의 말씀을 받아들이는 것으로 이뤄졌다면, 역사적 신학적인 여정을 거치며 이제 파스카 사건 이후의 신앙은 하느님으로부터 세워진 주님이며 메시아로서, 그리스도를 고백하는 것에 집중될 것이다.(사도 2,36)[124]

바로 이러한 이유에서, 바오로 사도는 자신과 관련지어 '따르다'와 '제자'라는 말을 전혀 사용하지 않는다.[125] 오히려 그는 항상 따름에

식을 따르고자 했다.(디다케 11,3-8) 이러한 사실들은, 초대교회 안에 부활하신 주님을 받아들이고 그 가르침에 따라 살고자 했던 두 가지 생활양식이 있었다는 결론에 이르게 한다. 하나는, 좀 더 일반화된 것으로서 설교하시는 분의 태도나 자세들을 자신의 것으로 삼으며 닮고자 했던 삶의 방식이고, 다른 하나는, 그보다는 덜 보편적이지만, 그분의 지상 생애 동안의 삶의 방식을 문자 그대로 지속하고자 했던 생활이다": S. Blanco Pacheco, *o. c.*, pp. 1613-1614.

123 Cfr. L. Perrone, o. c., c. 1295. J. Van Cang도 초대교회가 겪었던 이러한 적응의 과정에 대해 다음과 같이 설명한다. "① '예수님을 따르다, 십자가를 지다, 가족을 버리다' 등의 명백히 물리적인 의미를 지닌 것에 영적인 의미를 부여하려는 영성화의 과정: 제자란 예수님을 동반했던 사람을 가리키는 것이 아니라, 예수님을 믿는 사람을 말한다. 사실 사도행전에서도 제자라는 말은 이제 신자라는 말과 동의어가 된다.(cfr. 사도 6,12; 9,1-9; 11,26 등) ② 한정된 그룹에게 언급된 것을 모든 이들에게 적용시키는 일반화의 과정: 때로는 예수님께서 모든 이들에게 말씀하셨던 것이 한정된 그룹에게 적용되는 것과 같은 반대의 현상이 일어나기도 한다. 이에 대해서 우리는 수도생활의 역사 안에서 풍부한 체험을 가지고 있다. ③ 예수님께서 말씀하신 의도를 거스르지 않으면서도, 그분의 말씀을 공동체의 새로운 상황에 적용시키려는 현실화의 과정" D. Fernández, a. c., p. 25. 예를 들면 다음과 같은 루카 복음사가의 부연하는 표현이 특징적이라 하겠다. "누구든지 내 뒤를 따라오려면, 자신을 버리고 날마다 제 십자가를 지고 나를 따라야 한다."(루카 9,23) 루카 복음에서, "'날마다' 제 십자가를 지고'라는 표현은 다른 공관복음서들과 다른 것으로, 이것은 매일의 삶에서 일어나는 어려움을 극복하기 위한 권고가 된다.(영성화) 동시에 이 권고는 역사적인 예수님 제자들의 그룹을 향한 한정된 의미에서가 아니라, 미래의 제자로서 힘겨운 상황을 맞이할 수도 있는(현실화) 모든 이들에게(일반화) 행해지는 것이다: cfr. *Ibid.*, p. 26.

124 Cfr. D. Fernández, *a. c.*, p. 25.

대한 재해석을 통하여 예전에 예수님과 제자들 사이에 맺어진 관계를 모든 신자들과 부활하신 주님과의 유대에로 전이시키며, 파스카 사건 이후에 설정되는 새로운 관계를 의미하는 다른 표현들을 지속적으로 사용한다.[126] 따라서 바오로 사도는 '본받음(imitazione)',[127] '동화(configurazione)', 그리고 '닮음(assimilazione)'이라는 표현과 같이, 성사적 윤리적 차원에서 매우 풍부한 의미를 지닌 전문용어들을 활용한다.[128] 그럼에도 불구하고 상기해야 할 것은, 역사적인 예수님과의 제자들의 삶이 순전히 지나간 과거의 기념비적인 유물로서 남게 된 것이 아니라, 모든 그리스도인들의 생활의 원형으로 간주되었고,[129] 따라서 '따름'이라는 표현은 완전히 사라지지 않고 복음서 안에 보존되었다는 사실이다.

앞서 언급한 것처럼, '따름'이라는 표현과 관련하여 바오로는 복음서에서는 전혀 나타나지 않았던 동사 '본받다(μιμέομαι)'와 명사 '본받는 사람(μιμητής)'이라는 말을 사용한다. 이러한 어휘들은 당시의 철학적, 환경적인 사조들을 반영한다.[130] 게다가, 그는 자신을 '제자'로서보다는

---

125 "바오로의 서간에서나 요한계 문헌 안에서 '제자'라는 말은 나타나지 않으며, 믿는 이들 역시 다른 단어들로 표현된다." E. Manicardi, G. De Virgilio, *o. c.*, p. 250. '제자'와 '사도'라는 두 단어의 성서신학적 개념을 살펴보기 위해서는, G. Leonardi, *Apostolo/discepolo*, in "NDTB", a cura di P. Rossano, G. Ravasi, A. Girlanda, Paoline, Milano 1988, pp. 106-124를 보시오.
126 Cfr. L. Perrone, *o. c.*, c. 1294.
127 "'본받음'과 '본받다'(*mimesthei, mimetes*)라는 말은 바오로의 서간에서 9번, 그리고 요한의 세 번째 편지에서 한 번 등장한다." G. Bouwman, *o. c.*, p. 84.
128 "제자직에 참여하는 여정을 묘사하기 위해서, 바오로는 '그리스도 안에 있다'(cfr. 필립 1,23: 3,9; 1코린 1,2; 2코린 5,17), '그분의 죽음과 부활에 합치하다'(cfr. 로마 8,29), '그분을 본받는 사람'이 되다(cfr. 1코린 11,1)라는 고유한 표현들을 사용한다. 신약성경 안에서 이 주제가 전개되는 과정은 제자직을 바라보는 관점에서 그리스도교적인 체험을 제시해 줄 뿐만 아니라, 그리스도 안에서 하느님으로부터 부르심을 받은 사람의 성소적인 차원을 명확히 보여 주고 있다." E. Manicardi, G. De Virgilio, *o. c.*, p. 250.
129 Cfr. D. Fernández, *a. c.*, pp. 24-25.
130 바로 이 점에서, 바오로와 요한 사이에 사상적인 접점이 분명하게 관찰된다. "이들은

예수 그리스도에 의해서 뽑힌 '사도'[131]로서 소개하는 것(로마 1,1; 1코린 1,1)을 선호한다. '본받다' 혹은 '본받음'이라는 어휘의 사용에 있어서 주목해야 할 것은, 이 용어들이 신자들 편에서 그리스도를 본받는 데에 있어서가 아니라 바오로 자신을 본받도록 요구하는 데에서 언급된다는 사실이다.[132] 이로써 바오로는 그 자신이 그리스도를 본받는 진정한 사람으로서, 신자들 편에서 본받아야 할 하나의 대상이 된다.

예수님을 따르라는 부르심과 본받음에로의 초대 사이의 연속성에 대해 이해하고 수용하더라도, 우리는 바오로의 이러한 요구에 대해 다른 의문을 가질 수 있다. 말하자면 바오로가 스스로를 완전하다고 여기지 않는다면, 어떻게 혹은 어떠한 이유에서 자신을 주님과 동일시하며 모델로서 제시할 수 있다는 말인가?[133] 이러한 의문의 해답을 찾기 위해서, 우리는 바오로의 신학적 지평 안에서 이 명제가 지닌 의미에 대해 검토해 보고, 또한 '본받음'이라 단어와 연관되어 함께 사용된

서로 다른 길을 향해 가면서도, 본받음이라는 사상과 함께 그리스도교 신앙에 대한 근본적인 교의와 자신들의 가르침을 표현하고 있다. 그리스도인은 그리스도를 닮아 새롭게 변모된 사람이다. 그럼에도 불구하고 이들의 신학적인 정식은 상이한 두 개의 희랍 사조에 의해서 전개된다. 사실 바오로는 플라톤-알렉산드리아 학파의 사고를 강조한다면, 요한은 그보다는 영지주의 사조의 범주에로 거슬러 올라간다." G. Turbessi, *o. c.*, p. 336.

131 사실, 이처럼 바오로가 스스로를 '사도'로서 소개하는 데에서 그 자신이 가졌던 자의식과 부활하신 예수님과의 관계 안에서의 종교적인 체험이 드러난다. "바오로는 거듭해서 자신이 사도라는 사실의 기원에는 무상으로 주어진 하느님의 주도적인 행위가 있었음을 강조한다. 즉 바오로의 사도로서의 직무 수여는 예수 그리스도의 계시 사건과 부합한다. 바오로의 종교적인 세계관을 근본적으로 변화시킨 부활하신 예수님과의 만남이라는 체험은 사도로서의 직분과 사명을 수행하는 방법과 형식을 규정하는 근거가 된다." R. Fabris, *o. c.*, p. 186.

132 Cfr. M. Gesteira Garza, *o. c.*, p. 50. 몇 가지 예를 들자면, "우리를 어떻게 본받아야 하는지 여러분 자신이 잘 알고 있습니다.", "우리에게 권리가 없어서가 아니라, 우리 스스로 여러분에게 모범을 보여 여러분이 우리를 본받게 하려는 것이었습니다."(2테살 3,7.9); "내가 그리스도를 본받는 것처럼 여러분도 나를 본받는 사람이 되십시오."(1코린 11,1)

133 Cfr. "그래서 내가 여러분에게 권고합니다. 나를 본받는 사람이 되십시오."(1코린 4,16)

전치사에 대해 면밀히 분석해야 할 것이다. 이러한 표현들에 사용된 몇 가지 특징적인 전치사들과 그 신학적인 의미에 대한 것은 다음 장에서 살펴보기로 하고, 여기서는 우선 바오로 자신이 어떠한 근거에서 우리를, 자신을 본받는 사람이 되라고 초대하는지에 대해 검토해 보고자 한다.

C. Spicq에 따르면, 바오로가 자신을 신자들의 편에서 본받아야 할 대상으로 소개하는 것은 복음을 선포해야 할 책임을 맡은 자로서의 자신의 부성적인 모습[134]을 표현하는 것이며, 신앙 안에서 자신을 따를 것을 요구하는 것이기도 하다. M. Gesteira Garza는 이러한 C. Spicq의 견해를 수용하면서, 오직 그리스도 안에서만 따름의 기원을 찾을 수 있으며, 바오로는 자신을 따름의 원형으로서가 아니라, 그보다는 낮은 수준에서 하나의 모델(τύπος)로서 제시하고 있다고 주장한다.[135] 사실 이 모델이라는 단어는 신약성경에서 예수님과 관련해서는 전혀 사용되지 않았던 용어이다. 그리스도께서 혈육을 취하심으로써 인간의 조건과 운명을 함께 짊어지신 것처럼, 바오로도 자신의 직무를 수행함에

---

134 또한 B. Proietti도 다음과 같이 설명한다. "(바오로가) 그의 공동체 안에서 신자들에게 자신을 본받도록 직접 초대하는 대목에서, 이러한 권고는 자신을 사도로서 자각하고 있음을 보여 주는 것이다." B. Proietti, *o. c.*, c. 1298.
135 "Spicq는 모델(τύπος)이라는 이 용어가 왜 신약성서 안에서 예수님과 관련하여 사용되지 않았는지 알려 준다. 사실 따름의 기원은 예수님 안에만 있으며, 반면 바오로는 자신에 대해서 원형(prototipo)으로서가 아니라 단지 두 번째 등급에서의 모델로서 제시하고 있다." M. Gesteira Garza, *o. c.*, p. 65. 바오로는 자신을 본받아야 할 하나의 모범이라고(2테살 3,6-9) 말한다. 그러나 그는 그리스도인들에게 모범을 제시하는 이유에 대해서도 명확히 밝히고 있다. "형제 여러분, 다 함께 나를 본받는 사람이 되십시오. 여러분이 우리를 본보기로 삼는 것처럼 그렇게 살아가는 다른 이들도 눈여겨보십시오."(필립 3,17) 이러한 견해에 부합하여, R. Fabris도 다음과 같이 주장한다. "비록 바오로가 자신을 사도이며 공동체를 설립하는 사람으로서 그리스도인들에게 본받아야 할 모델 혹은 본보기로 소개하지만, 본받아야 할 가장 권위 있고 유일한 원형은 다름아닌 예수 그리스도임을 밝히고 있다." R. Fabris. *o. c.*, p. 169.

있어 다른 모든 이들의 선익을 위해 그리스도의 삶과 고난에 함께 참여함으로써 그분의 사업을 지속해 나간다. 즉, 모든 것에 있어 그리스도와 일치하기 위하여 그분의 고난에 동참하는 행위를 통해(필립 3,10-11), 바오로는 신자들 편에서 따라야 할 삶의 모델이 되는 것이다.[136] 이러한 의도에서, 그는 자신의 삶을 통해 그리스도를 보여 주고 스스로가 그분을 본받는 사람(1코린 11,1)이 됨으로써, 교육적인 차원에서 중재자 역할을 하는 자신을 그리스도를 닮기 위한 본보기로서 소개한다.[137]

---

136 "만일 그리스도가 우리를 위해 고난을 받으심으로써 모델(ὑπογραμμόν)(1베드 2,20-21)이 되었다면, 바오로 역시 자신의 편에서 공동체를 위한 중요한 권위를 지닌 또 하나의 모델(τύπος)이 된다. 그것은 그리스도 다음으로 바오로 자신이 복음 때문에, 그리고 자신의 직무를 통해 파스카 신비에 참여하는 방식으로, 그리스도의 자유를 위한 법을 따르고 순종하였기 때문이다. …그리스도를 얻기 위하여 그는 모든 것에 대한 포기를 받아들인다. …바로 이러한 모습 때문에 바오로는 신자들에게 있어 따라야 할 행동양식의 권위 있는 모델이 된다. 즉 그 자신이 교회를 위한 그분의 사명을 수행함으로써 원형이신 그리스도로부터 위임받은 일을 보여 줄 뿐 아니라 그 일을 지속하기 때문이다." S. Arzubialde, *Configuración (Rom 8,29) y vida en Cristo. El tráncito gradual del 'seguimiento' a la configuración con Cristo en su misterio pascual*, in AA. VV., "El seguimiento de Cristo", Madrid 1997, pp. 114-115.

137 Cfr. B. Proietti, *o. c.*, c. 1298. 또한 T. Goffi 역시 바오로의 사고 안에서의 '본받음'의 의미에 대해 설명한다. "본받음이란 어떠한 모델을 복제하는 행위가 아니라 순종의 표현이다.(cfr. 1Cor 4,16s) …바오로의 사상에서 '본받는다'는 것은 복제할 목적에서 누군가를 모델로 삼는다든가, 그 모델과 유사하거나 같아진다든가 하는 것을 의미하는 것이 아니라, 모든 이들이 실천해야 할 가르침을 전하는 사도로서의 권위와 그의 선한 표양을 따르라는 권고를 함께 받아들이는 것을 말한다. 자신을 본받도록 초대하면서, 바오로는 그리스도를 따르도록 재촉할 뿐만 아니라 주님과 사도들의 권위에 순종하고, 부활하신 그리스도의 복음을 선포함으로써 이 추종의 삶을 증명하도록 촉구한다. 또한 바오로는 자신이 그리스도의 사도가 되었듯이 신도들에게도 사도가 되라고 요구한다.(1테살 1,6ss) 그 자신이 예수님을 본받아 행했던 방식 그대로, 다른 이들도 복음의 말씀을 전파하는 일에 매진하도록(1코린 4,6ss) 격려하고 있는 것이다. 따라서 바오로에게서 본받음이란 추종의 삶을 보완하는 것에 다름아니다. 이것은 그리스도와 사도 교회에 순종함으로써 하느님의 자녀로서 거룩한 삼위일체적인 삶을 살아가기 위한 영적인 지위를 향해 나아가야 함을 상기시키는 것이며, 이와 더불어 예수님과 바오로 자신이 살았던 선교 정신을 따라 신도들 스스로 사도가 됨으로써 다른 모든 이들에게 추종의 삶을 일깨우는 일에 전념토록 하려는 것이다." T. Goffi, *Sequela/Imitazione*, in "NDTM", a cura di F. Compagnoni, G. Piana, S. Privitera, Roma 1990, p. 1215.

그러므로 바오로가 그리스도를 본받아 살고 있기 때문에, 바오로를 본받음 으로써 그리스도인들은 결국 주님을 본받고 있는 것이다.(1테살 1,6) 결론 적으로 바오로의 사고 안에서 본받음이란 말을 사용하는 것은 다음의 세 가지 주요한 관점들을 내포하고 있다. -① 예수님께서 걸으셨던 삶의 여정과 그 역사에 대한 기억(anamnesis) ② 그리스도와 함께 생활하는 삶과 일치를 위한 과정 ③ 교육적인 훈화의 성격.[138]-

2) 따름에서 그리스도께 동화됨(Configurazione)에로

앞서 살펴보았듯이 예수님의 활동에 적용된 두 개의 전문용어, 즉 '따름'과 '본받음'은 주님이신 예수님의 인격과의 일치라는 하나의 과정 안에 있는 두 가지 상이한 관점 혹은 단계를 명확히 구분 짓고 있다.

전자는 예수님에게서 처음으로 불리어졌고, 그분을 뒤따르기 위해서 모든 것을 버리고 순례하는 삶의 조건을 받아들였으며, 하느님 나라의 선포를 위해

---

138 바오로가 사용하는 '본받음'이라는 전형적인 표현과 관련하여, M. Gesteira Garza는 이 말이 지니는 몇 가지 근본적이고 신학적인 함의에 대해 다음과 같이 매우 설득력 있게 설명한다. ① 그리스도를 본받는다는 것은 신자들로 하여금 예수님의 삶의 여정과 그 역사 에로 거슬러 올라가 기억하도록(anamnesis) 만든다. 그리고 바오로는 이러한 본받음을 통해 신자들이 예수님의 마음과 심오한 일치를 이루도록 초대한다.(필립 2,5-11) ② 바오로가 이해하는 의미에서의 본받음이란 단순히 외적인 행위를 뜻하는 것이 아니라, 내 안에 사시는 그리스도(갈라 2,20)와 함께 생활하는 삶과 그 일치를 의미하는 것이다. 그에게 있어 세례는 모방하고 닮아 가는 과정(ὁμοίωμα)인 동시에, 성사적인 의미에서 그리스도의 죽음과 부활의 삶을 본받는 것이다. 즉 세례 안에서 우리는 그리스도께 결합되었고(σύμφυτοι), 그분과 한 몸을 이루게 되었으며 그분을 옷 입듯이 입어서 새 사람이 되어(로마 6,5; cfr. 콜로 2,12), 궁극적으로는 하느님의 아드님과 하나가 될 것이다.(갈라 3,26-27) ③ 본받음은 교훈적인 훈화의 성격을 많이 담고 있다. 즉 순명하시는 그리스도를 본받는 것이거나(필립 2,5ss; 로마 15,2-3) 자신을 기꺼이 내어놓으시고(2코린 8,9), 용서하시는 모습을 본받는 것이며(콜로 3,13; 에페 4,32-5,2), 무엇보다 그분의 아드님으로서의 자격을 통해 하느님을 본받는 사람이 되기 위한 것이다. "그러므로 사랑받는 자녀답게 하느님을 본받는 사람이 되십시오."(에페 5,1) cfr. M. Gesteira Garza, o. c., pp. 51-52.

서 그분과의 관계 안에 세워진 생활공동체를 이루었던 이들의 첫 시기에 해당된다. 후자는 순차적으로 그 다음 시기에 속하며 따름에 대한 후대의 재해석으로써, 파스카 신비의 빛 안에서 성령의 은사로 조명되어 그리스도인 생활의 보편적인 본질로써, 그리스도와의 점진적인 합일을 이루는 것에 관련되어 있다.[139]

이러한 두 가지 명제의 차이점에 대한 인식과 함께, 이제 우리는 바오로의 사상 안에서 이해되는 '본받음'의 개념과 해석에 대해 면밀히 분석해 보고자 한다. 바오로는 예수님의 제자들의 고유한 신원과 특성을 표현하는 말이었던 '따름'이라는 표현을 사용하지 않고, 자신의 모든 서한에서 그리스도를 '본받음' 또는 그리스도와의 '동화(configurazione)'에 대해서 설명하고 있다.[140] 우선 라틴어 동사 'imitari'는 'imago'라는 말에 기인하며, 하나의 모상을 재생산하는 것을 의미한다. 즉 '본받다'라는 것은 어떤 한 사람이 행하는 것을 의식적으로, 의도적으로, 혹은 무의식적으로 자신의 모델이나 본보기로 삼아 자신의 고유한 것으로 만들고자 노력하는 것이다.[141] 바오로는 당대의 'εἰκών(immagine)'이라는 용어에 대한 철학적 이론을 활용하여, 신자들의 실생활에 유익한 여러 주요 원리들을 제시하기 위해서 이 이론을 본받음이라는 말과 결부시키고자 했던 것이다. 실제로 이 'εἰκών'이라는 용어는 바오로의 사상 안에서 본받음

---

139 S. Arzubialde, *o. c.*, pp. 75-76.
140 P. Adnès에 따르면 따름이라는 단어가 사라지고 본받음이라는 전문용어로 대체되는 현상은 단순히 우연적인 사실이 아니라, 새로운 하나의 내적인 논리와 함께 설명될 수 있는 개념적인 변화의 과정을 보여 주고 있다. 이제 예수님과의 역사적인 친밀함은 없지만 부활하시고 영광스럽게 되신 주님(*Kyrios*)에 대한 믿음 안에서 살아가는 신자들과 그리스도와의 관계를 새로운 용어로 해석하는 일은 필연적이고, 당연한 요구였던 것이다. cfr. P. Adnès, *Sequela e imitazione di Cristo nella Scrittura e nella Tradizione*, Roma 1994, pp. 101-102.
141 Cfr. S. Arzubialde, *o. c.*, p. 85.

이라는 것을 이해하고 그 깊은 의미를 심도 있게 연구하는 데에 큰 도움이 될 수 있을 것이다.

당연히 바오로는 당시의 타 문화권의 철학적 사조들, 특별히 이 주제에 대한 플라톤 철학의 사고로부터,[142] 그리고 다른 한편, 동시대의 유다이즘으로부터 영향을 받고 있다. 병존했던 이러한 두 가지 사상적인 노선들의 영향하에서, 즉 'εἰκών(immagine)'이라는 주제에 대한 플라톤 철학의 사조와 하느님의 모상으로 그분과 유사하게 창조된 인간에 대한 성서적 교의에 따라, 그에게 있어 인간은 하느님의 모상(εἰκών: immagine)이며, 그분을 닮은(ὁμοίωσις: rassomiglianza) 존재로서 이해된다.[143] 전자의 관점은 참여를 통한 하느님과 인간 사이의 직접적인 유대에 대해 강조하는 것이다. 이에 반해, 후자는 인간과 창조주와의 무한한 거리감에 대해 염두에 두면서도 완전한 하느님의 모상(Immagine perfetta)의 중재를 통해서 인간이 지향해야 할 목적으로써, 영적으로 그분을 닮아 가야 할 바에 대해 가리키고 있다.[144] 전문적인 용어들을

---

[142] 이 주제와 관련하여, '본받음'이라는 관념은 분명 플라톤의 사상 안에서도 찾아볼 수 있다. 그러나 이 개념에 대한 플라톤주의와 그리스도교 사이의 상이한 점에 대해서도 알아야 할 것이다. "그리스-헬레니즘 사조의 배경 안에서 ἀκολουθεῖν과 그 동의어인 ἕπεσθαι는 이미 철학적 종교적 의미를 지닌 전문용어였다. 이러한 의미에서 '따르다'라는 동사는 '본받다'라는 말과 동의어가 된다. 메시아이신 예수님과 삶을 공유하는 것으로써의 따름은, 헬레니즘 사조의 영향 밑에서 모방(μίμησις)하는 것이며, 고난 받는 그리스도의 발자취를 따라 걷는 것을 말한다. 오직 신약성서에서만 나타나는 그리스도를 본받음(imitatio Christi)과 같은 예수님을 따름에 대한 독자적인 해석은 일찍이 그리스도교적인 해석의 보편적인 유산이 된다. …그러나 플라톤주의의 형상(εἶδος)과 그리스도의 예형(esempio)이라는 말 사이에는 근본적인 차이점이 있다. 전자는 절대적으로 초월적이며 비인격적인 것으로 인격적인 관계가 성립되는 것이 불가능한 것이다. 즉 사람에게 의무 지울 수 없는 성격의 것이다. 다른 한편, 후자는 이러한 초월적인 성격에도 불구하고 역사적으로 볼 수 있고 인격적인 것으로, 인격적인 관계, 대화의 관계를 정초하는 것이다. 이러한 의미에서 사람에게 의무 지울 수 있는 것이기도 하다." A. Schulz-A. Auer, *Sequela-Imitazione di Cristo*, in "DT" vol. III, Brescia 1969², pp. 338-339.

[143] Cfr. G. Turbessi, *o. c.*, pp. 338-339.

사용함에 있어서 이러한 개념 이해로부터 출발하여, 바오로는 그리스도를 통해서, 그리고 그리스도 안에서의 새로운 삶이라는 그리스도인의 본질적인 실재와 관련한 여러 다양한 면모들을 표현하기 위하여 자신의 가르침에 본받음의 이론을 적용시킨다.

실제로, 바오로는 세례 때의 믿음으로 시작되는 그리스도인의 삶의 여정을 소개하기 위해서 이러한 본받음이라는 용어를 빌려 쓴다.[145] 그에게 있어, 본받음이란 하느님의 완전한 모상이신 그리스도와 온전히 일치하게 되는 세례성사를 통해 행해진 새로운 창조의 결과이다.[146] 또한 이러한 세례 안에서의 상징적인 예식을 통해 신자들은 존재 자체로 그리스도를 닮도록 불리어졌고, 특별히 그분의 죽음과 부활에 참여케 되는 신비스러운 변화를 이루게 된 것이다.[147] 이렇듯 그리스도와의 합일을 위해서 가장 근간이 되는 성사인 세례를 통해 창조된 새로운 인간은 그분께서 재림하시는 순간까지 선행의 실천과 함께 윤리적인 차원에서도 자신이 해야 할 의무를 지속적으로 실천해 나가야 한다.[148]

---

144 Cfr. *Ibid.*, p. 339.
145 Cfr. R. Fabris, *o. c.*, p. 168.
146 "그리스도 예수님과 하나 되는 세례를 받은 우리가 모두 그분의 죽음과 하나 되는 세례를 받았다는 사실을 여러분은 모릅니까? 과연 우리는 그분의 죽음과 하나 되는 세례를 통하여 그분과 함께 묻혔습니다. 그리하여 그리스도께서 아버지의 영광을 통하여 죽은 이들 가운데에서 되살아나신 것처럼, 우리도 새로운 삶을 살아가게 되었습니다. 사실 우리가 그분처럼 죽어 그분과 결합되었다면, 부활 때에도 분명히 그리될 것입니다."(로마 6,3-5)
147 Cfr. P. Adnès, *o. c.*, p. 106; G. Bouwman, *o. c.*, pp. 87-88.
148 사실, 우리는 바오로의 서간들 외에서도 그리스도를 본받음에 대한 교훈적인 예문들을 찾아볼 수 있다. P. Adnès에 따르면, 히브리서와 베드로 전서 역시, 신자들에게 고난받는 그리스도의 모습을 굳은 믿음을 가지고 참고 인내하는 본보기로 제시하면서, 겪고 있는 시련을 견뎌내도록 용기를 북돋아 줄 목적으로 쓰여졌다. 히브리서에서 저자는 신자들을 결정적으로 새롭게 맺어진 하느님과의 계약에 충실하도록 권고하면서 그들의 믿음을 견고히 하며, 종말의 성취에 대한 희망 안에서 그들을 위로하고자 노력한다. "여러분 각자가 희망이 실현되도록 끝까지 같은 열성을 보여 주기를 간절히 바랍니다. 그리하여 게으른 사람이 되지 말고, 약속된 것을 믿음과 인내로 상속받는 이들을 본받는 사람이 되라는

이러한 방식으로, 바오로의 서간 안에서 물과 신앙을 통해 새로운 인간으로서의 삶을 태동케 하는 세례성사는, 그리스도인으로 하여금 죽으시고 부활하신 주님과의 구체적, 실제적인 일치를 수반한다. 즉 세례는 그리스도인을 주님의 생명력에 참여하는 살아 있는, 효과적인 구성원으로서 그리스도의 몸에 일치시키며, 궁극적으로는 제2의 그리스도(alter Christus)가 되도록 만든다.[149] 그러므로 바오로에게 있어, 그리스도인의 생활은 신자들이 그리스도의 모상에 점진적인 합일을 이루어 가는 여정인 것이다. 이러한 사실이 의미하는 바에 대해, P. Adnès는 다음과 같이 설명한다.

것입니다."(히브 6,11-12) 또한 저자는 '본받음'이라는 말을 명시적으로 사용하지 않으면서도, 이와 같은 그리스도의 본보기를 들기도 한다. "그러므로, 이렇게 많은 증인들이 우리를 구름처럼 에워싸고 있으니, 우리도 온갖 짐과 그토록 쉽게 달라붙는 죄를 벗어 버리고, 우리가 달려야 할 길을 꾸준히 달려갑시다. 그러면서 우리 믿음의 영도자이시며 완성자이신 예수님을 바라봅시다. 그분께서는 당신 앞에 놓인 기쁨을 내다보시면서, 부끄러움도 아랑곳하지 않으시고 십자가를 견디어내시어, 하느님의 어좌 오른쪽에 앉으셨습니다. 죄인들의 그러한 적대 행위를 견디어내신 분을 생각해 보십시오. 그러면 낙심하여 지쳐 버리는 일이 없을 것입니다."(히브 12,1-3) 다른 한편, 베드로 전서에서는 그리스도의 고난을 기억하도록 촉구한다.(1,18: 2,21: 3,18: 4,1) "잘못을 저질러 매를 맞을 때에는, 견디어낸다고 한들 그것이 무슨 명예가 되겠습니까? 그러나 선을 행하는데도 겪게 되는 고난을 견디어낸다면, 그것은 하느님에게 받은 은총입니다. 바로 이렇게 하라고 여러분은 부르심을 받았습니다. 그리스도께서도 여러분을 위하여 고난을 겪으시면서, 당신의 발자취를 따르라고 여러분에게 본보기를 남겨 주셨습니다."(1베드 2,20-21) 이 구절은 두 가지 관점에서 매우 인상적이다. 첫째, '여러분에게 (본받아야 할) 본보기를 남겨 주셨다'는 표현은 일견 추종과 본받음이라는 개념의 종합을 보여 주고 있다. 둘째, '발자취'라는 말은 역사적인 예수님과 현재를 사는 제자의 상황이 평행선을 그리며 나란히 하고 있음을 소개한다. 이것이 의미하는 바는, 팔레스티나 지역에서 사람들과 함께 사셨던 때처럼 즉각적으로 그리스도를 따르지는 못하지만, 주님의 발자취를 따르고 있다는 것이다. 말하자면, 제자는 구원에로 이르는 유일한 길이신 스승께서 걸으셨던 길을 따라 걷고 있다는 것이다. cfr. P. Adnès, *o. c.*, pp. 122-127; B. Proietti, *o. c.*, c. 1299.

149 Cfr. G. Turbessi, *o. c.*, p. 341. "이제는 내가 사는 것이 아니라 그리스도께서 내 안에 사시는 것입니다."(갈라 2,20)

말하자면, 주님의 죽음과 부활의 신비에 참여함으로써 그리스도와 하나가 되었고 맏이이신 그분 안에서 하느님의 자녀가 된 우리의 본연의 모습을 찾게 되었다. 따라서 우리의 마음과 행위를 그리스도께서 보여 주신 모습에 일치시키는 생활을 최상으로 실현하기 위해 항상 노력해야 하는 것이다.[150]

세례성사를 통한 주님과의 합일이라는 존재론적 실재에 대한 이러한 이해를 바탕으로, 그 자연스런 결과로서 윤리적인 차원의 본받음이라는 사실이 도출된다. 존재의 깊은 내면에서 그리스도와 일치하게 된 사람은 자신의 마음 안에 그리스도의 마음(sentimenti)을 간직해야 하며, 또한 그러한 삶의 신성한 예표에 따라 생활해야 한다.[151] 이러한 점에서, 그리스도를 본받음이란 외형적으로 어떠한 덕목의 모델을 삼는다거나 단순히 피상적인 모방의 차원을 넘어, 지속적으로 그리스도께 동화됨으로써 이루게 되는 영적인 통교이며 예수님과의 삶의 일치를 뜻한다.[152]

그러나 본받음에 대한 바오로의 이러한 신학적 관점은 정적인 차원에서 혹은 단지 개별적 윤리 차원에서 이해될 것이 아니라, 그리스도의 몸을 이루는 그리스도인에게 부응하는 존재와 행동양식을 규정하는

---

150 Cfr. P. Adnès, *o. c.*, p. 108.
151 Cfr. G. Turbessi, *o. c.*, p. 341.
152 D. Fernández는 다음과 같이 역설한다. "이것은 물리적으로 그분을 따른다거나 외형적으로 그분의 행동이나 태도를 따라 모방한다는 것이 아니다. 그리스도께서는 답습하기를 원하신 것이 아니라 제자가 되기를 원하신 것이다. 이것은 당신의 사도들을 파견하실 때 주신 사명이기도 하였다. '그러므로 너희는 가서 모든 민족들을 제자로 삼아라.'(마태 28,19) 또한 제자는 스승이 생각하고 느끼는 방식에 동화되는 사람이다. 의심의 여지없이 이처럼 생각하고 느끼는 방식은 행동으로 표현되고 태도로 반영되는 것이다. 그러나 이것은 종으로서 답습한다거나 피상적인 모방주의가 아니라, 예수님과의 영적인 통교이며 삶의 일치를 의미한다." D. Fernández, *a. c.*, p. 28.

역동적인 과정으로써, 또는 교회론적인 차원에서 이해되어야 할 것이다. 이를 위해서 주님과 그분의 성령의 감도 아래 그리스도의 모상이 되었고, 모든 형제들 안에서 맏아들이신 분의 형상으로 변모된 그리스도인은 그리스도의 몸에 결합된 자신의 본질을 더욱더 실현시키고 확장시켜 나가기 위해 항상 노력해야 한다. 또한 이 노력은 개인적인 차원에서만이 아니라, 그리스도를 머리로 하여 하나의 몸을 형성하기 위하여 형제적 사랑(αγαπη)을 통한 공동체적 차원에서 이뤄져야 하는 것이다.[153] 이러한 의미에서 G. Bouwman은 그리스도인의 과제에 대해 다음과 같이 말한다.

> 바오로에게 있어, 하느님으로부터 거룩한 삶에로 새롭게 창조되었다는 것은 성령을 부음 받음으로써 얻게 된 선물인 동시에, 실행되어야 할 하나의 과제이다. 따라서 이 사람은 자신에게 선사된 삶의 새로운 원리에 따라 살아야 하는 것이다.[154]

그러므로 그리스도인들은 세례받은 모든 이들이 동일한 그리스도의 신비

---

153 Cfr. G. Turbessi, *o. c.*, p. 342. "그러므로 사랑받는 자녀답게 하느님을 본받는 사람이 되십시오. 그리스도께서 우리를 사랑하시고 또 우리를 위하여 당신 자신을 하느님께 바치는 향기로운 예물과 제물로 내놓으신 것처럼, 여러분도 사랑 안에서(εν αγαπη) 살아가십시오."(에페 5,1-2) 여기서 우리는 아버지를 온전히 드러내 보이신 참 모상이신 그리스도를 본받음 안에서 하느님을 본받게 된다는 사실에 대해 이야기할 수 있다. 에페소인들에게 보낸 편지에서 바오로 사도는 세례받은 이들에게, 그들 자신이 그리스도의 공로에 힘입어 성령을 통해 사랑받는 자녀의 신분에로 고양되었으며, 따라서 신앙 안에서 이들의 삶의 자세 역시 하느님께서 행하시는 방식을 취하도록 조건 지워졌음을 충고한다. 이렇듯 하느님을 본받는 것은 그리스도를 본받음으로써, 즉 그리스도께서 우리에게 보여 주신 사랑의 규범을 실천하는 생활 안에서 실현되는 것이다. 결국, 바오로의 사상 안에서 하느님을 본받음(*Imitatio Dei*)은 모델로서 이해된 그리스도의 희생 제사를 재현하는 것이라 하겠다. cfr. *Ibid.*, pp. 346-347.
154 G. Bouwman, *o. c.*, p. 89.

체의 구성원이라는 사실을 자각함으로써 서로 배려하고 보살펴 주어야 할 의무가 있다.(cfr. 1코린 12,13-15) 이러한 의미에서, 우리는 그리스도교는 하나의 사상을 신봉하는 것이 아니라, 무엇보다 한 사람에 대한 믿음을 의미한다고 단언할 수 있겠다. 단 예수님을 따르는 것은 그리스도 안에서 우리가 하느님과 맺게 되는 관계를 장엄하게 보여 주는 복음적 윤리의 수직적인 차원에서만 이해되는 것이 아니라, 아가페의 원리에 입각하여 다른 모든 이들과 함께, 그리고 모든 이들을 위한 수평적인 차원에서 공동체적인 실천을 증진시켜 나아가야 한다는 사실을 함께 내포하고 있다.[155]

3) 그리스도 안에서 이루는 삶의 일치로서 따름에 대한 바오로의 신학적 재해석

바오로에게 있어서, 모든 그리스도인의 생활은 그리스도와 함께 살아가고, 죽고, 묻히며 또한 그분과 함께 부활하는(로마 6,4; 콜로 2,12: 3,1) 과정, 즉 자신의 삶으로써 그리스도와 생명의 온전한 친교(일치)에 참여하도록 이끌어 주는 지속적인 과정이다.[156] 죽으시고 부활하신 주

---

155 Cfr. L. Di Pinto, *o. c.*, p. 204. 그리스도를 따름 안에서의 사랑에 대한 윤리 신학적 관점을 연구하기 위해서, P. Piva, *Imitazione/sequela*, in "DETM", diretto da L. Rossi, A. Valsecchi, Edizione Paoline, Roma 1973, pp. 429-435를 보시오.

156 Cfr. D. Fernández, *a. c.*, p. 29. A. Pigna 역시도 비슷한 관점에서 바오로에게서의 '본받음'이란 의미에 대해 설명한다. 다른 한편, 그는 따름의 두 가지 형태, 즉 예수님께서 살아가신 삶의 방식을 본받고 참여하는 것으로 이해되는 따름과 신앙의 행위로서 그분처럼 살아갈 것을 선택하는 것으로서의 따름에 대한 차이점에 대해서도 명백히 밝히고 있다. "(그리스도처럼 살아갈 것을 선택하는 것으로서의) 따름은 그리스도께서 지니셨던 마음을 받아들이고 간직하는 것, 그분께 전적으로 일치하며 자신의 삶에 있어서 절대적인 최상권이 그분께 있음을 인정하는 것을 의미한다. 이러한 형태의 따름은 그 자체로 모든 그리스도인들에게 해당한다. 모든 그리스도인은 바오로 사도처럼 '나에게는 그리스도께서 사시는 것입니다.'라고 말할 수 있어야 하는 것이다. 왜냐하면 그분께서 모든 이들의 길이요, 진리요, 생명이 되셨기 때문이다. 사실 바오로 자신도 모든 신자들에게 이처럼 확장된 넓은 의미에서, '따름'과 동일한 의미로서의 '본받음'에 대해 이야기한다. …그러나 그리스도께서

님과 이루게 되는 신자들의 이러한 일치는 따름이라는 주제의 연장선 상에서, 그리스도와 함께 그리고 그리스도 안에서 영적으로 동화되는 과정을 해석하기 위한 중요한 단서가 될 것이다. 이러한 사실을 염두에 두고, 그리스도 안에서 살아가는 신자들의 새로운 생활을 묘사하기 위한 바오로의 몇 가지 특징적인 표현들에 대해 살펴보자.

우선 바오로는 일련의 동사들에 '함께'라는 전치사를 활용하면서, 우리가 예수의 삶의 역동적인 모든 상황 안에, 즉 그리스도와 '함께' 살아가고, 수난하고, 죽고, 부활하는 모든 과정에 결합되어 있음을 설명한다.[157] 그리스도와 함께 이루는 삶의 일치에 대한 이러한 설명 안에서, 즉 우리 모두는 그분의 죽음과 부활에, 그리고 종국에는 그분의 영광에 결합된 것이므로, 그리스도인의 추종은 그분께 동화되는 삶으로써 이해된다.[158] 비록 문자 그대로의 뜻에서 '예수와 함께 머물고 함

사셨던 동일한 삶의 방식을 따르는 또 다른 형태의 따름이 있다. 따라서 이 따름은 단지 '삶'으로써만이 아니라, 삶이 실질적으로 취하게 되는 '형태'와 역사 안에서 전개되는 구체적인 행위를 포괄한다. 이러한 따름의 형태에 대한 설명과 함께 '특별한 따름' 혹은 '보다 더 가까이 따름'이 실현되는 추종에 대해 말할 수 있을 것이다." A. Pigna, *La vita consacrata. Nodi teologici e soluzioni*, pp. 82-82. 이에 대해서는 3장과 4장에서 좀 더 자세히 다루게 될 것이다.

157 "'그리스도와 함께 죽다'(2코린 7,3; 2티모 2,11; cfr. 마르 14,31: 베드로의 장담); '함께 고난을 받다'(로마 8,17; 1코린 12,26); 그분과 함께 '십자가에 못 박히다'(로마 6,6; 콜로 2,12); '그리스도와 함께 죽다'(로마 6,8; 콜로 2,20); 그분과 '함께 묻히다'(로마 6,4; 콜로 2,12); 그리스도와 함께 일으키시다(2코린 4,14; 에페 2,6; 콜로 2,12: 3,1); '함께 영광을 누리게 되기' 위하여(로마 8,17); '함께 살리셨다'(에페 2,5; 콜로 2,12; '당신과 함께 살다': 1테살 5,10; 로마 6,8; 콜로 2,13); 그리고 '(부활하신) 그분과 함께 있다'(1테살 4,14.17; 필리 1,23; 콜로 3,3-4); 그리스도와 '함께 앉히시다'(에페 2,6); 그분과 '함께 다스리다'(1코린 4,8; 2티모 2,11-12); '그분과 함께 영광 속에' 나타나다.(콜로 3,3-4)" M. Gesteira Garza, *o. c.*, p. 64. 또한 B. Fernández는 다음과 같이 말한다. "예수님의 파스카 사건은 변경될 수 없는 결정적인 것이며, 우리를 향한 초월적인 그리스도의 사랑이다. …'syn'과 함께 구성된 바오로의 새로운 표현들은 이러한 유대를 가리킨다.-함께 살다, 함께 죽다, 함께 십자가에 못 박히다, 함께 묻히다, 함께 부활하다, 함께 영광을 누리다 등- 이로써 그분께서는 우리의 삶을 당신의 것으로 삼으시고, 또한 우리를 당신 존재의 심오한 내면으로 이끄신다." B. Fernández, *o. c.*, p. 175.

께 걷는 것'이 '12제자들'에게 배타적인 특권이었음을 인정할지라도, 바오로에게서는 죽으시고 영광스럽게 부활하신 주님에 대한 믿음과 새로운 생명력 안에서 그분과 함께 머물게 되었다는 믿음에 핵심을 둔 그리스도인의 새로운 실재를 표현하기 위해서, 그리스도와의 관계를 지속적으로 담보해 나가기 위한 노력은 매우 중요한 일이었다. 이러한 이유에서, '우리가 그리스도와 함께 머문다'는 것은 필연적으로 '그리스도께서 우리와 함께 머무신다'(cfr. 『μεθ' ὑμῶν』 Mt 28,20)는 의미가 된다. 그리고 이 변화는 그리스도의 완전한 몸, 즉 교회를 창조하시는 성령 안에서, 부활하신 분께서 현존하시는 새로운 방식과 그분의 역동적인 힘을 통해서 이루어진다.[159] 이로써, 따름의 한 형태로서의 동화에 대한 해석은 본질적으로 삼위일체적, 성령론적 그리고 교회론적인 차원을 지니게 된다.

위에서 언급한 이론적인 정립과 함께, 우리는 바오로의 사상 안에서 그리스도께 결합하고 일치를 이루는 것을 가능케 하고, 그리하여 그분을 본받아 변모하는 삶(cfr. 로마 8,29)의 기초가 되는 세례성사[160]가 가지는 중요성과 그 기능에 대해 숙고해야 할 것이다. 따름으로의 초대의 말씀(logion)을 통해 사람의 아들의 운명에 참여한다는 것은 이제 그리스도인으로 하여금 그리스도의 죽음과 부활에 동참하도록 이끌어 주는 세례성사와 지속적인 연관성을 갖는다. 즉 세례는 성부께 순종하시는 그리스도의 신비에서 드러난 그분의 사랑이 믿는 이들 안에서도 항상 일어나도록 북돋아 주며, 궁극적으로는 그들 자신의 삶이 그분의

---

158   Cfr. M. Gesteira Garza, *o. c.*, p. 64.
159   Cfr. S. Arzubialde, *o. c.*, pp. 96-97.
160   Cfr. S. M. Alonso, *La vida consagrada. Síntesis teológica*, Madrid 2001, p. 172.

삶과 동일한 것이 되도록 도와준다. 이로써 세례에 대한 바오로 사도의 가르침은 자신의 십자가를 지고 따르라는 역사적인 예수의 부르심과 분명한 연관성을 가지게 된다. 이러한 의미에서 세례를 통해서 그리스도께 동화됨과 '그리스도 안에서 머문다(ἐν Χριστῷ)'라는 정식은 주님의 신비에 동화된다는 말과 동일한 뜻이 된다.[161] 따라서 일정한 삶의 친교 안에서 역사적인 예수님을 따르던 것은 바로 이러한 세례성사의

---

161 Cfr. S. Arzubialde, *o. c.*, p. 99. '그리스도 안에'라는 표현에 내포된 세 가지 요소, 즉 내재성, 지속성과 존재성에 대한, B. Fernández의 분석은 매우 흥미롭다: "그리스도와의 결합은 '그리스도 안에(en Cristo)'라는 정식으로 표현될 뿐만 아니라, 이와 유사하게 '그리스도 예수 안에(en Cristo Jesús)', '주님 안에(en Señor)'라는 말로도 묘사된다. 이것은 삶의 친교(일치)를 요약하여 보여 주는 표현으로서 다음과 같이 구분되는 세 가지 관점들을 포함하고 있다. ① 내재성: 우리는 그분 안에 하나를 이룬다. 그분 안에 결합되었으며, 동화되었고, 동일한 인격을 갖게 되었다. 우리 인간 존재는 예수의 인격과 구원역사 안에서 변모하게 되었고 또 충만해졌다. …세례받은 이는 그리스도 안에 잠겼으며, 그분을 입고 있는 것이다.(갈라 3,27) ② 지속성: …그리스도 안에 있는 사람은 새로운 피조물이며(2콜린 5,17; 갈라 6,15), 새로운 삶을 살아가게 된 사람이다.(로마 6,4) 그리스도 안에 있다는 것은 그분과의 인격적인 친교(일치)를 내포한다. 제자들의 삶은 그리스도 안에서 그 항구성과 미래를 지니게 된다. ③ 존재성(Ex-sistencia): 즉 그로부터 존재하는 것이며, 그분의 역동적인 활력으로 살아가고, 그 권위를 수용하는 것을 말한다. 그리스도교 공동체에 대한 그리스도의 이러한 권위는 '주님 안에서(en-el-Señor)'라는 표현이 분명히 나타내 주고 있다.…" B. Fernández, *o. c.*, pp. 173-174. 동일한 저자는 다른 책에서도, 신자들이 예수 그리스도와 맺는 관계에 대해 항상 주목하면서 '본받음'의 개념과 내용에 대해 다음의 네 가지 차원에서 해석한다. "파스카 사건 이후에 따름이란 것은 변화를 겪게 된다. …그 내용도 변하게 된다. 그것은 특별히 예수님 사랑의 근본적인 행위들을 본받음이라는 형태에서 분명해진다. 또한 성사적인 의미에서 동화되는 생활과 삶의 일치라는 형태로 완성된다. 그러나 다음에 이루어지는 매 순간의 것들이 이전의 것들을 무효화하는 것이 아니라 함축하고 있으며, 또한 어떠한 의미에서는 앞서의 것들을 변화시키기도 한다. 그러므로 예수 그리스도와 신자인 우리들의 실제적인 관계 안에서 이루어지는 다음의 네 가지 구조적인 차원에 대해 고려해야 할 것이다. -① 역사적인 모델로서, 그리스도께서 사셨던 것처럼 사는 것(그분의 행위와 실천, 선택 등) ② 하느님과 모든 사람들을 위한 삶의 증인이신 예수로 말미암아 사는 것 ③ 메시아적인 삶의 방식의 근본이신 그분께서 사셨기 때문에 사는 것 ④ 이러한 삶의 내용인 예수님 안에서, 그리고 그분과 함께 사는 것-예수 그리스도와의 관계 안에서의 이 네 가지 차원은 우리가 그분과 맺는 관계의 모든 내용과 행위들을 통해서 이루어지는 것이다. -믿다, 사랑하다, 희망하다, 기도하다, 신뢰하다.…-" Id., *El Cristo del seguimiento*, Madrid 1995, p. 72.

참여를 통해, 파스카의 신비 안에서 그분과 온전한 일치를 이루는 삶이 된다. 결국 "세례를 받은 이들의 성소란 다름아니라, 그리스도께 동화되는 것 자체이다."[162]

그리스도께 동화하는 삶의 역동적인 과정은, 믿음 안에서 그리스도인의 삶을 그분의 사랑과 모습(immagine)에 따라 살아가도록 이끌어 주는 세례성사를 통해서 받은 성령에 의해서 보증받는다. 이러한 의미에서, '그리스도 안에 머문다'는 것은 '그리스도께 속해 있다'는 것을 의미하며, 동시에 '성령의 역동적인 힘 아래 있다'는 것을 뜻한다. 이 성령께서는 그리스도인의 삶에 개입하시며, 이들의 마음을 일깨우시어 하느님의 아들이신 분의 사랑에 대한 충실한 응답으로 그리스도의 존재와 사랑의 방식을 따르는 변모된 삶을 살도록 인도하실 것이다.[163] 그러므로 바오로에게서 그리스도를 본받는다는 것은 "그분께 친밀하게 결합되고, 점차적으로 우리 안에 머무시는 그분의 성령이 활력을 불어 넣어 주시고 그 기운이 흘러넘치도록 맡긴다."[164]라는 것을 말한다. 이러한 신학적 성령론적인 기초 위에서 본받음이란 맹목적인 의미에서의 그것일 수 없으며, 오히려 예수님과의 삶의 일치, 그리고 그리

---

162 S. Arzubialde, *o. c.*, p. 100.
163 "그리스도의 영광스러운 성령론적인 실존은, 믿는 이로 하여금 그리스도께서 행하신 파스카의 신비 안에서 나타난 그 사랑을 따르고, 이에 부응하는 삶(갈라 2,20), 말하자면 성령 안에서 살아갈 수 있게 해 주는 실제적인 힘이다. 이로써 두 가지 정식은 동일한 실재를 표현하는 것이 된다. …따라서 그리스도 안에 있다는 것은 영광스럽게 되신 그리스도의 권능, 그 영향력 아래 있으며, 인격적인 사랑이신 성령의 역동적인 힘에 따라 살아감을 의미한다. …이처럼 '그리스도 안에서'와 '성령 안에서'라는 두 정식은 서로 대체될 수 있고 상호 보완되는 동등한 표현들이다." 그러나 저자는 두 가지 표현들 사이의 유일한 하나의 미묘한 차이에 대해서도 이야기한다: "'성령 안에서'는 주님이신 분의 충만한 권능이 흘러나오는 성령으로부터 야기되는, 사랑의 윤리적인 차원의 응답 자체를 가리킨다면, '그리스도 안에서'는 구원의 객관적인 상태 혹은 지위(그리스도 안에서의 하느님의 활동)와 관련이 있다." *Ibid.*, pp. 118-122.
164 S. M. Alonso, *o. c.*, p. 172.

스도교 윤리에서 고유한 요소로서의 영적인 태도들에 순응하는 것으로서 이해된다.[165] 이와 같은 방법으로, 역사적인 예수를 따름에 대한 후대의 해석으로서의 그리스도를 본받음은, 파스카의 신비 안에서 주님의 죽음과 부활에 동화되는 과정으로서 그리스도인의 성소를 종합적으로 제시하기 위한 근거가 되며, 이들의 삶을 그리스도의 신비를 통한 신성한 삼위일체의 구원 경륜 안에서 나타난 바로 그 사랑 안에 정초하게 한다. 이렇듯 그리스도인이 자신 안에 그리스도를 내재화하여 그분 안에 온전히 변모되는 삶(cristificazione)을 살아가는 일을 가능케 하시는 성령의 작용에 대해 강조하면서, 본받음에 대한 바오로의 신학은 이러한 그리스도께 동화되는 여정을 나타내는 '그리스도 안에서'라는 정식을 통해, 그리스도와 그리스도인 상호 간에 서로 현존함의 의미에 대해서도 부각시켜 주고 있다.

종합

이제까지 우리는 구약성경에서의 따름의 영성적 의미로부터 시작하여 역사적인 예수님을 따름, 그리고 바오로의 신학적 사상 안에서의 그리스도를 본받음에 대해 살펴보았다. 구약성경 안에서 이스라엘이 살아온 역동적이며 영적인 체험들이 함축된 성서적 개념으로서 이 따름은

---

165 Cfr. P. Adnès, *o. c.*, p. 111. 동일한 저자에 따르면, 훈화적인 성격의 여러 텍스트들 안에서 바오로는 청자들에게 다양한 덕목을 실천하도록 권고하기 위한 모델로 그리스도를 제시한다. 신자들이 같은 마음을 지니고 서로 간에 일치하도록 하기 위해서(필립 2,2-4); 그리스도의 자기 비움(*Kenosi*)을 관상함으로써, 겸손하게 기꺼이 봉사하고 순종하도록 하기 위해서(필립 2,5-8); 그리스도의 인내와 자기 자신의 의지를 철저히 단절하시는 모습을 배우게 하기 위해서(로마 15,2.3); 주님의 애덕과 자유로운 자기 증여를 본받도록 하기 위해서(2코린 8,9); 상호 간의 용서(콜로 3,13)와 사랑(콜로 5,15)을 위해서. cfr. *Ibid.*, pp. 109-111.

하느님의 가르침, 즉 토라의 구체적인 실천을 통해 보다 명료하게 표현되었다. 또한 '야훼 하느님을 따르다'라는 표현은, 탈출기 사건과 신명기 전통 안에서 점차적으로 영성화되는 과정을 거치며, 단순히 우상숭배에 반대되는 정식으로서만이 아니라 하느님으로부터 선택된 민족인 이스라엘에게는 자신의 진정한 자아 인식에 이르고, 토라에 대한 충실성 안에서 자신의 삶을 하느님께 온전히 정향시키기 위해 걸어야 할 여정, 혹은 내적인 순례의 여정으로서 인식되었다.

다른 한편, '따름'이라는 단어는 이처럼 역사적으로 확장된 맥락에서 나타나는 것보다는 예언자 운동의 범주에서 더욱 분명한 색채를 지니게 되었다. 특별히 성경의 몇몇 주요 인물들의 성소사화 안에서, 무엇보다 예언자들과 관련하여 이 '따름'은 하느님으로부터 파견된 사람들의 예언자적인 언어와 행위를 통해서 선포된 신성한 하느님의 부르심에 믿음으로 응답함으로써 보다 구체적인 방식으로 묘사되었다. 따름과 제자직에 대한 이러한 부르심은 스승과 제자 사이에 특별한 관계를 형성하며, 제자 편에서는 부름 받은 예언직의 진정한 증인이 되고, 자신에게 맡겨진 사명을 수행하는 일에 자유롭게, 그리고 온전히 투신하기 위해서 이전까지의 삶과 재화를 포기하라는 요구마저도 수용하는 것이었다.

이와는 다른 방식으로, 토라 중심주의라는 사회적 문화적 환경 안에서 전개된 유대사상에서의 율법주의 운동은 스승과 제자의 특정한 관계 안에서 따름과 관련한 또 다른 모델을 제시한다. 앞서 우리가 살펴보았듯이, 유대 전통 안에서 율법학자들의 운동은 예수님에게서의 따름의 유형과 비록 많은 유사성을 지닐지라도, 분명하게 구분되는 것이었다. 이와 관련하여, 동시대의 여타 종교적인 운동들과 구분되면서도 역사적인 예수님을 따르는 생활을 구성하는 몇 가지 특징적인 요소들에 대해 짧게 종합해 보고자 한다. -부르심 안에서, 그리고 제자들과의 관계 안에서 예수님께서 지니는 주도적인 능력과 배타적인 권위; 그분과의 삶을 통한 친교와 일치; 그분께 온전히 의탁하는 태도와 모든 것을 버리라는 근본적인 요구; 하느님 나라의 구원역사적인 도래에 바탕을 둔 카리스마적이고 예언자적인 특색; 유랑하는 생활 안에서 스승의 사명에 대한 동참; 그리고, 예수님의 인격에 온전히 일치함과 그분의 종말론적인 복음 선포에 기초를 두며, 어떠한 제약 없이 다양한 사회적인 조건에 있는 모든 사람들에게로 열려진 새로운 가족공동체의 창조.-

역사적인 예수님과 제자들의 관계를 해석하는 데 있어서 풍요로운 의미를 지니고 있는 표현으로서 이 파스카 사건 이전의 따름은, 부활 사건 이후의 초대교회의 생활에 있어서도 지속적으로 준거점이 되어 왔으며, 그리하여 성서의 편집 과정에서도 이 어휘는 고유한 특색을 지니며 유지되게 되었다. 전문용어적인 관점에서, 사실 이 용어의 배경은 파스카 사건의 빛으로 조명된 교회의 자아 인식을 드러내 주고 있다. 따라서 이 표현과 함께 초기 그리스도교 공동체는 자기 스스로를 마치 구약의 출애굽 사건 때의 모습처럼, 주님의 뒤를 따라 걷고 예수님의 제자직을 계속해서 수행해 나가는 백성으로서 이해하였던 것이다.(cfr. 마태 14,13; 묵시 15,2)[166] 파스카 사건 전후의 맥락 안에서 바로 이러한 지속성에 대한 교회의 자기이해로부터, 연대기적으로는 구분되면서도 함께 병존하는 두 개의 개념들, 즉 파스카 사건 이전의 '예수님을 따름'과 그 이후의 신앙 안에서 '그리스도를 본받음'에 대한 존재론적 동일성이 성립될 수 있을 것이다.[167] 물론 이 두 개념이 완벽하게 일치되는

---

166 Cfr. S. Blanco Pacheco, *o. c.*, p. 1612.

것은 아니다. 하지만 이들 사이에 존재하는 차이점은 그리스도교 신자들이 예수 그리스도의 인격과 동화되어 가는 하나의 과정 안에 전개되는 두 가지 단계를 분명히 보여 주고 있다고 하겠다.

초대교회 공동체의 다양한 상황 안에서 모든 신자들이 주님과 맺게 되는 관계를 현실화해서 설명해야 할 필요성이라는 요구에 직면하여 바오로는 새로운 용어를 고안하여 사용한다. 즉 파스카 사건의 신비를 입증하는 데에 있어서 '본받음'이라는 말로써 후대의 '따름'을 재해석하게 된 것이다. 히브리, 그리스, 로마의 세 가지 각기 다른 문화의 수혜자로서 바오로는, 그리스도인들에게 요구되는 여러 덕목들을 제시하기 위해서 자신의 가르침에 본받음이라는 이론을 적용하고자 했던 것이다. 그에게서 그리스도의 모상에 동화되는 생활을 가능하게 해 주는 세례를 통해 창조된 새로운 인간은, 그리스도께서 보여 주신 모습과 사랑에 자신의 마음을 동화시킴으로써, 세례 자체로 새롭게 태어난 자신의 본질을 매 순간 그리고 더욱 구체적인 방법으로 실현시키기 위해 윤리적 책무를 다해야 한다. 이러한 의미에서 그리스도를 본받음은 단순히 외적인 행위를 모방하는 것이 아니라, 그리스도의 신비체를 이루는 점진적인 동화의 과정으로서 그리스도와 삶의 일치를 이루는 것을 가리킨다. 또한 이러한 행위는 그리스도 안에서 하느님을 향한 개별적 윤리적 관점에서의 수직적인 차원에서 뿐만 아니라, 아가페적

---

167 J. C. R. García Paredes는 이 두 가지 차원 사이의 확실한 연관성에 대해 다음과 같은 말로써 단언한다. "역사적인 예수님을 따름은 그 자체 안에 목적이 있다기보다, 그리스도교 공동체의 신앙생활의 모델을 앞당겨 보여 주고 있는 것이다. 역사적인 추종이나 그것을 특징 지워 주는 모범 없이 주님이신 그리스도를 믿음은 동의되지 않은 환상일 뿐이고, 파스카 사건 이후의 믿음이 없는 역사적 예수를 따름은 하느님께서 인간에게 주시는 결정적인 미래 밖에 있는 유토피아적인 약속이 될 뿐이다." J. C. R. García Paredes, *Seguir a Cristo en comunidad*, in VR 48(1980), pp. 56-57.

사랑의 실천을 통한 공동체적 수평적 차원에서도 이뤄져야 하는 것이다. 결과적으로 세례로서 수반되는 그리스도와 함께, 그리스도 안에서 이루어지는 삶의 일치는, 그리스도인으로 하여금 성령의 감도하에 주님의 신비에 온전히 일치하도록 이끌어 준다. 이와 같은 방법으로, 그리스도인은 자신 안에 그리스도의 신비를 통해서 계시된 그 동일한 사랑을 부어 주시고 점차적으로 그분과의 궁극적인 일치에로 인도해 주시는 성령의 역동적인 작용에 따라 살아가도록 초대받는 것이다.

2장

봉헌생활의 몇몇 형태 안에서 그리스도를 따름의 역사적 신학적 전통

1. 성 베네딕도의 영성 안에서 그리스도를 따름의 특징

2. 성 프란치스코의 영성 안에서의 그리스도를 따름

3. 로욜라의 성 이냐시오의 영성 안에서의 그리스도를 따름

|종합|

이제까지 우리는 구약 시대에서부터 역사적인 예수님의 활동에 이르기까지, 더 나아가서는 바오로의 사상 안에서 '그리스도를 따름'이라는 주제에 대한 성서 신학적 배경과 초기 그리스도교의 교의에 대해 검토해 보았다. 복음 안에서 예수님의 초대에 대한 인간 편에서의 매혹적인 체험과 결정적인 선택으로서 이해되는 따름이라는 주제는, 초기 교회 안에서 그리고 바오로가 기여한 신학적 해석을 통하여 모든 그리스도인들이 받아들여야 할 하나의 요구로서 새롭게 이해되었다. 말하자면, 따름은 비단 자신의 삶의 계획 안에서 예수님의 삶의 방식을 본받기 원했던 특정한 사람들에게만 해당되는 배타적인 성격의 것이 아니라, 세례받은 모든 이들에게 해당하는 하나의 종교적인 체험이라는 것이다.[1] 이러한 방식으로, 교회는 수세기를 거치면서도 신약성경의 기록들을 생생하게 접하며, 예수님을 따르는 제자들이고 그의 문하생이라는 자신의 존재에 대한 의식을 결코 잃는 일 없이 유지해 나가게 된다. 또한 성령의 이끄심으로 교회는 시대, 장소 그리고 역사적 상황에 따라 복음의 생활을 육화시키기 위한 다양한 방식을 깨닫게 된 것이다.[2] 이처럼 '따름'의 신학적 맥락 안에서 바오로 신학의 '본받음'은 특별한 중요성을 지니며, 이러한 본받음의 이해는 신자들이 주체적으로 제자직의 개념을 이해하고 성숙시켜 나가는 데 도움이 되었다. 이러한 의미에서 B. Secondin은 본받음은 은총의 산물이라고 말하면서 두 개념, 즉 따름과 본받음의 유사성에 대해 설명한다.

그럼에도 불구하고, 신약성경의 신학적 맥락 안에 근거를 두고 있는 이

---

1 Cfr. G. F. Poli, *Linee di spiritualità. La sequela di Cristo nell'esperienza cristiana fino a Francesco*, in ViCo 29(1993), p. 425.
2 Cfr. P. Adnès, *o. c.*, p. 140.

두 가지 개념은 그다지 상이한 것은 아니다. 왜냐하면, 사실 바오로의 사상 안에서 본받는다는 것은 순전히 자의적인 것, 또는 인간적인 의미라든가 수행적 또는 철학 사조 안에서의 금욕적인 의미로서 이해되는 것이 아니다. 그것은 그리스도교 공동체를 위한 주님의 아가페적인 사랑과 은총의 열매일 뿐만 아니라, 마치 따름의 결실처럼 우리를 이끄시는 그리스도의 뒤를 따르는 믿음과 순종의 열매인 것이다.[3]

따라서 바오로에게서 그리스도를 본받음은 따름의 연관성 안에서 이해되어야 하며, 그것은 "그리스도께서 지나가신 길만이 그리스도인인 우리가 걸어가야 할 유일한 길이지, 우리에게 다른 어떤 새로운 길을 창안하는 것이 허락된 것은 아니기 때문이다."[4] 의심의 여지없이, 모든 것의 중심은 그리스도뿐이시며, 결국 모든 그리스도인들은 본받음 안에서 그리스도를 따르라는 자신의 성소를 실현하게 되는 것이다. 이러한 의미에서, P. Adnès는 "'그리스도인이다'라는 것은 그리스도를 따른다는 것을 말하며, 그리스도를 따르는 것은 우선적으로 그분의 겸손을 본받는 것을 말한다."[5]라고 역설한다.

그러나 따름이란 하나의 정적, 반복적, 고정된 의미의 것은 아니다. 오히려 그것은 역동적이며 창조적이고 책임감 있는 행위이며, 성령을 통해 활력을 얻게 되는 공동체 안에서 지속적으로 성장하는 것이다.[6] 또한 따름은 그리스도를 따르는 이들의 사명에 대한 정체성과 책임감과 관련하여, 이를 동요케 하는 다양한 역사적 상황으로부터 야기된

---

3 B. Secondin, *Sequela e profezia, Eredità e avvenire della vita consacrata*, Roma 1983, p. 67.
4 G. F. Poli, *a. c.*, p. 426.
5 P. Adnès, *o. c.*, p. 144.
6 Cfr. D. Mongillo, *Sequela*, in "NDS", a cura di S. De Fiores e T. Goffi, Milano 1985, p. 1440.

사건들 안에서 발전하는 것이기도 하다. 역사적으로 수도공동체의 출현은 그 자체로 단지 수도생활이 지니는 성격과 역사적 사명으로 인해서 당대에 일어나는 여러 문제들에 응답하고자 했던 시도와 연관되어 있을 뿐만 아니라, 더 나아가서는 '따름'이라는 개념의 심오하고 역동적인 의미를 다양한 방식으로 해석하는 일을 가능하게 만들기도 하였다. 이 때문에 B. Secondin은 다음과 같이 주장한다.

> 결국 (수도회들이 안정화되는 시기를 또한 포함하여) 수도회들의 변천사는, 우리를 부르시고 회개시키시며 위로해 주시고, (비록 때로는 불충실하거나 수치스럽게도 모순되는 모습이기도 하였지만) 우리 안에서 또 우리와 함께 가난한 사람들에게 봉사하시며, 이로써 우리가 사는 현 시대 사람들의 역사를 변화시키시는 그분의 뒤를 충실하게 그리고 생생히 따름의 역사라고 해석될 수 있다.[7]

실제로 따름을 해석하는 방식에 있어 다양한 모습은, 이미 기원후 3세기에 이르는 교회의 역사 안에서 나타나고 있다. 초기 교회의 순교사적인 전통 안에서 순교란 가장 확실하게, 그리고 온전히 하느님께 동화되는 일이며, 그리스도의 승리를 최상으로 실현하는 일이었다. 즉 그리스도교의 기원에서부터, 순교자들은 죽을 운명 안에서 그리스도의 발자취를 따르고 있으며, 고통과 죽음 안에서도 그분을 본받고 있다는 의식을 지니고 있었던 것이다.[8] 순교를 통한 '따름'과 '본받음'과 관련한 몇 가지 예를 들자면, 안티오키아의 주교 성 이냐시오[9]는 특별히 '본받음'

---

7 B. Secondin, *o. c.*, p. 68.
8 Cfr. G. F. Poli, *a. c.*, p. 427.
9 사실 안티오키아의 성 이냐시오는 처음으로 따름에 대한 생각과 그 따름의 완성은 순교임을 자신의 저술서에 표현한 사람이기도 하다. E. Vilanova, *Esbozos históricos del*

이란 말을 사용하고 있으며, 이와 다르게 성 치프리아노는 '따름'이란 말을 더욱 빈번히 사용하고 있다.[10] 고대 그리스도인들이 이해했던 본받음의 의미에 대해 알려 주는 중요한 자료인 로마인들에게 보내는 편지에서 성 이냐시오는 다음과 같이 말하고 있다.

> 오히려 여러분들은 이 야수들이 저의 무덤이 되고, 나의 육신을 하나도 남김없이 먹어 치우도록 그들을 흥분케 하십시오. …나의 육신이 이 세상의 삶에서 벗어나게 될 때, 비로소 저는 진정으로 그리스도의 제자가 될 것입니다. 그러니 나의 하느님의 수난을 본받는 자가 되도록 저를 놓아두십시오.(IV, 2; VI, 3)[11]

그에게서 순교자들이야말로 진정 그리스도를 본받는 사람들인 것이다. 다른 한편, '따름'이라는 주제와 관련하여, 성 치프리아노는 순교는 우리를 위해 고난을 겪으시며 본보기를 남겨 주신 그리스도의 발자취를 따르면서(1Pt 2,21), "세례성사를 완성시키는 최상의 선행"[12]이라 여

---

seguimiento, in AA. VV., "El seguimiento de Jesús", Madrid 2004, p. 87.

10 Cfr. P. Adnès, *o. c.*, p. 142.

11 *Ibid.*, p. 141. 그리스도를 본받음으로써의 안티오키아의 성 이냐시오의 순교라는 주제에 대한 다음의 두 가지 문헌을 참조할 수 있다. 『에페소인들에 보낸 편지』 III, 1 (…(자신의 순교의 순간에 이르러) …바로 이제 저는 그리스도의 제자가 되기 시작합니다. 이제 저는 여러분에게 그분의 공동 제자로서 말합니다)과 『마그네시아인들에게 보내는 편지』 V, 2 (모든 것은 끝나갑니다: 우리에게는 죽음과 생명이라는 두 가지 것이 놓여 있습니다; 각자는 자기의 자리를 찾아가야 할 것입니다. 그것은 마치 두 개의 동전을 다루는 것과 같습니다; 하나는 하느님의 것이며, 다른 하나는 세상의 것입니다; 이들 각각의 것에는 자기의 초상이 새겨져 있습니다; 불충한 자들은 이 세상의 초상이 새겨진 것을 지니고 다닙니다; 충실한 이들은 사랑 안에서 살면서 예수 그리스도를 닮음으로써 하느님의 초상이 새겨진 것을 가지고 있습니다. 만일에 우리가 그분의 수난을 본받기 위해 죽을 준비가 되어 있지 않다면, 그분의 생명력은 우리 안에 있지 않습니다.) cfr. G. Corti, *I padri apostolici, Traduzione, introduzione e note*, Roma 1966², pp. 100, 110.

12 P. Adnès, *o. c.*, p. 142.

긴다. 특별히 주목할 만한 것은, 두 가지 경우 모두에게서 또 다른 형태의 순교, 즉 피의 순교에서 금욕적인 생활로서 이해되는 본받음에로의 변천에 대해 소개하고 있다는 점이다.[13] 실제로 성 이냐시오는 그리스도인들로 하여금 시련 앞에서도 인내하며 그리스도를 본받도록 재촉하면서,[14] 어려운 상황에서도 신자들 상호 간에 애덕의 실천을 통하여 이 두 가지 순교의 형태 사이의 일치점을 확보하고자 하였다.[15] 그에게서 그리스도교 공동체 안에서의 기능과 의무, 그리고 당신의 생명을 선물로 내어주신 그리스도와의 깊은 연대감은, 박해의 상황에서도 내적으로 저항하며 예수님과 복음에 대한 충실함을 지속해 나가야 할 제자들에게 가치 있는 일이었다.[16] 이와 유사하게 성 치프리아노는 모든 그리스도인들에게 영적인 투쟁에서 일상의 피 흘림 없는 순교를 통하여 그리스도를 따르고, 그리스도교의 덕목들, 예를 들면 순명, 겸손, 온순, 친절, 자애, 절제 등을 실천함으로써 그리스도를 본받을 것을 강하게 역설한다.[17] 이로써 우리는 비록 피 흘림의 순교가 모든 그리스

---

13 J. Janssen에 따르면, 교부들이 금욕적인 생활을 통해 실제적인 순교를 대체할 해결책을 찾거나 혹은 하나의 이념을 발전시키기 위해 모색하고자 했던 것이 아니라, 그리스도인 생활 자체가 이와 같은 하나의 순교임을 보여 주고자 했던 것이다. cfr. J. Janssen, *Il martirio grazia di Dio testimonianza di amore obbediente*, in Rassegna di Teologia 24 (1983), pp. 497-503.

14 "우리는 주님을 본받는 사람이 되도록 힘써야 합니다. 누가 더 큰 불의 앞에서 고통을 받으셨습니까? 누가 더 큰 희생을 하였습니까? 누가 더 많이 업신여김을 당하였습니까?" (『에페소인들에게 보내는 편지』 X. 3) G. Corti, *o. c.*, p. 104.

15 "여러분도 예수 그리스도를 본받는 사람이 되도록 하십시오."(『필라델피아인들에게 보내는 편지』 VII, 2) *Ibid.*, p. 130.

16 Cfr. G. F. Poli, *a. c.*, pp. 432-433. 또한 안티오키아의 성 이냐시오는 충만한 사랑의 최상의 행위라 할 수 있는 자신의 순교를 성체성사의 희생제사로 묘사한다. 즉 순교로 그 자신이 그리스도와 일치를 이루는 성체가 되는 것이며, 또한 이로써 사도들처럼 온전히 그리스도를 따르는 제자가 되는 것이다.(『로마인들에게 보내는 편지』 II, 2) cfr. G. Corti, *o. c.*, p. 142.

17 Cfr. G. F. Poli, *a. c.*, p. 432; P. Adnès, *o. c.*, p. 142.

도인들에게 부과된 요구는 아닐지라도, 그리스도인들에게서 모든 것은 순교의 동일한 이상 안에서 예수 그리스도를 진정으로 본받는 사람들이 되어야 한다는 목표를 향하고 있다고 말할 수 있을 것이다. 동시에 그리스도인의 생활에 순교를 적용시키는 이러한 예는 우리로 하여금 따름이 단지 순교자들만의 특권이 아니라, 다른 모든 신자들의 의무였다는 사실을 이해하도록 도와준다.[18] 영적 투쟁과 덕의 실천을 상기시키기 위하여, 순교 안에서 그리스도의 추종을 언급하는 형태의 이러한 영성은 수덕생활의 새로운 차원을 보여 주고 있다. 말하자면, 그리스도를 따름은 자기 자신을 버리고 십자가에 못 박히신 구세주께 결합됨으로써 최상으로 실현되는 그리스도인의 근본적인 성소가 되는 것이다. 또한 그리스도인은 자신의 삶의 다양한 상황을 통해, 무엇보다

---

18 Cfr. P. Adnès, *o. c.*, p. 143. 이어서 같은 저자는 다음과 같이 부연하고 있다. "성 요한 크리소스토모와 성 아우구스티노는 아무런 구분 없이 모든 그리스도인들에게 그리스도를 따름과 본받음에 대해 설교한다. 성 요한 크리소스토모는 '당신은 그리스도를 본받으려는 그리스도인입니다. 그러니 신성한 모범이 행하신 일들을 바라보십시오!(*Adeptus judaeo* 8)' 성 아우구스티노의 사상은 두 가지 말로 요약할 수 있을 것이다: 사랑하라, 그리고 본받으라! 본받음은 사랑의 자연스러운 열매이다. '*Et nos ergo fratres si veraciter amamus imitemur*: 형제들이여, 만일 우리가 진실로 사랑한다면, (그분을) 본받아야 합니다!(*Sermone* 304, 2)' …성 아우구스티노에게서 그리스도의 삶의 모든 것은… 우리에게 본보기인 것이다." *Ibid.*, pp. 143-144. 또한 L. Borriello는 그리스도를 본받음이라는 관점에서 그리스도인들에게 행한 이 두 위대한 학자들의 권고에 대해 강조한다. "성 요한 크리소스토모에 따르면, 예수 그리스도는 그리스도인들에게 완벽한 이상이다. …'그리스도께서 인간적인 방식으로 이루셨던 모든 행위들은 단지 당신의 육화 사건을 확증하려는 견지에서 행하셨던 것만이 아니라, 또한 우리를 덕목으로 양성하기 위해서이기도 하다. 만일에 그분께서 모든 것에서 하느님으로서만 행동하셨다면, 우리가 어려운 여건에 처했을 때에 따라야 할 행위들을 어떻게 배울 수 있겠는가?'(*Omelia su Giovanni* 49, 1; PG LIX 273B) …성 아우구스티노에게서 그리스도를 따른다는 것은 그분을 본받는 것을 의미한다. '*Quid est enim sequi, nisi imitari*?'(*De Sancta virginitate* 27; PL XL, 441B) 사실 이것들은 사랑 때문에 인간이 되신 말씀을 마주 대할 때에 그리스도인이 지니는 사랑과 감사의 행위이어야 한다. 만일 진정으로 그분을 사랑한다면, 반드시 그분을 본받아야 할 것이다. 왜냐하면 본받음이란 최상의 사랑의 열매이기 때문이다.(*Sermone* CCCIV n. 2)" L. Borriello, *La sequela e l'imitazione di Cristo nella vita spirituale*, in "Asprenas" 25 (1978), p. 144.

고난을 통해서 단지 그리스도를 따르기만 하는 것이 아니라, 또한 그분과 일치를 이루는 깊고 생생한 체험을 살아가게 된다.[19] 이어서 박해가 끝나고 교회가 평화를 누리게 된 후에는, 성 예로니모가 말하는 것처럼 수도승생활이 새로운 형태의 순교로서 여겨지게 되었다. -"Nudum sequi christum nudus!(헐벗은 그리스도를 헐벗음으로 따르라!)"(Epistola 125)[20]- 사실, 초대 수도승 운동의 기초에는 이처럼 분명한 그리스도론적인 동기, 즉 철저한 방법으로 주님을 따르려는 열망과 그분을 따르기 위해 모든 것을 버리라는 초대가 자리 잡고 있다.[21] 이에 대해, M. Augé는 다음과 같이 표현하고 있다.

> 수도승생활의 기원에는 그리스도의 자기 비움과 수난 안에서 그분을 따르라는 추종에로의 명백하고 고결한 부르심이 있다. 고대 수도승 운동의 영성에서 추종이라는 주제는 -그리스도의 삶에 참여케 하는, 특별히 십자가에 못 박히신 그리스도께 동참하는- 중심에 놓인다. 수도승의 삶 전체는 본질적으로 후에 생명 안에서 그리스도와의 일치에 이르기 위해서 그분의 고통에 동참하는 생활로 간주되었다.[22]

수도승생활의 범주에서 그것이 은수생활이든 공주생활이든, 수도승들은 고난 받는 그리스도를 따르는 순교자들의 후예로서 그리스도의 완전한 제자가 되기 위하여 성경의 모범적인 인물들, 특별히 모든 것을 버리고 십자가에 온전히 참여함으로써 그분을 따랐던 사도들로부터

---

19 Cfr. B. Secondin, *Alla luce del suo volto, 1. Lo splendore*, Bologna 1989, p. 186.
20 P. Adnès, *o. c.*, p. 143.
21 Cfr. G. F. Poli, *a. c.*, p. 435.
22 M. Augé, *Ritorno alle origini. Lineamenti di spiritualità dell'antico monachesimo*, Roma 1984, p. 48.

본보기를 취했다.²³ 수도승 운동의 시초에서부터²⁴ 현대 수도생활의 흐름에 이르기까지 교회의 역사는 항상 그리스도를 따르라는 이러한 요청을 지속적으로 상기해 나가면서, 어떻게 축성생활이 다양한 표현들 안에서, 때로는 여러 방식으로 이 요청을 육화시키기도 하고 때로는 상이한 강조점을 두면서도, 이러한 따름의 특별한 형태를 생생하게 간직하게 되었는지 보여 주고 있다.²⁵ 앞으로 우리는 이 장에서 성 베네딕도에서부터 아씨시의 성 프란치스코, 성 이냐시오 로욜라에 이르기까지, 어떻게 예수님의 삶과 말씀과 행위들이 수도생활을 촉진시켜 주는 성령의 작용 안에서 거부할 수 없는 매력을 주었고, 또 계속해서 영향을 주고 있는지 살펴볼 수 있을 것이다.²⁶ 그리하여 결국 그들이 품었던 수도생활의 이상이 이러한 동일한 따름의 요청에서 변모된 것이었음을 알 수 있을 것이다. 사실, 세계주교대의원회의 후속 교황 권고 『봉헌생활』은 여러 방법으로 이 점을 명백히 전해 주고 있다.

---

23 Cfr. *Ibid.*, pp. 55-56.
24 실제로, 아타나시오의 책 『안토니오의 생애』에서는 '그리스도를 따름'이라는 표현을 전혀 사용하지 않는다. 그러나 안토니오가 결코 추종의 테마를 알지 못했던 것은 아니다. 오히려 안토니오에게서 자신의 생애 초기에 결정적인 중요성을 지녔던 성경의 부자 청년의 일화는 '나를 따라라'라는 초대를 '가진 것을 다 팔아 가난한 이들에게 주어라'는 요구로 대치되면서, 그리스도를 따름이라는 주제와 재결부되고 있다. cfr. G. Couilleau, *III. Il primo monachesimo, Sequela Christi e Imitazione*, in "DIP" vol. VIII, Roma 1988, cc. 1300-1301. 또한 G. F. Poli는 다음과 같이 말한다. "이러한 그리스도론적인 주제는 초기 수도승 운동의 많은 저술 안에서 기초를 이룬다. 여기서 그리스도를 본받음과 따름은 사막의 수도승들의 주요한 동기였던 것이다." G. F. Poli, *a. c.*, p. 435.
25 Cfr. A. Pigna, *La vita consacrata, Trattato di teologia e spiritualità. I. Identità e missione*, pp. 138-139. 모든 수도승 영성의 역사 안에서, 그리스도를 따름은 "우선은 주님의 가르침에 기초를 두고, 후에는 그리스도의 인성에 대한 신심으로 조명하여 복음의 텍스트들을 새롭게 읽게 하면서" 그 고유한 역할을 수행하고 있다. G. Couilleau, *o. c.*, c. 1300, 이에 대해, V. Codina, *La vita religiosa come sequela di Cristo nella storia*, in ViCo 20(1984), pp. 637-644를 참고하시오.
26 Cfr. L. Di Pinto, *o. c.*, p. 190; A. Pigna, *La vita consacrata. Trattato di teologia e spiritualità I. Identità e missione*, p. 141.

봉헌생활은 앞으로 그 역사적 형태가 변할 수는 있겠지만, 주님이신 예수님을 사랑하고 그분 안에서 모든 인류 가족을 사랑하기 위한 철저한 자기 봉헌으로 표현되는 선택의 실체는 전혀 변화하지 않을 것입니다.[27]

(앞서 5-11항에서 축성생활의 다양한 형태들, 동방 교회와 서방 교회의 수도승생활에서 시작하여 오늘날의 새로운 형태의 축성생활에 대해 언급한 후) 그토록 광범위한 다양성 가운데서도, 완전한 사랑을 추구하며 정결, 청빈, 순명의 예수님을 따르라는 하나의 부르심이 있기에, 근본적인 일치는 훌륭히 보존되어 오고 있습니다. 기존 형태의 모든 봉헌생활에서 발견되는 이러한 부르심은 또한 새로운 형태로 제시되는 봉헌생활의 특징이 되어야 합니다.[28]

예수님께서는 몇몇 사람들을 친히 부르시어 모든 것을 버리고 그분을 따르도록 하심으로써 이러한 삶의 유형을 제정하셨고, 그것은 여러 세기를 거치는 동안 성령의 인도 아래 점차 다양한 봉헌생활 형태로 발전하게 되었습니다.[29]

특별히 축성생활 안에서 그리스도를 따름이 지니는 이러한 역사성에 대해 명확히 하기 위하여, 우리는 성 베네딕도, 아씨시의 성 프란치스코 그리고 성 이냐시오 로욜라, 세 명의 주요한 인물들을 선택하여 살펴볼 것이다. 이들은 각 시대의 수도생활에 특별한 공헌을 함으로써, 외적으로만이 아니라 무엇보다 내적으로도 수도생활의 형태에 있어 중요한 변화를 이루었다. 바로 이러한 이유에서, 우리는 이들이 각자의 영성에서는 서로 구분되면서도 수도생활의 이상에 있어서는 결코 대

---

27 『봉헌생활』 n. 3b.
28 『봉헌생활』 n. 12c.
29 『봉헌생활』 n. 29c.

립되는 것은 아니며, 오히려 자신들의 고유한 방식을 지니면서도 항구하게 그리스도를 따름이라는 동일한 성소를 증언하였음을 밝혀내고자 한다.

이제 우리의 연구 주제와 관련하여, 역사적 관점에서 다양한 수도공동체 운동의 대표적인 몇몇 창설자들을 살펴보기에 앞서, 한 가지 유념해야 할 것이 있다. 즉 수세기 동안 '따르다'와 '본받다'라는 두 가지 개념은 동의어로서 간주되었다는 점이다.[30] M. Augé에 따르면, 따름과 본받음이라는 주제는 전문용어로서 서로 정확히 일치하는 개념은 아니지만, 고대 수도승의 사료들에서는 동등하게 다루어지거나 보완되는 개념으로서 받아들여지기도 하였다.[31] 따라서 우리는 수도생활의 여러 가지 형태를 구현한 몇몇 창설자들이 구분해서 사용했던 용어들에 혼동을 피하면서도, 역사적으로 매우 다른 색채를 지니지만 예수 그리스도를 따름과 본받음에 대해 이해하고 삶으로 실천함에 있어 주요했던 원리들과 분명한 지침들을 찾아보는 데에 집중하고자 한다.

1. 성 베네딕도의 영성 안에서 그리스도를 따름의 특징

먼저, 놀라운 것은 성 『베네딕도 규칙서』에서[32] '예수(Jesus)'라는 이름

---

[30] Cfr. G. F. Poli, a. c., p. 426.
[31] Cfr. M. Augé, o. c., pp. 47-48.
[32] 앞으로 이 논문에서 『베네딕도 규칙서』는 앞의 두 철자를 따서 약어로 『RB』로 표기하겠다. 또한 성 베네딕도와 성 프란치스코의 규칙서 원문은, 주로 다음의 책들을 참고하였음을 밝혀 둔다. AA. VV., *Regole monastiche d'occidente. Da Agostino a Francesco d'Assisi*, *Introduzione, traduzione e note*, a cura di Edoardo Arborio Mella e Cecilia Falchini della

을 전혀 찾아볼 수 없다는 사실이다. 그럼에도 불구하고 분명한 것은, 규칙서 안에는 그리스도 중심주의가 강하게 반영되어 있으며,[33] 또한 이 같은 "규칙서에서의 그리스도 중심주의는 그리스도를 따름과 본받음을 통해서 고유한 형태를 지니고 있다."[34] 『베네딕도 규칙서』를 읽어 내려가면서, 명시적으로는 단 한 번 선한 일들의 도구에서 그리스도를 따름이 쓰이고(IV, 10),[35] 오히려 그리스도를 본받음에 대한 훈계가 잃어버린 한 마리의 양을 찾아 나서는 착한 목자의 모습(XXVII, 8)과 자기 자신을 비우고 아버지의 뜻을 이루려고 오신 하느님의 아들의 모습(cfr. V, 13; VII, 32. 34)과 함께 더욱 빈번히 나타나고 있음을 관찰할 수 있다.[36] 그러나 규칙서 안에서 그리스도를 따름은 은유적으로 그리고 매우 신중하게 나타나고 있다.[37] 즉 머리말의 시작과 선한 일들의 도구에 대한 목록에서만이 아니라, 다른 부분에서도 수도승의 마음과 눈앞에 그리스도를 따름과 본받음에 대해서 제시하고 있다. "이것이 바로 금욕생활의 결정적이며 확정적인 요소이다."[38] 사실 B. Secondin은 다음과 같이 설명한다.

Comunità di Bose, Edizioni Qiqajon, Magnano 1989; A, De Vogüé, *La regola di S. Benedetto. Commento dottrinale e spirituale*, Edizione Messaggero Padova, Padova 1984; 『성 베네딕도 수도 규칙, 교부 문헌 총서』 5, 이형우 역주, 분도출판사, 왜관 1991.

33 Cfr. B. Secondin, *Alla luce del suo volto. 1. Lo splendore*, p. 211.
34 F. Uribe Escobar, *Struttura e specificità della vita religiosa secondo la regola di S. Benedetto e gli opuscoli di S. Francesco D'Assisi*, a cura di Pontificium Athenaeum Antonianum, Roma 1979, p. 141.
35 본문에 기술된 숫자들은 『베네딕도 규칙서』의 장과 절을 가리킨다.
36 Cfr. F. Uribe Escobar, *o. c.*, pp. 141-142.
37 Cfr. G. Couilleau, *o. c.*, c. 1306.
38 G. Turbessi, *Il significato neotestamentario di sequela e di imitazione di Cristo. Indagine esegetica su aspetto centrale della Regola di S. Benedetto*, in Ben 19(1972), p. 163.

(『베네딕도 규칙서』에서) 수련생들의 양성에 있어서 본질적인 목표는 그들에게 '그리스도를 따르기 위해서 자기 자신을 버리고', '복음이 인도해 주는 대로 그리스도의 길로 나아가도록' 가르침으로써, '인내로써 그리스도의 수난을 함께 나누어' 결국에는 '그분의 나라에서 그분과 일치할 수 있는 자격을 누리게' 하는 것이다.[39]

이러한 설명과 함께, 『베네딕도 규칙서』 안에서 다음의 몇 가지 표현들은 우리에게 어떤 의미에서 그리스도가 베네딕도의 열정의 대상이었는지, 그리고 명시적으로 혹은 은유적인 방법으로 규칙서에 따르는 그리스도 중심주의가 어떻게 표현되고 있는지 제시해 준다.

Nihil amori Christi praeponere: 아무것도 그리스도께 대한 사랑보다 더 낮게 여기지 말라. (IV, 21)

Haec convenit his qui nihil sibi a Christo carius aliquid existimant…: 이것(순명)은 그리스도보다 아무것도 더 소중히 여기지 아니하는 사람들에게 알맞은 일이며…. (V, 2)

Christo omnino nihil praeponant: 그리스도보다 아무것도 더 낮게 여기지 말 것이니. (LXXII, 11)

이러한 점에서 『베네딕도 규칙서』의 핵심은, 그리스도를 따르는 길에 놓인 사람들의 종교적 체험 안에서 언제나 그분이 기준점이 되어야 한다는 사실에 있다. 즉 공주 수도자로 하여금 그리스도를 따르려는 결정을 내리고 그분을 선택하도록 이끌어 주는 동기는 당연히 그분에

---

39 B. Secondin, *Alla luce del suo volto, 1. Lo splendore*, p. 211.

대한 사랑이다.[40] 그리하여 다른 모든 것들에 우선시되는 이러한 배타적인 사랑은 수도승의 삶 전체를 조건 지우며, 그에게서 선을 추구하려는 열의를 일깨워 준다. 따라서 수도승생활은 오로지 그리스도께 자기 존재의 중심을 두는 것이며, 모든 것을 변화시키고 밝게 조명해 주시는 그분의 권위 앞에 남김없이 온전히 자신을 의탁하는 생활이다.[41] 이로써 공주 수도승생활은 그리스도를 따르기 위해서 모든 것을 버리라는 복음의 요청을 수용함으로써 그리스도를 따르는 삶이 되며, 좀 더 명확히 말하자면 자기의 의지를 포기함으로써 순종하시는 그리스도를 본받는 생활이 된다.[42] 이어지는 본문에서 그리스도께 적용된 칭호들에 대한 분석을 통해서 우리는, 그리스도론과 그리스도를 따름의 고유한 특징들이 『베네딕도 규칙서』 안에서 어떠한 형태로 나타나는지 보다 면밀히 검토해 보고자 한다.

1) 『베네딕도 규칙서』 안에서의 그리스도 중심주의

조금 앞서 언급한 것처럼, 성 베네딕도는 자신의 규칙서에서 전혀 그리스도를 '예수'라는 이름과 함께 부르지 않는다. 뿐만 아니라, 그는 성경의 이야기들 혹은 예수님께서 당신의 지상 생애 안에서 행하신 모습과 사도적인 직무 수행을 통해 연상되는 칭호들, 예를 들자면 '스승', '의사', '목자'와 같이 우리에게 친숙하고 이해하기 쉬운 이름들을 그분께 직접적으로 부여하지 않는다.[43] 하지만 규칙서 전체가 그리스도 중심

---

40 Cfr. F. Uribe Escobar, *o. c.*, p. 141.
41 Cfr. D. Ogliari, *Il Cristo alla luce della Regola di S. Benedetto*, in La Scala 51(1997), p. 215.
42 Cfr. F. Uribe Escobar, *o. c.*, p. 143.
43 Cfr. D. Ogliari, *a. c.*, p. 222.

적이라고 단언할 수 있을 만큼, 그리스도의 모습은 『베네딕도 규칙서』 안에서 첫째가는 가장 중요한 자리를 차지하고 있다.[44] 우리는 규칙서 안에서 아빠스에 대해 언급하면서 사용된 그리스도론적인 칭호들을 다음과 같이 열거할 수 있을 것이다. -아버지, 착한 목자, 스승, 공동체의 의사, 왕과 주님.[45]- 그러나 일반적으로 성 베네딕도가 언급하는 그리스도는, 단 한 번 그분의 고통에 대해 강조하는 경우를 제외하고는 영광의 그리스도이시며, 주님이시고 하느님이시다.[46] 머리말을 시작하면서 베네딕도는 그분의 영광 안에서 그리스도를 따르라고 초대하면서, 수도승의 전 존재는 하나의 목표를 향해 방향 지워져 있으며, 바로 이러한 하나의 긴장으로써 고유한 성격을 띠고 있음을 상기시키고 있다. 이러한 긴장은 때로는 그리스도를 따르기 위해서 자기 자신을 포기함으로써,[47] 때로는 어떠한 명령이 내려졌을 때에, 명령하는 이의 말을 따르기 위해서 자기가 하던 일을 즉시 멈출 수 있는 순명을 통해 드러난다.[48] 이와 함께, 머리말에서는 수도승은 참된 왕이신 주 그리스도를 섬기기 위해 수도원에 들어온다고 말하면서, 수도승생활의 이상은 오

---

44 Cfr. F. Uribe Escobar, *o. c.*, p. 140.
45 D. Ogliari의 분석에 의하면, "오로지 XXVII장 8절의 아빠스에게 요구되는 권고 안에서만, 예수님께 대해 '착한 목자'라고 명시적으로 언급하고 있음을 볼 수 있다.": D. Ogliari, *a. c.*, p. 222. 『베네딕도 규칙서』 안에서의 그리스도께 적용된 호칭들에 대한 연구를 위해 다음의 글들을 참고할 수 있겠다. A. Kemmer, *Christus in der Regel St. Benedikts*, in Studia Anselmiana 42(1957), pp. 1-14; A. Borias, *Le Christ dans la Règle de saint Benoit*, in RevBén 82(1972), pp. 109-139.
46 Cfr. B. Secondin, *Alla luce del suo volto, 1. Lo splendore*, p. 211. 규칙서에서는 다음과 같이 말한다. "*Passionibus Christi per patientiam participemur, ut et regno eius mereamur esse consortes*: 그리스도의 수난에 인내로써 한몫 끼어 그분 나라의 동거인이 되도록 하자."(머리말, 50)
47 Cfr. RB IV, 10.
48 Cfr. RB V, 8; G. F. Poli, *a. c.*, p. 443.

로지 하느님의 아들의 위엄에 집중되어 있음을 명백히 보여 주고 있다. 'Ad te ergo nunc mihi serm dirigitur quisquis… Domino Christo vero Regi militaturus, oboedientiae fortissima atque praeclara arma sumis: 그러므로… 참된 왕이신 주 그리스도를 위해 분투하고자 순명의 극히 강하고 훌륭한 무기를 잡는 자여, 나는 이제 너에게 이 말을 하는 바이다.'(머리말, 3)[49] '참된 왕이신 주님'[50]이라는 이 호칭은 당연히 수도승이 그리스도와 맺게 되는 새로운 관계의 성격을 규정해 준다. 말하자면, 이제부터 수도승은 '참된 왕이신 주 그리스도'라는 이름을 얻을 자격이 있는 유일한 분께 온전히 속하게 되며, 또한 그분께 남김없이 자신을 봉헌해야 한다. 이로써 그는 스스로에게 속하거나 그리스도와 분리된 채 독립적인 사람으로서가 아니라, 자신의 온 존재와 모든 삶을 통해서 그분과 공고히 관계 맺어진 사람으로서 살아야 한다.

L. De Lorenzi는 『베네딕도 규칙서』 안에서 그리스도께 적용된 '주님'이라는 개념에 대해 분석하면서, 이 '주님(Dominus)'이라는 말은 그리스도의 주권을 보다 직접적으로 가리키기 위한 호칭이라고 주장한

---

49 Cfr. D. Ogliari, *a. c.*, p. 217.
50 L. De Lorenzi의 견해에 따르면, '왕'과 '주님'이라는 두 가지 개념의 차이란 무의미할 정도로 거의 없다고 할 수 있거나 극히 미세한 것이라고 말한다. 이 두 개념의 동등성에 대해 그는 설명한다. "베네딕도에게 있어서, 그리스도란 칭호에는 왕국이란 말이 연계되어 있으며, 그분은 왕이신, 아니 좀 더 분명히 말하자면 '유일한 왕'이신 분이다. …'왕'과 '주님'이라는 말은 서로 요청되는 개념이며, 또한 상호 대체될 수 있는 것들이다. '왕'이란 실제적으로 '주님'이란 말의 변화된 형태 중에 하나이며, 또한 내용적으로는 수도승과의 관계와 수도승이 선택한 삶의 구체적인 실체와 성격을 보여 주는 개념이다. …분명한 것은, 왕/왕국과 '주님' 사이의 거리가 거의 무의미할 정도로 없거나 아주 미소한 것이라는 점이다. 그것은 단지 통용되는 일상적인 어휘로 함께 사용된다는 이유에서만이 아니라, 신약성경 안에서도 이미 그리스도를 그분의 위엄과 하늘나라의 어좌에 앉아 계신 하느님으로서 '주님'이시라고 정의하고 있다는 사실에서도 분명히 드러난다.(cfr. 사도 2,36; 1코린 12,3; 필립 2,11 등)" L. De Lorenzi, *Il Cristo 'Signore' nella vita del monaco*, in Ben 28(1981), pp. 387-388.

다.[51] 초대교회에서부터 예수의 신성을 고백하기 위하여 사용된 이 단어를, 베네딕도는 자신의 규칙서에서 그분의 절대적인 권위를 강조하기 위해서 사용하고 있는 것이다. De Lorenzi는 이러한 특수한 용어가 적용된 사실이 지니는 중요성에 대해 중시하면서, 규칙서의 머리말 3항은 수도승생활이 가지는 외형적인 면에서나 그 본질적인 내용에 있어서나, 그리고 이러한 수도승생활에 생명력을 불러일으키고 자양분을 공급해 주는 신학적인 면, 특히 그리스도론적인 기본 성격에 대해서도 명확히 제시하고 있다는 점에서, 이는 수도승생활의 진정한 출발점을 가리키는 것이라고 설명한다.[52] 이러한 사실 때문에, 머리말은 단순히 서론으로서의 기능만을 가지고 있는 것이 아니며, 오히려 그것은 창설자의 의도와 무엇보다도 규칙서 안에서 표현하고자 하는 모든 내용들을 종합적으로 함축하여 보여 주는 서곡의 역할을 하고 있는 것이다. 규칙서가 시작되는 머리말의 이러한 용어들로써, 우리는 규칙서의 제정자인 성 베네딕도가 전적으로 그리스도를 모델로 선택하고자 했음을 알 수 있다. 즉 그는 수도승생활을 통한 완덕의 원천으로서, 이러한 그리스도론적인 특색을 분명하게 규칙서에 부여하고 있는 것이다. 이러한 이유에서 또한 성인은 아무것도 그리스도께 대한 사랑보다 더 낮게 여기지 말며(IV, 21), 그리스도보다 아무것도 더 소중히 여기지 아니하고(V, 2), 72장 전체를 요약하는 말미에서는, 수도승의

---

51 Cfr. *Ibid.*, pp. 367-368. 『베네딕도 규칙서』에서, '주님(*Dominus*)'이라는 단어는 총 66번 사용되며, 이 단어로부터 파생된 형용사 '*dominicus*'는 23번 나온다. 물론 비록 총 66번 사용된 '*Dominus*'라는 말이 동일한 의미에서 분명하게 그리스도를 지칭하는 것은 아니다. 때로는 어떠한 인격적 대상(즉 그리스도께, 하느님 아버지께 그리고 아빠스에게도)에게 향하기도 하고, 때로는 이러한 주체들이 전해 주는 내용적인 것을 가리키기 위해서 사용된다. 그러나 '*dominicus*'라는 말이 23번 등장할 때는 하느님께가 아니라, 주님이신 그리스도께 대한 언급에서 일관되게 쓰여지고 있다. cfr. *Ibid.*, pp. 368-369.
52 Cfr. *Ibid.*, p. 383.

금욕적인 생활에서의 모든 계획은 그리스도께 대한 전적인 봉헌에 있다고 권고한다.⁵³ 그러므로 '참된 왕이신 주 그리스도'를 위해 분투하기를 선택함으로써 전적으로 온전히 그분을 섬기는 일에 종속된 이들은, 절대 아무것에도 그리스도보다 우선권을 두어서는 안 되는 것이다.

또한 수도승생활의 이러한 목표에 도달하기 위해서 성 베네딕도는 자신의 규칙서 마지막 장에서, 오로지 그리스도 안에서 그분의 은총에 힘입어야만 영원한 본향을 향한 길을 찾을 수 있다고 말한다.⁵⁴ 이러한 의미에서 수도승이 선택한 삶의 동기와 기초에 그리스도가 계신 것처럼, 그가 지니는 모든 염원의 정점에는, 아니 그 자신의 유일한 이상은 수도승들의 '주님'⁵⁵이신 그리스도뿐이시다. 또한 그리스도는 수도승들이 걷는 하늘의 고향을 향한 여정의 모든 순간을 주재하실 것이다. 이제 수도승은 자신의 생활의 모든 순간에, 성 베네딕도가 신성한 모델로서 그에게 제시해 주는 그리스도께로 향한 시선을 결코 거두지 말아야 한다. 이는 그리스도께서 보여 주신 모범에 따라 자기 자신을 버리고,⁵⁶ 그리스도의 사랑에 대한 숭고한 사색으로 고취되어⁵⁷ 자신의 마

---

53 "*Christo omnio nihil praeponant qui nos pariter ad vitam aeternam perducat*: 그리스도보다 아무것도 더 낫게 여기지 말 것이니, 그분은 우리를 다 함께 영원한 생명으로 인도하실 것이다."(LXXII, 11-12) cfr. C. Marmoni, *Cristo ideale del monaco, Anima del mondo* 39, Collana diretta da Serena Tajé e Ambrogio M. Piazzoni, Casale Monferrato 2000, p. 41.
54 "*Quisquis ergo ad patriam caelestem festinas, hanc minimam inchoationis Regulam descriptam adjuvante Christo perfice*: 그러므로 하늘의 고향을 향해 달려가려 하는 사람은 누구든지 초보자를 위해 쓴 이 최소한의 규칙을 그리스도의 도움을 받아 완수하여라."(LXXIII, 8) 이러한 의도에서, De Lorenzi는 다음과 같이 부연한다. "주님의 도움은 단지 그 여정만이 아니라, 구원에 이르는 오르막길을 걸어 오르고 그 목표에 도달하는 것 모두를 보장해 주는 것이다.(cfr. 머리말, 47ss)" L. De Lorenzi, *a, c.*, p. 401.
55 Cfr. *Ibid.*, p. 392.
56 "*Abnegare semetipsum sibi ut sequantur Christum*: 그리스도를 따르기 위해 자신을 끊어 버려라."(IV, 10)
57 "*Haec convenit his qui nihil sibi Christo carius aliquid existimant*: 이것은 그리스도보다

음속에 나쁜 생각이 떠오를 때에는 서둘러 그리스도께 의지하고,[58] 자신의 시련을 그리스도의 고통에 일치시키며,[59] 예수님을 따라 복음이 일러 주는 길을 걷는 것[60]을 말한다. 이처럼 '주님이신 그리스도'는 수도승생활 전체를 통하여 진정으로 추구하고(LVIII, 7s), 언제나 일관되게 지향해야 할 기준점이 된다.[61] 이러한 방식으로, 『베네딕도 규칙서』 안에서 우리가 찾고자 하는 연구 주제인 '주님이신 그리스도를 따름'은, 그것이 다양한 방식으로 규칙서 안에 편재해 있음으로써 뿐만 아니라, 수도승생활의 여러 주요한 순간에 특별한 기능을 수행한다는 점에서 그 핵심적인 의미가 드러난다고 하겠다.[62] 따라서 우리는 "수도승생활은 실질적으로 그리스도의 삶에 참여하는 생활이며, 주님이시며 스승이신 그분을 따르고 섬기는 생활"[63]이라고 분명히 단언할 수 있겠다.

아무것도 더 소중히 여기지 아니하는 사람들에게 알맞은 일이며"(V, 2)

58 "*Cogitationes malas cordi suo advenientes mox ad Christum allidere.* 자신의 마음속에 떠오르는 생각을 즉시 그리스도께 쳐바수고"(IV, 50)

59 "*Passionibus Christi per patientiam participemur*: 그리스도의 수난에 인내로써 한몫 끼어"(머리말, 50)

60 "*Per ducatum Evangelii pergamus itinera eius*: 복음성서의 인도함을 따라 주님의 길을 걸어감으로써"(머리말, 21) cfr C. Marmoni, *o. c.*, p. 42.

61 Cfr. L. De Lorenzi, *a. c.*, p. 388.

62 Cfr. *Ibid.*, p. 406.

63 B. Secondin, *Alla luce del suo volto. 1. Lo splendore*, p. 212. 덧붙여서, 성 대 그레고리오의 대화집에서 나오는 매우 유명한 일화를 소개한다. 어느 날, 성 베네딕도가 마르시코 산의 어느 동굴에 살던 마르티노라는 이름의 수도승에게 충고하는 장면이다. 이 수도승은 자신의 삶을 바쳐 온전히 고된 수행생활에 투신하고자 하는 강한 열망에서, 바위 절벽으로부터 멀어지지 않기 위해서 쇠고랑으로 자신의 한쪽 발을 묶고 지냈다. 이 일화는 성 베네딕도가 지녔던 그의 따뜻한 인간애의 면모를 보여 주면서, 수도생활 안에서 지녀야 할 진정한 동기는 그리스도를 향한 자유로운 사랑 외에 다른 것이 아님을 말해 주고 있다. 그 수도승에게 성 베네딕도는 다음과 같이 충고한다. "만일 당신이 그리스도의 충실한 종이라면 자신을 쇠고랑으로 묶어 두지 말고, 그리스도께 묶여 있으십시오."(*Dialoghi* III, 16) cfr. D. Ogliari, *a. c.*, pp. 214-215.

2) 규칙서와 아빠스 밑에서 분투함으로써의 그리스도를 따름

앞서 우리가 살펴보았듯이, '주 그리스도'는 수도승에게 궁극적인 존재 이유이자 삶의 목표이며, 참된 왕이신 그분을 위한 군사가 되어 분투하기로 마음먹은 제자의 마음속 모든 갈망을 온전히 채워 주시는 분이시다. 규칙서의 제정자인 성 베네딕도는 4가지 수도승 그룹들의 범주에 대해 소개하면서, 하나의 수도원에서 규칙서와 아빠스 밑에서 살아가는 공주생활의 형태 안에서 자신이 품었던 수도생활의 이상을 구체화한다.[64]

> Prium coenobitarum, hoc est monasteriale, militans sub regula vel abbate:
> 첫째는 회수도자들이니, 그들은 수도원 안에서 살며, 규칙과 아빠스 밑에서 분투하는 이들이다.(I, 2)

하나의 수도원 안에서 '규칙과 아빠스 밑에서 분투하다'라는 은유적인 이 표현은, 우리에게 수도승생활과 관련하여 그가 의도했던 것이 무엇인지 직감하도록 도와준다. 우선, 어느 한 군주를 위해서 함께 전투에 임하는 군사들의 부대를 연상케 하는 '군복무(Militia)'와 '분투하다(Militare)'는 당시의 용어 사용에 있어서 오로지 이러한 군인으로서의 직무에 종사하는 것만을 가리키는 것은 아니었으며, 공공 의무에 봉사하는 이들, 무엇보다 왕의 궁전에서 일하며 부수적인 직무를 수행하는 이들에게도 적용되던 표현이다.[65] L. De Lorenzi에 따르면, 이렇듯 규칙서 안에서의 사용된 용어들은 당연히 쓰여진 문자 그대로의 의미에서

---

64 Cfr. F. Uribe Escobar, *o. c.*, pp. 143-144.
65 Cfr. L. De Lorenzi, *a. c.*, p. 385.

군인으로서 복무하는 것만을 가리키는 것이 아니라, 군에서 종사하는 일과 관련지어 생각해 볼 수 있는 것처럼 전적인 봉사와 헌신과 같은 일들, 혹은 특정한 임무를 뜻하며, 동시에 공적으로 책임 있는 역할과 그에 상응하는 기능을 수행하는 사람들에게 적용되는 것이다.[66] 이러한 사실은, 성 베네딕도가 봉사란 하나의 살아가는 방식, 순명의 생활이라는 의미에서 '분투하다'라는 개념을 이해하고자 했음을 말해 주는 것이다. 달리 표현하자면, 그에게서 '분투하다'는 광의적으로는 전투의 개념을 포괄하면서도, 수도원에서 살아가는 방식으로서의 순명하는 일과 동등한 의미를 지닌 것으로 여겨졌던 것이다.[67]

이러한 해석과 함께 'Sub Regula'와 'vel abbate'라는 두 가지 표현은 어떤 의미에서 '군복무'라는 개념의 내용과 분명한 경계를 부여하기도 하고, 또한 그것이 뜻하는 바를 보완해 주고 있다. 우선 F. Uribe Escobar는 규칙서란 한편으로는 하느님 말씀의 해석서, 구원을 위한 안내서와 도구이며, 다른 한편 진정한 법규 혹은 군대의 지침서로서 이것에 대한 순명은 유일무이한 수장이신 예수 그리스도의 무기를 지니게 해 준다고 말한다.[68] 즉 규칙서는 공주 수도승들이 군사로서 섬기며 순종해야 할 주님의 계명들의 총체이며,[69] 매일의 영적인 전투와

---

66   Cfr. *Ibid.*, p. 385.
67   Cfr. E. Manning, *La signification de militare-militia-miles dans la Règle de S. Benoît*, in RevBén 72(1962), pp. 135-138.
68   Cfr. F. Uribe Escobar, *o. c.*, pp. 21-32.
69   이에 대해서, 같은 저자는 머리말 21항을 분석하면서 수도승생활의 영적인 여정 안에서 하느님 말씀의 해석으로서 이해된 규칙서의 근본적인 역할에 대해 설명한다. "만일에 규칙서를 통해서 하느님께서 당신의 말씀을 드러내 보이시고, 수도승이 참된 생명을 찾도록 초대하신다면, 바로 이러한 규칙서를 통해서, 그리고 복음의 인도를 받아야만 '*per ducatum Evangelii pergamus itinera eius*'(머리말, 21) 비로소 수도승은 주님의 길을 따라 걸을 수 있으며 하느님 나라를 바라볼 수 있을 것이다. 따라서 이 규칙서의 제정자는 주저함 없이 이것을 거룩한 규칙서 '*sancta Regula*(cfr. XXIII, 1; LXV, 18)'라고 부른다." *Ibid.*,

삶의 모든 순간에[70] 성령께서 가르쳐 주시는 성덕의 길을 일러 주는 지침서이다.[71] 어떠한 의미에서 이러한 군사라는 개념, 즉 수도승들은 마치 전투적인 이미지에서 교회의 최첨병으로서 왕이신 그리스도의 규율을 따르는 군사들의 무리를 형성하고 있다는 사고에는, 교회가 전통적으로 중단 없는 금욕 수행을 하는 수도자들에게 부여했던 순교자들에 대한 사상이 계승되고 있다.[72] 수도승은 자신의 서원을 통하여 순교자들의 왕이신 예수 그리스도를 본받는다는 실재를 현실화하고 있는 것이다.

다른 한편, 'vel abbate'라는 표현 역시 수도승생활의 군복무라는 성격을 부각해 주고 있다. 규칙서의 제정자인 베네딕도의 사고에 있어, 아빠스는 각각의 상황에서 권위를 지니고 규칙서를 해석하고 적용시켜

---

p. 24. 이처럼 규칙서는 하느님의 뜻이 표현된 것이며 그분의 말씀의 해석서인 한에서, 그것은 거룩하신 주님을 섬기는 학교에서의 모든 생활을 권면하고 지도해 주는 "*Costituenda est ergo nobis dominici scola servitti*: 그러므로 우리는 주님을 섬기는 학원을 설립해야 하겠다."(머리말, 45) 스승이며 "*In omnibus igitur omnes magistram sequantur regulam, neque ab ea temere declinetur a quoquam*: 그러므로 모든 이는 모든 일에 있어 규칙을 스승과 같이 따를 것이며, 아무도 이것을 경솔하게 위반하지 말 것이다."(III, 7), 이러한 군사로서의 직무 수행을 위한 법규인 것이다. cfr. *Ibid.*, pp. 25-27.

70 수도승생활에서 매일의 영적인 투쟁을 '군복무: Militia'로서 이해하려는 사고의 바탕에 관하여, G. Turbessi는 세례성사와 수도승 서원의 관계 안에서 설명하고자 한다. "수도승생활은 어떠한 구역의 구분 없이 사탄과 그가 지배하는 어둠의 나라를 거슬러 싸우는 전쟁이다. 이 전투는 군주로서 왕이신 예수 그리스도를 위한 것이며, 이분이야말로 수도승이 그분의 충실하고 순종하는 군사가 되기 위해서 서원을 바치는 분이시다. 요컨대 '군복무'라는 이 개념은 그리스도교 입문을 위한 성사에서 행해진 세 가지 포기에 대한 약속을 심화시키는 것에 다름아니다. 사탄과 그의 허영과 계획에 대한 단절. 수도승은 세례를 통하여 하느님 안에서 살기 위하여 이 세상과 육체적 욕망에 대해서 죽을 것을 서원한 사람들이다. 수도승의 서원에서는 이러한 죽음과 새로운 삶에 대한 의미가 더욱 심화된다. 따라서 수도승은 세상으로부터 뿐만 아니라 이 세상이 원하고 열망하는 것들, 부와 쾌락, 그리고 교만한 자존심으로부터 더욱 분명히 단절되어야 하는 것이다." G. Turbessi, *Ascetismo e monachesimo in S. Benedetto*, Roma 1965, p. 120.

71 Cfr. F. Uribe Escobar, *o. c.*, p. 144.

72 Cfr. G. Turbessi, *Ascetismo e monachesimo in S. Benedetto*, p. 121.

준다는 점에서 살아 있는 규칙서이다. 뿐만 아니라 그는 수도승들의 가족 안에서 가장(아버지)이며 자신의 형제들에 대해 사목적인 관심을 기울이며(cfr. II, 3) 그들을 구원에로 인도해 주기도 한다는 점에서 그리스도를 대리하기도 한다.[73] 이러한 점에서, 아빠스의 역할에 대해 성찰하는 내용들의 기본적인 원리에는 '아빠스는 그리스도의 대리자'라는 명제가 자리 잡고 있다.[74] B. Baroffio에 따르면, 물론 아빠스가 주님을 대신할 수 없는 것은 당연하지만, 그리스도께서 행하신 일을 지속하고 그 일을 수도승들의 공동체 안에서 현재화한다는 점에서, 형제들 사이에서 그리스도의 얼굴이 지닌 모습들을 알아볼 수 있도록 해 준다고 말한다.[75] 사실 『베네딕도 규칙서』는 수도승 공동체에서의 영적 책임을 맡은 이들의 모습을 묘사하기 위해서, 수도원에서의 다양한 봉사 직무와 관련한 아빠스의 폭 넓은 역할과 중재의 기회들에 대해 신약성경과 교부들의 그리스도론적인 주제들과 함께 제시해 주고 있

---

73 Cfr. F. Uribe Escobar, *o. c.*, p. 145.

74 "*Christi enim agere vices in monasterio creditur, quando ipsius vocatur pronomine*: (아빠스는) 수도원 안에서 그리스도의 대리자로 믿어지며, 그분께 (바치는) 호칭으로 불리어진다."(II, 2); "*Abbas autem, quia vice Christi creditur agere, dominus et abbas vocetur, non sua adsumptione sed honore et amore Christi*: 아빠스는 그리스도의 대리자 역할을 하는 것으로 믿기 때문에 '주님'과 '아빠스'라고 불러야 할 것이니, 이것은 스스로 자칭해서가 아니고 그리스도께 대한 존경과 사랑에서 그렇게 하는 것이다."(LXIII, 13)

75 Cfr. B. Baroffio, *La paternità spirituale dell'abate. Spunti di riflessione*, in Ben 28 (1981), p. 534. 특히, J. C. R. García Paredes는 수도원이 지니는 여러 이미지들과 관련해서 아빠스의 역할에 대해 설명한다. "베네딕도는 수도원을 세 가지 모습으로 소개한다.-거룩한 봉사의 학교, 착한 일들을 하는 작업장 그리고 하느님의 집- 수도원은 가르치는 학교이며 일하는 작업장이고 기도하는 하느님의 집이라는 것이다. 만일 수도원이 학교라면 온순한 제자들과 함께 스승이 있어야 할 것이다. 또 작업장이라면 거기에는 종사하는 일꾼들과 함께 작업소장이 있을 것이다. 그리고 집이라면 하느님의 대리자와 이에 순종하는 사람들이 있을 것이다. 바로 이 스승이며, 작업소장이고 하느님의 대리인으로서 권위와 부성을 옷 입듯이 입은 사람이 바로 아빠스인 것이다." J. C. R. García Paredes, *Teologia della vita religiosa*, Milano 2004, p. 64.

다.[76] 이러한 점에서, 『베네딕도 규칙서』 안에서는 특별히 기능적인 의미에서 그리스도에 대해 말하고 있다. 즉 규칙서 안에서 그리스도에 대한 언급은 아빠스의 지도 아래 그리스도를 따르는 길에 놓인 수도승의 생활에 대해 이야기하면서 등장한다.[77] 그러므로 수도원에서 아빠스는 다양한 각도에서 표현되고 그 막중한 역할이 요구되는 핵심적인 인물인 것이다.

이처럼 수도원에서 아빠스의 기능과 역할이 구원을 위해 중재하고 있다는 점은 분명해 보이지만, 유념해야 할 것은 아빠스의 부성은 위임 받은 것이라는 사실이다. 이에 대해서 규칙서는 정확히 2번 아빠스의 공적인 직무는 다름아니라 그리스도의 대리자로서 일하는 것이라는 점을 상기시켜 주고 있다.[78] 아니 오히려, 수도생활은 이러한 규칙서의 규정들에 순명함으로써 그 공적인 책무(Militia)를 다하는 것임을 증명하기 위해서, 아빠스 자신이 먼저 규칙서를 준수하고 또 그것을 온전히 실천하도록 지도하는 데에 있어서도 가장 먼저 책임을 져야 하는 것이

---

76 무엇보다 먼저, 아빠스는 아버지이다.(II, 3: 그리스도께 적용된 사례와 함께) 즉 수도승들이 그에게서 필요한 모든 것들을 얻을 수 있기를 바라는 아버지이며(cfr. XXXIII, 5), 한 가정의 가장이고(cfr. II, 7), 수도원의 아버지이며(cfr. XXXV, 5), 영적인 아버지이다.(cfr. XXXXIX, 9); 그는 착한 목자이다.(XXVII, 8) 그는 보다 약한 사람들을 돌보는 사람이며 자기에게 맡겨진 양떼가 성장하도록 최선의 노력을 기울이는 사람이다.(II, 32); 그는 의사이다. 형제들에게 배려하며 병든 영혼들과 영적인 상처를 치유함에 있어서(XXVII, 6; XXXXVI, 6; LVII, 6) 지혜와 경험(XXVII, 2)과 희망(XXVIII, 2)으로 돌보는 사람이다; 그는 삶의 친교와 일치에 반하거나 이를 위반한 행위에 대해 질책하고 책벌하도록 판결하는 권한을 지닌 심판관이다.(cfr. XXIV, 2); 그는 봉사자이다.(cfr. II, 31-32; LXIV, 8); 그는 공동체의 스승이다.(cfr. II, 24; III, 6); 그는 교사이다.(cfr. V. 6. 15) 등등. cfr. B. Baroffio, a. c., pp. 533-534. 또한 『베네딕도 규칙서』 안에서의 다양한 호칭들과 아빠스의 역할에 관한 이 주제에 대하여 G. Turbessi, *Ascetismo e monachesimo in S. Benedetto*, pp. 89-93을 참고하시오.
77 Cfr. D. Ogliari, *a. c.*, p. 225.
78 Cfr. F. Uribe Escobar, *o. c.*, p. 35.

다.[79] 이것은 규칙서가 성서적인 연상을 강하게 불러일으키는 명칭으로 아빠스에 대해 묘사하는 기본적인 원리에 대한 두 가지 해석을 가능케 한다. 첫째는, 아빠스의 통치와 기능은 단지 그리스도께서 지니신 그것을 대신하는 가치만을 지닌다는 사실이다.[80] 사실 그리스도만이 공주 수도승의 '진정한 아빠스'이며,[81] 아빠스가 입고 있는 영적인 부성과 윤리적인 권한은 그리스도의 대리인으로서 가지는 것이다. 즉 이러한 것들은 본래 그리스도로부터 기인할 뿐이며, 그는 자신이 위치한 중재자로서의 부차적인 자리에서,[82] 그리고 양부로서의 부성을 지니게 되는 것이다. 따라서 진정한 아빠스-그리스도가 계시지 않는다면, 수도승은 자신의 수장을 잃는 것이며 생명력을 잃는 것이다. 이러한 그리스도의 대리자로서의 아빠스의 자격은 단순히 영예로운 가치를 지니는 것이 아니라 오히려 막중한 책임을 지는 의무적인 것이라 하겠다. 또한 그는 가르침에 있어서도 그리스도께서 행하셨던 것처럼 수도승들의 마음을 비옥하게 만들어 줄 수 있어야 한다.(sed jussio ejus vel doctrina fermentum divinae justitiae in discipulorum mentibus conspargatur: 다만 자기 명령이나 교훈으로 하느님의 정의의 누룩을 제자들의 정신 속에 넣어 주어 부풀게 해야 한다.(II, 5)) 둘째, 이러한 어휘들은 그리스도께서 수도승의 존재의 중심이며 생명 자체이듯이, 당신의 대리자를 통해서도 수도승생활의 물질적, 영적인 모든 면에서의 역동적인 힘을 자극하여 주고, 또한 원활하게 해 준다는 사실을 보여 준다.[83] 아빠스의

---

79   Cfr. *Ibid.*, p. 28
80   Cfr. L. De Lorenzi, *a. c.*, p. 399.
81   Cfr. F. Uribe Escobar, *o. c.*, p. 36.
82   Cfr. D. Ogliari, *a. c.*, p. 221.
83   Cfr. F. Uribe Escobar, *o. c.*, p. 36.

기능에 대한 이러한 성찰로부터 우리는 수도승생활에서의 공적인 직무 수행은 주님이신 그리스도께 일치함으로써 그 고유한 자격을 얻는 것이라 단언할 수 있겠다.[84] 그러므로 아빠스의 주요 임무란 무엇보다 자신의 말보다는 삶으로써 가르치는 일이다.[85] 이를 위해서 그는 자신의 의지에 따라 어떠한 대상을 단정지으려 하거나 자신의 관점만을 강요하려는 행동을 피하면서, 자기 자신을 버리고 그리스도께서 지니셨던 생각과 마음을 옷 입고자 매진해야 한다.[86]

주님이신 그리스도와 그분의 대리자인 아빠스 사이의 이러한 신학적인 연관성에 대한 숙고로부터, 수도승생활 안에서 군인으로서의 직무(Militia) 혹은 공적 직무(servizio)라는 표현이 가지는 특별한 의미가 분명해진다. 말하자면 수도원 안에서의 공적 직무란 바로 우리 모두가 하나를 이루어 주님이신 그리스도를 향함으로써 완성되는 것이다.[87] 결국 수도승은 주님을 섬기기 위한 학교에서 규칙서와 아빠스 밑에서 군인으로 종사하면서(cfr. 머리말, 45),[88] 주님이신 그리스도를 찾고 받

---

[84] Cfr. B. Baroffio, *a. c.*, p. 533.
[85] Cfr. F. Uribe Escobar, *o. c.*, p. 38.
[86] Cfr. B. Baroffio, *a. c.*, p. 536.
[87] Cfr. L. De Lorenzi, *a. c.*, p. 399. 『베네딕도 규칙서』 2장 20절에서는 다음과 같이 말한다. "우리는 노예이거나 자유인이거나, 모두 그리스도 안에 하나이고, 한 주님 아래다 같은 병역에 종사하기 때문에, 또 '하느님께서는 사람들을 차별 없이 대하시기 때문이다.'"
[88] "Costituenda est ergo nobis dominici scola servitii: 그러므로 우리는 주님을 섬기는 학원을 설립해야 하겠다."(머리말, 45) F. Uribe Escobar에 따르면, 이 '학교(Scola)'라는 말은 그리스도의 가르침을 배우기 위한 장소로서 두 가지 의미에서 이해된다. 후기 라틴어에서 이 '학교'라는 개념은 때때로 하나의 조직에 가입하는 일, 즉 선정된 하나의 군부대를 의미하는 것이었다. 이 점에서, 『베네딕도 규칙서』의 맥락에서 '학교'라는 것은 그리스도를 위한 병역에 종사하는 행위(Militia Christi)가 실현되는 장소 또는 훈련소를 말하는 것이다. 다른 한편, 규칙서 원문은 이 용어를 일반적인 의미에서의 그리스도를 섬기는 법을 배우는 교육적인 장소로서 이해하도록 돕기도 한다. 따라서 수도원과 수도승생활은 '주님을 섬기는 학교'가 되며, 이곳에서 수도승들은 그들의 스승인 아빠스의 중재에 따라 그리스도의 가르침에 순종하는 법을 함께 배우게 되는 것이다. 이 학교에서 또한 규칙서는, 하느님

아 모시며, 그분의 음성을 듣고 그분의 명령을 실행하는 사람이다. 그러므로 수도승들은 하느님께 대한 사랑 안에서 아빠스에게 겸손한 마음으로 순명함으로써 그리스도를 본받는 일을 실현해야 하고, 아빠스는 자신의 공적인 직무를 부지런히 수행함에 있어서 항상 그리스도를 향한 시선을 놓지 않으며 그분을 본받고자 노력해야 하는 것이다.[89] 이러한 방식으로, 그리스도는 수도승생활의 모든 요소들을 당신께로 향한 지속적인 추종의 여정 안에 그리고 주님이신 당신을 섬기는 행위 안에 한데 모으시면서 -노동과 기도(Opus Dei), 공동체와 손님들, 순명과 각자의 역할 등- 개별적으로나 공동으로 모든 수도승들이 당신을 본받으며 인격적인 사랑의 관계를 맺도록 초대하신다.[90]

3) 주님의 부르심에 대한 응답으로써의 수도승생활

앞서 살펴본 『베네딕도 규칙서』의 그리스도 중심주의와 수도승생활의

신성한 뜻이 담겨 있는 그분 말씀의 해석서로서 수도승생활 전체를 지도해 주고, 모든 수도승들이 어떠한 예외 조항 없이 모든 것에서 지키고 따라야 할 교사로서 간주된다. cfr. F. Uribe Escobar, *o. c.*, pp. 25-26.

89 Cfr. G. Turbessi, *Il significato neotestamentario di sequela e di imitazione di Cristo, Indagine esegetica su aspetto centrale della Regola di S. Benedetto*, p. 163.

90 Cfr. B. Secondin, *Alla luce del suo volto. I. Lo splendore*, p. 212. 이와 관련해서, J. C. R. Garćia Paredes는 Garćia M. Colombás의 말을 인용하면서 규칙서의 그리스도 중심주의에 대해서 명확히 하고 있다. "베네딕도는 수도승을 그리스도의 손 안에 놓는다. 수도승들은 아빠스 안에서 그리스도를 흠숭하며(II, 2), 병든 형제들 안에서 그분께 봉사하고(XXXVI, 1), 손님들 안에서 그분을 공경하고(LIII, 1.7.15), 그분의 깃발 아래서 싸우며(머리말, 3), 죽음에 이르기까지 순종함으로써(VII, 34) 자신의 의지를 포기하고 그분을 본받고자 하며(VII, 32), 언젠가는 그분의 영광에 참여하리라는 희망을 안고 그분의 수난에 동참하고자(머리말, 50) 했던 것이다. 모든 것에 앞서 그리스도께 서원했던 수도승들의 사랑이야말로 절대적인 것이며, 다른 여타의 것들보다 우선하는 것이고(IV, 21), 이들이 지녔던 어진 마음과 포기와 희생을 설명해 주는 것이다. 우리를 먼저 사랑하신 분으로 말미암아(VII, 39), 그들은 모든 것을 참아 받으며, 이 모든 것을 갈구했던 것이다." J. C. R. Garćia Paredes, *o. c.*, p. 65.

특징들에 대한 연구에서, 우리는 그리스도께 적용된 호칭들과 '규칙서와 아빠스 아래서 분투하다'는 표현이 지닌 역할과 중요성에 주된 관심을 갖고 분석해 보면서 성 베네딕도가 어떠한 방법으로 우리에게 그리스도를 따르도록 초대하는지 고찰해 볼 수 있었다. 사실 규칙서에서는 구원역사 안에서 예수님의 행위가 증명해 주는 그분의 지상 생애 동안의 특색 있는 점들을 보여 주려 하기보다 예수 그리스도의 신성과 초월적인 면모를 더욱 부각시키려는 경향이 나타난다. 마치 그분의 역사적인 생애와 인성을 간과하는 듯한 이러한 신학적인 경향에 대해, D. Ogliari는 A. Borias의 견해를 수용하면서 당시의 아리안 이단에 상반되는 관점에서 이를 설명한다.

> 그리스도의 인성에 관한 한 베네딕도의 서술은 마치 전투적인 반 아리아니즘의 표지이자 결실인 듯 여겨진다. 그는 주님의 신성에 힘을 다해 의지하면서 인간이신 그리스도를 연상시킬 수 있는 모든 것들, 특별히 그분의 지상 생애 안에서의 사건들에 대한 서술을 제거하고자 한다. 이것은 그리스도의 인간적인 면모 안에서의 일들을 부정하기 위한 것이 아니라 그분의 신성한 본성에 대해 더욱 강조하기 위한 것이다. 이러한 방법으로 그는 그가 살았던 시기에 사람들을 현혹시키며 퍼져 나갔던 이단에 강력하게 반대되는 입장에 놓여 있는 것이다.[91]

규칙서의 제정자인 성 베네딕도는 예수님의 지상 생애의 결말, 즉 그분의 수난과 십자가상의 죽음에 대한 구체적이고 상세한 서술들에 대해 언급하지 않는다. 하지만 그는 아빠스와 모든 수도승들에게 본받도록 요구한, 인간이 되신 하느님의 모범적인 모습으로부터 얻어지는 그분

---

91 D. Ogliari, *a. c.*, p. 223.

의 자세와 태도들에 대해 서술하는 방식으로 그분의 인성을 은유적으로 되살려내고 있다.[92] 다른 이들과의 관계, 특별히 아빠스와 도움이 필요한 이들, 즉 병자들, 가난한 이들, 순례자와 손님들처럼 그리스도를 상징하며 섬김을 받아야 할 사람들과의 관계에서든, 수도승들이 인내하며 그리스도와 일치하여 수난에 참여함으로써 맞서 싸워야 할 유혹과의 전투의 순간에서든(머리말, 50), 그들에게서 그리스도는 삶의 모든 순간에 변치 않는 항구한 기준점이다.[93] 이러한 의미에서 수도승은 이 모든 이들 안에서 그리스도를 바라보고 흠숭하는 것이며, 사람이 되신 하느님이신 예수는 당신의 덕스러운 표양으로써 수도승생활의 일상적인 면에서나 이상으로서나 실질적으로 그 중심에 놓이게 되는 것이다.[94] 이와 같은 숙고와 더불어, 우리는 그리스도를 따름이라는 연구 주제와의 관계 안에서, 『베네딕도 규칙서』가 특징짓고 의도했던 수도생활의 개념, 즉 수도승생활에 대한 포괄적인 이해에 접근할 수 있겠다.

우선 공주 수도생활 자체는 하느님을 향한 영적인 여정으로 이해된다.[95] 『베네딕도 규칙서』는 '사다리(scala)', '군복무(militia)'와 '구하다

92　Cfr. *Ibid.*, p. 223-224.
93　Cfr. F. Uribe Escobar, *o. c.*, pp. 142-143. 규칙서 안에서는 다음과 같이 묘사한다. "모든 것에 앞서 모든 것 위에 병든 형제들을 돌보아야 한다. 참으로 그리스도께 하듯이 그들을 섬길 것이니"(XXXVI, 1), "찾아오는 모든 손님들을 그리스도처럼 맞아들일 것이다. 왜냐하면 그분께서는 (장차) '내가 나그네 되었을 때 너희는 나를 맞아 주었다.'라고 말씀하실 것이기 때문이다. 그리고 모든 이들에게 합당한 공경을 드러낼 것이며 특히 신앙의 가족들과 순례자들에게 그러할 것이다. 그러므로 손님이 (온 것이) 보고되면 장상이나 형제들은 온갖 사랑의 친절로 그를 맞이할 것이며"(LIII, 1-3), "가난한 사람들과 순례자들을 맞아들임에 있어 각별한 주의를 세심히 기울일 것이니, 그들을 통해서 그리스도께서 더욱 영접되시기 때문이다."(LIII, 15), "그는 유인하는 사악한 악마를 그의 유혹과 함께 마음으로부터 쫓아 사라지게 하고, 악마의 유혹까지도 그리스도께 메어 쳐바수는 사람이다."(머리말, 28; cfr. IV, 50)
94　Cfr. D. Ogliari, *a. c.*, p. 223.

(quaerere)'라는 단어 외에도 '길(via)'이라는 명사와 '거닐다(ambulare)', '달려가다(correre)', '따르다(seguire)', '도달하다(pervenire)'라는 동사를 사용하면서, 수도생활을 이러한 영적이며 역동적인 여정의 개념으로, 즉 천상 본향을 향한 순례로 표현한다.[96] 따름이라는 우리의 주제와도 상응하는 길(cammino)의 개념은 특별히 수도승생활에서 요구되는 삶의 자세를 규정해 준다. 즉 구원을 향한 이 길을 통과하는 방법은 다름아니라 믿음과 계명을 준수하는 것이며, 무엇보다 복음의 가르침을 따르는 생활이다.(cfr. 머리말, 21. 49) 더 나아가서, 베네딕도에게서 이러한 구원과 생명의 길(Viam vitae: 머리말, 20)은 자신의 판단과 의지에 따르는 것이 아니라, 다른 사람(아빠스)의 판단과 지시에 따라 순명의 삶을 살아가는 것이다.(cfr. V. 12)

이 점에서 한 가지 의미 있는 사실은, 규칙서에서 표현되는 용어 사용에 있어 "자신의 의지를 따르는 것은 죄와 동일시된다."[97]라는 것이다.(cfr VII, 21, 45) 따라서 공주 수도승생활에서 모든 수도승들은 구체적인 방법으로 자신의 의지에로 기울어지는 성향을 거슬러 자기를 버리고(IV, 10) 장상에게 순명함으로써, 영광의 주님을 따라야 함을 (머리말, 7) 지속적으로 일깨워 준다. 이를 위해서 규칙서는 수도승들이 -"지체 없이 그리고 신속하게(Sine mora, in velocitate)"(cfr. V, 1. 4. 9)- 준비된 자세로 임하며, 겸손하고(cfr VII, 5), 자신들이 항상 순종해야 할 성무일도와 기도에 성실함으로써(cfr XXII, 6; XXXXIII, 1),

---

95 이 주제와 유사한 개념으로 『베네딕도 규칙서』 안에서 '달려감 (*Corsa*)'이라는 용어에 대해서 다음의 글을 참고할 수 있다: G. Fattomi, *L'immagine biblica della 'corsa' nella Regola di San Benedetto*, in Ben 28(1981), pp. 457-483.
96 Cfr. F. Uribe Escobar, *o. c.*, p. 159.
97 *Ibid.*, p. 160.

수도원 생활에서 수행해야 할 의무를 실천하는 데 자신의 유용한 모든 힘을 기울이도록 촉구한다.[98] 이러한 길과 지속적인 따름이라는 전망에서 순명의 진정한 의미도 분명해진다. 수도승생활 안에서 순명의 기본 바탕에 대하여, M. Augé는 다음과 같이 설명한다.

> 이러한 관점에서 순명은 공동생활에서의 하나의 요구 혹은 공동선을 위한 봉사를 위한 것만은 아니다. 수도승은 장상이 공동의 관심이나 이해를 대변하거나 해명해 주기 때문이 아니라, 그에게 순종함으로써 하느님의 모든 법을 이행하며 그리스도를 본받는다고 믿기 때문인 것이다.[99]

더욱이 같은 저자의 책에서 우리는 하느님을 찾음으로 표현되는 최상의 유일한 목적을 지향하는(LVIII, 7) 다른 두 가지 서원의 요소, '정주(stabilità)'와 '지속적인 수도생활(conversatio o conversio morum)'[100] 역

---

98 Cfr. *Ibid.*, p. 162.
99 M. Augé -E. Sastre Santos- L. Borriello, *Storia della vita religiosa*, Brescia 1988, p. 111.
100 '*Conversatio morum*'이라는 표현을 해석하기 위한 연구와 관련하여 한두 가지 글들을 추천할 수 있겠다. G. M. Colombás - I. Aranguren, *La regla de san Benito*, Madrid 1979, pp. 463-464; F. Uribe Escobar, *o. c.*, pp. 150-159(풍부한 참고문헌과 함께) 이에 대한 여러 다양한 해석이 있지만, F. Uribe Escobar는 이 표현의 의미에 대해 다음과 같이 종합하고자 한다. "(*Conversatio*의 해석에 있어서) 여러 특색이 있지만 이 모든 것들은 동일한 의미를 향해 한데 모아진다. …즉 명시적 또는 은유적인 방법으로 변화(*commutatio*) 혹은 내적인 변모(*transfiguratio*), 바로 삶의 지속적인 행위이면서, 또한 이기심과 하느님으로 멀어지게 만드는 모든 것을 거슬러 끊임없이 일어나는 전투로서 이해되는 회심(*conversione*)의 개념에 이르도록 한다는 것이다.": *Ibid.*, p. 158. 다른 한편, 마치 어느 한곳에 머물러 사는 것과 같이 그들의 내적인 생활에 있어서도 공주 수도자들의 삶을 특징적으로 규정짓는 요소로서 정주의 서원 역시, 죄의 원천인 이기심으로부터 벗어나 하느님께로 이르기 위한 순례라는 역동적인 움직임으로써 분명한 의미를 지니게 된다. 덧붙여서 『베네딕도 규칙서』의 한국어 번역본에서는 'conversatio'에 대해 이렇게 설명한다. "여기서 'conversatio'는 계속적인 수도생활을 말한다.(1,3.12: 21,1: 22,2: 58,1.17: 63,1: 73,1.2) '수도생활에 나아감에 따라(Precessu… conversationis)'는 수도생활의 시작(initium conversationis: 73,1)과 수도생활의 완성(Perfectionem conversationis: 73,2) 사이의 과정을 말한다. 또 여기서 '신앙(fidei)'은 '수도생활(conversatio)'의 기초 또는 그 본질을 나타내며, 둘은 서로 긴밀한 관계를 갖고

시, 하느님을 향한 길에서 수도승으로 하여금 자신의 생활을 그리스도의 삶과 그 사랑에 엮어 주며, 또 동화시켜 나가도록 해 주고 있음을 살펴볼 수 있다. 그에 따르면, 전자는 온전히 그리스도의 수난과 항구함에 참여할 것을 약속하는 것(머리말, 50; LVIII, 9)을 말하고, 후자는 세속적인 생활의 관습을 포기하고 복음을 따르는 사람으로서의 생활로 자신의 삶을 변화시켜 나가는 것을 의미한다.[101] 이러한 점에서 하느님을 찾는 여정으로 상징되는 수도승생활은,[102] "수도승이 자신의 삶의 본질적인 기준점으로서 그리스도를 따름 안에 뿌리를 두고, 이로부터 자양분을 얻어 감으로써 삶을 보증해 주는 표식을 얻게 되고 풍요로운 성장을 이뤄 나갈 수 있는 것이다."[103]

있다."『성 베네딕도 수도 규칙』, 교부 문헌 총서 5, 이형우 역주, 분도출판사, 왜관 1991, p. 53의 각주 49; "베네딕도는 병행구인 RM 1,3의 'conversio'를 'conversatio'라고 바꾸어 놓았다. 『RB』에서는 'conversio'를 한 번도 쓰지 않는 반면 『RM』에서는 'conversatio'를 한 번도 쓰지 않는다. 두 단어 모두 '수도생활'의 의미를 갖고 있지만 'conversio'는 마음을 돌이켜 수도생활을 시작한다는 일회적 행위의 뜻이 강한 반면, 'conversatio'는 그 생활을 계속한다는 뜻이 강하다. 따라서 베네딕도는 의식적으로 'conversatio' 단어를 사용한 듯하다." *Ibid.*, p. 55의 각주 3.

101 Cfr. M. Augé -E. Sastre Santos- L. Borriello, *o. c.*, pp. 109-110. 정주의 서원에 관해서 우리는 머리말 50절에서 그 그리스도론적인 윤곽을 엿볼 수 있다. "주의 가르침에서 결코 떠나지 말고, 죽을 때까지 수도원에서 그분의 교훈을 항구히 지킴으로써 그리스도의 수난에 인내로써 한몫 끼어 그분 나라의 동거인이 되도록 하자. 아멘." 또한 D. Ogliari의 견해에서도 수도승의 서원에서의 동일한 그리스도론적인 관점을 알아볼 수 있겠다. "성 베네딕도의 학교에서 살아가는 수도승에게 그리스도를 사랑한다는 것은 그리스도의 사랑 안에 '머무는 것', 그로 인해 지속적으로 상처받기 쉬운 자리, 즉 '그리스도께서 처하셨던 자리'에 항구히 남아 있는 것을 의미한다. 그것은 사고의 차원에서나 행위의 차원에서나(cfr. 머리말, 28; IV, 50) 그분과 함께 깊은 친교의 유대를 형성해 가는 것을 의미한다. …또한 (그것은) 그 기초에 겸손함을 지니고(cfr. VII, 10ss), 기쁨으로 그분께 동화되는 삶의 과정을 말한다. 이러한 삶을 통해서 수도승은, 전적으로 주님께 의탁하는 생활의 풍요로움 안에서 그리스도 자신이 아들로서 아버지와의 관계 안에서 살아가셨던 순종하시는 삶의 모습을 추구하게 된다.(cfr. V, 13. 15; VII, 31-32)" D. Ogliari, *a. c.*, p. 227.

102 "*si revera Deum quaerit*: 만일 참으로 하느님을 찾는다면"(LVIII, 7)

103 D. Ogliari, *a. c.*, p. 215.

이제까지 검토한 것들을 요약하면서, 우리는 수도승생활과 그 안에서 하느님을 찾는 일은, 결국 그리스도를 따름이라는 유일한 길을 통해 실현되며, 이로써 수도승들이 모든 것에 앞서 사랑해야 할 하느님께 -Omnio nihil praeponant(cfr. IV, 21; V, 2; LXXII, 11)-, 실제로 이르게 될 것이라고 말할 수 있겠다.[104] 『베네딕도 규칙서』를 따르는 공동체의 영적, 역동적인 생활은 그리스도를 따름 안에서 하느님 나라를 향해 나아가는 생활이며, 모든 수도승들은 규칙서와 아빠스에 대한 순종과 수도서원을 통해 이를 추구해 나아가는 것이다. 수도승을 복음의 가르침과 그리스도를 따름의 길로 인도하는 이러한 실제적인 생활의 형태에서 그리스도는 참으로 수도승의 존재의 중심에 놓이게 된다. 이로써 그분은 외적 내적인 모든 활동에 있어 견고함과 기운을 불어 넣어 주는 약동하는 심장과 같으며, 성 베네딕도의 학교에서 항상 그리스도를 숨 쉬듯이 모시고 살도록 불리어진 수도승에게 자신의 존재와 삶의 이유이자 궁극적 목표가 되는 것이다.[105] 이러한 관점에서 수도승생활은 수도승에게 아버지께로 돌아가기 위한 유일한 길이며 최상의 모델이신 그리스도를 지속적으로 본받을 수 있도록 이끌어 준다는 점에서 (cfr. 머리말, 21), 그 자체로 공동체 생활 안에서 그리스도를 따르는 삶이라고 단언할 수 있겠다.[106] 그러므로 주님의 부르심에 대한 응답으로써 시작된 수도승생활은 그분께로 향하여지고 또 그분 안에서 완성되는 것이다.

104 Cfr. G. Anelli, *Vita monastica esistenza teologica*, in Ben 28(1981), p. 336.
105 Cfr. D. Ogliari, *a. c.*, p. 228. 또한 J. Alvarez Gómez, *Herencia carismática de San Benito*, in VR 49(1980), pp. 243-253; M. Diez Presa, *Actualidad del "proyecto evangélico" de San Benito*, in VR 49(1980), pp. 262-271을 참고하시오.
106 Cfr. E. Aresu, *La vita comune: un obiettivo fondamentale della regola di S. Benedetto*, in Ben 28(1981), pp. 632-633.

2. 성 프란치스코의 영성 안에서의 그리스도를 따름

앞서 1장에서 살펴본 바와 같이, 신약성경은 우리에게 예수를 따름이라는 동일한 실체의 두 가지 측면에 대해서 보여 주고 있다.[107] 첫째는 그분께 온전히 일치하기 위해서 그분과 함께 지내고자 했고(cfr. 마르 3,14), 그분의 뒤를 따랐던 제자들의 모습(cfr. 마르 1,17; 8,34)에 대해 전해 주는 역사적 사실에 기초한 것이었다. 또 다른 한 가지는, 파스카 사건 이후에 그분과 함께 머무르면서 그분의 지상 생애의 여정에 동참하는 생활이 신앙 안에서 그분의 발자취를 따르는 또 다른 삶의 방식으로 변화되는 과정(1베드 2,21)과 관련된 것으로써, 이를 통해 신자들은 그분의 구원 사건에 참여하는 자가 된다. 이러한 차이점에도 불구하고, 수도생활의 역사적인 범주 안에서 따름과 본받음은 서로 대치되는 것으로 여겨지지 않을 뿐만 아니라 상호 간에 외적으로나 내적으로나 부분적인 의미를 부여하는 것으로 받아들여졌다. 이것은 따름과 본받음의 영성이 본질적으로는 그리스도께서 보여 주신 삶의 모든 신비에 객관적으로 참여하는 것과 그분과의 인격적인 일치를 실현하고자 하는 동일한 실체와 관련되어 있기 때문이다.[108] 이러한 인식과 함께 우리는 이제 아씨시의 성 프란치스코에게서 그리스도의 인간적인 면모에 대한 재발견을 통해 복음의 원천으로의 회귀라는, 어떠한 의미에서는 새로운 수도생활이 전개되는 전환점을 찾아볼 수 있을 것이다.

---

107 Cfr. T. Matura, *V. La sequela negli scritti di S. Francesco. Sequela Christi e Imitazione*, in "DIP" vol. VIII, Roma 1988, c. 1311.

108 Cfr. J. Leclercq, *IV. Il monachesimo medievale. Sequela Christi e Imitazione*, in "DIP" vol. VIII, Roma 1988, c. 1311.

수도생활이 이러한 새로운 전환을 맞이하게 된 배경에는 봉건사회의 특권적 지위에 사로잡힌 채 영적인 각성을 촉구받고 있던 당시 교회의 사회 문화적 맥락에서의 요구가 있었다. 특히 쇄신의 필요성에 대한 영적인 각성은 당시 교회로 하여금 초대교회의 생활을 계승하고자 하는 열망의 표현으로써 철저한 가난과 진정한 복음적 생활을 향해 나아가도록 인도해 주었다.[109] 12세기의 경제, 사회, 정치, 문화, 그리고 종교 등 다양한 제 분야에서의 관습이나 의식을 재정립하고 그리고 종교적인 실천에서조차 확실한 변혁을 요구받는 새로운 상황에서, 이제 더 이상 수도승생활이나 의전율수회만으로는 충족할 수 없었던 수도생활에 대해 새로운 삶의 방식을 요구하고 있었던 것이다.[110] 게다가 스콜라 신학은 왕성히 발전하고 성숙되어 갔지만, 일반인들과 교육의 혜택을 받지 못한 많은 이들에게 그것은 분명 이해하기 어려울 뿐더러 거리감이 있는 것이었다.[111] 말하자면 성사의 실체나, 수도승들의 위대한 전통과 특별히 성 토마스로 대표되는 스콜라 신학 안에서의 영성적인 주제를 해석하려는 문제에 대한 열의와 애착은, 우선은 교부들에게 그리고 그 다음으로는 수도승에게 적합한 것이었다면, 반대로 일반 대중은 그러한 경지에 이를 수 없었을 뿐더러 그것을 이해할 능력도 없었던 것이다.[112] 이러한 교회 안의 상황에서 많은 수도자들과 평신도들은

---

109 Cfr. F. Ciardi, *Koinonia. Itinerario teologico-spirituale della comunità religiosa*, Roma 1996, p. 121.

110 Cfr. A. López Amat, *La vita consacrata, le varie forme dalle origini ad oggi* (Titolo originale: *El seguimiento radicale de Cristo* - 2 vol. Tradotto da E. Martinelli), Roma 1991, pp. 168-179.

111 Cfr. B. Secondin, *Alla luce del suo volto. 1. Lo Splendore*, p. 220.

112 Cfr. *Ibid.*, p. 220. 성사적인 관점에서의 본받음에 대하여, I. Biffi, *Aspetti dell'imitazione di Cristo nella letteratura monastica del secolo XII*, in ScuolaCatt 96(1968), pp. 451-495를 참고하시오.

자신들의 일상생활 안에서 그리스도의 증인이 되기 위한 삶의 본보기와 지침을 찾고자 하였다. 이들은 복음에서 나타난 가난에로 회귀하려는 열망과 그리스도의 인성에 대한 신심,[113] 특별히 예수님의 탄생과 수난, 그리고 십자가 위에서의 죽음과 같은 그분의 지상 생애 동안의 신비들에 대한 강한 신심을 통해서 그리스도를 증언하고자 했던 것이다.[114]

---

113 이 점에서, A. López Amat은 그리스도의 인성에 대한 신심은 새로운 수도생활 운동이 생겨나게 한 주요 동기 중에 하나였다고 본다. "이미 성 베르나르도의 시대에서부터 나타나기 시작한 그분의 인성에 대한 부드럽고 애정 어린 신심은 그들로 하여금 열심히 성서를 읽고 묵상하는 길을 열어 주었으며, 이로써 세상에 덜 얽매이면서도 교회의 전통적인 모습에 충실한 그리스도교 신앙을 살고자 하는 평신도들의 운동이 생겨나게 되었다." A. López Amat, o. c., p. 178. 성 베르나르도의 사상에서의 그리스도를 본받음과 관련하여, E. Vilanova는 다음과 같이 중세의 역사적인 상황에 대해서 간략하게 요약하여 소개한다. "12세기 들어서 중세의 신앙생활을 특징짓는 예수의 인성에 대한 신심의 발달과 함께, 그리스도를 따름은 예수의 지상 생애의 신비에 상응하는 금욕생활을 가정할 수 있게 하였다. 성 베르나르도는 그리스도를 따르는 사람들에게서 (하느님의) 말씀에 동화되는 삶을 복원하고자 노력했다. 그의 저서 *De gradibus humilitatis*에서, 육화하신 그리스도는 진리에 이르는 겸손한 길(*via humilitatis qua pervenitur ad veritatem*)로써 나타난다. 다른 책 *De gradibus Deo*에서는 그리스도의 신비를 묵상하는 것은 하느님께로 되돌아가기 위해서 필요한 방법이라고 소개한다. 이로써 그리스도를 영적으로 본받음의 점진적인 과정에 대해 말할 수 있다. 또한 이러한 과정은 그리스도의 신비가 영성화되는 것이라 규정될 수 있겠다." E. Vilanova, o. c., p. 88. 또한 J. Leclercq, *Imitazione di Cristo e sacramenti in S. Bernardo*, in Ora et labora 41(1986), pp. 26-35를 보시오; 중세의 그리스도론적 영성을 개괄적으로 전망하기 위해서, G. Penco, *L'imitazione di Cristo nell'agiografia monastica*, in CollCist 28(1996), pp. 17-34; Id., *Gesù Cristo nella spiritualità monastica medievale*, in AA. VV., "Gesù Cristo, Mistero e Presenza", a cura di E. Ancilli, Teresianum, Roma 1971, pp. 407-445; I. Biffi, *Cristo desiderio del monaco, Saggi di teologia monastica* (vol 5. La costruzione della teologia), Jaca Book, Milano 1998; J. Leclercq, *Gesù Cristo*, in "DIP" vol. IV, Edizioni Paoline, Roma 1988, cc. 1132-1135를 참고하시오.

114 Cfr. L. Borriello, a. c., p. 145. B. Secondin에 따르면, 중세 그리스도 중심적인 영성에서의 두 개의 축을 구성하는 그리스도의 육화(유년기)와 수난(고통)이라는 주제는 특별히 성 프란치스코를 통해서 독특하고 창조적인 방식으로 구체화되고 있다. "(그는) 그레치오에서는 구유의 장면을 제작하면서 구세주 탄생의 상황을 정형화된 모습으로 재현하고 있으며, 베르나에서는 자신의 몸에 성흔의 선물을 받음으로써 가장 고귀한 방식으로 주님의 수난에 동화되고 있다." B. Secondin, *Alla luce del suo volto. 1. Lo Splendore*, p. 222. 또한 Stefano M. Manelli 역시 다음과 같이 역설한다. "예수를 향한 성 프란치스코의 열정적

이러한 역사적인 상황에서 성 도미니코와 성 프란치스코의 수도회와 같은, 기존의 수도생활과는 다른 형태를 가지는 수도회들이 생겨나게 되었다. 이 점에서 사실 성 프란치스코는 주님의 말씀과 가르침을 삶으로 옮겨 실행하는 것 외에 다른 것을 원하지 않았다. 말하자면, 그가 의도했던 바는 엄밀한 의미에서 예수님께서 제자들에게 분명하게 가르쳤던 사도들의 삶의 방식, 즉 그분으로부터 받은 가르침을 문자 그대로 실천하면서 전적인 가난과 충만한 자유 안에서 복음을 선포하는 생활을 확고히 살아가는 것이었다.[115] 따라서 그가 지녔던 수도생활의 근본적인 지향은 자신의 모든 삶을 그리스도께 정향시키는 것이었으며, 복음의 정신과 스승이자 주님이신 분과 모든 삶을 함께 나누었던 초대교회의 사도적인 생활의 형태에로 되돌아가고자 하는 것이었다.[116] 이러한 방식으로 프란치스코회의 수도생활은 당시의 교회 내적인 차원에서만이 아니라 그리스도교 사회 전체 안에 지대한 활력을 불어 넣어 주는 촉매제가 될 것이다.

인 사랑은 육화와 구원사업, 즉 아기 예수와 십자가에 못 박히신 예수라는 두 가지 가장 중요한 신비에로 집중되어 있다. 이것은 무엇보다 프란치스칸 영성에 가장 상징적인 의미를 지니고 있는 것으로써, 일련의 사랑의 행위와 삶의 태도 안에 표현되고 있다.···" Stefano M. Manelli, *Spigolando nelle fonti francescane*, in Annales Francescani 1(2006), pp. 40-41. 성 프란치스코에게서의 그리스도 중심주의에 대한 개괄적인 전망에 대해 E. Doyle, D. Mcelrath, *St. Francis of Assisi and the christocentric character of franciscan life and doctrine*, in "Franciscan Christology, selected texts, translations and introductory essays", edited by Damian Mcelrath, St. Bonaventura University, New York 1994, pp. 1-13을 보시오.

115 Cfr. A. Pigna, *La vita consacrata. Trattato di teologia e spiritualità I. Identità e missione*, p. 143.
116 Cfr. G. Iammarrone, *La cristologia francescana. Impulsi per il presente*, Padova 1997, p. 23.

1) 프란치스칸 공동체 안에서 복음의 중심적인 역할

우리는 역사적으로 성 프란치스코가 그의 모습에 부여되는 탁월한 평가와 함께, '제2의 그리스도: alter Christus', '다시 살아난 그리스도: Cristo redivivo'라는 영예로운 호칭으로 불리어졌음을 잘 알고 있다.[117] 의심의 여지없이, 그리스도와 맺어진 이러한 관계는 그리스도께 온전히 자신의 삶을 봉헌하고 복음을 충실히 살아가고자 했던 그가 선택한 삶의 방식에 근간을 이루는 것이었다.[118] 비인준 회칙과 인준 회칙[119]의

---

[117] 프란치스코에게 명명된 호칭에 대한 연구를 위해서는, S. Da Campagnola, *L'angelo del sesto sigillo e l'alter Christus'. Genesi e sviluppo di due termini francescani nei secoli XIII-XIV*, Antonianum-Laurentianum, Roma 1971을 보시오. G. Iammarrone에 따르면, 이러한 명칭에 대한 동기는 그리스도에 의해서 인간에게 새겨지는 결정적이고 최상의 인증으로써 오상을 받은 사건과 그리스도를 자신의 존재의 충만하고 유일하며 궁극적인 이유로써 삼기로 그가 선택했다는 사실에서 찾을 수 있다. cfr. G. Iammarrone, *o. c.*, pp. 25-26. 또한 Stefano M. Manelli는 이 점에 대해 성 보나벤뚜라의 말을 빌려 설명한다. "실제로 성 프란치스코라는 인물에게 강한 인상을 준 것은 첫째로는, 그리스도께 동화되고자 하는 것이었다. 사실 이것은 성 보나벤뚜라가 프란치스코에 대해 다음과 같이 묘사하는 것처럼, 그 온 생애에 걸쳐 추구하고자 했던 이상이었던 것이다. 성 프란치스코는 온전히 그분을 본받음으로써, 살아서는 살아 계신 그리스도께, 죽는 순간에는 죽음의 고통 중에 계신 그리스도께, 그리고 죽은 후에는 돌아가신 그리스도께 동화되고자 전념하였다.(FF 1240) 이를 위해서 그는 완덕의 거울에서 밝히고 있는 것처럼, 모든 것에서 그리스도를 완전히 본받는 사람이 되기 위해 마지막 하나에 이르기까지 닮고자 노력하였다.(FF 1768)" Stefano M. Manelli, *o. c.*, p. 39.

[118] 실제로 많은 연구가들은 아씨시의 가난한 성자가 성령 안에서 복음과 심오한 연관을 맺고 있었다는 사실에 대해 강조하고 있다. "아씨시의 성인은 성령의 도우심으로 복음(하느님의 말씀)과 생생한 관계를 견지하고 있었다. 이 말씀 안에서 성령을 통해 바로 지금 그에게 말을 건네 오시며, 삶의 근본적인 선택을 내리도록(T. Matura), 특별히 가난한 삶을 선택하고(W. Egger), 그분을 따르며(W. Viviani), 성령의 인도 아래 창조적인 방식으로 삶의 기본적인 지침인 복음의 가치를 구현하며 살아가도록 초대하시는 그리스도(하느님)에 대해 듣고 읽었던 것이다." G. Iammarrone, *o. c.*, p. 28.

[119] 이 논문에서는 우리는 D. Dozzi의 견해에 따라 비인준 회칙과 인준 회칙 중에서 주로 비인준 회칙을 인용할 것임을 미리 밝혀 둔다. 그에 따르면, "(성 프란치스코 안에서) 복음에 대한 해석은 다른 여러 문헌들 중에 특별히 비인준 회칙에서 찾아볼 수 있다. 비인준 회칙에서 복음은 프란치스칸 형제애적인 생활의 규칙이며, 이러한 형제애적인 생활은 복음의 생생한 해석으로서 소개된다. 또한 비인준 회칙은 쓰여진 분량도 더 많으며, 보다 종합적이고 아씨시의 프란치스코의 영성을 더욱 잘 대변해 주고 있다." D. Dozzi, *"Cosi*

서두에서 성 프란치스코는 말한다.

> Regula et vita istorum fratrum haec est, scilicet, vivere in obedientia, in castitate et sine proprio, et Domini nostri Jesu Christi doctrinam et vestigia segui: 이 형제들의 회칙과 생활은 순종과 정결 안에 소유 없이 살며, 우리 주 예수 그리스도의 가르침과 발자취를 따르는 것입니다.[120]

> Regula et vita minorum fratrum haec est, scilicet Domini nostri Jesu Christi sanctum Evangelium observare vivendo in obedientia, sine proprio et in castitate: 작은 형제들의 회칙과 생활은 순종 안에 소유 없이 정결 안에 살면서, 우리 주 예수 그리스도의 거룩한 복음을 실행하는 것입니다.[121]

F. Uribe Escobar의 분석에 따르면, 이 두 문장은 구조상의 차이점이 있음에도 불구하고, 프란치스칸 수도생활을 동일한 의미에서 '우리 주 예수 그리스도의 발자취를 따라 사는 것'과 '우리 주 예수 그리스도의 거룩한 복음을 실행하는 것'이라고 규정하고 있다.[122] 또한 여기서 이른바 세 가지 복음 권고의 실천으로 구체화되는 형제들의 삶의 형식은, 무엇보다 복음에 따라 살아가는 것을 말한다. 여기서 주목해야 할 중요한 사실은 성 프란치스코에게서 수도생활의 본질은 이러한 세 가지 복음 권고에 있는 것이 아니라 복음에 순응하며 살아가는 삶에 있다는 점이다. 그에게서 복음 권고들은, 비록 수도생활 안에서 각각의 고유한

---

dice il Signore". Il Vangelo negli scritti di san Francesco, Bologna 2000, pp. 20-21.
120 작은 형제들의 회칙(제1회칙) 1, 1. 성 프란치스코의 회칙과 작품들은 다음의 책을 참조하였다. 『성 프란치스코와 성녀 글라라의 글』, 작은 형제회 한국관구 옮겨 엮음, 분도출판사, 2006 왜관.
121 작은 형제들의 회칙(인준받은 회칙, 제2회칙) 1, 1.
122 Cfr. F. Uribe Escobar, *o. c.*, pp. 300-301.

기능을 가지고 있다 하더라도, 단지 수도생활을 하기 위한 수단인 것이다. 그러므로 성 프란치스코에게서 특별한 성소란 삶의 준거로써 거룩한 복음에서 제시하는 삶의 양식을 살아가는 것 자체라고 단언할 수 있겠다.[123]

이러한 사실을 바탕으로 성 프란치스코가 '복음'[124]이라는 단어가 의도하는 것이 무엇이며, '복음을 따라 살아가는 것'이 결국 무엇을 의미하는 것인지 명확히 해야 할 필요가 있겠다. 분명한 것은 그에게서 복음은 삶의 규범으로 여기는 예수의 말씀과 행위를 전해 주는 복음서의 텍스트를 의미할 뿐만 아니라, 하느님의 뜻과 언약하신 바에 따라 살기 위해서 모든 그리스도인이 자신의 시선과 마음으로 지향해야 할 복음적 가치와 계명, 그리고 권고들의 총체를 말한다는 것이다.[125] 따라서 복음은 규칙서의 표현들을 담아내기 위한 단순한 윤곽이거나 혹은 어떤 주제를 설명하기 위해 필요한 용어가 아니라, 총체적인 의미에서 프란치스칸 정신의 요체이며, 수도생활 안에서 그리스도교 완덕과 삶을 살아가기 위한 규범이 된다.[126]

또한 이러한 주제와 함께, D. Dozzi가 강조하는 비인준 회칙 머리말 2절의 "Haec est vita evangelii Jesu Christi: 이것이 예수 그리스도의 복음의 생활이다."라는 표현에 주목할 필요가 있다. 그는 우선 "이것이 예수

123　Cfr. *Ibid.*, p. 300.
124　'복음'이라는 단어의 사용에 대하여, "프란치스코의 저술들 가운데서 이 말은 21번 사용된다. 그 중에 프란치스코의 유언(cfr. 1Test 14; FF 116)에서 한 번 '거룩한 복음의 양식에 따라'라는 표현이 나타나고, 성인이 성 다미아노의 글라라의 자매들에게 보내고 글라라가 자신의 규칙서에 인용한 글에서 다시 '거룩한 복음의 완덕을 따라'(성녀 글라라에게 보내신 생활양식 1)라는 표현이 등장한다.": G. Iammarrone, *o. c.*, p. 27.
125　Cfr. *Ibid.*, p. 27.
126　Cfr. F. Uribe Escobar, *o. c.*, p. 172.

그리스도의 복음의 생활이다."라는 문장과 관련하여, 세 가지 다른 방법으로 아씨시의 성인이 그리스도께서 복음과 그리스도인 생활 안에 생생하게 현존하심을 깨닫고 있었다고 설명한다. -'이것이 예수 그리스도의 복음을 따르는 생활이다.', '예수 그리스도의 복음의 생활', '예수 그리스도의 현재화'- 이 세 가지 해석은 독립된 개별적 의미를 지니는 것이 아니라, 서로 함께 내포되어 있으며 보완적이고 상호의존적인 것이다. 이에 대한 해석과 함께 그는 다음과 같이 주장한다.

> 복음의 진리는 배워서 알아야 할 어떠한 대상이 아니라, 따라야 할 살아 있는 한 사람이며, 그분과 함께, 즉 그리스도와 함께 살아가야 할 삶인 것이다. 예수 그리스도, 복음 그리고 삶은 프란치스코에게서 서로 상기시켜 주고, 서로 조명해 주며, 서로에게 요구되는 세 가지 실체인 것이다. 예수는 복음을 살아감으로써 만날 수 있는 분이며, 복음은 그분의 육화된 현존의 계시이고, 그리스도인 생활은 계시된 현존, 즉 길이요 진리요 생명이신 그리스도의 현존을 육화시키는 자리이다. 이러한 의미에서 그리스도인 생활은 육화, 계시라는 서로 떼어낼 수 없는 두 가지 관점에서 그리스도의 진리를 지속적으로 찬란히 비추어 주는 자리인 것이다.[127]

이러한 의도에서 저자는 '단순하고 무지했던 사람'[128]인 성 프란치스코

---

127 D. Dozzi, *Il Vangelo nella Regola non bollata di Francesco d'Assisi*, Istituto Storico del Capuccino, Roma 1989, p. 386.

128 "그는(성 프란치스코) 자주 자기 스스로에 대해 단순하고 무식한 사람(*simplex et idiota*)이라고 말한다. 마치 유대인 최고 의회(Sinedrio) 앞에서의 사도들의 모습처럼(cfr. 사도 4,13 "그들은 베드로와 요한의 담대함을 보고 또 이들이 무식하고 평범한 사람임을 알아차리고 놀라워하였다.") 그도 무식하고 문자도 모르는 사람으로 자신을 밝히고 있는 것이다." M. Conti, *La Sacra Scrittura nell'esperienza e negli scritti di san Francesco, Criteri ermeneutici*, in G. Cardarpoli-M. Conti, "Letteratura biblico - teologica delle fonti francescane", Roma 1979, p. 24. 이와 조금 다르게 R. Zavalloni 역시 자신의 의견을 이렇게 명시하고 있다. "아무튼 한 가지 분명한 것은, 성 프란치스코가 일반적으로 이야기하는 것처럼 그렇

가 동사의 현재형을 사용하며 'dice il Signore: 주님께서 말씀하십니다.' 와 같은 표현을 가지고[129] 항상 성서를 인용한다는 사실에 대해 부연해서 설명한다. 이 같은 사실은 우리로 하여금 성 프란치스코가 자신의 규칙서에서 복음을 통해 그리스도의 현존에 대해 직접적으로 말하고 있으며, 또한 바로 그 복음 안에서 예수 그리스도는 그에게 있어서 따르고 살아야 할 진리로 계시되고 있음을 알아보게 한다.[130] 바로 이러한 이유에서 복음은 그에게 단순히 하나의 이론이나 교의가 아니라, 인간에게 전해진 하느님의 말씀이다. 그것은 그리스도께서 우리에게 단지 자신의 몸과 피뿐만 아니라, 말씀이고 생명이며 또한 당신의 가르침인 복음을 주셨기 때문이다.[131] 이러한 방법으로 성 프란치스코는

게 무식하거나 글을 전혀 모르는 문맹인은 아니었다는 것이다. 여러 연구가들이나 비평가들로부터 인정된, 그가 저술한 글들을 보면 아씨시의 가난한 성자는 여러 측면에서 이미 준비된 사람으로서 지적이고 숙고하는 사람이었으며, 무엇보다 신앙의 진리와 성서의 사료들에 대해 잘 알고 있었다는 점에서 충분히 교육을 받은 사람이었다." R. Zavalloni, *Sant'Antonio di Padova e il problema degli studi nell'Ordine Francescano*, in SF 92(1995), p. 288.

129 Cfr. D. Dozzi, *"Cosi dice il Signore"*. *Il Vangelo negli scritti di san Francesco*, pp. 22-23.

130 이 점에 대해서 T. Matura 역시 다음과 같이 유사한 의견을 피력한다. "성 프란치스코에게서 '*Dicit Dominus in evangelio*'라는 표현은 그리스도께서 남기신 길을 가리키기 위한 하나의 방법이다. ⋯(대략 12번 사용된) '*Dicit Dominus in evangelio*'는 그리스도의 말씀의 중요성과 그 말씀이 부과하는 요청들에 대해 특별히 강조하고 있다." T. Matura, *V. La sequela negli scritti di S. Francesco. Sequela Christi e imitazione*, c. 1312.

131 Cfr. F. Uribe Escobar, *o. c.*, p. 305. 성 프란치스코의 저술들에서 나타난 그리스도의 인격에 대해 심도 있게 연구한 학자들 중의 하나인 N. Nguyen van Khanh은 성 프란치스코와 하느님의 말씀에 대해 고찰하면서 다음과 같은 말로 결론을 맺는다. "프란치스코의 신앙은 교부들의 그것과 매우 흡사한 듯하다. 즉 그들에게서 복음은 세상에 오시고, 지금도 계시며 또한 우리에게 전해진 예수 그리스도이시다. 여기서 우리는 Paul Evdokimov가 교부들에 대해 서술한 바를 적용할 수 있으리라 본다. 교부들은 성경을 읽으면서 텍스트를 읽었던 것이 아니라 바로 살아 계신 그리스도를 읽었으며, 또한 그리스도께서는 그들에게 직접 말씀하셨던 것이다. 그들은 마치 성찬의 빵과 포도주와 같이 말씀을 양식으로 취하였으며, 말씀은 그들에게 그리스도의 가장 심오한 진리를 함께 전해 주었던 것이다." N. Nguyen van Khanh, *Gesù Cristo nel pensiero di san Francesco secondo i suoi scritti*, Milano 1984, p. 273.

복음의 말씀 안에 살아 계시고 현존하시는 그리스도께서 개별적으로 자신에게 전하시는 말씀을 들었던 것이다.[132] 이 말씀에 대해 응답하면서 그는 비인준 회칙 1장 2-5절에서 'Haec est vita evangelii Jesu Christi: 이것이 예수 그리스도의 복음의 생활입니다.'라는 말과 함께 주님의 가르침을 따르기 위해서 다음의 네 가지 의미 있는 실천 사항을 제시한다.

> 1장 2절의 '모든 것을 다 팔아'는 '자신의 소유 없이' 살아가는 것과 연관되며, 3절 '자기를 버리고'는 무엇보다 '순명' 안에 살아가는 것을 암시하고, 4절의 자기 가족들을 '미워하는 것'은 특별히 '정결' 안에 살아가는 것을 말하고 있다. 5절은 주님을 따르기 위해서 버려야 할 모든 것을 종합하고 있다.[133]

따라서 우리는 복음의 예수님에 대한 성 프란치스코의 언급은 분명히 현재적인 것이며 현재화시키는 의미라고 단언할 수 있겠다. 그는 주님께서 성경의 말씀을 통하여 장소와 시간의 경계를 넘어서 자신에게 직접 말씀하시고, 또한 이를 통해 거룩한 뜻과 진리를 자신에게 드러내 보이시는 말씀의 육화가 지속되고 있다고 보았다.[134] 성경에 대한 이러한 기본적인 이해와 함께 그는 형제들의 생활과 규칙, 그리고 복음의

---

132 복음 안에서의 예수 그리스도의 생생한 현존에 대해서 D. Dozzi는 이렇게 주장한다. "예수께서 형제들에게 선사하신 아버지의 말씀이란 바로 예수 자신인 것이다." D. Dozzi, "*Cosi dice il Signore*". *Il Vangelo negli scritti di san Francesco*, p. 56.

133 *Ibid.*, p. 30; cfr. T. Matura, *V. La sequela negli scritti di S. Francesco. Sequela Christi e imitazione*, c. 1312.

134 Cfr. O. Schmucki, *Linee fondamentali della 'forma vitae' nell'esperienza di San Francesco*, in G. Cardarpoli - M. Conti(a cura), "Lettura biblico-teologica delle fonti francescane", Roma 1979, p. 189.

생활 사이의 긴밀한 연관성에 대해 강조한다. "이것이 예수 그리스도의 복음의 생활이다."(제1회칙 머리말, 2), "이 형제들의 회칙과 생활은 이것이다."(제1회칙 1, 1)

한편, 우리가 특별히 숙고해야 할 다른 한 가지는 성 프란치스코가 수도생활에 대한 자신의 생각을 밝히고 있는 비인준 회칙 22장에 대해서이다. 여기서 예수의 말씀과 삶, 가르침은 복음과 동일한 의미로 이해된다. "Teneamus ergo verba, vitam et doctrinam et sanctum eius Evangelium qui dignatus est pro nobis rogare Patrem suum et nobis eius nomen manifestare: 그러므로 우리는 우리를 위해 당신 아버지께 기도해 주시고 우리에게 아버지의 이름을 분명히 알려 주신 주님의 말씀과 생활과 가르침과 또한 그분의 거룩한 복음에 충실하도록 합시다."(제1회칙 22,41) 이에 대해 F. Uribe Escobar는 그리스도의 말씀과 생활은 그분의 가르침이며, 그 가르침이란 성 프란치스코에 따르면 형제들이 준수해야 할 복음 자체라고 설명한다.[135] 또한 이러한 방식으로 규칙서는 수도생활의 규범 안에서, 복음이라는 유일한 실체를 표현하기 위한 방법으로 간주된다. 이어서 저자는 'promissio 서약(수도서원)'이라는 용어가 순명, 청빈과 정결의 세 가지 복음 권고와 더불어서가 아닌 직접적으로 복음과 연관해서 나타난다(제2회칙 2,11.13: 20,4; 제1회칙 2,10: 5,17)는 사실에 특별히 강조점을 둔다.[136] 따라서 복음을 살아가기

---

135 Cfr. F. Uribe Escobar, *o. c.*, p. 303. 동일한 저자에 의하면, '생활'이라는 용어는 '규칙'이라는 말과 연관해서 나타나거나 혹은 프란치스코의 저술들 안에서 동의어로써 그 규칙을 대신해서 사용되기도 한다.(제1회칙 1,1: 2,1.2.3: 4,3: 5,2.4: 6,1: 7,9; 제2회칙 1,1: 2,1.11) (이렇게 프란치스코가 받은) 카리스마는 '규칙'을 통해서 제도화된 구조를 이루게 된다. 그러므로 규칙서 자체는 프란치스칸 공동체의 삶이며 생활양식인 것이다. cfr. *Ibid.*, pp. 168-170.

136 Cfr. *Ibid.*, p 304.

로 서원한다는 것은 단순히 비규정된 애매모호한 정식이 아니라, 온전히 그 복음을 지켜 나가는 생활을 통해 자신의 삶에서 구체화되어야 할 대상인 것이다. 이러한 해석을 통해 우리는 복음이 프란치스칸 공동체 안에서 지속적인 준거점이며, 동시에 수도서원의 목적이라는 사실을 분명히 이해할 수 있을 것이다. 달리 말하자면, 복음은 그 수반되는 모든 요구들을 수용하면서 프란치스칸 수도생활의 이상을 철저히 살아가고자 서약을 하는 사람에게서 삶의 가장 중심에 있는 요체인 것이다.

이제까지 살펴본 내용을 바탕으로, 성 프란치스코는 수도생활의 이상을 학문적으로 연구하는 지성으로써가 아니라 모든 것에서 또 모든 것을 통해서 그분께 순응하기 위해서 하느님의 뜻을 찾는 신앙인의 자세에서 거룩한 복음을 살아가는 것으로 이해했다고 확언할 수 있다.[137] 이와 같은 강렬한 열망을 가지고 그는 때로는 문자 그대로-ad litteram-라는 이례적인 방식으로 복음을 살아갈 정도로, 보다 가까이 예수의 지상 생애 동안의 모습과 행위를 재현하고자 했던 것이다. 이러한 의미에서 "그의 전 생애는 복음을 대체하는 것이다."[138]라고 말할 수 있다.

그러나 간과해서는 안 될 것은, 문자 그대로 따르고 복음을 살아간다는 그의 정신을 보다 정확히 이해하기 위해서, 그리고 이 삶의 모토를 이른바 '엄격한 문자주의(letteralismo stretto)'로 오해하는 것을 피하기 위해서는 그의 내적인 진실된 신앙에 대해서 통찰하려는 노력이 필요하다는 것이다.[139] 사실 프란치스코는 그의 형제들에게 덕에 대해서

---

137 Cfr. M. Conti, *o. c.*, p. 26.
138 B. Secondin, *Alla luce del suo volto. 1. Lo splendore*, p. 220.

권고할 때, 거의 빠짐없이 그리스도론적인 동기, 예를 들자면, 왜냐하면 '주님께서…' 또는 이와 유사한 문장(cfr. 제1회칙 2,8: 3,12: 9,31: 16,45: 22,56… 등)을 부연하고 있다. 그것은 누군가가 잘못하여 프란치스코가 그리스도를 본받으며 그분과 맺게 된 관계를 과도한 모방주의(mimetismo)로 여길 수도 있기 때문이다.[140] 그리하여 문자적인 의미로 그리스도를 아는 것은 성령을 통해 해석된 것이 아니기에 신학적으로 그리고 영성적으로 불충분하다는 확실한 이해를 가지고, 그는 "주님이신 예수 그리스도의 인성만을 보는 사람들을"(영적 권고 1,8) 나무라며, 그 편협한 시각을 극복하도록 권한다.[141] 결국 프란치스코가 자신의 온 생애에 걸쳐 복음에서 알아들은 것만큼 문자 그대로 -ad litteram- 그분을 따르기 위해 전념하였을지라도, 그가 행했던 이러한 해석은 다름아닌 믿음과 겸손, 사랑의 정신에서 하느님 말씀을 묵상하길 원했던 그가 지녔던 신앙의 자세에서 나온 자연스런 결과였던 것이다.[142] 이러한 점에서 J. De Schampheleer는 다음과 같이 명확히 설명하고 있다.

> 그에게서 '복음에 따라 사는 것'은 단지 사도들에게 지시된 것, 말하자면 맨발로 다니는 것, 긴 외투 외에 아무것도 소유하지 않는 것, 가방을 지니고 다니지 않는 것, 복음을 선포하는 것, 때리는 자에게 뺨을 기울이는 것 등을 실천하는 것을 말하지 않는다. …물론 이 모든 것이 필요하다.

---

139 Cfr. L. Borriello, *a. c.*, p. 146.
140 Cfr. A. Pompei, *Gesù Cristo*, in "DF", Padova 1984, c. 642.
141 Cfr. B. Secondin, *Alla luce del suo volto. 1. Lo splendore*, p. 221.
142 Cfr. M. Conti, *o. c.*, pp. 26-27. 첼라노는 프란치스코가 행했던 복음을 읽는 방식에 대해 증언한다. "(그는) 전혀 귀머거리로 복음을 듣는 사람이 아니었다. 오히려 그는 들었던 모든 것을 훌륭히 기억해 내기 위해 애쓰면서, 그것을 문자 그대로 실천에 옮기기 위해 온 정성을 다해 노력했다."(1Celano 22)

하지만 우선적인 것은 보편적인 형제애 안에서 함께 사는 것과 같이 사도적인 생활을 영위하는 것이 아니라, 오히려 우리가 그리스도의 발자취를 따르도록 이끌어 주시고, 우리가 원치 않는 곳으로, 즉 십자가에 이르기까지 우리를 인도하시는 주님의 성령의 감도 아래 살아가는 것이다. -'그분께 여러분의 몸을 바치고, 거룩한 십자가를 지십시오.'(Uff: FF 303)-[143]

따라서 '복음에 따라 사는 것'은 무엇보다 성 프란치스코에게 있어서 '그리스도를 따르는 것'을 뜻하며, 또한 그리스도를 따르려는 그의 의지와 동일한 의미를 지닌 것이라고 확신 있게 말할 수 있는 것이다.

2) 『프란치스칸 규칙서』 안에서 그리스도를 따름의 기본적인 경향

앞서 우리가 프란치스칸 수도생활의 근본적인 이상이 무엇인지 검토하였다면, 이제는 규칙서에서 어떠한 구체적이고 실질적인 관점을 통해 '그리스도를 따름'이라는 주제가 전개되고 있는지 살펴보고자 한다. 확실한 것은, 성 프란치스코에게서 그리스도에 대한 묘사들은 '거룩한 복음을 따르는 생활'과 '그리스도를 따르다'라는 표현들을 통해서 그가 맺었던 그리스도와의 친밀한 관계를 보여 주면서 분명하고 지속적으로 나타난다는 것이다. 우선 직설법의 형태에서 행위를 나타내는 'sequi: 따르다'라는 개념은 15번 등장하는데, 이 가운데 11번은 그리스도와 제자의 관계에 대해서 의미 있게 그리고 체계적인 방식으로 언급하고 있다.[144] 이와 다르게, 명사 '추종(따름)'과 '그리스도를 따름'이라

---

143 J. De Schampheleer, *Fino alla croce*, in AA. VV., "La Spiritualità di Francesco d'Assisi", Milano 1993, p. 76.

144 Cfr. G. Iammarrone, *La cristologia francescana. Impulsi per il presente*, p. 29; Id., *La 'sequela di Cristo' nelle fonti francescane*, in MF 82(1982), pp. 422-423; T. Matura, *V.*

는 표현은 프란치스코의 저술들 안에서 전혀 찾아볼 수 없다.[145] 이와 더불어, 특별히 의미 있는 사실은 '본받음'이라는 개념과 그리스도께 '동화되다'라는 동사, 또는 명사 '동화'와 같이, 특별히 신약성경 안에 그 근거를 가지고 있는 용어들은(cfr. 로마 8,29; 필립 3,10.21 등) 규칙서에서나 그의 다른 저술서들 안에서 전혀 찾아볼 수 없다는 것이다.[146] '따르다'라는 개념의 사용은 성 프란치스코의 의도와 분명히 관련되어 있으며,[147] 이로써 그는 자신의 권고와 계명들을 수여함에 있어서 예수 그리스도의 뒤를 따라 걸음과 예수께서 행동하시는 방식을 재현하는 것에 대해서 숙고하고자 했던 것이다.[148] 이와 관련해서, G. Iammarrone는 성 프란치스코에게서의 '그리스도를 따름'의 특징들에 대해 다음과

La sequela negli scritti S. Francesco. Sequela Christi e imitazione, c. 1312; G. Guitton, *La sequela di Cristo*, in AA. VV., "La spiritualità di Francesco d'Assisi", Milano 1993, p. 49.

145 Cfr. G. Iammarrone, *La cristologia francescana. Impulsi per il presente*, p. 32; Id., *Gesù Cristo volto del Padre e modello dell'uomo. L'apporto della visione francescana*, Padova 2004, p. 46; B. Secondin, *Alla luce del suo volto. 1. Lo splendore*, p. 221. 사실 프란치스코의 저술들 안에서 '*sequi*: 따르다'와 '따름'이라는 어휘의 사용된 빈도에서의 차이가 지니는 중요성은 그리 크지 않다. 그러나 우리는 그가 '따름'이라는 말보다는 '주님을 따르다'라는 표현을 자신의 의도를 보다 특별하고도 명확하게 전해 주는 용어로써 선호했던 사실에 주목해야 할 것이다. cfr. C. Vaiani, *Il decreto Perfectae caritatis e la sequela radicale di Cristo secondo san Francesco d'Assisi*, in AA. VV., "Il rinnovamento della vita consacrata e famiglia francescana", a cura di P. Martinelli, Bologna 2007, p. 54.

146 Cfr. D. Dozzi, *La sequela nel capitolo XXII della 'Regola non bollata'*, in Laurentianum 28(1987), p. 278. 이 문제에 대해서, 저자 F. Uribe Escobar는 다음과 같이 밝히고 있다: "프란치스코는 자신의 소품집에서 단지 '따름'에 대해서만 말할 뿐 '본받음'에 대해서는 언급하지 않는다. '본받음'이라는 말은 유일하게 영적 권고 안에서 6장의 제목으로 등장할 뿐이다: '*De imitatione Domini*: 주님을 본받음'(권고 6) 그러나 주지하고 있다시피, 영적 권고들 각 장의 제목들은 후대에 편집자들에 의해서 붙여진 것이며, 그의 친필들과 모두 일치하는 것은 아니다." F. Uribe Escobar, *o. c.*, p. 314.

147 이 점에 대해서, G. Iammarrone는 다음과 같이 설명한다. "성 프란치스코에게서 예수는 '길'이시며, 그분과 함께 걸으며 충실하게 그분을 따르는 제자는 특정한 '삶의 방식'을 살아감으로써 그 길을 따라 걷는 법을 배우게 되는 것이다." G. Iammarrone, *La 'sequela di Cristo' nelle fonti francescane*, p. 425.

148 Cfr. G. Iammarrone, *La cristologia francescana. Impulsi per il presente*, p. 31.

같이 강조하고 있다.

> '복음을 준수함'과 '따름'의 전망 안에서 예수 그리스도에 대해 언급된 것들은 기본적으로 이 아씨시의 성인으로 하여금 '존재론적이기보다는 기능적인 면에서, 심리적인 것보다는 대상화된 관점에서, 정적이기보다는 더욱 역동적인 측면에서' 그분에 대해 '관상'하도록 이끌어 주었다. 즉 기본적으로 예수 그리스도는 길이며 하느님 아버지께로 향하기 위한 여정이다. 그리고 프란치스칸 영성의 고유성 안에서 그리스도인 생활 자체는 그분의 뒤를 따라 하느님께로 향하기 위한 행진이라는 역동적인 삶의 방식으로 간주되었다.[149]

이러한 사실은 성 프란치스코에게서 예수 그리스도의 뒤를 따라 걷는다는 것은 개념화된 것이나 이론적인 것이 아니었으며, 자신의 존재 안에 특별한 방식으로 추종이라는 것을 각인시킴으로써 규정되는 삶의 체험이었음을 분명히 보여 준다. 아씨시의 성자가 자주 사용했던 '따르다'라는 표현과 관련해서, 많은 연구가들은 프란치스코가 베드로 전서 2장에서 찾아볼 수 있는 '그리스도의 발자취를 따르다'라는 표현으로부터 분명한 영향을 받고 있다고 주장한다.[150] 실제로 베드로서의 'sequi vestigia(발자취를 따르다)'라는 표현은 프란치스코의 저술들의 짧은 모음집 안에 5번 나타나는데,[151] 항상 '따르다'라는 동사의 현재형

---

149 *Ibid.*, p. 32.
150 Cfr. F. Uribe Escobar, *o. c.*, p. 315; C. Billot, *La Marche d'après les Ecrits de saint François d'Assise*, in EtudFran 16(1966), pp. 322-327; C. Vaiani, *o. c.*, p. 54; O. van Asseldonk, *Le lettere di s. Pietro negli scritti di s. Francesco*, in CollFran 48(1978), pp. 67-76.
151 신자들에게 보내는 편지 2,13; 제1회칙 1,2: 22,2; 형제회에 보내신 편지 51; 레오 형제에게 보내신 편지 3: cfr. T. Matura, *V. La sequela negli scritti di S. Francesco. Sequela Christi e imitazione*, c. 1312.

으로 쓰여지고 있으며, 그 내용에 있어서도 대부분 그분께서 수난 받으시는 고통 안에서, 아버지에게서 버림받으심 안에서, 그리고 원수들을 사랑하시는 모습 안에서 그리스도를 따르도록 초대하고 있다. 바로 이것은 그에게 있어 삶의 중심에는 늘 예수 그리스도를 따르고자 하는 염원이 있었음을 의미한다. 따라서 그에게 있어 예수는, 자신의 발걸음을 비추고 인도해 주는 길이신 그분의 뒤를 따르려는 생활 안에서 자신이 존재하는 이유가 된다.[152] 이로써 우리는 성 프란치스코가 예수께 대한 추종과 관련하여 신약성경의 숙고를 매우 효과적인 방식으로 반영하고 있음을 살펴볼 수 있겠다.

(1) 따름, 그분의 제자가 되기 위한 여정

이제 우리는 성 프란치스코가 의도하는 그리스도를 따름의 깊고 역동적인 원리에로 이끌어 주는 제1회칙에서의 'sequi vestigia(발자취를 따르다)'라는 표현의 의미를 보다 심도 있게 연구해 보고자 한다. 앞서 1장에서 우리는 복음을 살아가는 것과 복음 권고와의 관계(1,2-6)에서 "et Domini nostri Jesu Christi doctrinam et vestigia sequi, qui dicit(우리 주 예수 그리스도의 가르침과 발자취를 따르는 것입니다. 주님이 말씀하십니다.)"(1,2)라는 내용의 추종에 관련한 첫 번째 예시문을 짧게나마 검토해 보았다. 이에 덧붙여, 이러한 것들이 내용적으로는 세 가지 보완적이며 불가분의 관계에 있는 행위들, 즉 모든 것을 버리고 예수 그리스도를 따르며, 영원한 생명을 얻는 것이 그분의 제자가 되기 위한 과정 안에서 다뤄지고 있다는 사실에 대해 부연해서 설명할 수 있겠

---

152 Cfr. G. Iammarrone, *Gesù Cristo volto del Padre e modello dell'uomo. L'apporto della visione francescana*, p. 33.

다.[153] 이 단락에서 그리스도를 따르고 영원한 생명에 이르기를 원하는 사람에게는 근본적으로 모든 물질적인 재화(1,2)와 가족의 유대(1,4)를 포기하고, 십자가를 어깨에 짊어짐으로써 자기를 버리는 행위, 즉 인간 존재의 가장 깊고 소중한 내면의 자아(Io "animam suam": 1,4)마저도 버리는 것이 필요하다. 이 점에 대해 F. Uribe Escobar는 성서신학적인 관점에서 분석하며, 여기서 성경을 인용한 내용들은 제자직에 참여하는 과정 안에서 따름이 어떻게 구체적으로 표현되고 있는지를 보여 주고 있다고 설명한다.[154] 이러한 포기는 따름을 위한 조건으로서가 아니라 기능적인 의미에서 가난을 받아들임으로써 생겨나는 결과로 이해되어야 한다. 즉 포기란 사람에게 있어서 그의 모든 것을 포괄하는 측면에서의 단절이며, 이를 통해 오직 하나뿐인 유일한 재화로서 그리스도를 따르는 일을 가능케 하는 행위인 것이다.[155] 나아가서, 이러한 과정은 자기를 버림으로써 죽기까지 자신을 온전히 의탁하라는 요구를 수반한다. 이것은 광의의 은유적인 차원에서의 순교만이 아니라, 필요한 순간에는 육체적인 순교를 감수하면서까지 그리스도를 따르는 것을 뜻한다. 이와 같은 맥락에서, 작은 형제들에게도 주님을 보다 가까이 따르기 위해서는 하느님 말씀을 이해하고 성령의 영감을 받음으

---

153 Cfr. D. Dozzi, *"Cosi dice il Signore". Il Vangelo negli scritti di san Francesco*, pp. 30-31. 제1회칙 1장 2-5절은 다음과 같다. 2. "네가 완전한 사람이 되려거든 가서 있는 것을 다 팔아(루카 18,22참조) 가난한 사람들에게 나누어 주어라. 그러면 하늘에서 보화를 얻게 될 것이다. 그러니 내가 시키는 대로 하고 나서 나를 따라오너라."(마태 19,21; 참조: 루카 18,22) 3. 그리고 "나를 따르려는 사람은 누구든지 자기를 버리고 제 십자가를 지고 따라야 한다."(마태 16,24) 4. 마찬가지로 "나에게 올 때 자기 부모나 처자나 형제자매나 심지어 자기 자신마저 미워하지 않으면 내 제자가 될 수 없다."(루카 14,26) 5. 그리고 "나를 위하여 부모나 형제나 자매나 처나 집이나 토지를 버린 사람은 백배의 상을 받을 것이며, 또 영원한 생명을 얻을 것이다."(참조: 마태 19,29; 마르 10,29; 루카 18,29)
154 Cfr. F. Uribe Escobar, *o. c.*, p. 320.
155 Cfr. *Ibid.*, p. 318.

로써 동일한 요구들을 받아들이도록 요청되는 것이다. 따라서 수도자는 스승이신 분의 행위를 외적인 형식으로 반복하는 것에 그쳐서는 안 되며, 육적인 것을 버리게 하는 금욕과 주님의 성령을 받아 새로워짐으로써 자유로운 여정을 걸어가는 사람이어야 한다. 이로써 그는 주님에게서 받을 보상에 대한 종말론적인 희망을 지니고 진정한 순교를 통해 십자가에 이르기까지 주님을 따르는 사람이 되어야 하는 것이다.[156] 이 장에서 우리가 살펴본 내용들을 종합하면서, 결국 성 프란치스코에게서 그리스도를 따르는 것은 예수의 지상 생애 동안의 일들과 행위들을 재현하는 것만이 아니라, 어떠한 것도 자신의 특권으로 삼는 일 없이, 복음의 총체적인 요청들에 순응하여 전적으로 자신의 삶을 기꺼이 위탁하는 것이라 단언할 수 있겠다.[157]

(2) 점진적인 그리스도화의 여정으로써 따름

이제 우리는 제1회칙의 22장에 특별한 관심을 가지고 주목하고자 한다. 그 이유는 D. Dozzi가 주장하는 것처럼, 22장은 성 프란치스코가 주님의 말씀에 부여하는 중요성에 대해서, 그리고 그가 주님을 따름에 대해서 의도하는 방식에 대해 연구하기 위해서 가장 기본적인 텍스트이기 때문이다.[158] 당연히 수도생활 안에서 프란치스코가 생각했던 이상적인 모습은 그리스도의 가르침과 발자취(cfr. 22,41), 즉 그분의 말씀과 본보기를 따르면서 복음의 그리스도를 전적으로 수용하는 것이다. 따라서 규칙서에서는 그리스도의 말씀과 본보기를 하느님 앞에서 취

---

156 Cfr. *Ibid.*, p. 320.
157 Cfr. T. Matura, *o. c.*, c. 1312.
158 Cfr. D. Dozzi, *"Cosi dice il Signore". Il Vangelo negli scritti di san Francesco*, p. 36.

해야 할 마음가짐과 사람들과의 관계에서 견지해야 할 태도의 모델인 동시에, 작은 형제들의 존재와 행동양식을 규정해 주는 삶의 규범으로써[159] 제시한다.

또한 D. Dozzi에 따르면, 'sequi vestigia Domini: 주님의 발자취를 따르다'라는 표현은 비록 이 장에서는 단 한 번 언급되기는 하지만, 그분께서 행하셨던 것처럼 행동한다는 것만을 의미하는 것이 아니라, 예수님과 인간 사이의 상호 친교를 가능케 해 주는 말씀과 믿음의 내재화의 여정을 통한 점진적인 그리스도화의 과정을 은유적인 방식으로 보여 준다.[160] D. Dozzi의 연구에 대해 간략하게 소개하기 위해서, 우리는 규칙서의 22장을 다음과 같이 네 부분으로 나누어 볼 수 있다.[161]

① 첫째 부분(1-8절): 삶의 기본적인 지향과 정신을 변화시키기 위한 방향 정립과 선택의 필요성. 우리 자신이 아니라 복음을 삶의 준거점으로 삼는 일은 점진적인 그리스도화의 여정에 들어가기 위한 첫째가는 기본적인 조건이다.

② 둘째 부분(9-25): 'Retinere Verbum: 말씀을 간직하다'(17) 하느님의 말씀을 믿음으로써 굳게 간직할 수 있도록 마음의 토양을 준비시키는 것과 마음 안에서 일어나는 사탄의 공격을 거슬러 말씀을 지켜 나가는 일은 점진적인 그리스도화의 과정을 위해서 지속적으로 요구되는 필수 불가결한 요건이다.

③ 셋째 부분(26-40): 'Manere in Christo (qui est), via, veritas et vita:

---

159 Cfr. F. Uribe Escobar, *o. c.*, p. 321.
160 Cfr. D. Dozzi, *La sequela nel capitolo XXII della 'Regola non bollata',* p. 271.
161 Cfr. *Ibid.*, pp. 276-277.

길이요 진리요 생명이신 그리스도 안에 머무르다'(36; 40) 하느님 말씀에 의해서 내적으로 정화된 마음은 그리스도 안에 머묾으로써 삼위일체의 거처가 된다. 바로 이것이 점진적인 그리스도화의 과정이 실현되는 일이며 그 본질적인 내용이다.

④ 넷째 부분(41-55): 앞서 세 개의 부분들을 종합하면서, 점진적인 그리스도화 과정의 결과를 'teneamus ergo verba: 그러므로 말씀에 충실하도록 합시다'(41) 계시의 연장선상에서 제시한다. 즉 그분 안에서, 그리고 그분의 삶을 통해서 투명하게 나타난 그리스도의 계시 사건은 'mirificati eos in veritate: 이 사람들을 진리 안에서 거룩하게 해 주심'(49)으로써 형제들이 경이롭게 변화되는 방법을 통해 그들의 생활 안에서 지속되고 있다.

우리가 22장의 문맥을 개괄적으로 살펴보았듯이, "그리스도의 발자취를 따르는 것"(22,2)은 무엇보다 우리 주 예수 그리스도의 가르침과 본보기를 따르고 그분께서 행하셨던 것처럼 행동하는 것을 의미한다. 그러므로 성 프란치스코는 예수님을 형제들 앞에 본받아야 할 모델로 제시하면서, 그들로 하여금 원수들과 불의하게 우리에게 고통을 주는 이들을 사랑하며(1-4), 복음에 따라 살면서 자신의 삶의 방향을 바꾸어 나가도록 초대한다.(첫째 부분) 이어서 따름의 여정은 훗날 열매를 맺기에 이르기까지 '마음'의 좋은 토양에 뿌려진 하느님 말씀의 씨앗(11)을 받아들이고 지켜 나가는 과정으로 표현된다.(둘째 부분) 이렇듯 'Retinere Verbum: 말씀을 간직함'으로써 우리는 믿음을 통해 언제나 그리스도와의 깊은 관계 안에 들어갈 수 있게 된다. -'Manere in Christo: 그리스도 안에 머무르다'- 즉 예수님의 말씀이 우리 안에 간직되어 있다면 그분 역시 우리 안에 머무르고 계신다.(셋째 부분)[162] 바로 이러한 점에서 D. Dozzi는 'Teneamus ergo verba, vitam et doctrinam et sanctam eius evangelium: 그러므로 우리는 주님의 말씀과 생활과 가르침과 또한 그분의 거룩한 복음에 충실하도록 합시다.'(22,41a)라는 구절이 이 장의 전체를 요약하는 중심적인 권고라고 설명한다. 즉 따름이란 'mantenere il Vangelo: 복음을 충실히 간직하는 것'을 의미한다는 것이다.[163] 또한 'mantenere il Vangelo: 복음을 충실히 간직하는 것'의 내적 과정 안에서, 예수님께서 느끼고 행동했던 방식 그대로 더욱 친밀하게 느끼고 행동하는 그만큼(말씀의 내재화: 'esse: 존재'), 그분께서 취하셨던 태도를 따르면서 자신의 생활 안에서 아버지를 보여 주고 영광스럽게 하는 일이 가능한 것이다.(말씀을 실천하는 것: 'agere: 행위') 이러한 그리스도화의 역동적인 흐름 안에서, 'sequi vestigia Domini: 주님의 발자취를 따름'은 계시적이라는 의미와 함께 예수의 삶을 지속해 나가는 행위가 된다.[164] 말하자면 수도자는 예수님께서 아버지의 아드님으로서 살면서 그분께서 기뻐하시는 일을 실행함으로써(cfr. 22,9), 당신의 삶과 가르침을 통해 보여 주신 아버지의 뜻을 형제들 가운데에서 계속해서 실천해 나가는 방식으로 예수의 삶을 지속하고 있다는 것이다. 결국 프란치스코의 규칙서 안에서 복음은 다름아닌 그리스도이시며, 그분의 현존 자체인 것이다. 이로써 점진적인 그리스도화의 여정으로 이해

---

162 "22,38에서는 말씀에 관련해서 뿐만 아니라 그리스도께 관해서도 동일한 동사 'rimanere: 머무르다'를 사용한다. 마음 안에 항상 삼위일체께서 '내주'하시도록 하기 위한 방법은 '그리스도 안에 머무는' 바로 그것이다. 또한 '그리스도 안에 머물기' 위한 방법은 '그분의 말씀이 우리 안에 머물게' 하는 것이다." Id., *"Cosi dice il Signore". Il Vangelo negli scritti di san Francesco*, p. 47.
163 Cfr. Id., *La sequela nel capitolo XXII della 'Regola non bollata'*, p. 278.
164 Cfr. *Ibid.*, p. 274.

된 따름은 형제들의 삶 속에서 지속되는 그리스도의 육화의 신비에 참여하는 행위가 된다.[165] 이와 같은 방법으로 성 프란치스코는 베드로 전서 2장 21절의 '그리스도의 발자취를 따름'이라는 표현 안에서 나타난 예수를, 우리를 인도해 주시는 분으로서만이 아니라 그분의 뒤를 따라 걷는 모든 이들의 삶을 '정형화'시켜 주는 삶의 형식(forma)으로 바라본다.[166] 바로 이러한 관점에서 새로운 수도생활의 형태, 즉 세상 안에서 그리스도를 계시하는 역할을 수행하며 그분의 사명을 이어 가는 삶으로 순회하는 수도생활의 형태가 생겨나게 되었던 것이다.

3) 성 프란치스코에게서 그리스도를 따름에 대한 고유한 관점: 겸손과 가난

이제까지 우리는 프란치스코의 규칙서에 대한 분석을 통해서, 그리스도를 따름은 프란치스칸 공동체의 영성과 수도생활의 기원이며 뿌리임을 규명하고자 하였다. 프란치스칸 영성의 그리스도론 안에서 이 주제는 단순한 이론이 아니라, 그들의 구체적인 삶에서의 가장 핵심적인 요소였음은 분명하다. 이러한 그리스론적인 전망에 대한 이해의 지평에서 우리는 성 프란치스코의 헐벗음과 형제들을 위한 봉사에 자신을 전적으로 내어맡김이라는 것이, 그리스도를 따름의 동일한 연장선상에서 겸손한 자로서 업신여김을 받고 인간의 구원을 위해 십자가에 못 박히신 예수 그리스도 안에서 계시된 하느님에 대한 관상과 함께 구체화되고 또한 점차적으로 형성된 것임을 관찰할 수 있다.[167] G.

---

165 Cfr. *Ibid.*, p. 285.
166 Cfr. G. Iammarrone, *Gesù Cristo volto del Padre e modello dell'uomo. L'apporto della visione francescana*, p. 45.
167 Cfr. A. Pompei, *o. c.*, c. 649.

Iammarrone에 따르면, 성 프란치스코는 예수 그리스도의 뒤를 따라 걷는 자신의 여정 안에서 두 가지 근본적인 것을 체득하게 되었다고 한다.

> 하느님의 얼굴과 인간의 얼굴. 예수는 그(프란치스코)에게 하느님과의 관계를 어떻게 살아가야 하는지, 그리고 그분 얼굴의 윤곽이 어떤 모습으로 표현되는지 가르쳐 주었으며, 동시에 그에게 삶의 규범이며 모델로서의 인간의 형상을 보여 주셨다. 실제로 (예수는) 그에게 '길'로써, 즉 아버지에게 이르는 '길'이며 동시에 현재와 영원을 향한 인간 존재의 충만함에 이르는 '길'로써 나타난다.[168]

성 프란치스코에게서 예수 그리스도는 아버지의 사랑을 중재해 주시는 분이며 하느님의 부성적인 모습을 계시해 주시는 분인 한에서(cfr. 제1회칙 22,43-57: 57-62: 23,1-8: 63-65), 그리스도의 신비 전체 또한 삼위일체이신 하느님의 신비와 인간과의 관계 안에서의 그분의 구원계획을 드러내 보여 주는 계시 사건으로서 간주된다. 이 같은 맥락에서 예수 그리스도를 따르기로 약속한 삶의 근본적인 임무를 수행해 나가면서 그가 찾았고 또 증언한 하느님의 모상이 지니는 고유한 특색은 예수 그리스도의 인성에 대한 강한 인상이었다. 달리 말해 그것은 광기와 같은 열렬한 사랑 때문에 자신을 내어놓고, 인간을 사랑하시어 겸손과 가난의 옷을 입으시고 자신의 신성마저도 온전히 비워 버리시기까지 자신을 봉헌한 예수 그리스도의 인성 안에서 드러난 하느님의 얼굴이었다.[169] 바로 이처럼 프란치스코가 행했던 하느님의 얼굴에 대한

---

168 G. Iammarrone, *Gesù Cristo volto del Padre e modello dell'uomo, L'apporto della visione francescana*, pp. 34-35.

169 Cfr. *Ibid.*, p. 40. 이에 대하여 동일 저자의 다른 책을 참조할 수 있겠다. *Il crocifisso*

관상이야말로 그를 매일의 생활에서 복음이 보여 주는 겸손하고 가난한 예수를 따르도록 인도했으며, 특별히 그로 하여금 성체성사 안에서의 하느님 아들의 비우심에 대해서 깊이 사로잡힌 채 묵상하도록 이끌어 주었던 것이다. 성 프란치스코는 말한다.

> 보십시오! 그분은 어좌에서 동정녀의 태중으로 오신 때와 같이 매일 당신 자신을 낮추십니다. 매일 그분은 겸손한 모습으로 우리에게로 오십니다. 매일 사제의 손을 통하여 아버지의 품으로부터 제대 위에 내려오십니다.[170]

이러한 점에서, 우리의 성 프란치스코는 하느님의 말씀이 취하신 겸손과 가난에 완전히 마음을 사로잡혔고 또 매료되었던 사람이었다고 말할 수 있겠다. 즉 그가 그리스도와 하느님의 실체를 전체적으로 그리고 일관되게 인식하고 통찰했던 관점은 바로 이 두 가지, 겸손과 가난으로 요약된다.[171] 바로 이 두 가지 관점에서 예수 그리스도는 육화하셨고

---

e la croce in Francesco, Chiara e nel primo francescanesimo, Edizioni Messaggero Padova, Padova 2007, 특별히 pp. 27-52.

170 영적 권고 1, 16-18.

171 이에 대해서, A. Pompei는 다음과 같이 주장한다. "프란치스코는 복음을 따르는 생활을 주님이신 예수의 가르침과 모범을 본받는 생활과 동일시하면서, 무엇보다도 육화사건에서의 겸손과 수난 받으심 안에서의 사랑에 매료되었음을 자각하였다.(1Cel 84: 466-467)" A. Pompei, *o. c.*, c. 645. 다른 한편, O. Schmucki의 견해에 따르면, A. Rotzetter는 자기 비움(*Kenosis*: cfr. 필립 2,7)의 개념 안에서 프란치스칸 생활의 뿌리를 찾는다. 그러나 O. Schmucki는 Rotzetter의 이러한 주장은 너무 협소한 것이라고 말하면서, 프란치스코는 그리스도를 가난이라는 하나의 특별한 각도에서 바라보았다고 밝히고 있다. cfr. O. Schmucki, *o. c.*, pp. 188, 265. 하지만 우리는 이와 관련한 G. Iammarrone의 해석을 따르고자 한다. "가난과 겸손(이것들과 연관 지어 작음(minorità) 역시)은 (프란치스칸 영성을) 조망할 수 있는 관점으로 간주되어야 할 것이다. 즉 아씨시의 성자와 그의 뒤를 따르는 모든 제자들은, 어떠한 형태의 축소나 일방주의를 피하면서, 이 두 가지 안에서 '그리스도에 대한 추종'을 이해하고 살았으며, 그분의 삶과 신비를 온전히 수용하고 본받고자 했던 것이다." G. Iammarrone, *La 'sequela di Cristo' nelle fonti francescane*, p. 454.

수난을 받으심으로써 인간의 나약한 조건을 받아들이셨던 것이며, 또한 지금도 우리 인간들 사이에 빵과 포도주의 표지 안에 현존하신다.[172] 따라서 그에게서 하느님 당신이 겸손이라는 이름으로 불리어졌다는 사실이 전혀 이상하게 여겨질 이유가 없다.[173] '당신은 겸손이시나이다.'(지극히 높으신 하느님께 드리는 찬미 6: 261)

그에게서 그리스도에 대한 모든 논점은 아버지와 인간을 향한 겸손과 가난이 구체화되어 나타나는 표현으로 여겨졌으며, 이러한 그리스도론적인 경향은 당연히 자신의 삶에 있어서나 그의 수도회 안에서나 그 핵심적인 중요한 기능을 수행하는 것이었다.[174] 말하자면, 자신의 헐벗음은 겸손과 가난으로써 인간을 사랑으로 감싸 안으시며, 스스로를 비우시고 우리에게 모든 것을 내어놓으시는 예수님을 통해서 하느님의 얼굴이 드러났다. 이러한 하느님의 모습은 인간으로 하여금 이와 동일하게 자신을 헐벗게 하지만 동시에 그 축복된 사랑의 행위로써

---

172 매우 의미 있는 사실은 그에게서 '그리스도를 따름'은 성체성사 안에서 신앙적으로 체험되었으며, 또한 그것을 삶으로써 살았다는 점이다. "만물의 주님이시며, 하느님이시면서 하느님의 아드님이신 분이 우리의 구원을 위해 자신을 숨기시기까지 비하하시는, 오 숭고한 겸손이시여. 형제들이여, 하느님의 겸손을 바라보십시오. 그리고 그분 앞에 여러분의 마음을 열어 놓으십시오. 또한 여러분도 자신을 낮추십시오. …그러므로 여러분에게 모든 것을 내어놓으시는 분이 여러분 모두를 받아들이시도록, 여러분이 지닌 모든 것을 자신을 위해서 간직하지 마십시오."(Lcap 2: 221): cfr. A. Pompei, *o. c.*, c. 650.

173 Cfr. G. Iammarrone, *La 'sequela di Cristo' nelle fonti francescane*, pp. 427-428. 성 프란치스코의 겸손에 대해서 신학자 D. Barsotti는 다음과 같이 주장한다. "그는 숭고한 겸손의 신비처럼 그리스도의 신비에 대해서 자신이 관상할 때 일어난 경이로움으로부터 벗어날 수 없었다. 그분의 탄생과 수난, 그리고 성체성사 안에서의 그리스도의 겸손. …성 프란치스코에게서의 겸손은 사랑의 계시 자체이다. 하느님은 사랑이시고, 그 사랑은 겸손 외에 다른 어떤 것일 수 없다. …프란치스코는 이러한 겸손보다 더 큰 하느님의 계시에 대해 알지 못했다. 창조된 피조물이 아름다움을 드러내지만, 단지 그리스도의 겸손만이 하느님의 사랑을 보여 준다. 깊이를 모르는 겸손, 끝없는 겸손." D. Barsotti, *Le lodi di Dio Altissimo*, Milano 1982, pp. 74-79.

174 Cfr. A. Pompei, *o. c.*, c. 651.

하느님께 응답하도록 재촉한다.[175] 그러므로 가난하고 겸손하신 예수님은 작은 형제들의 정체성을 규정하는 요소이며(cfr. 제1회칙 9,5-6: 31; 제2회칙 6,3-4: 90), 간접적으로는 작은 자(minore: cfr. 제1회칙 6,3-23)로서 그의 공동체 안에 입회하여 살아갈 이들의 삶의 태도에 있어서의 기준이 된다.[176] 그러나 이와 관련해서 우리는 비록 가난과 겸손이 성 프란치스코가 예수의 신비에 접근하는 방식을 이해하고 조망하기 위한 관점을 제시한다 하더라도, 그 자체로 목적인 것은 아니었다는 점에 유의해야 할 것이다. 이에 대해서 G. Iammarrone는 K. Esser의 주장을 받아들이며 다음과 같이 설명한다.

> 성 프란치스코에 의해 실현된 '추종'이란 '가난하고 겸손하신 그리스도를 따름'으로 특징지어질 수 있다. 이것은 그가 자신을 특별히 그리스도의 가난과 겸손의 모범이 인도해 주는 바를 따르도록 의탁하였다는 의미에서만이 아니라, 가난과 겸손의 관점에서 그리스도께, 그리고 하느님께 가까이 나아갔다는 의미에서도 이해된다. 이러한 관점은 그로 하여금 그리스도 안에서 하느님께서 인간이 되심을 이해하도록 이끌어 주었을 뿐 아니라, 자신을 '비우시고' '겸손한 이', '가난한 이'가 되신 사랑의 표지를 통해서, 아버지께 이르는 길이며 '추종'의 '대상'인 예수를 역사적으로 증명하는 일을 가능케 하는 것이었다.[177]

이것은 성 프란치스코에게서의 겸손과 가난의 길은 그가 가졌던 하나

---

175 Cfr. G. Iammarrone, *Gesù Cristo volto del Padre e modello dell'uomo. L'apporto della visione francescane*, p. 41.
176 Cfr. Id., *La 'sequela di Cristo' nelle fonti francescane*, p. 427. 예를 들어, 제1회칙 9,1에서 다음의 표현을 찾아볼 수 있다. "모든 형제들은 우리 주 예수 그리스도의 겸손과 가난을 따르도록 힘쓸 것이며…."
177 *Ibid.*, p. 429. 또한 K. Esser, *Origini e valori autentici dell'Ordine dei Frati Minori*, Edizioni Francescane Cammino, Milano 1972를 참고하시오.

의 고유한 삶의 방식이었음을 의미한다. 즉 그는 이 길을 통해 예수님의 삶을 온전히 살고자 했으며, 가난한 이, 겸손한 이가 되신 사랑의 전망 안에서 그리스도를 따르는 제자가 되기 위하여 전적으로 복음의 생활을 구현하는 삶을 갈망했던 것이다.

4) 그리스도를 따르기 위한 새로운 삶의 형태로써 순회하는 생활

성 프란치스코가 추구했던 수도생활의 이상에 대해 앞서 제시했던 것처럼, 그리스도를 따름은 근본적으로 복음에서 나타난 그리스도의 삶을 '창조적으로 재현'하는 일이었으며, 특히 이것은 겸손과 가난의 총체적인 관점에서 이해되었다. 여기서 '재현한다'는 것은 내적인 경향이나 정서적 차원에서의 열정은 물론이거니와, 기본적으로는 현실적, 역사적인 임무와도 관련되는 것이다. 이 점에 대해서 G. Iammarrone는 프란치스코의 모든 원전들은 비록 다양한 강조점들과 함께 소개되더라도 그에 의해서 실천되었고, 내적, 신비적, 종교적 -윤리적 차원을 넘어서 역사적- 실제적, 사회적 차원에서 그의 제자들에게 유산으로 남겨진 '삶의 의무'로 '그리스도를 따름'에 대해 제시하고 있다고 말한다.[178] 이러한 의미에서 그는 프란치스코에 의해서 실현된 인간의 총체적인 측면에서 다음의 두 가지 흐름, 즉 내적-신비적, 그리고 관념적-청빈사상의 경향을 통한 예수의 생애와 '복음을 따르는 삶'의 '재현'이라는 부분에 대해 특별히 주목한다.[179] 바로 이 점에서 복음을 설교하며 사도적인 생활을 통해 전교하는 사명은 그리스도를 따름이 가져다주는 실천적인 생활의 한 면모이며, 예수님의 가르침과 모범을 따르는

---

178 Cfr. G. Iammarrone, *La 'sequela di Cristo' nelle fonti francescane*, p. 458.
179 *Ibid.*, p. 458.

삶의 결과로 이해되어야 하는 것이다.[180] 이러한 기본적인 이해를 바탕으로 프란치스코 수도회의 생활 방식을 보다 자세히 이해하기 위해서, 우리는 어떻게 그리스도의 모습을 실제로 그리고 온전히 재현하는 삶이 가난과 겸손의 기초 위에서 그들 삶의 고유한 특징으로 새겨지게 되었는지 조명해 보고자 한다.

우선 프란치스칸 공동체의 수도생활은 순례하며 설교하고, 이 고을에서 저 고을로 다니면서 하느님 나라를 선포하며 세상을 향해 나아가는 생활(cfr. 제1회칙 14,1)로 특징지어진다.[181] 특별히 수도승생활과 의전율수회의 생활과 대조하여[182] 프란치스칸 공동체의 가장 특징적인 요소인 순회하는 생활은[183] 그리스도를 따르는 생활 본연의 성격을 잘 반영해 주는 것이다. 실제로 작은 형제들은 규칙서에서 전하는 마태

---

180 Cfr. A. Pompei, *o. c.*, cc. 663-664. 더불어, 동일 저자는 이 두 가지 차원 사이의 연관성에 대해서도 설명한다. "예수 그리스도께서 온 세상의 구세주이심을 명백히 선포하는 일은, 예수 그리스도께서 우리 안에 기움을 넣어 주심으로써 작용되는 이기심으로부터 형제들에 대한 무조건적인 사랑에로의 전적인 회심을 실천하는 생활의 한 단면이기도 하다." *Ibid.*, c. 664.

181 Cfr. M. Conti, *o. c.*, p. 40. D. Dozzi에 따르면, 성경에서 예수님의 12제자와 72제자들의 사명과 관련해서 '세상을 향해 나아가는 것'은 성 프란치스코에게서 지리적 -공간적이라기보다 사회적- 신학적인 의미를 지니는 것이다. 즉 그것은 어디에서나 자신의 삶을 통해 하느님의 말씀을 전하며 선교사로서 살아가는 생활을 가리키는 것이었다. cfr. D. Dozzi, *"Cosi dice il Signore". Il Vangelo negli scritti di san Francesco*, pp. 96-98.

182 프란치스칸 영성 안에서 그리스도를 따름의 형태와 관련해서, J. Leclercq 또한 프란치스코의 삶에서 특별히 그가 아버지께 바친 찬미가 안에서의 그리스도를 따름은 수도생활의 목적이기도 하였다고 말한다. Cfr. J. Leclercq, *o. c.*, c. 1310; Id, *La contemplazione di Cristo nel monachesimo medievale*, Milano 1994, pp. 195-207.

183 Cfr. O. Schmucki, *o. c.*, p. 229. 사실 순회하는 생활에서나, 은둔소에서의 고정된 생활에서나 이 같은 순례라는 것은 프란치스칸 영성에서 중요한 개념 중에 하나이다. F. Uribe Escobar는 설명한다. "비록 그가(프란치스코) 은둔소에서의 보다 고정된 생활을 원했던 사람에 대해 규정했었을지라도, 이러한 생활 역시 그가 원했던 고유한 특성 중에 하나로 순례의 개념 안에서 이해되는 것이다. 프란치스코의 소품집에서는 작은 형제들의 생활의 고유한 것으로써 다양한 경로를 통해 순회하는 생활에 대해 암시하고 있음을 소개해 준다.…" F. Uribe Escobar, *o. c.*, p. 330.

10장과 루카 10장의 사도들을 파견하는 모습을 자신들의 삶의 모범으로 삼고, 아버지로부터 파견된 예수님의 생애에 준하는 삶을 살아감으로써, 회개를 선포하고 복음을 전하러 나갔으며, 동시에 사도들이 행했던 것처럼 그리스도와 함께하는 삶의 체험을 모든 이와 나누고자 했다.[184] 이러한 배경에서 하느님의 영광을 드러내는 최상의 계시로 아버지부터 세상에 파견된 그리스도께서 지니셨던 동일한 사명 안에서 작은 형제들의 선교사명의 신학적 근거를 찾아볼 수 있다.(cfr. 제1회칙 12,41-55)[185] 또한 그리스도의 사명을 지속해 나가는 제자들의 사명 안에서 그들의 순회하는 생활이 지니는 탁월한 복음적 특성이 드러나는 것이다.[186] 말하자면, 순례자로서의 생활이라는 의미에서 '그리스도의 발자취를 따르는 것'은 성 프란치스코에게서 단지 그분의 뒤를 따라 걷는 것만이 아니라, 그분의 제자들처럼 하느님 나라를 전파하는 사명을 수행하도록 파견되었다는 것을 의미하기도 한다.

이러한 해석은 작은 형제들의 선교적, 사도적 생활의 유형과 그리스도를 따름 사이의 연관성을 이해하는 데 도움이 된다. 이에 대해, D. Dozzi는 제1회칙의 14장-17장에서 프란치스칸 사도직에 대해 의미를 부여하는 세 가지 주요한 원리들에 대해 설명한다. ① 주님의 영이

---

[184] Cfr. F. Ciardi, *o. c.*, pp. 122-123. 이러한 맥락에서 O. Schmucki는 루카 10장 5절에서의 72제자를 파견하시는 이야기에 상응하는 작은 형제들의 평화의 인사에 대해서 주목한다. ("어떤 집에 들어가거든 먼저 '이 집에 평화를 빕니다.' 하고 말하여라.") cfr. O. Schmucki, *o. c.*, p. 228.

[185] Cfr. F. Uribe Escobar, *o. c.*, p. 325. 성 프란치스코에 따르면 모든 형제들은 그들이 어디에 머물든 그리고 무슨 일을 행하든, 그들의 지위와 역할에 상관없이 주님으로부터 세상 안에 선교를 위해 파견된 이들인 것이다. 따라서 그들의 복음적 생활은 그 자체로 선교적인 것이라 하겠다. cfr. D. Dozzi, *"Così dice il Signore". Il Vangelo negli scritti di san Francesco*, p. 97.

[186] Cfr. F. Uribe Escobar, *o. c.*, p. 327.

아니면 아무것도 지니고 다니지 말고, ② 주님에 대한 사랑으로 이리 떼 가운데서 양처럼 지내며, ③ (하느님께서 여러분 안에서 혹은 여러분을 통해서 어떤 때 행하시고 말씀하시고 이루시는 좋은 말과 일에 대해, 더 나아가) 어떤 선에 대해서도 자랑하지 말며, 그것을 오직 하느님께 돌리는 삶을 통해 복음을 증언하는 일.[187]

사명을 수행하기 위한 도구들에 대한 가난과 관련하여, 규칙서는 제자들을 파견하는 복음서의 구절을 인용한다. "형제들은 세상을 두루 다닐 때, 여행을 위해 아무것도 지니지 말고, 돈주머니도 식량 자루도 빵도 돈도 지팡이도 가지고 다니지 말 것입니다."(14,1: 루카 9,3) 사실 작은 형제들에게서 그리스도를 따름은 특별히 사도들이 그러했듯이, 수도생활을 지원하는 이의 편에서도 재화에 대해 포기함으로써 시작된다.(cfr. 마태 4,19-20; 마르 1,17-20; 루카 5,10-11)[188] 그리고 모든 것을 포기하고 자기가 소유한 재물을 다 팔아 가난한 이들에게 나누어 주고 떠나는 유랑생활 안에서 작은 형제들은 어떠한 인간적인 원조를 바라지 않고, 온전히 자신을 거룩한 섭리에 내맡겨야 한다.[189] 더 나아가서 D. Dozzi에 따르면, 성 프란치스코에게서 "주님의 영이 아니면 아무것도 지니고 다니지 말라."(cfr. 17,14-16)라는 요구의 실천은 이미 그 자체로 복음을 전파하는 사명을 수행하는 것이라고 주장한다. 왜냐하면 사도

---

187 Cfr. D. Dozzi, *"Cosi dice il Signore". Il Vangelo negli scritti di san Francesco*, p. 106.
188 Cfr. M. Conti, *o. c.*, p. 39. 같은 저자에 따르면, 프란치스코 수도회에 입회하기를 바라는 지원자에게 재화를 포기하고 그것을 가난한 이들에게 나누어 주라는 요구는 성 아우구스티노와 성 베네딕도의 규칙서에서 규정하는 내용과 구별되는 요소 중의 하나이다. cfr. *Ibid.*, p. 29.
189 여기서 O. Schmucki는 매우 가난한 집에서 살아가는 형제들의 생활은 '살아남은 자들의 땅'을 향한 여정의 도상에 있는 이방인으로서 자신들의 존재를 나타내는 표지라고 설명한다. cfr. O. Schmucki, *o. c.*, p. 208.

직의 효과는 무엇을 지니고 다닌다고 해서 혹은 어떠한 사람이어서 가능한 것이 아니며, 형제들이 할 수 있는 모든 것은 주님의 영께 자리를 내어드리며 복음을 증언하는 것뿐이기 때문이다.[190] 이와 동일한 점에서, 말로써 선포하는 것은 많은 말이 필요치 않은 것이기에, 규칙서에서는 "모든 형제들은 행동으로 설교할 것입니다."(17,3)라고 말하고 있다. 따라서 형제들이 반드시 엄수해야 할 과제는 입으로 복음을 전하기에 앞서, 그 복음을 모범적으로 그리고 온전히 살아가는 일이다. 이처럼 선교에 있어 주된 관심은 무엇보다 삶을 통해 복음을 증언하라는 요청인 것이다.[191] 더불어, 아씨시의 성인은 자신의 형제들에게 동냥을 빌러 나가는 일은 그리스도를 따르는 것, 즉 그분께서 받으신 모욕을 함께 받는 일이라 여기면서 이 일을 부끄럽게 여기지 않을 것을 원했다.[192] 말하자면, 동냥을 구하는 일은 "순례 안에서 주님을 섬기는 형식"[193]에 다름아니다. 이로써 순례의 생활 안에서 자신을 비우시어

---

190 Cfr. D. Dozzi, *"Così dice il Signore"*. *Il Vangelo negli scritti di san Francesco*, p. 103.

191 Cfr. *Ibid.*, p. 98.

192 "3. 그리고 필요하면 동냥하러 다닐 것입니다. 4. 부끄러워하지 말고, 오히려 전능하시고 살아 계신 하느님의 아들 주 예수 그리스도께서 '차돌처럼 당신 얼굴빛 변치 않으셨고'(이사 50,7) 또한 부끄러워하지 않으셨다는 것을 기억할 것입니다. 5. 또한 주님뿐만 아니라 복되신 동정녀도 제자들도 가난하셨고 나그네 되셨으며 동냥으로 사셨다는 것을 기억할 것입니다. 6. 그리고 받은 모욕 때문에 우리 주 예수 그리스도의 심판대 앞에서 큰 영광을 받게 될 것이니, 사람들이 모욕을 줄 때나 동냥을 거절할 때, 그 일에 대해 하느님께 감사드릴 것입니다." (제1회칙 9,3-6; cfr. 제2회칙 6,2-3) 또한 2Cel에서는 다음과 같이 전한다. "동냥하러 가는 것을 수치스럽게 여기지 말아야 한다. 하느님 나라의 상속자들에게 천상 유산의 보증을 낯부끄러워 하는 일은 결코 품위 있는 행동이 아니다."(74: 662) cfr G. Gargnoni, *Umiltà*, in "DF", c. 1886.

193 F. Uribe Escobar, *o. c.*, p. 325. 제2회칙에서는 다음과 같이 전한다. *"tanquam peregrini ed advenae in hoc saeculo*(cfr. 1베드 2,11) *in paupertate et umilitate Domino famulantes, vadant pro eleemosyna confidenter*: 그리고 이 세상에서 순례자나 나그네같이 가난과 겸손 안에서 주님을 섬기며 신뢰심을 가지고 동냥하러 다닐 것입니다."(제2회칙 6,2)

종의 신분을 취하시고 사람들과 같이 되신 그리스도를 따르게 되는 것이다.

다른 한편, 이러한 순회하는 생활은 규칙서에서 성인이 다음과 같이 표현하듯이 그 안에 자신의 생명을 위협할 수도 있고, 선교를 향한 발걸음을 막을 수도 있는 위험 요소를 수반하는 것이다. "이제 내가 너희를 보내는 것은 마치 양을 이리 떼 가운데 보내는 것과 같다."(16,1) 이에 대해서, D. Dozzi의 견해에 따라 두 가지 해석을 제시할 수 있다. 첫째는, 모든 형제들은 자신들을 이 세상에 파견하시는 분은 주님이시라는 것을 알아야 한다는 것이다.[194] 앞서 '주님이 말씀하십니다.'라는 표현과 함께, '내가 너희를 보낸다…'라는 말은 선교활동 안에서 주님께서 그 주도권을 가지고 계심을 보여 준다. 따라서 자기 자신을 원수들 앞에 내어놓는 일은 선교에 있어서 단순히 피할 수 없는 결과이기보다는 모든 형제들에게 있어서 하나의 의무인 것이다. 다른 한 가지는, "모든 형제들은 어디에 있든지, 주 예수 그리스도께 자기 자신을 봉헌했고 자신의 몸을 내맡겼다는 것을 기억해야 한다."(16,10)는 것이다. 왜냐하면 "주님은 말씀하십니다. 나를 위하여 제 목숨을 잃는 사람은 살 것이고(루카 9,24), 영원한 생명의 나라로 들어갈 것"(마태 25,46; 16,11)이기 때문이다. 이로써 예수님께서 원수들의 손에 당신을 내어놓으셔야 했던 것(또한 자유로이 원하셨던 것)처럼, 동일한 방식으로 형제들도 주님께 대한 사랑으로 그들의 원수들에게 자신을 내맡겨야만 한다.[195] 따라서 선교에로 파견된 사람은 갖가지 형태의 박해를 두려워해서는 안 되며, 오히려 그리스도와 그분의 의로우심 때문에 박해받는

---

194 Cfr. D. Dozzi, *"Cosi dice il Signore". Il Vangelo negli scritti di san Francesco*, p. 104.
195 Cfr. *Ibid.*, p. 101.

이들이 누릴 영원한 복락을 바라며(cfr. 16,15-16) 그리스도교 신앙의 순교자로 죽는 것을 열렬히 갈망해야 한다.[196] 결국 이 모든 것들은 "주님을 따름이라는 주제와 관련하여 그리스도론적인 동기 부여"[197]를 하고 있는 표현들인 것이다.

  나아가서 규칙서에서는 사도로서의 사명 안에서 모든 형제들은 자신을 영예롭게 여겨서는 안 되며, 자신들의 선한 말과 행위의 결과들을 가지고 마음속으로 자랑하지도 말아야 하고(cfr. 17,7-9), 이와 반대로 모든 좋은 것을 하느님께 돌려드리며 매 순간 자신을 겸손하게 낮추어야 한다고 말한다.(cfr. 17,18) 이것은 형제들에게 모든 선은 하느님으로부터 오는 것이며, 그들 자신은 단지 모든 선한 일들을 통해 섬김을 받아야 할 하느님의 도구라는 사실을 인정하는 자세를 요구하는 것이다. 오로지 하느님만이 행하시고 말씀하시며, 그들 안에서 그리고 그들을 통해 모든 선한 일을 이루시는 분이시다. 이로써 단지 회개와 하느님 나라에 대해 설교하는 행위로서만이 아니라, 복음의 참된 증거로서 작은 형제들이 살았던 고된 환경 속에서의 순회하는 생활 자체가 하느님의 선하심과 위대하심을 지속적으로 선포하기 위한 훌륭한 수단이 된다.[198] 이처럼 성 프란치스코는 특별히 순회하는 생활을 제자들과 자신이 살았던 모습에 이끌려 오는 모든 이들에게 그리스도의 발자취를 따르는데 가장 적합한 생활로써 제시한다. 결국 그에게서 복음의 그리스도의 삶을 재현하는 의미로써의 그리스도를 따름은 작은 형제들의 수도생활에 있어서 최상의 규범인 것이다. 동시에 그것은 외형적

---

196 Cfr. O. Schmucki, *o. c.*, p. 230.
197 D. Dozzi, *"Cosi dice il Signore". Il Vangelo negli scritti di san Francesco*, p. 105.
198 Cfr. F. Uribe Escobar, *o. c.*, p. 330.

인 모방주의의 결과 혹은 인간 편에서의 단순히 윤리적인 노력의 산물이 아니라, 모든 것 안에서 전적으로 주님이신 예수 그리스도께 결합되고 동화되기를 간절히 열망했던 그에게 주어진 거룩한 은총의 선물이었다.[199]

3. 로욜라의 성 이냐시오의 영성 안에서의 그리스도를 따름

이제 우리는 시선을 옮겨 14~15세기 교회 안에서의 또 다른 수도생활의 운동에 대해 고찰하고자 한다. 하지만 곧바로 연구 주제인 로욜라의 성 이냐시오의 영적인 여정 안에서 나타난 그리스도를 따름에 대한 분석을 진행해 나가기에 앞서, 그가 살았던 역사적인 시기에 대해 먼저 살펴보는 것이 유익할 것이다. 사실 성 이냐시오는 특별한 역사적 대이변이 생겨났던 근세기의 혼란스러운 시대의 교차점 위에서 놓였던 인물이다.(위대한 지리적 과학적 발견들, 중세 그리스도교 사상의 붕

---

199 O. Schmucki는 아씨시의 성자의 생애를 다음과 같이 강렬하고 특징적인 어조로 표현한다. "무른 땅 위에서 여행을 하는 어느 한 동반자가 한 걸음 한 걸음 안내자의 길을 따라가듯이, 그렇게 프란치스코는 그분께서 남기신 발자국에 자신의 발걸음을 옮겨 가며 복음서에 기록된 예수의 행위에 합치하고자 하였다." 계속해서 저자는 프란치스코에게서 그리스도를 따름은 은총의 선물이었음을 다음의 글을 인용하며 명확히 밝히고 있다. "(모든 형제회에 보낸 편지 62-65에서) 그에게 있어 그리스도를 따름은 단순히 윤리적인 노력의 결과가 아니었다. 그것은 거룩한 은총의 선물이었으며, 예수께 점진적으로 동화되어 가는 삶은 성령의 빛과 온기에 의존한 것이었다. 사실 그는 '내적으로 정화되고 비추어지고, 성령의 불로 밝혀짐으로써 우리가 당신의 아드님이신 우리 주 예수 그리스도의 발자취를 따를 수 있고, 오직 당신 은총의 도우심으로 가장 높으신 분이신 당신께 도달할 수 있게 하기 위해서', 하느님의 뜻을 알고 실천할 수 있도록 늘 기도하였다." O. Schmucki, o. c., pp. 198-199.

괴, 종교개혁 운동이 발발하는 시급한 상황, 르네상스 인본주의 사상의 출현 등)[200] 당대의 시대정신에 주요한 영향을 끼쳤던 자본주의의 발전과 새로운 대륙의 발견과 함께, 르네상스의 복합적인 제 현상은 사회적인 영역에서 특별히 중대한 변화를 야기하였다. 지리적으로 제약되어 있던 사람들에게 새로운 지평을 열어 주었던 신대륙의 발견과 더불어 개별적인 차원에서의 인간에 대한 재발견이라 할 수 있는 현상이 생겨났는데, 이 점은 개인의 역량을 향상시키는 데에 특별한 중요성을 부여하고자 했던 르네상스 운동의 고유한 특색이기도 하였다.[201] 즉 개인의 역량을 증진시키려는 다양한 노력들은 개개인에게 자신에 대한 주도권을 지니고 주체적인 능력을 고양시켜 나갈 수 있도록 도와주기도 하였지만, 중세기까지 지속되었던 가치체계의 전복을 유발하기도 하였다. 바로 이러한 배경에서 국가주의, 주체주의, 그리고 평신도주의로 특징지어지는 새로운 르네상스 운동이 태동하게 되었던 것이다.[202] 이러한 정신세계의 변화와 함께, 당시의 종교적인 상황은 교회에 포괄적인 쇄신을 요구하였다. 교회는 성직 계층의 세속화와 더불어 쇠락의 길을 지속적으로 걷고 있었으며, 수도생활에서도 양성체계의 부재와

200 Cfr. V. Codina, *Chiavi per una ermeneutica degli Esercizi*, in ViCo 12(1979), p. 689.
201 Cfr. A. López Amat, *o. c.*, pp. 261-263.
202 같은 저자는 이 세 가지 주요한 시대적 사조에 대해 다음과 같이 요약하여 설명한다. "국가주의는 중세 그리스도교 사회를 작은 규모로 나누어지게 하였다. 자치국가체제로서의 도시들은 그 안에서 자체적으로 모든 것들의 척도를 수립하였다. 주체주의는 교계적인 권위에 반하여 개인의 이성을 내세웠으며, 이에 따라 개인은 공동의 이익을 자신의 유용성보다 부차적인 것으로 여기고 이기적으로 자기 자신만을 위해 살아가는 데 몰두하게 되었다. 내면화되던 신심생활도 점차 더욱 전례와 교회의 중재행위에 대해서 평가절하하게 되었다…. 세속주의로 이해되는 평신도주의는 차츰 자신의 요구들을 주장하게 되었으며…, 세속의 인본주의는 삶을 이교화하였다. 과거는 형식적인 것, 음울하고 억압하는 것으로 보여졌다. 따라서 새로운 형태의 보다 자유롭고 보다 아름다우며 보다 조화로운 인간성을 염원하게 되었다." *Ibid.*, p. 271.

수도원의 도덕적 차원에서의 무질서, 성소의 감소현상, 귀족 계층과 세속적인 분위기에 종속되는 경향으로부터 초래된, 심각한 위기감은 수도자들에게 쇄신을 요구하였다. 이러한 개혁에로의 커 가는 열망은 이미 기존의 오래된 수도회들 안에서 자율적인 개혁을 통해 구체화되며 그 결실을 맺어 가기도 하였다. -이에 대해, 성 유스티나의 베네딕도 수도원, 프란치스코회 안에서의 개혁파 혹은 규율 준수파, 수도생활이 해이해지는 경향을 거슬러 창립 초기의 엄격함과 순수함에로 돌아가고자 했던 도미니코회와 아우구스티노회, 그리고 새롭게 창립된 수도회들을 예로 들 수 있다.[203]-

이러한 역사적인 배경에서 특히 스페인의 상황과 관련하여, 우리는 근래에 발표된 A. Tagliafico의 연구에 입각하여[204] 네 가지 영적인 사조들에 대해 구분지어 이야기할 수 있다.

① 근대신심(devotio Moderna): 이를 통해 사람들은 그리스도교 공동체 생활이나 신학적인 논쟁에 관심을 기울이기보다 가난한 생활과 세상으로부터 격리되어 내적인 기도생활에 전념코자 하였다.[205] ② 내면적인 그리스도교 생활 또는 에라스무스의 사상(erasmismo): 이에 따라 외적인 행위의 중재 없이, 그리스도교적인 완덕으로 여겨지는 마음의

---

203 Cfr. F. Ciardi, *o. c.*, p. 135.

204 Cfr. A. Tagliafico, *Ignazio di Loyola e Teresa d'Avila: due itinerari spirituali a confronto. Cristocentrismo, preghiera e servizio ecclesiale*, Roma 2009, pp. 21-34. 이러한 종교적인 상황에서의 몇 가지 기본적인 노선들과 함께 우리는 조명주의자들(alumbrados)의 영적인 경향들도 덧붙여 설명할 수 있겠다. "이들은 인본주의 또는 근대신심의 영성을 따르는 하나의 분파로, 내면화 작업을 통해 신심생활의 쇄신을 추구하면서 방법론적으로 체계화된 마음의 기도를 실천하는 일에 우선적으로 치중하고자 했던 이들을 말한다." *Ibid.*, p. 55.

205 현대에 이르기까지 우리에게 잘 알려져 있는 유명한 저서로 『준주성범(Imitazione di Cristo)』을 집필한 Tommaso de Kèmpis도 이러한 사조에 속한 대표적인 인물이다.

내적인 평화에 이르기 위해 개인의 내면을 쇄신하는 일에 관심을 기울였다. ③ 사보나롤라 사상의 유입: 이 사상은 세상과 지적인 인본주의에 대한 적대감, 세속의 부와 쾌락으로부터의 절연과 함께 금욕적, 신비적인 엄격주의를 통해 구체화되었다. ④ 마르틴 루터의 프로테스탄트 운동은 수도자들과 교황의 권위를 거슬러 신랄한 비난을 퍼부었다.

다양한 수도생활의 운동과 개혁에 대한 요구로 특징지어지는 이러한 당시 교회의 상황 속에서, 성 이냐시오는 몇몇 수도생활의 새로운 사조들과 어느 정도 접촉이 있었던 것은 사실이다. 이에 대해, 특별히 H. Rahner와 P. Leturia[206]라는 두 전문가에 의하면 이러한 종교적 사조들이 그의 초기 신심생활에 영향을 끼쳤다고 말한다. 이들의 연구에 따르면, 성 이냐시오는 이들 새로운 수도생활의 영적 사조들이 도출해 내는 과도한 측면들에 대해서 잘 알고 있었고,[207] 따라서 하느님께서 그 자신에게 이와 다른 사도적 임무에 자신의 온 삶을 바치기를 원하신다는 사실을 깨닫고 있었다. 그는 16세기 교회의 내적인 진정한 쇄신을 실현하게 되었는데, 이것을 가능하게 한 것은 다름아닌 그리스도께 대한 열렬한 사랑이었다. 이 사랑이야말로 그로 하여금 교회에 온전히 순명하고 성실하게 봉사하면서, 그리스도의 형상에 지속적으로 동화하도록 그를 이끌어 준 것이었다. 이러한 이유에서 성 이냐시오의 창립

---

206 Cfr. V. Codina, *a. c.*, p. 692.

207 이에 대해, De Guibert는 다음 같이 설명한다. "이냐시오는 르네상스 동시대의 사람들과 대척되는 인물이었다. 16세기 전반에 걸쳐 사라졌던 중세의 한 사람이었다고 할 수 있겠는데, 그것은 당연히 자신이 속한 시대를 이해하지 못해서가 아니라, 이 시기가 필요로 했던 것들을 직관적으로 인식하고 있었기 때문이다. 그러나 그의 취향이나 성향, 그리고 양보할 줄 모르는 초자연적 측면에서의 신중함은 그를 자연주의나 수많은 인본주의자들의 회의적인 쾌락주의에 완강히 반대하도록 하였으며, 에라스모와 그의 저서들에 대해서 분명하면서도 그토록 준엄한 판결을 내리게 하였다." J. De Guibert, *La spiritualità della Compagnia di Gesù. Saggio storico*, a cura di G. Mucci, Roma 1992, p. 44.

카리스마는 교회에 속해 있음을 보여 주는 표지이며, 순명하시고 가난하고 정결하신 그리스도께 온전히 동화된 사람으로서 행하는 완전한 순명을 통해 교회에 봉사하는 행위로 이해된다.[208] 이를 위해서 성 이냐시오는 도미니코 구츠만과 아씨시의 프란치스코에게서 구현된 그리스도교의 근본적인 모델을 재현하고자 했으며, 좀 더 나아가서는 그분을 따르고 그분과 함께 머무르기를 원했던 사람들의 모범을 본받음으로써 하느님께서 보여 주신 원형으로써 그리스도를 취하고자 하였다.[209] 이러한 이유에서 이냐시오의 영성은 자신의 삶에서 일어난 근본적이고 고유한 초월체험을 거치며, 보편적인 모델이신 그리스도 안에서 인간의 진정한 변화를 수행하게 되었다.[210] 이제 우리는 성 이냐시오가 자신의 생애 안에서 어떠한 카리스마적인 체험을 통해 그리스도를 따름이라는 삶의 이상을 체득하였고, 또 이것을 자신의 수도공동체 안에서 어떠한 방식으로 구현해 나갔는지 보다 면밀히 살펴보고자 한다. 하지만 이를 위해서 연대기적인 서술방식으로 그가 걸었던 영적인 모든 여정을 검토해 나가기보다 몇몇 중대한 의미를 지니는 사건들에 대해 숙고하는 것으로 연구를 한정 지을 것이다.

1) 로욜라의 성 이냐시오의 생애 안에서 그리스도의 신비에 대한 영적 체험

성 이냐시오의 저술 안에서 '따름'이라는 단어와 관련해서는 영신수련이나 그 밖의 다른 어느 작품 안에서도 전혀 그 용례를 찾아볼 수

---

208 Cfr. A. Tagliafico, *o. c.*, p. 47; R. Garcìa Villoslada, *Ignazio di Loyola*, in "DIP" vol. IV, Roma 1988, c. 1624.
209 Cfr. L. Borriello, *a. c.*, p. 147.
210 Cfr. B. Secondin, *Alla luce del suo volto. 1. Lo splendore*, p. 240.

없다. 다만 동사 '따르다'는 영신수련에서 11번, 회헌에서 3번, 자서전에서는 2번, 그리고 일기에서 3번 나타나고 있다.[211] 하지만 비록 그의 저술 안에서 이 용어의 사용이 빈약하다 할지라도, 영신수련을 통해 그리스도를 따름에 대한 깊은 열망이 표현되고 있을 뿐만 아니라 영신수련의 모든 과정이 예수 그리스도를 따름의 여정을 구체적으로 보여주고 있다는 사실은 분명하다.[212] 영신수련의 과정을 거치며 수련자는 특별히 그리스도께서 자신을 하나의 깃발 아래서 따르도록 부르시는 순간에(cfr. E. S. 143), 그의 모든 삶은 그리스도를 따르고 그분께 동화되며, 그리스도와 함께 머물고 그분을 보다 더 사랑하기를 진정으로 추구하는 생활로 표현될 것이다.[213]

사실 그리스도와 함께 머무는 것은 성 이냐시오가 자주 하느님께 간청했으며, 특별히 라 스토르타에서 십자가를 짊어지신 그리스도께서 그에게 나타나시게 될 순간에 하느님께 원했던 은총이었고,[214] 그를

---

[211] 구체적으로 동사 '따르다'는 영신수련 95,5: 98,3: 104: 109,2: 130,2: 175,2: 175,3: 179,3: 275,3: 275,4: 291,5에서, 회헌 101,2: 101,6: 137,4에서, 자서전 13,2: 45,4에서, 일기 66,2: 71,2: 114,3에서 등장한다. 이와 달리, '본받다'라는 동사는 총 9번 나타나는데, 8번은 그리스도께 대해서, 그리고 한 번은 마리아께 대해서 언급하는 데에서 사용된다. J. Corella, *Ejercicios ignacianos y seguimiento de Cristo*, in AA. VV., "El seguimiento de Cristo", Madrid 1997, pp. 181-182. 사실 이어지는 본문에서, 같은 저자는 영신수련 안에서 용어적으로는 '따르다'라는 말과 함께 '본받다'라는 말이 자주 사용되는 경향이 있다고 말한다. 이에 대해 그는 다음과 같은 두 가지 이유를 들어 설명한다. "첫째는 아마도 그가 좋아했던 책, 『준주성범』에서 매우 친숙한 용어라는 점에서 받은 영향이다. 다른 하나는, 실제로 '본받다'라는 것은 예수님께 관련하여서 '따르다'는 행위를 필연적이고 실체적으로 평가해 주는 결과이다. 또 이와 반대로, 따름은 예수님을 실제로 본받음으로써 그 절정을 이루게 되며, 이러한 본받음이 없다면 따름은 아무런 구속이 없는 단순히 낭만적이거나 공상적인 것이 되고 마는 것이라고 이해할 수 있을 것이다." *Ibid.*, pp. 195-196.

[212] Cfr. *Ibid.*, p. 182.

[213] Cfr. F. Ciardi, *o. c.*, p. 137.

[214] Cfr. G. Dumeige, *L'ideale ignaziano. La vita consacrata nella storia della Chiesa*, in ViCo 21(1985), p. 245.

당신과의 동일한 삶의 계획에로 불러 주신 주님께 대해 친밀하게 알아가는 것을 뜻한다. 영적인 변화를 거치며 지니게 되었던 그리스도를 따르고 그분과 함께 머물고자 했던 그의 바람은, 우선 카르투시오회 작센의 루돌프의 그리스도의 생애(Vita Christi)와 제노바의 대주교 야고보 데 보라지네가 쓴 성인들의 전기(Flos sanctorum)를 읽고 난 후에 가지게 되었으며 이것은 그가 회심하는 첫 출발점이 되었다.[215] 성 이냐시오는 그리스도를 본받기 위해서 먼저 성인들의 삶을 본받기로 하는데, 그것은 성인들이야말로 자신을 그리스도께 인도해 주리라 믿었던 이유 때문이다. 이어서 그는 어디에서든지 그리스도를 따르고자 하는 깊은 사랑과 열의에 사로잡히게 되었다. 즉 자신 안에서 예수님께서 사셨고, 그토록 감동적인 복음의 장면들이 펼쳐졌던 장소를 순례하고자 하는 지속적이고 강한 이끌림을 느꼈던 것이다.[216] 이러한 바람을 실행하려는 목적에서 성 이냐시오는 가족과 친척을 버리고 모든 자신의 재산을 포기한 채, 예루살렘을 향한 순례의 길을 나서길 원했다. 바로 여기에서 우리는 그의 영성의 기초를 이루는, 예수님의 전기적인 생애와 공간적인 구성에 대해 그가 가졌던 특별한 관심을 직감할 수 있다.[217] 사실 영적인 여정의 초기 단계에서 그는 물질적이고 너무도 외형적인 방식으로 그리스도를 본받고자 했으며, 그러기 위해서 그분께서 사셨던 곳에 살면서 그분께서 행하신 것을 그대로 재현하고자 하였다.[218] 이러한 의도에서 성 이냐시오는 자신을 정화하고, 나아가서

---

215 "그는 이 책들(*Vita Christi*와 *Flos sanctorum*)을 매우 흥미롭게 탐독했으며, 이를 통해 그리스도와 성인들의 생애 안에서의 중요한 여러 수단들을 도출해 내려는 생각을 하게 되었다. 이렇게 그는 책을 쓰기 시작했는데, 그리스도의 말씀은 붉은색 잉크로, 성모님의 말씀에 대해서는 파란색 잉크로 적어 나갔다." 자서전 11.
216 Cfr. A. Tagliafico, *o. c.*, p. 120.
217 Cfr. B. Secondin, *Alla luce del suo volto. 1. Lo splendore*, pp. 239-241.

그리스도를 본받으려는 목적으로 참회의 순례를 시작하게 된다.[219] 즉 성 이냐시오를 순례자가 되도록 이끌어 준 주요한 동기는 다름아니라 그리스도께서 지니셨던 삶의 자세를 재현하고자 하는 고결한 의도였으며, 그 자신 역시 이러한 순례자로서 살아가는 일이 그를 더욱 그분께 동화되도록 도와주리라 여겼던 것이다.[220] 이와 같은 사실은 영적인 체험을 통해서 가졌던 성 이냐시오의 영성의 그리스도론적인 관점이 그분의 인성에 중점을 두고 있다는 점을 시사해 주는 대목이라고 하겠다.

성 이냐시오가 품었던 이러한 열망과 함께, 우리는 그가 성지순례(1523)를 하기 전에 체험했던 '카르도넬 강가에서의 조명'의 순간과 라 '스토르타에서의 그리스도의 환시'라는 사건에 대해 주목해야 할 것이다. 특별히 이 두 가지 사건은 그리스도를 자신 안에 내면화하는 과정에 있어서 그에게 결정적인 역할을 하게 되었다. 우선 성 이냐시오가 그리스도를 체험하는 새로운 방식을 터득하게 된 것은 그가 그리스도께서 자기 안에서, 또한 그 자신 역시 그분 안에서 점진적으로 동화

---

218 Cfr. A. Tagliafico, *o. c*., p. 207.
219 중세의 신심에 대해 다루면서 J. Leclercq는 순례를 그리스도를 본받기 위한 동기에서 비롯된 하나의 행위로써 설명한다. "몇몇 실천적인 행위들은 그리스도의 생애의 여러 순간들 안에서 그분을 특별히 본받기 위한 것으로 이해될 수 있다. 외딴곳에 홀로 머무셨던 그리스도처럼 지내는 것, 사막에서 그분을 따르고 그곳에서 단식하는 것, 기도, 유혹을 거슬러 싸우는 일, 이것은 수도승이신 그리스도라는 주제와 관련이 있다. 그분께서 자신의 가족을 버림으로써 혈연관계를 끊어 버리시는 모습을 본받기 위한 방법 중에 하나가 바로 이처럼 자원해서 은둔생활을 실천하는 행위로써의 순례였던 것이다." J. Leclercq, *La contemplazione di Cristo nel monachesimo medievale*, p. 201.
220 Cfr. *Ibid*., p. 209. 실제로, 예수 그리스도께서 어떠한 삶의 자리에서 그리스도인으로 하여금 당신을 따르도록 부르시는지 찾는 일은 영신수련의 역동적인 과정에서 수반되는 동기이기도 하다. 이를 통해 자신의 삶의 지위에 대해 이미 선택한 그리스도인이라도 영신수련을 통해 그리스도께 대한 인격적인 일치를 더욱 심화시킬 수 있는 것이다. cfr. F. Giulio Cesare, *Cammino ignaziano. Gli 'Esercizi spirituali' di sant'Ignazio di Loyola*, Padova 2005, p. 40.

되는 체험을 하게 된 바로 그 순간부터이다.[221] 만레사에 머무르던 동안에, 카르도넬 강가에서 그는 모든 새로움의 원천으로 그리스도를 경험하게 된다. 자서전에서 소개되는 다음의 구절들은 그가 자신의 삶에서 체험한 그리스도의 현시에 대해서 개괄적으로 제시해 주고 있다는 점에서 큰 의미를 지닌다.

> 여러 번에 걸쳐 상당히 긴 시간 동안에 기도 안에 머물면서, 그는 내면의 눈으로 그리스도의 인성과 그분의 모습을 보았다. 그 모습은 하얀 몸체를 지녔으며, 그렇게 크지도 아주 작지도 않았다. 그러나 지체가 확연히 구분되게 알아본 것은 아니었다. 이것을 그는 만레사에서 여러 차례 보게 되었다. 20번 혹은 40번이라 하더라도 그것이 거짓을 말하는 것은 아니리라. 다른 한번은 예루살렘에 머무는 동안에 그러한 모습을 보았고, 또 한번은 파도바 근처를 여행하는 중에도 일어났다.[222]
>
> 마음의 눈이 열리기 시작하였다. 환시는 보지 않았으나 영신사정과 신앙 및 학식에 관한 여러 가지를 깨닫고 알게 되었다. 강렬한 조명이 비쳐 와 만사가 그에게는 새로워 보였다.[223]

바로 이 순간에 그는 그리스도를 새로운 빛으로 보게 되기 시작했는데,

---

221 만레사에서의 신비체험에 대해, A. Tagliafico는 다음과 같이 세 단계로 구분하여 설명하고 있다. "첫 번째 단계는 4개월 동안 지속되는데, 이때 그는 절대적인 평온을 향유하게 된다. 여기서 그는 겸손의 덕을 체험하였고, 비록 과도한 고행으로 병약했던 탓에 자주 실천하지는 못했어도, 세속의 영예로운 것들을 포기하려는 결심을 그리스도께 봉헌하게 되었다. 그러나 이것은 그가 행했던 다소 격한 보속의 행위들을 신중하게 완화시켜 나가는 법을 가르쳐 주기도 하였다. 이와 달리 둘째 단계는 그에게 많은 고통을 안겨 주었던, 하지만 자신을 정화시키는 데에 있어서 필요했던 수많은 양심의 가책과 여러 형태의 내적인 유혹, 그리고 고뇌 등으로 특징지어진다. 마지막으로 세 번째는 강한 빛과 찬란하고 신성한 계시로 충만한 단계이다. 여기서 그는 놀랍도록 신비로운 은총을 경험하는데, 이것이 이른바 '카르도넬 강의 조명'이다." A. Tagliafico, *o. c.*, p. 124.
222 자서전 29.
223 자서전 30.

그에게서 그리스도는 창조의 중심이며 하느님과 세상의 중재자이시다. 좀 더 명확히 말하자면 그분은 아버지의 광채와 은총의 전달자이시며, 동시에 아버지와 함께 계시는 모든 만물의 창조주이신 것이다.[224] 이러한 그리스도를 따르기 위해서는, 단지 그분께서 사셨던 모든 신비로운 사건들 안에서 최대한 그분을 닮아 가는 방법을 취해야 할 뿐만 아니라, 또한 지극히 단순하지는 않지만 신학적인 관점을 통해서도 그분께 가까이 나아가야 하는 것은 당연한 일일 것이다.[225] 이와 관련해서 우리는 성 이냐시오가 이때까지는 보다 명료하게 외형적으로 그리스도의 모습을 볼 수 있기를 원하였다면, 반대로 하느님께서는 그에게서 그리스도가 감각의 대상이기보다 변화의 주체가 되기를 원하셨다고 말할 수 있겠다.[226] 이러한 점진적인 그리스도의 내면화 과정은 성 이냐시오가 성지순례 이후에 그리스도를 따름의 새로운 단계에 접어들게 되었음을 명확히 보여 주고 있다. 이로써 그는 하느님의 거룩한 계획 안으로 더욱 깊이 빨려들어 가게 되었고, 그리스도로부터 오는 위안[227]을 얻으며 자신이 불리어진 고유한 성소를 발견하기에 이른다. A. López Amat은 De Dalmases의 말을 빌려 이 영적 체험이 가진 특별한 의미에 대해 설명한다.

---

[224] Cfr. I. Iparraguirre, *L'esperienza di Cristo mediatore in S. Ignazio di Loyola*, in AA. VV., "Gesù Cristo mistero e presenza", a cura di E. Ancilli, Pontificio Istituto di spiritualità del Teresianum, Roma 1971, p. 513.

[225] Cfr. B. Secondin, *Alla luce del suo volto. 1. Lo splendore*, p. 240.

[226] Cfr. I. Iparraguirre, *o. c.*, p. 513.

[227] I. Iparraguirre에 의하면, 그리스도 안에서 감지했던 이러한 위안은, 성 이냐시오에게서 단지 개인적인 신심행위 안에서의 찰나적인 요소만은 아니었으며, 그것은 그가 선택되었음을 확증하는 것이고 그리스도를 따르기 위한 구체적인 방법을 지속적으로 찾아 나가는 데 필요한 힘이 되기도 하였다. 이제부터 그리스도께서는 계속해서 성 이냐시오에게 많은 위안을 선사하실 것이고, 이러한 위안은 그에게 식별의 열쇠가 되고, 그럼으로써 그가 선발되었음을 보증하는 표지가 될 것이다. cfr. *Ibid.*, p. 514.

그는 그분의 삶을 따르는 데 목적 지워진 새로운 전투를 보게 되었다. 그는 더 이상 기도와 보속을 하는 가운데 성인들의 모범을 본받고자 하는 데에 골몰하는 고독한 순례자가 아니라, 이제부터는 '다른 사람의 선익'을 추구하는 데 헌신하면서 그런 목적으로 동료들을 찾아 모아 하나의 사도적 단체를 설립하고자 하는 사람이 될 것이다.[228]

즉 카르도넬 강의 조명 사건은 성 이냐시오가 육체적인 보속 또는 외형적으로 그리스도를 본받고자 하는 열망에서 사람들의 영혼의 선익을 위해 봉사하는 순례자로서 그가 살아갈 삶의 방식이 변화되고 있음을 보여 주는 계기가 된다.[229] 이제부터 그는 그리스도의 생애의 발자취나 특별한 장면을 찾아보는 것이 아니라, 자신의 삶의 여정에서 함께 동반해 주실 부활하고 승천하신 그리스도의 신성한 작용을 느끼며 살아가게 될 것이다.[230] 그리스도의 내면화에로의 이러한 근본적인 변화는 훗날 로마를 향해 여행하던 도중에 라 스토르타에서 다시 한번 특별한 방법으로 일어나게 된다. De Dalmases는 이 사건에 대해 다음과 같이 정리하여 소개한다.

> 환시 중에 예수님께서는 십자가를 어깨에 짊어지신 모습으로 이냐시오에게 나타나셨다. 그분 곁에 계신 아버지께서 말씀하셨다. '나는 네가 이 사람을 너의 봉사자로 삼기를 원한다.' 이어서 예수님께서는 이냐시오에게 다음과 같이 물으셨다. '나는 네가 우리를 섬기기를 원한다.' 이 장면에서 우리라는 복수형 대명사는 특별히 삼위일체의 표지를 드러낸다. 이렇게 아버지께서는 그가 당신께 대한 봉사에 헌신하기를 바라시는 원의를

---

228 Cfr. A. López Amat, o. c., p. 305.
229 Cfr. I. Salvat, *El seguimiento del enviado, experiencia nuclear de Ignacio, La misión*, in Manresa 63(1991), p. 110.
230 Cfr. I. Iparraguirre, o. c., p. 515.

나타내시면서 이냐시오를 십자가를 짊어지신 예수님께 확고하게 결속시키신다. 이러한 방식으로 이냐시오는 '그리스도께 결속된' 일치의 신비체험을 통해 자신의 삶을 주님을 섬기는 거룩한 직무에 봉헌하도록 불리어지게 된다.[231]

성 이냐시오 자신도 그의 자서전에서 이것이 자신의 삶과 예수의 동료들(예수회)의 미래의 방향을 결정짓는 중대한 사건이었음을 보여 주고 있다.

> 그의 영혼 안에서 어떤 변화가 일어나고 있음을 느꼈다. 그리고 하느님께서 자신을 당신의 아들 그리스도께 가까이 다가서도록 하시고 있음을 분명히 보았다. 그는 추호의 의심의 여지 없이 하느님 아버지께서 자신을 당신의 아드님과 함께 두셨음을 깨닫게 되었다.[232]

라 스토르타에서의 이 신비체험은 조명 단계에서의 가장 절정의 순간이었으며 자신의 삶의 여정을 근본적으로 명료화해 주는 것이었다. 동시에 그것은 그의 청했던 기도가 신비적으로 이뤄지는 순간이기도 하였으며, 이로써 그는 그리스도의 깃발 아래 가난과 겸허를 통해 그분의 동료로서 놓이게 되었다.[233] 이러한 체험을 통해 성 이냐시오는 아버지의 계획에 따라 그리스도의 구원을 위한 고통에 참여할 뿐 아니라,

---

231 C. De Dalmases, *Il padre maestro Ignazio. La vita e l'opera di sant'Ignazio di Loyola*, tradotto da B. Pistocchi, Milano 1994, p. 131.
232 자서전 96.
233 우리는 성인의 생애에 있어서 라 스토르타에서의 이 환시가 시에나의 성녀 카타리나의 약혼식과 아빌라의 성녀 데레사의 영적 혼인에 견줄 만한 일화라고 말할 수 있다. 그들 역시 자신들의 영적 여정에서 절정의 순간에 이러한 환시를 통해 심오한 내적인 변화와 확신을 지니고 신적인 일치와 거룩한 직무에로 자신을 봉헌하도록 불리어졌던 것이다. cfr. J. De Guibert, *o. c.*, p. 17; A. Tagliafico, *o. c.*, p. 411.

아들과 함께 성령의 품 안에서 아버지와의 거룩한 친교를 나누도록 인도된 것이다.²³⁴ 나아가서 그리스도와의 일치를 통해 그는 사람들을 사랑하시어 자신을 겸손하게 낮추시고 온전히 비우신 그리스도의 모상을 자신 안에 재현하기 위해서 모든 희생을 기꺼이 받아들일 것을 결심한다. 이제 그의 관심의 대상은 더 이상 그리스도께서 어떠하셨는지 그리고 그분께서 무엇을 하셨는지 알아보는 것이 아니라, 그리스도와 온전히 일치하고 자신의 사도적 활동을 통해 그분의 사명을 지속해 나가면서 그리스도와 함께 일하고자 하는 것이었다.²³⁵ 이로써 그에게서 그리스도를 따름은 세상의 구원을 위하여 아버지로부터 파견되신 그리스도의 동일한 사명에 참여하는 일이 된다.²³⁶ 좀 더 상세히 말하자면, 성 이냐시오는 이러한 일련의 영적인 체험을 거치고 뜨거운 사도적 열정에 결합됨으로써, 주님의 구원사업을 계승하여 나아가는 공동협력자이자 사람들을 돕기 위해 파견된 자로서, 그리고 그리스도를 따르는 일에 온전히 구속된 사람으로 새롭게 창조되는 변화를 겪게 된다.

이러한 점에서, 이냐시오 자신이 확정한 '예수의 동료들'²³⁷이라는

---

234 Cfr. A. Tagliafico, *o. c.*, p. 210. 성 이냐시오의 영적 체험 안에서의 삼위일체적인 차원에 대해서 다음의 글이 있다. I. Iparraguirre, *Riflessi trinitari in Sant'Ignazio di Loyola*, in AA. VV., "Il mistero del Dio vivente", Pontificio Istituto di Spiritualità Teresianum, Roma 1968, pp. 321-336.
235 Cfr. I. Iparraguirre, *L'esperienza di Cristo mediatore in S. Ignazio di Loyola*, p. 516.
236 Cfr. F. Ciardi, *o. c.*, p. 138.
237 성 이냐시오가 세운 새로운 수도회의 명칭이 정해지는 과정 역시 참으로 놀라운 일이다. 사실 이 같은 명칭은 이냐시오가 다른 9명의 동료들과 함께 성지를 향해 출항하기 전에 베네치아에 머물며 베네토 지방의 여러 도시들에 퍼져 사도직을 수행하는 동안에, 혹시라도 그들에게 누구냐고 묻는 사람들에게는 예수의 동료들이라고 대답하자고 뜻을 모았던 사실에서 유래한다. cfr. A. López Amat, *o. c.*, p. 309; M. Ruiz Jurado, *Il pellegrino della volontà di Dio. Biografia spirituale di sant'Ignazio di Loyola*, Milano 2008, p. 138.

수도회 명칭의 선택은 그와 그의 형제들의 의지적인 행위로서가 아니라, 그들 모두가 하늘에 계신 아버지의 뜻과 역사하심에 따라 예수의 동료들로서 임명되었다는 사실에서 그 고유한 의미를 얻게 된다.[238] 그러므로 이 이름은 단순히 하나의 명예로운 수사이거나 혹은 그러한 명칭의 수여가 아니라, 창설자의 영적 체험에 긴밀히 연관된 하나의 실제를 표현한다는 점에 그 의미가 있는 것이다. 즉 이 체험을 통해 이냐시오는 생생하게 자녀로서의 지위를 부여받고 또한 그분과 같은 사명에 참여함으로써 그리스도를 자신과 아버지 사이의 중재자로 여기게 되었던 것이다. 따라서 그분을 섬기는 일을 간절히 염원했던 이냐시오의 공동체의 유일한 수장으로서 예수 그리스도는 지금 그리고 바로 여기서 살아 계시고 활동하시는 분이시며, "예수의 동료들은 그 본성상 위대한 왕이신 분께 봉사하는 충실한 군대로서 '십자가의 깃발 밑에서' 분투하는 자들인 것이다."[239]

---

[238] Cfr. J. De Guibert, o. c., p. 17.
[239] B. Secondin, *Alla luce del suo volto. 1. Lo splendore*, p. 240. 실제로, 기사의 이미지는 청년 시절 이냐시오가 꿈꿔 왔던 특별한 모델이었고, 그 이후에는 영신수련에서 예수님을 따르는 이상적인 모습을 표현하기 위해 차용된 것이기도 하다. J. Corella는 다음과 같이 설명한다. "만일 우리가 예수님을 따르기 위한 이냐시오의 모델을 온전히 직시하고자 한다면, 그의 청년 시절 자신의 모습으로 상상해 왔던 왕을 따르는 기사의 모습에서 전이된 모델에 대해서 자세히 고찰해 봐야 할 것이다. 현세의 왕의 비유는 영신수련 안에서 이냐시오가 지녔으며 또 전해 주고자 했던 추종의 형상을 찾아내기 위해서 중요하다. 그것은 '분투하는 모습'으로서의 추종이며, 말하자면 적극적으로 어떠한 사명 안에서의 추종이다. 또한 그것은 봉사이다. …일반적으로 '현세의'라는 말은 단지 왕에 대한 형용사로 예수님께 대한 호칭이기도 한 '영원한' 왕과 대립시키기 위해서 필요한 표현으로서만 생각한다. 그러나 이러한 대립관계는 전자의 표현을 배제하는 것은 아니며, 오히려 그것을 넘어서 보다 강한 어조를 지닌 주제로 설정되고 있다. 예수님과 관련해서 '현세의'라는 말은 그분을 위해서 살고 인간적인 범주에서도 이 세상에서부터 그리고 지금, 즉 '세상 안에서' 살아가는 바로 오늘, 하느님 나라를 위해서 일한다는 것을 뜻한다." J. Corella, o. c., p. 198.

2) 예수회 공동체의 사료 안에 나타난 그리스도를 따름에로의 강한 열망

성 이냐시오 로욜라의 영적 체험 안에서 그리스도는 인간을 구원사업의 역동적인 과정 안으로 들어오도록 초대하시는 은총의 주체이며 그 작용인으로서, 형제들의 내적 영적 생활의 진보를 위해서나, 새로운 수도회의 모든 사도적 활동을 위해서나 절대적인 중요성을 지닌다. 예수회 공동체의 사료들 안에서 우리의 연구 주제에 대해 좀 더 면밀히 살펴보기에 앞서, 우리는 우선 어떠한 해석학적 방법론으로 영신수련과 예수회의 회헌들과 같은 자료들에 대해 다루어야 할지 생각해 보아야 할 것이다. 이에 대해 V. Codina는 두 가지 사료들의 유기적인 일치점에 대해서 인정하더라도, 예수회의 사도적인 카리스마의 특성과 선교를 통해 교회에 봉사하는 독특한 방식에 대해 이해하기 위해서 다른 무엇보다 영신수련이라는 책자에 이 문서들을 이해하기 위한 우선적인 권위를 부여해야 한다고 말한다. 즉 그는 영신수련의 해석학적인 시각에서 회헌을 읽어야 한다고 주장하는데, 그 근거는 성 이냐시오와 그의 동료들은 바로 이 영신수련을 통해 교회에 봉사하는 수도공동체를 형성함으로써 구현하게 될 사도적인 활동을 선택하기에 이르렀기 때문이다.[240] 따라서 우리는 예수회의 영성은 곧 영신수련을 통한 영성이며, 영신수련은 영적인 풍요로움의 원천이며 이 수도회의 기본적인

---

[240] Cfr. V. Codina, a. c., p. 708. 이와 유사하게 M. Nicolau 역시 예수회의 영성을 연구하기 위해서 이러한 방법론적인 노선을 취해야 한다고 주장한다. "예수회의 영성의 확실한 윤곽은 우선 회의 규칙서, 즉 특별히 기본정신 요강(Formule dell'Istituto)을 통해서, 둘째는 창설자의 모습과… 서한이라든가 회헌과 같은 성 이냐시오의 저술들 안에서 찾아야 할 것이다. 그러나 무엇보다 영신수련이야말로 회의 창립 시기부터 초기 회원들의 양성에 있어서 가장 근본적인 부분을 차지하고 있는 것이다." M. Nicolau, *Spiritualità dei Gesuiti*, in "DES/2", a cura di E. Ancilli, Roma 1995², p. 1104.

방향을 설정하고 통합시켜 주는 원리라고 말할 수 있겠다.[241] 이러한 견해들을 염두에 두고, 우리는 영신수련의 관점에 비추어 이냐시오의 영성 안에 나타난 그리스도를 따름에로의 이상에 대해 검토해 보고자 한다.

먼저 예수회의 기본 정신 요강은 그 첫머리에서부터 다음과 같은 말로 분명하게 수도회의 이상에 대해 나타내고 있다.

> 예수의 이름을 받드는 본회 안에서 십자가의 깃발 아래 하느님의 병사가 되고 주님만을 섬기고자 하는 사람은 누구나….[242]

'아래서'라는 무조건적인 임무와 연관된 '십자가와 주님'이라는 이 두 개의 단어는 성 이냐시오에게서 그리스도의 내재화에 대한 의미를 밝혀 주고 있다.[243] 이러한 방향 정립은 하느님으로부터 창조된 인간의 궁극적인 존재 목적과 밀접한 관련이 있는데, 실제로 성 이냐시오는 영신수련에서 다음과 같이 기술하고 있다. "사람은 우리 주 천주를 찬미하고 공경하고 그분께 봉사하기 위해 창조되었다."[244] 앞서 언급한 기본 정신 요강 1절은 우리에게 두 가지 주요한 사실에 대해 전해 준다.[245] 첫째, 인간은 예수 그리스도와의 관계 안에서 자신의 삶의 의미를 발견할 수 있으며, 따라서 이냐시오의 영성은 인간으로 하여금 모든 만물 안에서 으뜸이 되시는 그리스도 안에서 새롭게 정립되는 구원역

---

241 Cfr. M. Nicolau, *o. c.*, p. 1105.
242 기본정신 요강 1.
243 Cfr. A. Tagliafico, *o. c.*, p. 211.
244 『영신수련』 23.
245 Cfr. A. Tagliafico, *o. c.*, p. 215.

사의 역동적인 관계 안으로 들어오도록 이끌어 준다. 둘째는 창조주이신 하느님 앞에서 인간이 가져야 할 태도는 제시된 영신수련의 문장에서 사용된 다음의 세 가지 동사로 표현되는 행위들, 즉 '찬미하다', '공경하다', 그리고 '봉사하다' 안에서 나타난다는 사실이다. 이 세 가지 행위들은 하느님께 향한 인간의 사랑을 표현하는 데에서 서로 통합되는 것들이다. 여기서 앞의 두 가지 동사는 우선적으로 인간이 지녀야 할 영적 내적인 자세를 규정하고 있다면, 마지막으로 사용된 '봉사하다'는 가장 훌륭한 모범인 하느님의 종이신 분 안에서 드러나는 방식으로, 하느님의 뜻과 주님의 계명, 그리고 수도회의 각 회원들의 선교활동에서 수반되는 모든 것들을 지키고 완수하는 것을 포함한다.[246]

예수회의 삶의 이상으로써 '하느님께 봉사하는' 것은 영신수련의 구성 전체가 의도하는 모든 관심을 함축하고 있으며, 따라서 이것은 구체적으로 모든 훈련 단계에서의 묵상을 통해서 뿐만 아니라 그 실천을 통해서 실현된다.[247] "나의 모든 의향과 행동과 노력이 하느님의 영광과 그분께 봉사함을 위해서만 마련되도록 해야 한다."[248] 또한 영신수련을 통한 영적인 열매인 예수회의 회헌에서도 매우 빈번히 이 거룩한 봉사야말로 수도회가 지향해야 할 목적이며 회를 통치하는 실천적인 원리임을 밝히고 있다.[249] 오직 하느님만을 합당하게 섬기고자 하는 궁극적인 목표에 도달하기 위해서 인간은 죄인으로서 자신의 처지와 모든 애착으로부터의 무질서한 생활에 대해 먼저 깨달아야 할 것이다. 즉 창조된 피조물로서의 자신의 처지를 인식하는 것과 같은 인간 존재

---

246 Cfr. *Ibid.*, pp. 215-216.
247 Cfr. M. Nicolau, *o. c.*, p. 1105.
248 『영신수련』 46.
249 Cfr. M. Nicolau, *o. c.*, p. 1105.

의 심연에서 일어나는 근원적인 하느님 체험은,[250] 그로 하여금 강렬한 통회의 눈물로써 자신이 죄인임을 인정하고, 더불어 주님에게서 선사된 용서에 대해서 깨닫도록 해 준다.[251] 이로써 그는 하느님의 놀라운 은총에 거슬러 자신이 행했던 지난날의 죄악에 대해 부끄러움을 체험하게 될 것이다.

하지만 이를 통해 성 이냐시오가 윤리적인 규범에 대해 숙고하게 하거나 규율을 준수하도록 하는 데 초점을 두었던 것은 아니다. 오히려 그는 우리가 그리스도에게서 그 결정적인 순간에 이르는 구원역사의 거대한 흐름 안으로 들어가도록 초대하고자 한다.[252] 즉 인간의 죄악에도 불구하고 모든 이들의 죄를 대신해서 죽으시고, 성체성사 안에서 계속해서 당신 자신을 선물로서 내어놓으시는 그리스도를 통해, 완성된 구원역사 안에서 드러난 하느님 사랑에 대해 증명해 보임으로써, 우리에게 마음을 동요시키는 다음과 같은 구체적인 응답을 하도록 재촉한다. "나는 그리스도를 위하여 무엇을 하였는가, 무엇을 하고 있는가, 또 그리스도를 위하여 무엇을 해야 하겠는가?"[253] 이어서 하느님의 신비에로 인도된 수련자는 영신수련의 과정을 거치는 동안 주님께서 품으셨던 생각과 마음을 자신의 것으로 받아들임으로써 그리스도께 더욱 깊이 스며들고, 그분 안에서 변화되는 은총을 얻어 누리며 서서히 그리스도와 일치되어 가게 될 것이다.[254] 이제 하느님을 찬미하고 공경

---

250 Cfr. R. Stalder, *L'esperienza di Cristo in S.Ignazio di Loyola*, in Communio 9 (1973), p. 13.
251 『영신수련』 55.
252 Cfr. A. Tagliafico, *o. c.*, p. 222.
253 『영신수련』 53.
254 Cfr. I. Iparraguirre, *Esercizi spirituali*, in "DES/2", a cura di E. Ancilli, Roma 1995², p. 911.

하며 봉사해야 할 인간은 자신의 존재의 목적을 성취하기 위한 최상의 기준과 완벽한 모델을 그리스도 안에서 찾게 될 것이다. 그것은 그리스도께서는 아버지의 뜻을 자신의 삶의 양식으로 삼으셨으며, 파스카의 신비에 이르기까지 그분만을 섬기며 오직 그분의 영광을 위해서 사셨기 때문이다.[255] 그러므로 성 이냐시오는 영신수련에서 그리스도를 따름 안에 자신의 영성과 그리스도인 생활의 살아 있는 모델이 있음을 분명하게 제시하고 있다.[256]

> 나는 우리 주 그리스도를 본받기 위하고 또 현실적으로 더욱 그리스도를 닮기 위해서 부귀보다 가난한 그리스도와 같이 가난함을 원하고 선택하고, 명예보다도 극도로 업신여김을 받으신 그리스도와 함께 업신여김을 원하며 또 이 세상에서 지혜롭고 현명한 이로 보이기보다는 앞장서서 천대를 가득히 받으신 그리스도를 위하여 차라리 무식하고 미련한 사람 같이 취급되기를 원한다.[257]

그러나 유념해야 할 것은 영신수련 안에서의 이러한 그리스도를 따름과 그분께 동화되는 과정은 어느 한 개인의 정체성을 부정하거나, 혹은 때로 인간관계 안에서 일어나는 경우처럼 한 사람이 다른 한 사람에게서 자신의 삶의 모델을 취함으로써 단순히 타인의 인격 안에 흡수되는 것을 의미하지는 않는다는 것이다.[258] 이와는 정반대로, 그리스도께

---

255 Cfr. A. Tagliafico, *o. c.*, p. 215.
256 사실 W. Kasper는 영신수련에 대한 자신의 해설서에서 "그리스도인의 본질은 그리스도, 무엇보다 십자가에 못 박히신 그리스도를 따르는 것이다."라고 주장한다. W. Kasper, *La fe que excede todo conocimiento*, Santander 1988, p. 81.
257 『영신수련』 167.
258 Cfr. B. Callaghan, *Conformación con Cristo*, in "DEI", a cura di GEI, Madrid 2007, p. 394.

동화될수록 그 사람은 진정한 자아(Io)가 누구인지 찾으며, 더욱더 충만한 모습으로 자기 자신이 되어 가게 될 것이다.

3) 그리스도 안에서 인간의 변화

우리가 '하느님께 봉사하다'라는 표현에 대하여 살펴보았듯이, 하느님의 뜻을 찾는 것은 영신수련을 보다 정확하게 해석하기 위한 출발점이 된다.[259] 영신수련은 신심 깊은 묵상 또는 예수님을 본받기 위한 다소 모호한 이론을 제공해 주는 그분의 감동적인 삶에 대한 단순한 숙고의 총체가 아니라 그분의 거룩한 뜻을 찾기 위한 구체적인 방법이다. 즉 영신수련은 설득력 있는 논리를 가지고 엄밀한 연구를 통해 하나의 임무를 발견하고, 우리가 '군대인 교회 안에 현존하시는 그리스도: Christus praesens in Ecclesia militanti'를 따른다는 의미에서 주님으로부터 선발됨을 통해 교계제도로서의 교회에 대해 봉사하도록 지도해 주는 작업인 것이다.[260] 이와 같은 의식의 기초에는 구원역사 안에서 팔레스티나의 거리를 따라 여러 마을들을 다니며 설교하셨고, 지금은 신앙 안에서 하느님 나라를 세우기 위해 우리를 부르시고 당신의 계획과 사명을 알려 주시는 동일한 예수님께서 계신다.[261] 이어지는 영신수련의 본문은, 현재형의 동사를 활용함으로써 수련자를 그리스도의 인격과 그분의 사업에 연결시켜 주면서, 또한 바오로 사도의 그리스도론적인 관점

---

259 Cfr. 『영신수련』 1; 46.
260 Cfr. V. Codina, a. c., p. 709.
261 Cfr. A. Tagliafico, o. c., p. 217. 이에 대해서, V. Codina는 다음과 같이 주장한다. "이처럼 개인적으로 하느님의 거룩한 뜻을 찾아가는 일은 영원한 왕이시며 모든 만물의 주님이신 그리스도께서 우리 각자를 특별한 방식으로 부르신다는 사실을 전제한다.(『영신수련』 95)" V. Codina, a. c., p. 710.

을 보여 주는 전형적인 표현이라 할 수 있는 전치사 '함께(syn)'를 사용하면서, 이러한 역사적인 그리스도의 현존성에 대해 말해 주고 있다.[262]

> 영원한 임금이신 우리 주 그리스도께서 온 세계 사람들을 당신 앞에 두시고, 그들을 한 사람 한 사람씩 부르시면서 '나의 소원은 전 세계와 모든 원수를 다 정복하고, 내 성부의 영광으로 들어가는 것이다. 그러므로 누구든지 나를 따르고자 하는 자는 나와 같이 수고해야 한다. 즉 이다음에 영광 중에 나를 따르기 위하여 어려운 때에 나를 따라야 한다.'고 말씀하시는 모습을 보는 것이야말로 우리에게 얼마나 더 생각할 가치가 있는지 묵상해 본다.[263]

위에서 언급한 글이 의미하는 것은 바로 그리스도 안에서 인간의 모습을 근본적으로 재정립하는 것 외에 다른 것이 아니다.[264] 그렇다면 성 이냐시오가 그분에 대해서 더욱 친밀히 알고, 그분이 지니셨던 삶의

---

262 Cfr. A. Tagliafico, *o. c.*, pp. 217-219.
263 『영신수련』 95.
264 여기서 주목할 것은 동사 '따르다'가 영원한 임금에 대한 서술에서 처음으로 영신수련 안에 사용되고 있다는 점이다. 이 점에 대해 J. Corella는 다음과 같이 해석한다. "바로 여기서 영신수련 안에 처음으로 '나를 따르라'는 표현이 등장한다. …매우 흥미로운 점은 여기서 동사 '따르다'가 현세의 왕에게 언급되는 데서가 아니라 오직 예수님께 대한 의미에서 사용되고 있음이 선명하게 나타난다는 사실이다. 현세의 왕은 '나와 함께 가다', '나와 함께 수고하다', '나와 관계를 맺다'와 같은 사실을 요구하는 반면, '따르는 것'을 요구하지는 않는다. 반면 예수님은 어려움 중에 따름으로써 또한 영광 중에도 당신을 따를 것을 청하신다. 이러한 사실이 가리키는 것은, 현세의 왕과의 관계에서 실현될 것이라 예상하지 못하는 것이지만, 수련자와 영원한 왕과의 관계에서는 확연히 구분되는 새로운 점이 있다는 것이다. …이냐시오에게 따름의 관계는 사랑을 뜻하며, 그 사람에게 빠져들어 어떠한 수고나 그 일이 가져다주는 영광 혹은 전리품을 나누는 일을 넘어 사랑에 빠져드는 것 자체에 감사하는 차원으로 옮겨 감을 말한다. 결정적으로 이것은 예수님과의 관계, 즉 배타적인 사랑과 이 사랑이 지니는 매우 예외적인 차원과 성질의 관계를 뜻하기 때문이다." J. Corella, *o. c.*, p. 185.

자세마저도 닮아 가도록 요구하는 그리스도는 어떤 분이신가?[265] 또한 그리스도를 따름의 과정으로서 그리스도께 인간이 동화되는 모습이 그의 저술들 안에서는 어떻게 실현될 수 있는가?

우선 이냐시오의 영성 안에서 그리스도는 창조물이 되신 창조주로서 나타난다. 이로써 성 이냐시오에게 예수는 유한한 모든 존재가 그로부터 기인하는 본연의 모델이시다. 그분은 단지 창조된 모든 실재를 완전케 해 주시는 분이실 뿐 아니라, 그러한 창조물들을 만들어내신 분이시다.[266] 이러한 의미에서 '원리와 기초', 그리고 영신수련의 첫째 주간은 수련자로 하여금 하느님의 창조물로서의 자신의 본질적인 모습에 대해 성찰하도록 이끌어 주면서, 특별히 죄의 무질서함과 창조된 모든 존재 안에서 활동하시는 하느님의 행위에 대해 묵상하게 하면서, 마침내는 '당신'의 계획에 따라 새롭게 질서를 복원하도록 아버지로부터 이 세상에 파견되신 그리스도의 신비에 참여하도록 도와준다.[267]

---

265 사실 그리스도께 대한 이러한 내적인 앎을 촉구하는 것은 둘째 주간 전체를 통해서 그분을 사랑하고 따르는 데에 이르기 위해서 가장 중요한 요소이다. "첫째로는 둘째 주간 전체를 거치며 지속적으로 반복되는 '그분을 더욱 사랑하고 따르기 위해서 그리스도께 대한 깊은 인식'의 요청이 있다.(『영신수련』 104) 요구되는 은총이 표현되는 이 부분은 서로 긴밀하게 연관된 세 가지 요소를 포함하고 있다. 그분을 더욱 사랑하기 위해서 내적인 인식을 구하고, 바로 이러한 사랑이 날로 커 감으로써 그분을 따르게 되는 것이다. 이는 추종에 대한 인간 편에서의 역동적인 원리를 의미하며, 바로 이것이 둘째 주간 전체를 통해서 얻어야 할 은총으로써 청해지는 것이다. 인식으로부터 사랑에로, 그리고 사랑에서 따름에로." *Ibid.*, p. 187.

266 Cfr. R. Stalder, *o. c.*, p. 13. 이에 대해 I. Iparraguirre에 따르면, 이냐시오는 그의 영성 안에서 창조주와 자신이 맺은 관계 안에서 하느님을 묵상하였고, 그분은 모든 인간을 거룩한 섭리로 인도해 주시는 분이라 여겼다. 이 점에서 Iparraguirre는 다음과 같은 H. Rahner의 견해에 대해 소개한다. "이냐시오는 영들의 식별을 통해 자신에게 비춰진 내면의 빛으로 모든 것 안에서 하느님을 발견할 수 있었고, 모든 창조물을 통해서 창조주이신 분께 이르게 되었고, 이러한 존재들의 내적·외적 질서 사이의 관계에 대해서도 알아보게 되었다." I. Iparraguirre, *Ignazio di Loyola*, in "DES/2", a cura di E. Ancilli, 1995², p. 1258.

267 Cfr. A. Tagliafico, *o. c.*, p. 245.

이처럼 이냐시오에게서의 그리스도론은 주춧돌이며 머리이신 그리스도께 대한 중심성을 확보하기 위해서 죄에 대해 묵상하는 것으로부터 출발한다. 구체적이며 살아 있는 모든 창조물은 그리스도에게서 자신의 기원과 궁극적인 의미를 얻게 되고, 그분에게서 내면 깊은 곳으로부터 고양된다는 사실에서 "우주 전체의 삼라만상은 그 시원에서부터 그리스도께 본질적으로 연결되어 있는 것이다."[268]

또한 이것은 인간 존재 자신 안에 그리스도의 왕국을 실현하는 과정을 수반한다. 즉 인간은 자신의 몸을 통해 그리스도의 삶을 보여 줌으로써 거룩한 존재자이신 그분과의 관계 안에서 존재의 충만함을 발견하게 되는 것이다.[269] 이러한 인식은 이어서 우리의 시선을 그리스도께서 받으신 모욕과 그분의 가난, 즉 창조주이시지만 인간이 되어 오시고 영원한 생명을 누리시던 분이 인간 세상에서 살다가 죽임을 당하는 것을 선택하시어, 결국 나의 모든 죄를 대신해서 돌아가신 그리스도의 자기 비움의 신비를 향하게 해 준다.[270] 이러한 의미에서 이냐시오의 영성 안에서 가난과 모욕을 받음은 예수님께서 인간을 구원하시기 위해 이들을 수용하셨다는 점에서 그 중요한 의미를 지닌다. "따라서 완덕은 가난과 겸손에 있는 것이 아니라 가난하고 겸손하게 되신 그리스도께 있는 것이다."[271] 성 이냐시오에게서나 영신수련을 수행하는

---

268 R. Stalder, *o. c.*, p. 13. 같은 저자는 성 이냐시오에게 창조와 구원은 별개의 사건이 아니라, 구별되는 것이라고 설명한다. 따라서 이 두 가지 사건은 살아 있는 모든 구체적인 존재가 그리스도에게서 깊은 내면으로부터 고양되고, 그분을 향하도록 결정되어 있다는 측면의 연장선상에 있는 것이다. cfr. B. Secondin, *Alla luce del suo volto. 1. Lo splendore*, p. 241. 이냐시오의 영성 안에서의 그리스도 중심주의에 대해서는 J. Solano, *Il cristocentrismo*, in AA. VV., "Lo spirito della compagnia. Una sintesi", Centrum Ignatianum Spiritualitatis, Roma 1978, pp. 25-46을 보시오.
269 Cfr. A. Tagliafico, *o. c.*, p. 243.
270 『영신수련』 53.

사람에게 있어서 이 '가난'이란 주제는 그야말로 결정적인 것이다. 이에 대해서 영신수련에서는 다음과 같이 말한다. "(즉 그들이 여행하고 수고함은) 주께서 극빈한 환경에서 나셔서 다음에 많은 고통과 주림과 목마름과 더위와 추위를 겪으시고, 또 많은 업신여김과 모욕을 받으시며, 결국에는 십자가에 못 박혀 죽으시기 위함이며 또 이 모든 것은 다 나를 위함이란 것을 생각한다."[272] 말하자면 "우주를 다스리시는 주님(Pantocratore)은 십자가에 못 박히신 바로 그분이시다."[273] 이러한 방법으로 성 이냐시오는 그리스도의 탄생과 육화하신 말씀의 신비에 대한 묵상에서 시작하여 그분의 온 생애를 가난이라는 관점에서 종합하고자 한다. 하느님께서는 고요한 침묵 속에 보다 철저히 당신을 숨기심으로써 인간의 본성을 취하시고, 동시에 당신 자신을 비우시고 무화하시는 여정을 시작해 나가신다. 그리고 이 여정은 인간의 자만심에 반대되는 표지로써, 모진 수난과 빌라도의 판결을 받으시고, 채찍질과 십자가형을 감수하심으로써 죽음에까지 이르신 예수 그리스도의 십자가의 진리 안에서 절정을 이루게 된다.[274]

---

271 A. Tagliafico, *o. c.*, p. 233; cfr. J. Corella, *o. c.*, pp. 199-200.
272 『영신수련』 116. 이로써 우리는 그가 주님의 인성에 대한 애정 어린 신심과 가난에 대한 갈증이라는 두 가지 점에서 프란치스칸 영성으로부터 강한 영향을 받고 있음을 살펴볼 수 있다. cfr. I Iparraguirre, *Esercizi spirituali*, in "DES/2", Città Nuova, Roma 1995², p. 211.
273 Cfr. V. Codina, *a. c.*, p. 712. 이 개념에 대해서 M. Nicolau는 다음과 같이 주장한다. "예수회 영성의 기초는 십자가에 못 박히신 예수 그리스도이시다; 왜냐하면 그분께서 십자가를 짊어지심으로써 인류를 구원하셨고 또한 교회 신비체 안에서 매일 수많은 고난과 십자가의 고통을 받으시기 때문이며, 이처럼 예수회에 속한 사람에게 요구되는 것 역시 이와 다른 무엇이 아니라 많은 박해 중에서도 그리스도를 따르며 그리스도와 함께 모든 영혼들의 구원을 위해 노력하는 것이기 때문이다." M. Nicolau, *o. c.*, p. 1109.
274 Cfr. A. Tagliafico, *o. c.*, p. 249. 셋째 주간 전체는 예수님을 따르는 일의 고통스럽고 힘겨운 면들에 대해 관상하는 일에 더욱 집중케 한다. 그러나 분명 예수님께서 십자가의 고통 없이 당신의 나라에 들어가신 것은 아니다. 따라서 수련자는 몇몇 가지 모습에서만이

예수님의 생애에 대한 묵상을 지속해 나가면서, 성 이냐시오는 수련자로 하여금 고통 받으시는 그리스도께 대해 관상하면서 자신 안에서 일어나는 전 인격적인 측면에서 강한 사랑의 감정에 휘말리도록 인도한다. "이것이나 저것을 원하거나 지니는 이유가 오직 지존하신 하느님께 대한 봉사와 찬미와 영광에만 있도록 하면서…"[275] 즉 마음속에서 일어나는 이러한 그리스도께 대한 체험은 인간으로 하여금 그리스도의 사랑에 반하는 모든 것에 대한 혐오와 더불어 그리스도께 깊이 동화되고자 하는 내적 충동을[276] 경험하게 한다. 회헌에서는 다음과 같이 말한다.

세상을 따르는 세속인들은 세상이 가르치는 대로 온갖 열성으로 명예와 명성을 얻고 세상에서 이름을 떨치기를 얼마나 원하는지 모른다. 이와 똑같이 영적인 삶을 살며 우리 주 그리스도를 진정으로 따르는 이들은 이와 정반대의 것을 원한다. 즉, 주님께 마땅히 드려야 할 사랑과 존경 때문에 지존하신 하느님께 모욕이 되지 않고 이웃에게 죄가 되지 않는 한 어떻게 해서든 우리를 창조하신 주 예수 그리스도를 닮고 본받고자 모욕과 거짓 증언과 경멸을 당하며(우리가 유발해서는 안 된다.) 그분과 같은 옷과 제복을 입고 미친 사람으로 취급당하기를 원하는 것이다. 그것은 그리스도께서 우리의 영적 진보를 위해 그 옷과 제복을 입으셨으며, 당신 은총으로 우리가 가능한 모든 것 안에서 인간을 생명으로 인도하시는 길로써 당신을 본받고 따르도록 우리에게 모범을 보여 주셨기 때문이다.[277]

아니라 온전한 삶 전체를 통해 이러한 자기 비움의 여정을 따라야 하는 것이다. 말하자면 이 주간의 모든 수련은 우리가 신비체의 한 지체로서 예수님과 동화되어 살아가는 삶을 준비하고 우리의 육체 안에서 그분의 수난을 완성하도록 자신을 의탁케 하는 데에 있다. cfr. J. Corella, *o. c.*, pp. 188, 193-194.
275 『영신수련』 16.
276 Cfr. I. Iparraguirre, *L'esperienza di Cristo mediatore in S. Ignazio di Loyola*, pp. 526-527.

이러한 방법으로 인간은 자기애와 자신의 의지, 관심으로부터 이탈하여[278] 그리스도를 따르는 제자가 된다. 이로써 그는 그리스도와 온전히 하나가 되는 일치를 이루고자 그리스도께서 자신을 온전히 차지하시도록 내어맡기고, 그분께서 사셨던 삶을 살아가고 그분이 취하셨던 관심과 원하셨던 것들, 마음가짐 등, 그분의 삶의 양식을 함께 나누려는 원의를 갖게 된다.[279] 이러한 의미에서 온전한 자기부정, 세상의 영화로운 것들이 갖는 무상함에 대한 멸시, 가난하신 그리스도와 함께 가난하게 되기를 청함과 같은 이 모든 것들은 그리스도의 사랑에 대해 철저하고자 하는 마음에서 우러나오는 결과로 이러한 내적인 체험을 거치며[280] 그리스도께 동화됨으로써 생겨나는 자연스러운 결실에 다름아닌 것이다. 또한 이것이 바로 이냐시오의 영성 안에서의 그리스도를 따르기 위한 방법론인 것이다.

(오! 만물의 영원하신 주님, 당신의 은혜와 도우심을 입어 지선하신 당신

---

277 예수회 회헌 101.
278 Cfr. 『영신수련』 97, 167, 189.
279 Cfr. A. Tagliafico, *o. c.*, p. 251. J. Corella에 따르면 이러한 자유는 성 이냐시오에게 있어 그리스도를 따르기 위한 본질적인 토대이다. "예수님을 따르기 위해서는 자유로운 상태에 있어야 한다. 그것은 단지 죄악으로부터의 자유만이 아니라 예수님께서 각 개인에게 원하시는 개별적인 추종을 방해할 수 있는 많은 선한 것들로부터의 자유이기도 하다. 이 자유는 우리가 기꺼이 내어맡기는 삶을 살아가도록 도와주며, 이러한 의탁은 이냐시오에 따르면 추종의 본질적인 부분을 구성한다. 바로 이러한 자세에서 그분의 옷을 입고 (중세시대 전통에서의 'nudus nudum Christum sequi: 헐벗은 그리스도를 헐벗음으로 따르다'라는 것에 반대되는 언급), 당신의 '종들이며 친구들(cfr. 영신수련 146)'로서의 특별한 인격적 관계를 드러내는 표지로써 그분께 대한 충실하고 온전하며 결정적인 계약 안에서 예수님께 대한 봉사로 나아가게 되는 것이다. …이로써 '받으소서, 주님. 나의 모든 자유를 받아들이소서'라는 기도는 추종을 위해 첫째가는 요소가 된다. 왜냐하면 단지 이 자유로부터 앞으로 따라나서는 일이 가능할 것이기 때문이다." J. Corella, *o. c.*, pp. 200-201.
280 Cfr. I. Iparraguirre, *L'esperienza di Cristo mediatore in S. Ignazio di Loyola*, pp. 526-527.

앞에서 영화로우신 당신 성모님과 천국의 모든 성인성녀들 앞에서 나를 바치며) 이로써 당신께 대한 더욱 큰 봉사와 찬미가 된다면, 또 만일 지존하신 당신께서 나를 이러한 생활과 직분에 선택하시고 받아주신다면, 모든 모욕과 업신여김과 실제적 가난이건 정신적 가난이건 모든 가난함을 감수함에 있어서 당신을 본받기를 원하고 바라오며, 또 이것이 나의 자발적인 결심임을 고백하나이다.[281]

이러한 고백은 고통 중에 우리의 주님이신 그리스도를 따름으로써 영광 안에서도 그분을 따를 수 있게 되기 때문이다.[282] 이를 위해서 영신수련의 역동적인 여정이 인도하는 완덕에 이르는 길은 수련자로 하여금 단지 그리스도의 수난에 대한 동정을 체험하는 것만이 아니라 그분의 구원사업에 동참하도록 하기 위해서 구원자이신 그분의 수난을 깊이 받아들이도록 촉구함으로써 그리스도께 온전히 동화될 것을 요구한다.[283] 이러한 해석은 우리에게 어떠한 방법으로 우리가 영신수련 안에서 이냐시오의 영성의 그리스도론적인 특성을 이해해야 하는지 보여 주고 있다. 이에 대해서 R. Stalder는 영신수련이 지닌 그리스도론적인 차원의 독특한 부분에 대해 밝혀 주고 있다.

영신수련은 우리에게 내적인 그리스도의 역할을 거룩한 말씀에로 축소시키거나 그리스도께서 보여 주신 외적인 얼굴 안에서 단지 그분의 활동적인 인성만을 보게 하는 신학적인 경향(아우구스티노와 보나벤뚜라)을 넘

---

281 『영신수련』 98.
282 Cfr. 『영신수련』 95.
283 Cfr. A. Tagliafico, *o. c*., p. 254. 구원자이신 분과의 이러한 일치 안에서 그분의 고통에 참여하는 의미가 분명히 드러난다. 이에 대해 S. Verges, *Cristo crucificado, modelo de la santidad de Ignacio. Sentido cristolóico del dolor*, in Manresa 64 (1992), pp. 87-110을 참고하시오.

어서 우리의 내면에서 즉, 우리가 지닌 영이 활동하는 영역을 초월하여 존재의 본질적인 토대 너머에 '고통 중에 있는 그 사람'을 바라보아야 한다는 점을 분명히 하고 있다. 따라서 우리는 십자가에 못 박히신 그리스도, 성체성사 안에 현존하시며 영광 중에 계시면서도 우리와 함께 살아 계시고, 지금도 계속해서 당신 자신을 우리에게 선물로 내어놓으시는 그리스도를 향해야 하는 것이다.[284]

그러므로 사랑에 대한 심오한 관상이 세상 만물 안에서 만큼이나 개별 인간 안에도 현존하는 주님의 행위(universale concretum)를 보여 준다는 점에서,[285] 그리스도께서는 만물의 영원한 주님이시며, 우리의 모델이고 규칙서가 되신다.[286] 이렇게 인간은 신앙 안에서 살아 계신 그리스도와 수난을 체험하고 그분과 동화됨으로써, 부활하신 분께서 가져다주신 절대적인 자유와 그분의 영광에 점차 동참할 수 있게 될 것이다. 이냐시오의 영성과 그의 영신수련에 있어서 그리스도 안에서의 변모됨의 진정한 핵심은 인간 존재의 기초가 고통 받으시고 영광스럽게 되신 그분의 인성과 함께 그리스도를 통해서 충만히 채워진다는, 바로 이러한 사실에 있다.[287] 그러므로 영신수련의 전 과정은 다름아닌 그리스도를 따름의 여정 위에서 그리스도를 드러내는 삶(Cristofania)을 살아가는 것을 뜻한다고 하겠다.[288]

---

284 R. Stalder, *o. c.*, p. 14; cfr. B. Secondin, *Alla luce del suo volto. 1. Lo splendore*, p. 241.
285 Cfr. R. Stalder, *o. c.*, p. 16; 또한 M. Nicolau 역시 이와 같은 의견을 피력한다: "영신수련의 그리스도 중심주의는 그분의 수난 안에서 그리스도의 고통과 비탄을 경험하면서(cfr. 영신수련 203), …그리고 부활하신 그리스도와 함께하는 기쁨의 친교에 참여하기를 바라는 가운데(cfr. 『영신수련』 221) 실현된다." M. Nicolau, *o. c.*, p. 1109.
286 Cfr. 『영신수련』 98.
287 Cfr. R. Stalder, *o. c.*, p. 15.
288 Cfr. A. Tagliafico, *o. c.*, p. 258.

4) 그리스도의 선교사명 참여로써의 예수회 사도적 목적성

성 이냐시오는 단지 신비적인 일치에로만 불리어진 것이 아니라 봉사의 직무 즉, 거룩한 봉사에 자신의 삶을 봉헌하도록 불리어진 것이다. 달리 말하면, 영신수련이 의도하는 그리스도를 따름은 개인적으로 복음적인 삶을 살아가게 하려는 데에 있는 것이 아니라, 예수님께서 그러하셨던 것처럼 파견받음에로 인도하는 데에 있다.[289] 이러한 점에서 수도생활의 사도직 형태와 선교는 예수회의 여러 임무들 중에서도 가장 핵심적인 것이다. 의심의 여지없이, 그들의 사도직 활동의 기저에는 중재하는 분으로서 많은 일을 행하시고 모든 사람들을 위해 고난 받으셨으며, 당신 피와 생명으로 우리를 구원하신 그리스도께 대한 체험에서 기원하는 그리스도론적인 강한 색채가 반영되고 있다.[290] 성 이냐시오에게서 그리스도는 중재하시는 분, 좀 더 명확히 말하자면 '도구(mezzo)'로서 고찰된다. 이냐시오가 자신의 영성 안에서 가장 중심의 자리를 부여하는, 이러한 중재자로서의 그리스도의 역할에 대한 인식에서 비롯하여 우리는 예수회의 사도적 생활에 대한 몇 가지 해석을 내놓을 수 있다.

먼저 성 이냐시오에게서 그리스도의 인간적 본성은 그 자신이 하느님의 위대하심과 숭고함에까지 가까이 다가서도록 고양시켜 주는 자연스러운 도구이다. 이러한 의미에서 A. Tagliafico는 성 이냐시오가 사용한 그리스도의 명칭과 그 속성이 일반적으로는 삼위일체의 첫 번째 위격에 유보되는 것이라는 점을 강조한다.('창조주', '가장 높으신

---

289 Cfr. A. López Amat, *o. c.*, p. 316.
290 Cfr. I. Iparraguirre, *L'esperienza di Cristo mediatore in S. Ignazio di Loyola*, p. 523. 이와 관련해서, F. Ciardi는 라 스토르타의 환시 안에서 예수회 회원들의 사도직과 그리스도에게서의 그것 사이의 명백한 연관성을 찾는다. cfr. F. Ciardi, *o. c.*, p. 139.

하느님', '자비의 아버지', '최고 사령관', '거룩한 위엄', '무한하신 선', '무한하신 자비', '모든 선이 발하는 근원')[291] 이냐시오에게서 그리스도는 인간 존재와 하느님 아버지를 연결해 주는 다리이며 계단이고, 인간을 삼위일체의 신비에로 이끌어 주는 길이시다. 하느님 아버지와 인간 사이의 중재자로서의 그리스도의 이러한 역할과 관련하여 그는 인간의 영적 변화 안에서 투영되는 '그리스도의 광채의 반사'에 대해서 말한다.[292] 그에 의하면, 이 광채는 덕스러움 안에서만이 아니라 그분의 약함 안에서도 반영된다. 그리스도께서 먼저 유혹을 받으시고, 이어서 많은 성인들 역시도 유혹을 감수해 냄으로써, 유혹 자체는 그리스도의 인성을 반영하며, 또한 아버지께서 당신에게 맡기신 사명을 완수하기 위한 방편이 된다.[293]

이러한 점에서 성 이냐시오 본인 역시, 그리스도께서 아버지와 함께 계시며 중재해 주시는 것처럼 아버지 곁에서 그리스도와 함께, 그리고 그리스도 곁에 머물면서 중재자로서 살기를 원한다. 영신수련에서 이러한 과정은 수련자가 그리스도로부터 나오는 은총과 자신을 변화시키는 그분 광채에 힘입어 그리스도께 서서히 일치하게 됨으로써 그리스도를 통하여 아버지께 오르고, 이 세상에로 돌아와서는 그리스도와 모든 사람들을 연결해 주는 도구가 되기 위하여 살아가는 방식으로 소개된다.[294] 또한 이 여정은 그 자체로 능동적인 것과 수동적인 것,

---

291 Cfr. A. Tagliafico, *o. c.*, pp. 225-227.
292 Cfr. I. Iparraguirre, *L'esperienza di Cristo mediatore in S. Ignazio di Loyola*, p. 521.
293 Cfr. A. Tagliafico, *o. c.*, pp. 227-228. 이에 대해서 J. Solano, *Jesucristo bajo las denominaciones divinas de S. Ignacio*, in EstudEccle 30(1956), pp. 325-342 중에서 특별히 p. 330을 보시오.
294 Cfr. I. Iparraguirre, *L'esperienza di Cristo mediatore in S. Ignazio di Loyola*, pp. 518-519.

두 개의 내적인 움직임을 포함하고 있다. 전자가 하느님의 거룩한 뜻의를 찾고자 하는 바람에서 나오는 것이라면, 후자는 하느님으로 자신이 충만해지도록 자신을 비워내야 할 필요성에서 유발되는 것이다. 이와 관련하여 다음의 글은 이냐시오가 우리에게 무엇을 충고하고자 하는지 알려 준다.

> 자신의 의지를 온전히 주님의 뜻에 합치시키며, 세상에서 수난 받으신 그분의 고통 안에서 그분을 따름, 즉 훗날에도 영광 중에 그분을 따를 수 있기 위해서 주님께서 이 고통을 나누어 주시고자 하신다면 그분을 따를 충분한 마음가짐을 가짐으로써 그리스도의 손 안에 자신을 내어맡김.[295]

여기서 '내어맡김'이라는 표현의 의미는 인간의 영혼이 하느님의 거룩한 뜻을 따를 마음가짐을 지니며 그리스도의 능력이 우리 안에 작용하심을 적극적으로 수용함으로써, 자신의 삶을 그리스도의 삶에 합치시키는 것 외에 다른 것이 아니다.[296] 이러한 도구이신 그리스도께 동화됨의 기초 위에서, 예수회 안에서 사람들의 영혼을 위해 일한다는 것은 그들 안에 하느님의 아드님이신 분의 광채와 형상이 더욱 환히 빛나도록 노력하고, 그럼으로써 다른 이들이 그리스도를 따르도록 이끌어 주는 일과 동등한 의미를 지닌다.[297] 이와 같은 방법으로 그리스도께서는 사람들을 그리스도의 중재자가 되게 만드는 일에 힘쓰는 이냐시오와 그의 동료들을 통하여 당신의 구원사업을 계속해서 수행해 나가신

---

295 편지 VI, 160-162.
296 Cfr. I. Iparraguirre, *L'esperienza di Cristo mediatore in S. Ignazio di Loyola*, p. 520.
297 Cfr. A. Tagliafico, *o. c.*, p. 228.

다. 따라서 예수회 안에서 그리스도를 따름이란, 각 회원이 주님께서 이 세상에 오시어 행하신 것과 동일한 인류를 구원하고 변화시키는 사명에 참여자가 되게 하는 행위인 것이다.[298] 이러한 의미에서 회헌에서는 예수회 회원들의 성소와 사명은 중재자이시며 우리의 주님이신 그리스도와 그분의 권고를 따르는 일에 밀접하게 연관되어 있음을 역설한다.

> 예수회의 목적은 하느님의 은총으로 회원 자신의 영혼을 구원하고 완성하기 위해 노력하는 동시에 같은 은총으로 모든 이웃의 영혼이 구원되고 완성되도록 힘껏 돕는 데 있다.[299]

> 우리 주 그리스도의 권고를 따라 예수회에 입회하는 이들은 누구든지… 부모 형제와 다른 모든 것 대신에 오직 우리 주 그리스도만을 위하여 사는 자가 되어야 한다.[300]

> 우리 주 그리스도께서 사랑하시고 가까이하시는 것을 온 힘을 다하여 받아들이고 열망하는 것…[301]

> 체력이나 사랑과 순명으로 맡게 된 외적 업무가 허용하는 한 우리 주 그리스도의 길에 매진하는 것…[302]

---

298 Cfr. I. Salvat, *a. c.*, p. 17.
299 회헌 3.
300 회헌 61.
301 회헌 101.
302 회헌 582. 예수회 회헌 안에서의 사도적 생활의 영성이라는 주제에 관한 연구를 더욱 상세히 심화시키기 위해서는 M. Ruiz Jurado, *Spiritualità apostolica delle Costituzioni ignaziane*, Editrice PUG, Roma 1991을 참고하시오.

그리스도께서 취하신 모범이 회원 각자에게 최상의 규범이라는 점에서 하느님과 같은 분이셨으나 하느님께 온전히 순명하셨던 그분(필립 2,6)께서 사셨던 순명은 모든 선의 주재자이신 분의 전능하신 손에 든 그분의 소유가 되도록 자신을 의탁하는 특별한 수단이 되며, 하느님을 옷 입듯이 입어서 자신 안에 그리스도께서 사신다고 말할 수 있게 되는 훌륭한 방법이 된다.[303] 성 이냐시오의 동료들에게 가장 최상의 덕목으로 여겨졌던 이 순명의 개념은 그들의 사도직 생활에 있어서도 매우 특별한 의미를 제공한다. 즉 예수회 회원들에게 순명은 금욕적인 형태의 것이 아니라 신학적이며 선교와 관련된 것이며,[304] 어떠한 형식의 파견이든 유연한 마음가짐으로 수용하면서 신앙의 자세를 심화시키는 데에 목적을 두고 있다는 것이다. 그러므로 순명의 서원과 함께 파견받은 사람은 우리의 주님이신 그리스도의 대리자들로서 자신을 더욱 큰 봉사의 길로 인도해 주는 장상들과 특별히 교황에게 준비된 마음으로 순명의 자세를 취해야 할 것이다.[305] 성 이냐시오가 이해했던 이러한 순명은 단지 사도직 활동을 이롭게 하기 위해서 수직적인 관계의 제도를 수립하는 데 있어서 필요한 일치의 기본적인 토대[306]로서만

---

303 Cfr. I. Iparraguirre, *Ignazio di Loyola*, p. 1259.
304 Cfr. F. Ciardi, *o. c.*, p. 138.
305 Cfr. G. Dumeige, *a. c.*, p. 252. 이에 대하여 회헌에서는 다음과 같이 말한다. "특별히 우리의 모든 노력을 다하여 먼저 교황께, 그리고 다음으로 예수회 장상들에게 순명하도록 한다. 그리하여 애덕으로 순명을 폭넓게 적용해 볼 수 있는 모든 일에서 우리는 순명을 요구하는 목소리가 마치 우리 주 그리스도께로부터 나온 것처럼 여겨야 한다. 이는 우리가 순명하는 것은 주님께 대한 사랑과 존경으로 '주님 대신'(편집자 주: 그분의 대리자를 통해서) 순명하는 것이기 때문이다." 회헌 547. 그리스도와 우리의 주님이신 그분을 대리하는 장상들과의 연관성에 대해 고찰하기 위해서는 회헌 85, 263, 284, 286, 342, 424, 434, 542, 552, 618, 627, 725를 찾아보시오.
306 "이 일치는 대부분 순명의 유대를 통하여 이루어지므로, 순명이 항상 온전히 유지되게 해야 한다. 그리고 본회의 공동체를 떠나 주님의 포도밭에서 일하도록 파견된 이들은

여겨져서는 안 된다. 그것은 또한 이웃들 안에서, 말하자면 수평적인 관계에서 그리스도의 현존에 대해 주의를 기울이도록 만드는 요소이기도 하다.[307] 이와 유사하게 예수회에서의 가난의 서원은 동일한 그리스도론적이며 사도적 생활로서의 전망에서 그리스도와의 동일화의 과정과 관련을 맺고 있다. V. Codina는 J. Alfaro의 견해를 인용하고 그리스도의 가난에 대한 성 이냐시오의 말을 재해석하면서 이에 대해 설명한다.

> 이냐시오에게서 가난의 성서적 기초는 가난하신 그리스도께 대한 인격적 사랑, 그분께서 사셨던 가난한 생활에로의 동참, 그리고 가난 자체와 가난한 사람들, 이웃 사랑, 좀 더 특별히 가난하고 억압받는 이웃들과 더불어 결국 정의에 대한 그분의 가르침을 포괄한다. …이냐시오에게 가난은 물질적인 재화로부터의 단순한 이탈이 아니라, …그리스도와 사랑의 일치를 이루는 사도적 가난이며, 이 사랑으로 가난한 이들과도 일치를 이루게 하는 것이다. 또한 이것은 당신의 삶과 가르침으로 가난한 이들과 일치를 이루도록 우리를 초대하시는 분, 즉 단지 살아가는 데에 있어서 필요한 요건들이 결여되었기 때문에 가난한 것만이 아니라 무엇보다 불의 때문에 억압받고 살아가는 모든 가난한 이들과 삶의 일치를 이루게 하시는 그리스도를 따르는 생활에서의 사도적 가난인 것이다.[308]

최대한 순명의 덕을 쌓은 이들이어야 한다." 회헌 659.
307 Cfr. R. Stalder, *o. c.*, p. 17. 더욱이 I. Iparraguirre는 이냐시오의 영성 안에서의 순명을 또 다른 측면, 즉 순교에 대해서 언급한다. "순명이란 지속적으로 자신의 판단과 의지의 머리를 잘라냄으로써 그 자리에 자신의 직무를 수행하면서 나타난 우리 주 그리스도의 것을 놓아두는 순교와도 같은 것이다.(편지 1)" I. Iparraguirre, *L'esperienza di Cristo mediatore in S. Ignazio di Loyola*, p. 521.
308 V. Codina, *a. c.*, pp. 713-714; cfr J. Alfaro, *Teología de los misterios de la vida del Cristo*, in AA. VV., "Ejercicios Constituciones. Unidad vidal", a cura di CEI, Bilbao 1975, p. 196.

이제까지 우리가 살펴본 것들을 종합하면서, 우리는 성 이냐시오에게서 새롭게 변화된 형태의 따름에로 초대하시는 그리스도의 부르심은 두 가지 불가분의 관점, 즉 인격적인 면과 사도적인 면으로 이루어져 있다고 단언할 수 있겠다. 이러한 그리스도론적인 기초 위에서 성 이냐시오와 예수회의 선교사명은 세상 안에서 인간을 위해 봉사하기를 원하셨던 주님의 구원사업을 지속해 나가는 행위가 된다.[309] 그리스도의 대리자인 교황에게서 파견을 받은 자로서, 그리고 직간접적으로 그들의 장상으로부터 사명을 수여받은 예수회 회원은 그리스도를 따르는 가운데 하느님의 보다 큰 영광을 위하여(ad maiorem Dei gloriam),[310] 또한 인류를 위한 구원사업을 지속해 나가기 위하여 그들의 사도로서의 생활을 펼쳐 나가게 될 것이다.

종합

이 장에서 우리는 수세기의 역사적 과정을 거치며 서로 다른 주안점을 두면서도 그리스도를 따름이라는 특별한 이상을 살아왔고 또 간직해 왔던 몇몇 수도생활의 의미 있는 형태들에 대해서 살펴보았다. 또한 이 장에서 전개한 연구를 통해 우리는 이러한 수도생활의 삶의 방식 안에서 그리스도를 따름에 대한 여러 관점들을 종합적으로 규명해 볼

---

309 Cfr. I. Iparraguirre, *L'esperienza di Cristo mediatore in S. Ignazio di Loyola*, p. 524.
310 이냐시오에게서 예수회 회원들에게 부여된 '하느님의 보다 큰 영광을 위하여(*ad maiorem Dei gloriam*)'라는 궁극적인 목표는 그리스도께 그리고 그분의 사명에 일치하는 것에 목적을 두며, 순명이라는 인간의 의무에 새겨진 것으로 언제나 새롭게 갱신해 가며 모든 노력을 기울여야 한다는 사실을 나타내고 있다. 게다가 이 문구 자체도 최상급이 아닌 비교급으로 표현되고 있다는 점도 매우 의미심장한 것이다. 즉 하느님의 영광은 커 가야 하고 확장하는 것이어야 하며, 또한 항상 더욱 큰 것이어야 한다는 것이다. cfr. A. Tagliafico, *o. c.*, pp. 426-427.

수 있었다.

첫 번째로 성 베네딕도의 수도승생활에서 주님이신 그리스도는 수도승의 전 생애가 집중되어야 할 지속적인 준거점으로서 간주되었다. 이 수도승생활은 구원의 도구이며 하느님 말씀의 해석서이자 주님의 계명의 총체인 규칙서와, 살아 있는 규칙서이며 그리스도의 대리자들로서 여겨지는 아빠스 밑에서 이루어지는 군복무(Militia) 또는 봉사(Servizio)의 삶으로 실현된다. 이러한 방법으로 수도승의 삶 전체는 규칙서와 아빠스에게 순명하는 생활을 통해 주님을 닮아 가고 그분께 동화되기 위한 중단 없는 여정으로 묘사된다. 이처럼 수도승이 그리스도께 동화되어 간다는 것은 구체적으로는 규칙서와 아빠스의 역할, 그리고 전례 행위(Opus Dei) 안에 그리스도의 신비들이 현재화되고 있다는 확신을 명백히 상정하고 있다. 수도승생활 안에서 이러한 그리스도의 신비가 현재화하고 있다는 사실은 수도승생활에 담긴 신학이 그리스도를 따름이라는 주제에 부여하는 심오하고 핵심적인 내용인 것이다.[311]

이어서 성 프란치스코와 성 이냐시오의 영성에 관련된 또 다른 수도생활의 모델로서, 보다 즉각적이고 친근한 방식으로 그리스도를 따름이라는 이상에 접근하고자 했던 삶의 양식이 있었다. 우선 성 프란치스코는 그리스도를 따름을 실현하는 데에 자신을 투신하면서, 세부적인 사상이나 개념에 몰두하기보다는 복음 자체에 가까이 다가서려 함으로써 온전히 복음에 충실한 삶을 살고자 했다. 이러한 프란치스칸 생활의 기초에서 우리는 그가 가졌던 복음을 이해하는 특징적인 기준점이

---

311 Cfr. G. Moioli, *"Sequela" e "Contemporaneità" del cristiano. Illustrazione dalla storia della spiritualità cristiana*, in Communio 9(1973), p. 7.

무엇인지 찾아볼 수 있었다. 즉 그는 복음 안에 실제로 그리스도께서 현존하신다고 보았던 것이다. 따라서 그의 고유한 카리스마는 복음을 문자 그대로 따르는 삶을 의미하는 것이었으며, 그의 규칙서는 거룩한 복음의 삶의 방식을 따르는 생활이었던 것이다. 이렇듯 성 프란치스코에게서 복음의 그리스도가 자신이 따르고 본받아야 할 삶의 모델이고 방식이기에, 그는 특별히 겸손과 가난의 관점에서 순례자로서 탁발생활을 하며 그리스도의 지상 생애 전체를 하나의 본보기로서 삼아 살고 이를 실현하고자 했다. 이로써 우리는 성 프란치스코와 그의 제자들에 의해서 실현된 그리스도를 따름의 새로운 형태가 당대의 수도생활, 특별히 수도승생활의 범주와는 어떻게 구분되는지 고찰할 수 있었다. 그러나 이러한 구분이 그리스도를 따르는 분명한 의도와 관련한 어느 하나의 삶의 형태에 배타적이거나 우선적인 가치를 부여하려는 것은 아니다. 단지 그것은 따름에 대한 복음적인 내용들이 표현된 체험이나 사고, 그리고 예수 그리스도께 정향하고자 했던 그들의 의지의 고유한 관점에 따라 구분되는 것일 뿐이다.[312]

마지막으로 성 이냐시오 역시 이와 유사하게 복음의 이야기에 따라 그리스도의 역사적인 생애를 모델로 삼아 그리스도교적인 인격에 어울리는 삶의 모습을 구성하고자 한다.[313] 앞서 우리가 고찰해 보았듯이, 성 이냐시오의 영적인 체험은 그리스도를 외적으로 본받고자 하는 열망에서 시작하여 그분 안에서 내적으로 변모하는 과정, 즉 점진적으로 성숙해 가면서 그리스도께서 활동하심에 대한 근본적인 체험을 수반

---

312 Cfr. G. Iammarrone, *Gesù Cristo volto del Padre e modello dell'uomo. L'apporto della visione francescana*, pp. 32-34.

313 Cfr. G. Moioli, *a. c.*, p. 7.

한다. 여기에는 두 가지 요소가 있는데, 하나는 그리스도 안에서 성장하고 그분께서 당신을 드러내 보이시는 요소와 다른 하나는 그리스도의 중재자로서의 실재에 대한 심도 깊은 체험이다. 우선 성 이냐시오는 영신수련을 거치면서 인간으로 하여금 자신의 피조물로서의 자격과 죄인으로서의 상태에 대해 인정하도록 도울 뿐만 아니라, 그리스도 안에서 항상 깊은 변화를 얻을 수 있도록 인도하고자 한다. 즉 그리스도께서는 그리스도인 실존의 목표에 이르기 위한 존재론적인 기본 토대이며 최상의 본보기인 것이다. 계속해서 수련자는 그분의 수난과 사랑을 경험하고, 그분께서 사셨던 가난과 겸손의 삶의 방식을 따라 살고자 하는 강한 열정을 가지고 그분께 동화됨으로써 결국 그분의 제자가 되기에 이른다. 성 이냐시오에 따르면 십자가에 못 박히신 그리스도를 진정 따르고자 하는 사람은 자신 안에 그분의 모습을 재현하도록 힘써야 하며, 또한 모든 이들을 사랑해야 할 것이다. 이러한 방법으로 상호보완적인 측면에서의 그리스도를 따름의 모델에 대한 두 가지 관점을 묘사할 수 있겠다. 그것은 자신 자신을 무화시키기까지 주님께 향한 온전한 사랑의 마음을 갖는 것이고, 다른 하나는 전자와 불가분의 관계에 있는 행위로써 형제들과 사랑의 일치를 나누는 것이다.[314] 이러한 전망에서 영신수련 안에서 구원을 위한 주님의 실제적인 행위인 사랑에 대해 깊이 관상하는 것은 예수회 회원으로 하여금 하느님의 보다 큰 영광과 영혼들의 선익을 위한 그리스도의 사도적 사명에 동일하게 참여함으로써 중재자로서의 존재가 되도록 이끌어 준다.

우리의 연구 주제와 관련하여 역사 안에 나타난 수도생활의 다양한 운동들에 대한 보다 심도 있는 분석을 통해서 전개했던 이 모든 내용

---

314 Cfr. A. Tagliafico, *o. c.*, pp. 213-214.

은, 수도자들은 그리스도께서 사셨던 삶의 모습을 보다 가까이 따르도록 불리어졌으며, 특별한 방법으로 복음의 영감을 받음으로써 자신의 삶을 규정하도록 해야 한다는 인식에 도달하게 한다. 실제로 수도생활의 스승들은 그리스도를 따름이라는 이상을 이해하는 데에 있어서 상이한 선호하는 면 혹은 특별한 강조점을 가지면서도 그리스도의 인격에 결부된 여러 형태의 삶을 확장시켜 왔다. 그리스도를 따르는 방식의 이러한 다양성에 대해서 우리는 다음과 같은 정당한 설명을 부연할 수 있을 것이다. 말하자면 수도생활의 스승들은 그리스도를 따름이라는 이상을 실현하기 위해서 천편일률적인 모델이나 하나의 규칙 혹은 신심생활의 해석에 만족했던 것이 아니라, 다양한 방식으로 사회-교회적인 맥락에서 야기된 서로 다른 요구들 안에서 '그리스도를 따름'이라는 과제에 대해 이해했고 수용하고자 했던 것이다.[315] 바로 이 점에서 우리는 수도자들에게 모든 시대에 새로운 방식으로, 그리고 자신들의 삶을 통해서 항상 이와 같은 그리스도를 따름이라는 고유한 가치를 재해석하고 또한 살아가는 방식을 보여 주어야 할 의무가 요구된다고 단언할 수 있겠다. 말하자면 이것은 예수님을 따름이라는 사건과 이로부터 나오는 요청이 어떻게 모든 시대의 수도생활의 계획을 내적으로 형성할 수 있는지 보여 주는 일일 것이다.

---

315 Cfr. G. F. Poli, *a. c.*, p. 445.

3장
교황 권고 『봉헌생활』 이전의
교회 문헌 안에서
수도생활의 이상으로써 그리스도를 따름

1. 그리스도를 따름과 수도생활

2. 수도생활의 최상의 규범으로써 그리스도를 따름의 의미

3. 복음 권고를 통해서 그분을 더욱 가까이 본받음으로써의 그리스도를 따름

4. 따름을 위한 조건인 그리스도 자기 비움에의 참여

|종합|

앞선 1, 2장의 연구에서 우리는 '그리스도를 따름'이라는 주제에 대한 성서신학적 역사적인 분석을 시도하면서, 어떻게 교회와 수도생활이 걸어온 역사가 부르심과 이에 대한 신속한 응답을 통해서 주님의 제자가 되어 그분을 따라왔던 역사와 동일시될 수 있는지 살펴보았다. 따라서 수도생활 자체를 '그리스도를 따름(sequela Christi)'이라는 주제와 동일시하는 경향은 다양한 수도생활의 역사를 거치는 동안 언제나 지속적으로 나타났던 가장 전통적인 개념 중에 하나였다고 명백히 말할 수 있다.[1] 이와 관련해서 우리는 역사적으로 제2차 바티칸 공의회로부터 시작하여 세계주교대의원회의 후속 교황 권고 『봉헌생활』 안에서 연구 주제에 대한 교회의 가르침이 성대하게 종합되기까지 교회 문헌에서는 어떠한 방식으로 이와 같은 사실을 거듭해서 분명하게 확인해 주고 있는지 고찰해 볼 필요가 있다.

> 맨 처음부터 교회에는 복음적 권고를 실천함으로써 더 자유롭게 그리스도를 따르고 더 가까이에서 그분을 본받고자 하여, 각자 나름대로 하느님께 봉헌된 생활을 하는 남녀들이 있었다.[2]

> 예수님께서 몇몇 사람들을 친히 부르시어 모든 것을 버리고 그분을 따르도록 하심으로써 이러한 삶의 유형을 제정하셨고, 그것은 여러 세기를 거치는 동안 성령의 인도 아래 점차 다양한 봉헌생활 형태로 발전하게 되었습니다. 그러므로 성직자와 평신도로만 이루어진 교회는 신약성서의 복음서와 서한들을 통해서도 알 수 있듯이, 교회의 창립자이신 하느님의 뜻에 맞는 것이 아닙니다.[3]

---

1 Cfr. J. M. Lozano, *o. c.*, p. 12.
2 『완전한 사랑』 n. 1b.
3 『봉헌생활』 n. 29c.

실제로 해석학적 신학적 연구의 기초 위에서 보편 공의회와 그 이후의 교회의 가르침에서는 그리스도인 생활의 윤리적인 측면을 설명하기 위해서만이 아니라, 수도생활에 대해 보다 깊이 이해하도록 돕기 위해서 '그리스도를 따름'이라는 성서신학적 범주의 개념을 회복시키게 되었다.[4] 참으로 수많은 수도회의 창설자들은 항상 그리스도를 따름에로의 호소를 자각하고 이러한 이상을 살기 위한 요구를 자신 안에서 발견하면서 진정한 그리스도인이 되어 온전히 복음을 살아가고자 염원하였던 것이다.[5] 역사적으로 따름에 대한 성경의 이야기에서 특별한 성소의 기초를 발견하며 태동하게 된 수도생활은 그리스도를 따르는 보다 모범적이고 그리고 상징적인 방식을 보여 줄 뿐 아니라, 신자나 비신자를 향해서 그분께서 살아가신 삶의 유형을 제시해 주기도 한다.[6] 그러므로 수도생활은 교회 안에서 그리스도인의 본질적인 성소 중의 하나를 구성하고 있는 것이다. 이러한 그리스도인의 성소의 기원이 갖는 동일성 안에서 예수님에게서 받은 그리스도인의 모든 성소는 부르심을 받은 사람으로 하여금 추종의 삶을 살아가게 하며, 유일한 목적으로써 그리스도의 삶과 사명에 점진적으로 그리고 항상 더욱 충만히 참여하도록 도와주는 구체적이고 특별한 방식을 구성한다고 말할 수 있다.[7]

---

4 Cfr. S. M. Alonso, *o. c.*, p. 94. 교회의 가르침들 안에서 이 개념이 사용된 예를 다음과 같이 제시할 수 있다. 『교회헌장』 nn. 42, 44; 『완전한 사랑』 nn. 1, 2, 5, 8, 13; 『복음의 증거』 n. 12; 『상호관계』 n. 10; 『교회법전』 cc. 573.1: 577: 601: 604.1: 662; 『본질적 요소』 nn. 7, 14; 『구원의 은총』 nn. 1, 2, 5 등등.
5 Cfr. A. Pigna, *La vita consacrata. Trattato di teologia e spiritualità I. Identità e missione*, p. 139.
6 Cfr. 『교회헌장』 n. 46.
7 Cfr. A. Pigna, *La vita consacrata. Trattato di teologia e spiritualità I. Identità e missione*, p. 137.

이 장에서 우리는 먼저 제2차 바티칸 공의회의 교의헌장 중의 하나로써 수도생활에 대한 중요한 가르침을 전하고 있는 『교회헌장(Lumen Gentium)』에 대해서 살펴볼 것이다. 이 헌장에서 교회는 그리스도인 생활의 한 방식으로써 수도생활의 실체에 대해 신학적으로 장엄하게 해석하고자 노력한다. 그리스도인 생활과 관련하여 공의회의 교의에 있어서 핵심적인 내용은, 모든 그리스도인들은 교회적 친교 안에서 세례 때의 거룩한 서약을 통해 축성되었고, 따라서 가난하고 겸손하시며 십자가를 짊어지신 그리스도를 따르며 그분의 모상에 일치되는 삶을 살아가게 되었다는 것이다.[8] 달리 말하자면, 모든 그리스도인들이 거룩한 생활을 하도록 불리어진 것처럼, 교회의 모든 구성원들은 그리스도인이 되도록 불리어졌기에 또한 그분을 따르는 사람이 되도록 초대되었다는 것이다.[9] 완덕과 그리스도를 따름에로의 공동의 성소라는 견지에서 보면 신자들의 한정된 특정 그룹, 즉 수도자들에게 국한해서 '완덕의 신분'이라는 표현을 사용하는 것은 적절치 않아 보인다. 왜냐하면 모든 신자들은 획일적인 차원에서 완덕을 지향하며 살아가는 것이 아니라 각자 자신의 신분에 따라 성덕과 완덕에 이르기 위한 삶을 일관되게 살아가도록 정향된 것이기 때문이다.[10] 당연히 교회의 모든 구성원들은 세례받은 자로서 자신의 신분에 따라 축성된 삶의 계획을 통해 포기와 삶의 긍정적인 의미를 발견해 나가며 완덕에 이르기 위한 삶을 영위해 나갈 권리와 의무를 지닌다.[11] 모든 그리스도인 생활의

---

8   Cfr. A Pardilla, *La forma di vita di Cristo al centro della formazione della vita religiosa. Il quadro biblico e teologico della formazione*, Roma 2001, pp. 189-190.
9   Cfr. A. Pigna, *La vita consacrata. Trattato di teologia e spiritualità I. Identità e missione*, p. 137.
10   Cfr. 『교회헌장』 n. 42.
11   Cfr. A Pardilla, *o. c.*, p. 191.

형태가 자신이 받은 제자직과 주님께 대한 추종의 삶을 살아가고 표현하고 있다는 점에서, 이러한 축성이 요구하는 것들을 실행해 나가기 위한 삶의 구체적인 양식들은 단순히 이차적인 것이며 관계적인 특성을 지닌 하나의 수단이며 방편으로 간주된다.[12] 이러한 의미에서 성덕에로의 보편적인 부르심과 마찬가지로 그리스도를 따름에로의 요구 역시 개별 범주의 사람들에게 배타적으로 해당되는 것이라고 볼 수 없다고 명확히 단언할 수 있을 것이다.[13] 이에 대해서 A. Pigna는 모든 그리스도인들이 그리스도를 따름에로의 유일한 성소를 가지고 있다고 주장하면서 다음과 같이 설명한다.

> 이것 외에 다른 그리스도인의 성소란 존재하지 않는다. 즉 그리스도인의 성소란 추종의 삶을 충만히 살아가라는 동일한 부르심일 수밖에 없고, 또 이러한 것이어야만 한다. 어느 누구도 이것을 자신만의 권리로써 주장한다거나 다른 사람에 비해 '보다 나은 추종자'가 되도록 불리어졌다고 자부할 수도 없는 것이다. 단지 그리스도를 따르는 다양한 형태와 방식이 있을 뿐이다.[14]

그럼에도 불구하고, 공의회는 복음적 권고들의 서원과 수도서원의 축성[15]을 통해서 그리스도께 보다 온전히 동화되고,[16] 그리스도를 근본적인 방식으로 보다 가까이 따르는 행위[17]를 수반하는 수도생활 신분의

---

12 Cfr. J. M. Lozano, *La sequela di Cristo. Teologia storico-sistematica della vita religiosa*, p. 33.
13 Cfr. A. Pigna, *La vita consacrata. Trattato di teologia e spiritualità I. Identità e missione*, p. 127.
14 *Ibid.*, p. 137.
15 Cfr. 『교회헌장』 n. 46; A Pardilla, *o. c.*, p. 197.
16 Cfr. 『교회헌장』 nn. 42: 44: 46.

그리스도론적인 특별한 의미에 대해서 부인하지 않는다. 더 나아가서 공의회는 획일적인 교회의 단편성을 피하고 방법적으로는 모든 그리스도인이 지켜야 할[18] 주님의 계명[19]이라는 틀에서 복음적 권고들이라는 실재를 구분함으로써, 그리스도인 생활 형태의 분류와 그 정당한 다양성이야말로 그 자체로 교회 구성원들 간의 삶의 조건과 역할에 따른 차이가 있음을 보여 주는 것이라고 단언한다.[20] 이 점에 대해 공의회 문헌에서는 다음과 같이 밝히고 있다.

> 그들은 곧 순종하시는 그리스도를 더욱더 완전히 닮고자, 계명의 척도를 넘는 완덕의 문제에서 하느님 때문에 사람에게 스스로 복종하는 것이다.[21]

17 Cfr. 『교회헌장』 n. 42.
18 Cfr. 『교회헌장』 n. 46.
19 여기서 계명과 권고라는 두 개념이 신학적 윤리적 의미에서 서로 구별된다는 점에 대해서 기억해 둘 필요가 있다. 성 토마스 아퀴나스는 하느님과 이웃을 사랑하라는 그리스도교적 애덕의 법칙과의 내적인 연관성 안에서 계명과 권고에 대한 문제를 설명한다. "성 토마스에게서 출발점 혹은 그의 이론의 근거는, 완덕은 그 자체로 그리고 본질적으로(*per se et essentialiter*) 하느님과 이웃에 대한 사랑(precetto principale)에 있다는 것이다. 이것은 모든 이들이 준수해야 할 계명의 본성인 것이다. 계명은 본성상 당연히 규정들을 지니는데, 이것은 애덕을 거스르거나 애덕과 양립될 수 없는 것들을 제거해 주기 위한 것이다.(precetti secondari) 그러므로 각자는 애덕의 이 두 가지 계명에 관계된 모든 것들을 지키며 살아야 하는 것이다. …여기서 권고들은 두 번째 형태의 계명들, 즉 이차적인 계명들에 대한 설명에서 이해된다. 즉 권고들은 이러한 계명들을 넘어서 기본적인 애덕의 이중 계명이라는 목표에 더욱 쉽게 다가서도록 하는 데 필요한 것들이다. 따라서 권고들은 비록 애덕에 명백히 반하는 것이 아니더라도 애덕의 행위에 방해가 될 수 있는 모든 것들을 제거하는 데에 목적이 있는 것이다." J. Rovira, *o. c.*, pp. 68-69; cfr A. Pigna, *Consigli, precetti e santità secondo S. Tommaso*, in EphC 25 (1974), pp. 318-376; J. M. Tillard, *Consigli evangelici*, in "DIP" vol. II. Roma 1975, cc. 1654-1658; J. M. Lozano, *La sequela di Cristo. Teologia storico-sistematica della vita religiosa*, pp. 151-160.
20 Cfr. 『교회헌장』 n. 13.
21 『교회헌장』 n. 42d.

> 그러므로 하느님의 백성은 여러 민족들 가운데에서 모인 것일 뿐 아니라 그 자체 안에서도 여러 계층으로 이루어져 있는 것이다. 실제로 하느님 백성의 지체들 사이에는 다양성이 있다. 직무에 따라…, 신분과 생활양식에 따라….[22]

만일 복음 본연의 의미에서 이해된 유일한 추종 혹은 완덕과 관련하여 이러한 교회 안의 구체적인 생활의 형태들은 단순히 수단이라고 받아들일 수 있다 하더라도, 그렇다면 여타 그리스도인 생활의 신분과의 관계에서 어떠한 방식으로 수도생활의 고유한 성격을 보증할 수 있겠는가? 또한 어떻게 그리스도 추종을 수도생활의 가장 고유한 성격으로 이해할 수 있겠는가? 과연 교회 안에서 수도자의 정체성을 규정하는 것은 무엇인가? 이러한 질문에 해답을 제시하기에 앞서 상기해야 할 것이 있다. 그것은 비록 모든 그리스도인이 그리스도를 따르고 또한 그분을 따르는 이가 되도록 정해져 있지만, 분명 특별한 부르심이 있어서 스승이신 주님께서는 이를 통해 어떤 사람들을 당신과의 친밀한 관계에 놓으실 뿐만 아니라(cfr. Mt 4,18-22; Mc 1,20-26: 3,13-19) 당신의 삶과 사명에 참여토록 초대하신다는 것이다. 더욱이 공의회 문헌은 그 서두에서부터 수도생활을 그리스도와 관계를 맺는 특별한 방식으로 정의하고 있다. 이러한 점에서 수도생활에 대한 공의회의 가르침을 이해하기 위해서, 즉 어떤 점에서 그리스도를 따르는 일이 이러한 수도생활에서의 최상의 규범이라고 말할 수 있는지 살펴보기 위해서, 수도생활과 그리스도 사이에 형성되는 특징적인 관계에 대한 심도 있는 연구가 필요하다.[23]

---

22 『교회헌장』 n. 13c.
23 Cfr. J. M. Lozano, *Rinnovamento religioso. Dottrina conciliare*, Roma 1968, p. 72.

교황 권고 『봉헌생활』의 관점에서 바라본 우리의 주제에 대한 연구를 전개하기에 앞서, 이제 우리는 특별히 『교회에 관한 교의헌장』과 『수도생활의 쇄신 적응에 관한 교령』에 담겨진 제2차 바티칸 공의회의 가르침에 대해서 검토해 보고자 한다. 부언하자면 『봉헌생활』에 대한 통계적 자료에서도 이 두 가지 공의회의 문헌들이 가장 많이 인용되었을 뿐만 아니라, 교황께서도 『봉헌생활』 안에서 바티칸 공의회야말로 수도생활에 대한 지침과 시노드를 통한 신학적인 성찰에 있어서 "명쾌한 준거"[24]가 되었음을 분명히 밝히고 있다.[25] 실제로 2차 바티칸 공의회는 수도생활 신학의 연구에 있어서 결정적인 전기를 마련하였다. 그것은 공의회 교부들이 수도생활을 그리스도의 신비 안에 그리고 신비체인 교회 안에 자리매김함으로써 신학적인 전망에서 수도생활의 지위를 심도 있게 다루었기 때문이며, 동시에 수도생활이 가지는 카리스마적 종말론적인 차원에 대해 부각시켜 주고 있기 때문이다.[26] S. Tassotti 역시 『봉헌생활』과 공의회의 문헌들 사이의 깊은 연관성에 대해 다음과 같이 설명한다.

교회와 세상 안에서 봉헌생활과 그 사명에 관한 세계주교대의원회의의 결실인 교황 권고 『봉헌생활』은 2차 바티칸 공의회로부터 시작된 수도생

---

24 『봉헌생활』 n. 13d.
25 Cfr. A. Pardilla, *Vita consacrata per il nuovo millennio. Concordanze, fonti e linee maestre dell'esortazione apostolica "Vita Consecrata"*, Città del Vaticano 2003, p. 1337. 같은 저자의 분석에 따르면 양적인 면에서나 내용적인 면에 있어서 어떤 다른 문헌도 이 두 가지 문헌만큼 교황 권고 『봉헌생활』에 영향을 미치지 못하였다. 『교회헌장』(42번 인용: 직접 인용 16번, 간접 인용 26번); 교령 『완전한 사랑』(22번 인용: 직접 인용 1번, 간접 인용 21회) 봉헌생활에 대한 공의회의 원전에 대해 알아보기 위해서 같은 책 pp. 1337-1342를 참고하시오.
26 Cfr. S. M. Alonso, *o. c.*, p. 81.

활에 대한 기나긴 신학적 숙고의 결론이며, 다른 한편 이제까지 제시된 연구들을 더욱 발전시키고 심화시켜 나가기 위한 새로운 단계의 출발점이라고 볼 수 있겠다.[27]

따라서 공의회에서 수도생활을 설명하기 위하여 다뤄진 내용들이 이미 시대에 뒤처져 그 의미가 퇴색한 것이 아니라면, 교황 권고 『봉헌생활』에서 나타난 그리스도를 따름이라는 연구 주제에 대한 우리의 신학적 성찰 역시 공의회의 가르침과의 연계성 또는 그 발전 과정 안에서 이뤄지는 것이 보다 논리적으로 적합할 것이다.[28] 이러한 내용을 전제로 다뤄질 문헌들 사이의 관계를 단절된 것으로 보려는 방법론적인 태도를 피하면서, 공의회 문헌들 안에서 수도생활의 정체성을 표현하기 위한 것으로써의 그리스도를 따름이 지니는 고유한 특성들에 대해 검토하고자 한다. 또한 이러한 내용의 연구와 더불어 다른 두 개의 문헌, 즉 교황 권고 『복음의 증거』와 『구원의 선물』에 대해서도 부분적으로나마 분석해 보고자 한다. A. Pardilla에 따르면 교황 바오로 6세의 '대헌장(Magna Carta)'이라 일컬어지는 교황 권고 『복음의 증거』 역시 수도생활에 대한 가장 중요한 문서 중의 하나이기 때문이다. 그리고 이 문헌 안에서도 그리스도를 따름이라는 주제는 문서 전체를 통해서 지속적으로 나타나고 있다. 같은 맥락에서 그는 교황 권고 『구원의 은총』은 구원자이신 그리스도를 따름, 그리고 본받음이라는 관점에서 수도생활의 신학적 영적 차원의 숙고를 다루고 있다고 주장한다.[29] 그

---

27 S. Tassotti, *La consacrazione religiosa. Dal Concilio Vaticano II all'Esortazione Apostolica "Vita Consecrata"*, Roma 2003, p. 117.

28 Cfr. A. Pardilla, *Vita consacrata per il nuovo millennio. Concordanze, fonti e linee maestre dell'esortazione apostolica "Vita Consecrata"*, p. 1353.

29 Cfr. Id., *La forma di vita di Cristo al centro della formazine della vita religiosa. Il*

러므로 이 두 가지 문헌에 대해 부분적으로나마 살펴봄으로써 연구 주제에 대한 이해를 더욱 심화시키고 풍요롭게 할 수 있을 것이다.

1. 그리스도를 따름과 수도생활

앞서 살펴보았듯이 2차 바티칸 공의회는 수도생활에 대한 탁월한 이해를 보여 주는 두 가지 문헌을 제공하고 있다. 첫째는 『교회헌장』 5장과 6장을 구성하는 부분으로 여기서는 수도자들을 교회와 그 사명 안에 자리매김하고 있다. 둘째는 『교회헌장』의 교의적인 지침을 이어받으면서도 어떤 점에서는 이를 더욱 발전시키고 있는 『수도생활 쇄신과 적응에 관한 교령 '완전한 사랑'』이다.[30] 『교회헌장』 5장에서는 수도생활의 신분이 성덕에로의 교회의 보편적인 부르심에 뿌리박고 있음을 언급하면서 수도생활이 교회 안에서 어떻게 결부되어 있는지 그 분명한 근거를 규명하고 있다. 이어지는 6장에서는 이러한 전이해를 바탕으로, 수도자를 교회 안에 포함시키고 수도생활이 전적으로 교회론적인 성격을 지니고 있음을 밝혀 준다. 이러한 교회론적인 지평에서 수도생활의 지위는 특별히 개인적인 완덕의 신분으로서가 아니라 무엇보다 교회의 총체적인 신비와의 관계 안에서 고찰된다.[31] 같은 맥락에서

---

quadro biblico e teologico della formazione, pp. 212-213; S. Tassotti, *o. c.*, pp. 56-57.
30 Cfr. J. Aubry, *Teologia della vita alla luce del Vaticano II*, 2a edizione riveduta e arricchita, Torino 1980, pp. 6-7.
31 수도생활과 교회의 신비와의 관계에 대해서 다음의 글들을 참고하시오. A: Bandera, *Apostolicità della Chiesa e vita religiosa*, in ViCo 20(1984), pp. 269-282; Id., *La vida religiosa en el misterio de la Iglesia. Concilio Vaticano II y Santo Tomás de Aquino*, BAC, Madrid 1984; Id., *Santità della Chiesa e vita religiosa. La dottrina del Vaticano II sulla vita religiosa*,

수도자들에게서의 복음적 권고의 실천 역시 주님으로부터 유래하는 카리스마적인 것(은사)이며 그리스도교 공동체 안에서 하나의 증거로서 여겨진다. 실제로『교회헌장』에서는 이 복음적 권고란 교회가 주님으로부터 부여받은 것이며, 또한 그분의 은총으로 말미암아 항상 보존하는 것이라고 설명한다.[32] 이러한 논증은 단순하게 보일지라도 그것이 수년 간의 공의회 기간 중에 많은 신학자들이 수도생활을 교회의 보편적인 성소에 더욱더 분명한 방식으로 결부시키려 했던 노력의 결실이라는 점에서 그 중대한 의미를 지닌다.[33] 교회 안에서 수도 신분에 대한 이러한 전망은 교회를 구성하는 성사들, 무엇보다 세례성사의 축성과 연관되어 있다. 이에 대해『교회헌장』에서는 다음과 같이 말한다.

> 세례를 통하여 죄에 대하여 죽고 하느님께 봉헌되었으나, 세례 은총의 더욱 풍성한 열매를 얻을 수 있도록 교회 안에서 복음적 권고들을 서원하여 사랑의 열정과 완전한 하느님 예배를 가로막을 수 있는 장애에서 해방되고자 하며, 하느님 섬김에 더욱 깊이 봉헌되는 것이다.[34]

그리스도인 생활과 성사들과의 관계와 관련해서 평신도와 성직자의 신분은 그 특성을 분명히 드러내는 성사들, 즉 세례성사와 신품성사와 특별한 방식으로 연관 지어져 있다. 다만 그리스도인 생활에서의 이

---

in ViCo 23(1987), pp. 280-294, 378-391; E. Catazzo, *La vita religiosa nel magistero poniticio postconciliare*, Esca, Vicenza 1969; V. De Paolis, *La vita consacrata nel mistero di Cristo e della Chiesa*, in Euntes Docete 48(1995), pp. 19-56; M. Midali, *La teologia della vita consacrata dal Vaticano II a oggi*, in ViCo 28(1992), pp. 312-327.

32 Cfr. 『교회헌장』 n. 43a.
33 Cfr. J. M. Lozano, *Vita religiosa parabola evangelica. Una reinterpretazione della vita religiosa*, p. 69.
34 『교회헌장』 n. 44a.

두 가지 신분과 달리 수도자로서의 지위는 이와 같은 방식의 고유한 성사와 관련되어 있지 않은 것이다. 하지만 수도자들은 특별한 카리스마적인 강한 특성을 가지고 세례성사와 견진성사의 은총을 더욱 충만히 살아가고자 한다. 이에 대해서 J. Aubry는 말한다.

'수도자이다'라는 것은 세례성사와 견진성사의 고유한 요청들에 대해, 말하자면 순수하게 그리스도인의 성소에 요청되는 것들에 대해서 고유하고 충만하게 응답한다는 것이다.[35]

바로 여기서 세례 때의 성덕에 대한 응답이라는 관점에서 일반적인 그리스도인의 성소와 수도성소 사이의 깊은 연관성에 대해 분명히 제시하는 동시에 완덕에로의 요청에 대한 보편성을 강조하는 데 주력하고자 했던 공의회 교부들의 의도가 드러난다.[36] 이에 대해서 『교회헌장』에서는 말한다.

따라서 어떠한 신분이나 계층이든 모든 그리스도인이 그리스도교 생활의 완성과 사랑의 완덕으로 부름 받고 있다는 것은 누구에게나 자명한 일이며, 그 성덕으로 지상 사회에서도 더욱 인간다운 생활양식이 증진된다. 그 완덕에 이르고자 신자들은 그리스도께 받은 힘을 다하여 그분의 발자취를 따르며, 그분의 모습을 닮아 모든 일에서 하느님 아버지의 뜻을 따르고, 하느님의 영광과 이웃에 대한 봉사에 온 마음으로 헌신하여야 한다.[37]

이러한 점에서 J. M. Lozano는 그리스도를 따르는 생활에 대한 보편적

---

35 J. Aubry, *o. c.*, pp. 13-14.
36 Cfr. *Ibid.*, pp. 14-15.
37 『교회헌장』 n. 40b.

인 성소로부터 출발하지 않고, 그리스도께서 행하시며 살았던 삶의 방식을 본받는 생활이라는 협소한 의미에서 추종이라는 개념을 사용하고자 할 때, 그리스도를 따름이라는 말이 오직 수도자들이나 특권적인 일정 그룹에 해당하는 것으로 축소될 수 있다는 위험성에 대해 경고한다. 이러한 문제에 응답하기 위해서 그는 복음서에 비록 예수님의 메시지를 받아들이면서도 그분과의 만남 이전의 삶의 조건을 그대로 유지하는 것과 같은 다양한 방식으로 예수님을 따르고자 했던 수많은 제자들이 있었음을 상기시킨다. 그에 의하면 이 같은 사실은 교회 안에서 그리스도께 결합되어 그분을 따라 살아가는 삶의 구체적인 방식에 있어서 다양성이 존재함을 보여 주는 것이라고 주장한다.[38] 이러한 연구는 교회를 이루는 실체 중의 하나로서 수도생활의 지위와 그 사명을 올바로 이해하는 데에 유익할 것이다. 이와 유사하게 E. Marchitielli도 그리스도 추종이라는 동일한 전망에서 그리스도의 유일한 복음을 살아가는 두 가지 가능성 또는 두 가지 방식에 대해 고찰하면서도 이 두 가지 성소 모두가 하나의 중심축, 즉 예수님의 인격에 집중되어 있다고 말한다.

> 그리스도인의 성소(편집자: 평신도의 성소)와 수도생활의 성소는 모든 신자들이 그분의 제자와 문하생이 되도록 불리어진 예수 그리스도와 그분의 복음을 따르며 살아가기 위한 개별적인 두 가지 방식으로서 간주되어야 할 것이다. 사실 인간에 대한 하느님의 계획은 복음의 선포 안에서 충만히 실현되며, 그리스도를 따름은 이 복음 안에서 그 온전한 풍요로움을 드러낸다. …교회 편에서는 진리에 대한 사랑으로 이러한 복음적 그리

---

38 Cfr. J. M. Lozano, *La sequela di Cristo. Teologia storico-sistematica della vita religiosa*, pp. 34-35.

스도론적인 기원에 대한 분명한 인식을 가져야 하고, 또한 이것은 그리스도인 생활이나 수도생활에 있어서도 마찬가지이다. 바로 여기서 그리스도인 생활은 그리스도의 인격 자체에 그 기원을 두며, 따라서 수도생활의 기원도 그것이 그리스도교적인 체험으로 유래한다는 사실에서 동일한 그리스도의 인격 안에 자리하고 있다고 이해할 수 있는 것이다.…[39]

이러한 이론적 바탕 위에서 '그리스도를 따름'은 2차 바티칸 공의회의 가르침 안에서 수도생활을 묘사하기 위한 기본적인 개념들 중에 하나로 자주 사용되고 있다. 따라서 공의회에서는 복음적 완덕과 그리스도의 모범을 따르는 생활을 향한 그리스도인의 보편적인 성소에 대한 의미를 상기시키면서 수도생활은 교회 안에서 하느님의 아드님께서 수용하셨고 당신을 따르던 사도들에게 제시하신 삶의 방식을 드러내는 것이라고 설명한다.[40] 이러한 입장에서 교령『완전한 사랑』에서도 그리스도를 따름은 단순한 모방 혹은 금욕적인 행위의 의미에서가 아니라 예수님께서 사셨던 존재 방식을 재현하는 것이며(n. 1), 그분께 긴밀히 합치되고(n. 5), 그분을 위한 봉사에 자유로이 내어맡기는 행위(nn. 5, 8)임을 명백히 밝히고 있다.[41] 따라서 그리스도를 따름은 언제나 수도생활의 최상의 규범이며 수도생활 쇄신을 위한 중요한 원리로 간주된다.[42] 그러나 공의회 문헌들에서 이러한 따름의 개념에 대한 분명한 정의를 우리에게 제시하는 것은 아니다. 그럼에도 불구하고 우리는

---

39 E. Marchitielli, *Chiamati a stare con Cristo. L'essere e il divenire della vita religiosa*, Roma 1999, p. 76.
40 Cfr. 『교회헌장』 n. 44c.
41 Cfr. A. Aparicio Rodríquez, *La hora del seguimiento*, in VR 48(1980), p. 11; J. M. Lozano, *La sequela di Cristo. Teologia storico-sistematica della vita religiosa*, p. 12.
42 Cfr. 『완전한 사랑』 n. 2a.

예수님께서 살아가신 모습과 긴밀히 그리고 확실히 연관되어 있는 수도자들의 축성과 그들의 사명을 여러 관점에서 살펴봄으로써, 추종이라는 주제에 대한 의미 있는 요소들을 정리해 볼 수 있을 것이다. 이로써 우리는 수도생활의 기원과 그 올바른 신학적 정립이란 오직 예수님의 삶과 맺어진 관계에서 찾을 수 있다는 사실을 알게 된다. 이에 대해 A. Pardilla는 이렇게 주장한다.

> 수도생활은 무엇보다 그리스도의 삶을 지속하고 재현하며 대변하는 것으로 설명되어야 한다. …수도자의 영적인 정체성은 기본적으로 그리스도의 복음적인 삶의 모습, 아버지께 대한 전적인 순응과 의탁 안에서 찾아야 하는 것이다.[43]

사실 수도생활을 구성하는 여러 요소들, 즉 복음적 권고, 축성 그리고 선교 등은 하나의 준거점으로써, 그리고 모든 수도자들의 삶의 최상의 원형이며 그들의 양성에 있어서도 유일한 목적으로써, 그리스도의 생활양식이라는 동일한 복음적 근거를 가지고 있다.[44] 이러한 점에서 우리는 그리스도를 따름이 수도생활을 이해하고 정의하기 위한 본질적인 범주라고 주장할 수 있는 것이다. 이에 대해 공의회 문헌에서도 다양한 방식으로 선언한다.

> 수도자 신분은 또한 성자께서 성부의 뜻을 이루시려고 세상에 오시어 받아들이셨던 생활양식, 당신을 따르는 제자들에게 제시하신 그 생활양식을 더 철저히 본받고 교회 안에서 영구히 재현한다.[45]

---

43 A. Pardilla, *La forma di vita di Cristo al centro della formazione della vita religiosa. Il quadro biblico e teologico della formazione*, p. 193.
44 Cfr. 『교회헌장』 nn. 43-44; S. M. Alonso, *o. c.*, p. 91.

맨 처음부터 교회에는 복음적 권고를 실천함으로써 더 자유롭게 그리스도를 따르고 더 가까이에서 그분을 본받고자 하여, 각자 나름대로 하느님께 봉헌된 생활을 하는 남녀들이 있었다.[46]

…동정이시고 가난하시며(마태 8,20; 루카 9,58 참조) 십자가 죽음에 이르기까지 순종하심으로써(필리 2,8 참조) 인간을 구원하시고 거룩하게 하신 그리스도를 따라, 자기를 하느님께 특별한 방법으로 봉헌한다.[47]

복음에 제시된 대로 그리스도를 따르는 것이 수도생활의 근본규범이므로, 모든 단체는 이를 최고의 회칙으로 삼아야 한다.[48]

수도생활은 무엇보다도 먼저 복음적 권고의 서원을 통하여 회원들이 그리스도를 따르고 하느님과 일치하게 하는 것이므로….[49]

그러므로 수도자는 자기 서원에 충실하여 모든 것을 그리스도를 위하여 버리고(마르 10,28 참조), 오로지 필요한 단 한 분(루카 10,42 참조) 그리스도를 따르며(마태 19,21 참조), 그리스도의 말씀을 듣고(루카 10,39 참조), 그리스도의 일에 열중하여야 한다.(1코린 7,32 참조)[50]

따라서 회원들이 무엇보다 먼저 그리스도를 따라야 할 자기 소명에 응답하고 그리스도의 지체들 안에서 바로 그리스도를 섬기려면, 그리스도와 내밀한 일치를 이루며 사도직 활동을 하여야 한다.[51]

---

45 『교회헌장』 n. 44c.
46 『완전한 사랑』 n. 1b.
47 『완전한 사랑』 n. 1c.
48 『완전한 사랑』 n. 2a.
49 『완전한 사랑』 n. 2e.
50 『완전한 사랑』 n. 5d.
51 『완전한 사랑』 n. 8b.

앞서 인용한 것처럼 '따름'과 '본받음'이라는 용어와 관련해서 2차 바티칸 공의회와 공의회의 가르침에서는 '따르다'와 '본받다'라는 동사를 같은 의미에서 활용하고 있다. 이러한 점에서 '본받음'의 요청에 대해서 이를 소홀히 간주하였던 것은 아니다.[52] 그럼에도 불구하고 '따름'의 개념이 보다 우세하게 나타나고 있을 뿐만 아니라 수도생활을 설명하기 위해서 전통적으로 중요시되었던 다른 주제들, 예를 들자면 '천사적 생활' 혹은 '완덕의 생활'보다 우선적으로 사용된다. 공의회의 문헌들 안에서 이제는 '본받음'의 생활로 초대하는 내용들이 줄어든 점에 주목하면서 B. Proietti는 '따름'의 개념이 상대적으로 우선시되는 이유에 대해서 다음과 같은 근거를 제시하고 있다.

> 사실 '그리스도를 따름'은 단지 수도생활의 기초인 것만이 아니라 수도생활의 쇄신의 활동을 지탱하는 기반이기도 하다. 또한 이 '따름'이라는 개념으로부터 파생되었고, 단지 이로부터 근거할 때 설명될 수 있을 뿐 역행해서는 그 해석이 불가능한 '본받음'의 개념과도 동등한 것이다. 이러한 사실은 왜 공의회가 그토록 빈번히 수도자들에게 그리스도를 따르도록 요청하고 있는지에 대한 이유를 설명해 줄 수 있을 것이다. …이처럼 '그리스도를 따름'이라는 개념을 복원한 것은 수도생활의 이해에 있어서 특징적인 변화를 보여 준다.[53]

---

52 공의회 문헌 안에서 '본받음'이라는 개념의 사용에 대해서는 다음의 내용들을 참고할 수 있다. 『교회헌장』 nn. 40b, 41e, 42d; 『사목헌장』 n. 22c. 사실 본받음이라는 것은 모든 신자들을 향해서나(평신도에게서는 『교회헌장』 n. 37b; 『평신도 사도직에 관한 교령』 n. 4f; 『사목헌장』 n. 43a) 성직자들을 향해서(『사제의 직무와 생활에 관한 교령』 n. 14a), 그리고 수도자들에게(『완전한 사랑』 n. 1b) 관계되어 사용되기도 한다. 또한 성모 마리아를 본받음(『교회헌장』 nn. 64, 66, 67), 그리고 성인들을 본받음에 대해서도(『교회헌장』 n. 50a, c) 언급하고 있다. cfr. B. Proietti, *VI. Il Vaticano II. Sequela Christi e Imitaizone*, in "DIP" vol. VIII, Roma 1988, c. 1314.

53 *Ibid.*, c. 1314.

이러한 견지에서 또한 S. M. Alonso도 '본받다'보다는 '따르다'를, 더불어 명사보다는 동사를 사용하는 것이 더욱 적합한 것이라고 주장한다. 그것은 단지 성경에서 '따르다'라는 말이 더욱 즐겨 사용되었다는 점에서만이 아니라, 또한 이 개념이 보다 역동적인 의미에서 수도생활의 정체성을 표현하기에 적절하다고 보기 때문이다.54 이러한 입장에서 보면 공의회는 수도생활을 '그리스도를 따름'으로써, 지속적으로 묘사함으로써 수도생활에 대한 전통적인 주제를 전파하는 역할을 수행하고 있는 듯하다.55 이제 우리는 그리스도를 따르는 것이 수도생활의

---

54 Cfr. S. M. Alonso, o. c., p. 91. 이와 관련해서, J. A. Estrada Díaz는 성서적, 역사적, 심리학적 관점에서 '본받음'의 개념에 대비하여 '따름'의 개념을 우선적으로 사용하는 경향에 대해 설명하고 있다. ① 성서적 관점: 따름의 개념은 그 기원에 있어서 가장 근본적인 것이며, 역사적인 예수를 보다 가까이 따르기 위한 출발점으로써 나타난다. 이에 반해 본받음의 신학은 따름에 대한 재고이자 적용이며 재해석이다. 게다가 따름이라는 주제는 성서적 전통 안에서 보다 역동적이고 공동체적인 의미를 함축하고 있지만, 본받음은 그 기저에 명확히 금욕적 윤리적 바탕을 두고 있으며 보다 정적이고 개별적인 특색을 지니고 있다. 예수와 제자들 간의 삶의 공유라는 이상은 그리스도와 교회의 연속성과 단절이라는 변증법적인 논리로 따름과 본받음의 관점에서 더 잘 표현된다. ② 역사적 관점: 그리스도를 따름은 수도회들의 전통과 역사 안에 깊이 뿌리내리고 있는 개념이다. 즉 어떠한 면에서 그리스도를 본받음이라는 개념을 내포하기도 하였던 플라톤적인 함의나 세상으로부터의 도피(*fuga mundi*)라는 사상과는 연관이 적은 것으로 보인다. ③ 심리학적 관점: 본받음이라는 개념은 부동의 정적인 의미를 함축하고 있다. 즉 따름을 걷는 여정 중의 모습으로 묘사한다면, 본받음은 마치 거울을 마주 대하고 있는 모습과 같은 것이다. (후자는) 한 사람이 (imitatore) 자신의 정서적 심리적인 세계를 본받고자 하는 대상(modello)에 투사함으로써, 본받는 대상(modello)과 본받으려는 사람(imitatore)을 무차별적으로 동일화시키게 하거나 또는 본받음의 준거로서의 하나의 모범을 환상적으로 이상화하려는 경향에로 쉽게 기울어지게 한다. 이러한 기준에서 본받음의 모델을 형성해 가는 그리스도인은 영적인 자아도취에 빠지게 되기도 한다. 자신의 모습을 향한 애정은 스스로에 대해 정당히 평가하거나 식별하는 것을 불가능하게 만들며, 오로지 자신에게 관심을 집중케 함으로써 광적이거나 쉽게 인내력을 상실한 행동을 유발하기도 한다. 다른 한편 본받음의 구조적인 원리는 어떠한 권위에 대해 개인적으로 의존하거나 유아기적인 미성숙한 행동을 일으킬 수도 있다. 그럼에도 불구하고 앞서 숙고한 여러 식별의 요소들에 대해 유의한다면, 그리스도를 본받음이라는 개념은 그 유효한 가치를 유지할 수 있을 것이다. cfr. J. A. Estrada Díaz, *Imitazione di Cristo*, in "DTVC", Milano 1994, pp. 841-843. 또한 F. Martinez Díez, *Rifondare la vita religiosa. Vita carismatica e missione profetica*, pp. 75-77를 참고하시오.

최상의 규범이며 규칙[56]이라는 명제가 함축하고 있는 내용이 무엇인지, 그리고 공의회의 가르침에서 제시하는 이러한 주제가 의미하는 바가 무엇인지에 대해 살펴보고자 한다.

2. 수도생활의 최상의 규범으로써 그리스도를 따름의 의미

앞서 설명한 바와 같이 역사적인 관점에서 수도생활은 그 본성상 사도들과 당신의 삶을 함께 나누셨으며, 정결하고 순종하시며 가난하셨던 그리스도를 교회 안에서 성사적으로 재생시키고 존속시키며, 연장하고 재현하고자 하는 생활이다. 『교회헌장』에서의 수도생활은 주님의 말씀과 모범에 기초한 것으로 예수 그리스도와 그분의 지상 생애로부터 기인하고 있음을 밝히고 있다.[57] 따라서 그리스도의 인격과의 관계가 수도생활의 본질적인 핵심을 이루고 있다는 점에서 그리스도를 따르는 것은 최상의 규범이며, 최고의 규칙서이자 수도생활 자체가 가지는 주된 내용이 된다.[58] 이에 대해 J. Aubry는 다음과 같이 말한다.

> 수도자에게 있어서 최상의 규범, 최고의 회칙은 구분된 독립적 주체로서 이해된 자신이 속한 회의 창설자나 회헌이 아니라 복음에 의거하여 따라

---

55 A. Pigna, *La vita consacrata. Trattato di teologia e spiritualità I. Identità e missione*, p. 139.
56 Cfr. 『완전한 사랑』 n. 2a.
57 Cfr. 『교회헌장』 n. 43; 『완전한 사랑』 n. 1a; J. M. Lozano, *Rinnovamento religioso. Dottrina conciliare*, p. 74.
58 Cfr. S. M. Alonso, *o. c.*, p. 32.

야 할 그리스도이시다. 창설자나 회헌 역시 이러한 지향을 명확히 보여 주는 것들 외에 다른 것이 아니다. 그리스도교에서 모든 법을 아우르는 하나의 규칙으로 이것은 '그리스도께 우리를 인도해 주는 교사'(갈라 3,24)가 된다. 모든 수도회들은 그리스도를 따르는 일, 그리고 '당신이 어디로 가시든 당신을 따르겠습니다.'(루카 9,57)라고 고백하는 바에 대해서 오롯이 충실함으로써 존재의 정당성을 부여받는다.[59]

이러한 주장은 우리로 하여금 여러 근본적인 의문들, 즉 수도생활의 기원과 창립자, 그리고 성경과 수도생활의 관계에 관련한 문제들에 대해 숙고하도록 이끌어 준다. 수도생활이 그리스도에게서 기원하며 그분의 말씀과 삶의 방식에 근거한다는 사실로써,[60] 우리가 수도생활이 직접적으로 그리스도와 그분의 첫 제자들이 설립한 공동체의 후계자로서 이해해야 한다고 주장할 수 있는가? 이러한 문제에 관해서 J. M. Lozano는 수도생활의 기원에 대한 역사적, 신학적 해석을 제시한다. 먼저 그는 그리스도께서 당신의 모든 제자들을 완덕에로 초대하셨고, 하나의 생활 규칙을 서원함으로써 이뤄진 하느님께로 향한 특별한 축성(봉헌)에 기초한 삶의 신분은 이보다 훨씬 늦게 교회 안에서 체계화되어

---

59 J. Aubry, *o. c.*, pp. 40-41.
60 당연히 예수님께서 분명한 의도를 가지고 당신 주위에 제자들의 그룹을 형성하였다는 점은 행하신 설교의 서두에서부터 잘 나와 있다. 더 나아가서 J. Galot은 축성생활의 신분을 제정하셨다는 것이 단지 예수 그리스도께서 의지적 행위로써 제자들을 부르시는 장면에서 나타나는 요소들에 기인하는 것만은 아니라는 점을 도출하고자 했다. 그것은 또한 육화의 신비, 구세주께서 이 세상에 오시는 일을 자유로이 수용하도록 준비시켜 주며 생기를 북돋아 주었던 그분이 지니셨던 원의로부터 나오는 것이기도 하다. 이러한 의미에서 그는 예수 그리스도는 축성생활의 첫 번째 창설자라고 표현한다. 이러한 견해는 저자 스스로 이야기하듯이 '내게 오너라. 그리고 나를 따라라'라는 요구가 어떻게 그분의 지상 생애 이후에 교회의 미래를 위한 의미를 함축할 수 있었는지 보여 주기 위한 숙고에서 나온 결과이지, 예수의 제자들의 그룹과 축성생활 사이의 직접적인 역사적 관계를 증명하기 위한 성찰에서 비롯한 것은 아니라고 보인다. cfr. J. Galot, *Cristo. Primo fondatore della vita consacrata*, in ViCo 20(1984), pp. 187-201.

갔다는 사실에 대해서 강조한다.[61] 앞서 이야기하였듯이, 그에게서도 성서적 사료들에서나 교회 안에서 예수를 따르는 다양한 방식이 존재했다는 것은 부인할 수 없는 사실이다. 이러한 사실에서 복음서에서 제자직에로 부르시는 성소의 이야기들은 한정된 일부 그룹의 삶의 규칙으로서보다는 모든 그리스도인들을 영적으로 고무시켜 주는 원천으로 자리잡고 있음을 알 수 있다.[62] 따라서 그는 수도생활의 기원을 오직 성경 안에서 근거 지우려는 시도를 거부하면서 다음과 같이 주장한다.

> 사실 수도생활이 주님의 선물인 이유는 단지 그것이 그리스도의 모범과 말씀에 기초하고 있기 때문만이 아니라, 또한 그분의 성령에 의해서 교회 안에 지속적으로 생겨났기 때문이기도 하다. 성덕과 관련 있는 모든 것들은 언제나 모든 것을 성화시켜 주시는 성령의 열매이다. 또한 수도생활은 성덕에로의 보편적인 성소를 실현하기 위한 효과적인 도구이며, 교회의 성덕을 드러내 주는 표지이기도 하다. 그러므로 이것은 당신의 신부(교회) 한가운데 계시는 부활하신 분의 현존이 가져다주는 결실인 것이다.[63]

이러한 점은 수도생활의 기원이 또한 교회 안에 있다는 사실을 이해하도록 도와준다. 즉 그것은 새로운 삶의 방식을 수용함으로써 그리스도와의 일치에로의 요구들과 복음에서 제시된 제자로서의 이상적인 모

---

61 Cfr. J. M. Lozano, *Rinnovamento religioso. Dottrina conciliare*, pp. 74-76.

62 Cfr. Id., *La sequela di Cristo. Teologia storico-sistematica della vita religiosa*, p. 35. L. De Candido 역시 이와 유사한 의견을 피력한다. "모든 성소의 기원에는 추종에 대한 복음, 즉 명백히 우리에게 가리켜진 목적에 이르기까지 뒤따르는 삶의 모습에 대해 알려주고 초대해 주는 복음이 있다. 성소가 성장함에 따라 확장되는 실체라 한다면 그것은 복음을 추종한다는 것이다. 그것은 곧 선포된 복음의 가치들을 추구하며 무엇보다 복음과 동일시되는 하나의 인격, 즉 그리스도께 동화되는 삶을 산다는 것이다." L. De Candido, *La vita consacrata. Icona del Cristo pasquale, Evangelo e sequela, Bellezza e impegno di una vita*, in ViCo 23(1987), p. 185.

63 J. M. Lozano, *Rinnovamento religioso. Dottrina conciliare*, p. 77.

습을 자신의 삶 안에서 육화시켜 나가도록 불리었음을 자각했던 신자들의 공동체 안에서 찾아야 한다는 것이다. 수도생활이 독립적으로 존재하는 실재가 아니라 그리스도인 생활의 구체적인 하나의 양식이기 때문에, 그것은 그리스도로부터 출발하여 그리고 교회의 맥락 안에서 이해되어야 한다는 것이다.[64] 이것은 교회에 속하고 교회 안에 있는 실재로서의 수도생활의 삶의 형태가 그 자체로 파스카적이며 교회론적이며 성령론적인 기원을 가지고 있음을 말하는 것에 다름아닙니다. 특별히 수도생활의 신학적인 정체성을 규명하기 위한 보다 핵심적이고 풍요로우며 결정적인 요소라 한다면 그것은 수도생활이 지닌 그리스도론적인 차원이라고 말할 수 있겠다.[65] 이러한 점에서 J. M. Lozano는 수도생활은 복음의 자구적인 해석으로부터가 아니라 부활하신 주님께, 즉 그분의 성령의 감도 아래 그분의 인격과 의도하신 삶에 부합하려는 데서 영감을 받은 생활이라고 주장한다.[66] 이 점은 수도생활이

---

64 Cfr. S. M. Alonso, *o. c.*, p. 84: 다른 한편 같은 저자는 다음과 같이 설명하기도 한다. "수도생활은 천상 선물이다.(『교회헌장』 43) 그것은 교회론적이기보다 그리스도론적인 기원을 가지고 있다. 교회는 수도생활을 수용하는 것이지 창조하는 것이 아니다. 수도생활을 보존하며 관리하고, 또한 이러한 삶을 살아가는 견고한 형태들을 규정하는 것이다.(『교회헌장』 43) 앞서 언급했듯이, 수도생활은 교회 안에서 교회를 위하여 생겨났다. 그러나 교회론적인 하나의 창작물과 같은 의미에서 교회로부터 나오는 것은 아니다. …하지만 (수도생활은) 교회의 내적인 생명력에서 생겨나고, 그 자체로 이러한 내적 생명력의 완벽한 표현이며 도래한 하느님 나라를 향하고 있다." Id., *Sentido cristológico de la vida religiosa: seguimiento e imitación de Cristo*, in VR 31 (1971), p. 31.

65 Cfr. Id., *La vida religiosa. Síntesis teológica*, pp. 82-83.

66 Cfr. J. M. Lozano, *La sequela di Cristo. Teologia storico-sistematica della vita religiosa*, p. 36. 이와 관련해서 G. Moioli는 그리스도와 복음의 절대성 사이의 관계를 이해하기 위해서, 그리고 수도생활의 전통 안에서 그리스도 추종과 그리스도를 본받음의 다양한 형태를 이해하기 위해서 상응성(proporzionalità)이 필요하다고 강조한다. "그리스도의 절대성, 또한 그리스도께서 말씀하신 것을 기록한 글로 복음의 절대성 두 가지는 서로 일치하는 것이며, 아니 오히려 동일시되는 것이다. 그분께서 하신 일이나 행위, 말씀과 같은 그리스도께서 사신 복음의 전기적 생애(biografia)는 '법'이며 '규칙'이다. 즉 제자들의 행동 규범인 것이다. 하지만 분명한 것은 잠재적인 유물론화 경향, 혹은 복음적인 '실증주의'의 하나의

비록 역사적인 실재인 한에서 성경 안에 직접적으로 근거를 두고 있지 않다 하더라도 그것은 성경의 기초 위에서 부활하신 주님으로부터 교회 안에서 탄생한 것이며, 추종의 새로운 형태를 제공하고 있다는 사실을 보여 준다.[67] 이러한 의미에서 수도생활이 태동하게 된 복음을 영적으로 읽는다는 것은, 그것이 인간적인 노력의 산물이 아니라 수도생활의 창립자들로 하여금 성경을 듣고 이해하고 실현할 수 있도록 해 주는 주님의 성령의 개입을 통한 무상의 새로운 열매이다.[68] 교회 안에서 활동하시는 성령을 통하여 '예수에 대한 기억(memoria Iesu)'을 생생하게 만들어 주는 성경은 삶의 형태를 규정하기 위한 영감의 원천이 되며, 추종의 삶을 살아가는 구체적인 형태들의 진정성을 판단하기 위한 기준을 제시해 준다.[69] 따라서 우리는 그리스도 추종의 삶을 실행하기

유형으로써, 이러한 사조를 표현하는 것은 아니더라도 그리스도교 신앙의 역사성이라는 의미를 저해하는 근본적인 복음주의의 형식화라는 한계점이 있다는 것이다. 또한 복음은 읽혀지는 것이다. 하지만 그것은 성령 안에서 읽혀진다는 것이다. 따라서 성경의 모든 것은 성령을 통해서 읽혀져야 하는 것이다. 어느 복음도 순수한 의미에서 (예수의) 전기적인 생애를 다루지는 않는다. 성경의 규범적인 성격은 '문자적인 것'이 아니다. 이와 다르다면 그것은 '숨 조이게 할 것이다.' 이러한 의미에서 그리스도께서 행하신 것이 그리스도인에게 절대적인 것인가? 아니면 어떠한 의미에서 참된 그리스도인은 예수 그리스도의 삶을 반복하는 것으로써 '완전하다'고 말하는가? 아마도 그것은 오히려 성령 안에서 복음을 '다시 읽는 것'을 뜻하지 않는가? 이러한 의미에서 빈첸시오 데 바오로는 아주 단순하면서도 매우 명료하게 그리스도의 '생애'를 본받음으로써 이해된 그리스도인 생활의 근본적인 물음을 표현한다. "나의 처지에서라면 그리스도께서는 무엇을 행하시겠는가?" 바로 여기에 상응성의 법칙이라 칭할 수 있는 것이 표현되고 있다. 보다 '복음적'이고 '근본적'인 의미에서 그리스도를 본받음이라는 것도 이러한 상응성의 원리에 따르는 것이 아닐 수 없다.…" G. Moioli, a. c., pp. 7-8.

67 Cfr. J. M. Lozano, *La sequela di Cristo. Teologia storico-sistematica della vita religiosa*, p. 37; E. Marchitielli, o. c., p. 228.

68 Cfr. A. Pigna, *La vita consacrata. Trattato di teologia e spiritualità I. Identità e missione*, p. 144.

69 Cfr. J. M. Lozano, *La sequela di Cristo. Teologia storico-sistematica della vita religiosa*, p. 38.

위한 구체적인 형태로써 이해되는 수도생활은 예수님께 온전히 합치되기 위한 생활, 말하자면 성령의 감도를 통하여 교회 안에서 성경으로부터 영감을 받아 그분의 인격과 가르침에 결합되기 위한 생활이라고 단언할 수 있겠다.[70] 이로써 수도생활의 실체는 복음에 따르는 생활의 형태와 동일시되기에 이른다.[71] 교황 권고『복음의 증거』는 이 점을 다음과 같이 분명하게 재확인한다.

> 형태의 다양성은 각 수도회에 특수성을 부여하는 것이며 그리스도의 풍요로운 은총에 기인하는 것이지만(1코린 12,12-30 참조), 수도생활의 최고 규칙이자 가장 확실한 규범은 복음의 가르침대로 그리스도를 따르는 것입니다.[72]

다른 한편, 수도생활의 본질에 대한 이러한 이해는 복음과 회헌, 규칙 그리고 수도생활의 창립자들과의 긴밀한 관계를 이해하도록 돕는다. 말하자면, 회헌과 규칙은 복음을 부연하는 어떤 것이 아니라 단순히 수도회의 구체적인 상황과 함께 복음을 조화시키기 위한 복음 자체의 주석 혹은 해석서라는 것이다.[73] 동시에 수도회의 창립자들과 수도자들은 복음을 말보다는 행동으로 그리고 살아가는 방식으로 표현한다

---

70 Cfr. *Ibid.*, p. 40.
71 Cfr.『완전한 사랑』n. 2a.
72 『복음의 증거』n. 12b.
73 Cfr. J. Aubry, *o. c.*, p. 98. 복음과 규칙서의 관계에 대한 12세기 초의 씨토회 수도자인 성 Stefano Muret의 표현은 매우 인상적이다. 그는 다음과 같이 설명한다. "(수도회) 창립자들의 규칙서는 수도생활의 원천이 아니며, 단지 그 원천으로부터 흘러나오는 것이다. 그 자체가 뿌리인 것이 아니라 그것은 줄기들에 불과하다. 규칙서들의 규칙서이며 첫째가는 근본적이며 유일한 것으로, 다른 모든 규칙서들은 마치 시냇물처럼 그 원천으로부터 흘러나오게 하는 것이 있다면, 그것은 복음이다.(PL 204, 1135-1137)" J. M. Lozano, *Rinnovamento religioso. Dottrina conciliare*, p. 93 재인용.

는 점에서 그들 스스로가 복음의 살아 있는 주해서이며 진정한 의미의 해석서인 것이다.[74] 이처럼 그들은 교회를 향해서 또한 세상을 향해서 매일같이 그리스도를 보여 주고 있다.[75] 여기에서 이러한 주제, 즉 하느님 말씀의 살아 있는 주석서로서의 수도생활[76]이라는 주제에 대하여 상세히 다루기에는 충분치 않은 듯하다. 다만 이에 대해서 P. Martinelli가 수도자들의 실천해야 할 과제에 대해서 서술하면서 언급한 것을 인용하는 것으로 충분하리라 본다.

실제로 남녀 수도자들의 과제는 단지 말로서가 아니라 자신들의 삶의 선택과 존재 방식을 통하여 그리스도를 가리켜 보여 주는 것임을 유념해야 한다. 그들은 그리스도의 형상을 드러내는 살아 있는 기억이며, 이 시대에 그분의 얼굴을 나타내 보여 주고 하느님의 말씀을 생생하게 대변

---

74 Cfr. A. Pigna, *La vita consacrata. Tradotto di teologia e spiritualità I. Identità e missione*, p. 145.

75 Cfr. 『교회헌장』 n. 46a.

76 '하느님의 말씀'이라는 표현과 관련하여, 우리는 이 말이 매우 고유한 방식으로 성경을 포함하고 있으면서도 또한 이것을 초월하는 개념이라는 점을 기억해야 할 필요가 있다. 이에 대해서 P. Martinelli는 『하느님의 계시에 관한 교의헌장(Dei Verbum)』에서 언급된 것(nn. 2; 4)을 소개하면서, 역사 안에서 그리고 그리스도의 인격 안에서 드러난 하느님의 자기 계시 사건(autocomunicazione)으로서의 하느님의 말씀의 의미에 대해 명확히 하고자 한다. 그는 다음과 같이 설명한다. "수도생활은 하느님 말씀의 살아 있는 주석서가 될 수 있어야 한다. 그것은 (수도생활이) 단지 성경의 몇몇 구절에 대해서만이 아니라 그리스도의 사건과 그 효력을 드러내 주는 것이어야 하며, 그분의 인격과의 놀라운 만남을 보여 주어야 한다는 점에서 그러하다." P. Martinelli, *Vita consacrata "esegesi vivente della Parola di Dio"*, in AA. VV., "I consacrati esegesi vivente della Parola", (ed) da J. M. Alday, Milano 2009, p. 50. 하지만 이 저자는 수도생활이 하느님 말씀의 살아 있는 해석서로서의 수도생활이라는 표현이 단지 유비적이고 포괄적인 의미에서 고찰한 것이지, 근본주의자들의 성서봉독의 중요성이나 또는 협소한 의미에서 성경과의 구체적인 관계 안에서 그 중요성을 고려하려는 의도를 반영하는 것이 아니라는 점에 대해 주의를 주고 있다. cfr. *Ibid.*, pp. 50-51. 이 주제를 심도 있게 연구하기 위해서 AA. VV., *Parola di Dio e spiritualità*, a cura di B. Secondin, T. Zecca, B. Calati, Roma 1984; AA. VV., *La Parola di Dio nella comunità religiosa*, (ed) da S. M. Gonzáles Silva, Milano 2003을 참고할 수 있다.

해 주는 이들이다.[77]

『거룩한 전례에 관한 헌장(Sacrosanctum Concilium)』에서 선언하는 것처럼 그리스도께서는 교회 안에 현존하시며, 특별한 방식을 통하여 전례 거행과 성사 안에서 현존하시는 것과 마찬가지로 말씀 안에도 계신다. 그것은 교회 안에서 성경을 읽을 때 말씀하시는 분은 그리스도 자신이기 때문이다.[78] 성경은 단지 구원역사 안에 있었던 일들을 소개해 주는 것이 아니라 구원 사건을 효과적으로 선포해 주는 것이다. 이로써 그리스도의 고유한 생활 방식을 보다 가까이서 따르도록 불리어진 수도자들은 매우 특별한 방법으로 복음으로부터 영감을 받으며 복음의 인도에 따라 살아간다.[79] 따라서 무엇보다 수도자들에게 그리스도를 따르기 위한 최상의 규범으로 성경 봉독의 특별한 중요성에 대해서 강조하는 것은 단순히 우연적인 일이 아니다. 이러한 점에서『계시헌장』에서는 매우 강한 어조로 수도자들에게 성경을 자주 읽도록 초대한다.

> 마찬가지로 거룩한 공의회는 모든 신자, 특히 수도자들이 성경을 자주 읽음으로써 "그리스도 예수님을 아는 지식의 지고한 가치"(필리 3,8)를 얻도록 강력하고 각별하게 권고한다. "성경을 모르는 것은 그리스도를 모르는 것이다."[80]

성경의 모든 것들, 이 중에서도 복음은 특별한 방식으로 그리스도의 유일한 얼굴을 반영한다. 만일 지상 생애 안에서의 그리스도께서 우리

---

77 P. Martinelli, *o. c.*, p. 43.
78 『전례헌장』 n. 7a.
79 『완전한 사랑』 n. 2.
80 『계시헌장』 n. 25a.

가 본받음으로써 거룩한 주님의 현존이 우리 안에 성장하도록 노력해야 할 모델이라 한다면, 복음은 교회 안의 모든 영성에 있어서 최상의 규범이 될 뿐 아니라[81] 무엇보다 수도자들에게는 자신들의 생활에 있어 유일한 규칙서가 될 것이다.[82] 따라서 복음의 가르침에 따라 그리스도를 따르는 것은 수도생활의 쇄신[83]이나 사도직,[84] 양성[85]과 같은 모든 분야에서 가장 근본적인 원리가 된다. 이러한 이유에서 교령『완전한

---

[81] Cfr. 이러한 관점에 대해서, H. U. von Balthasar, *Il Vangelo come norma di spiritualità nella Chiesa*, in Concilium 41(1968), pp. 4-20을 참고하시오.

[82] Cfr. J. M. Lozano, *Rinnovamento reilgioso. Dottrina conciliare*, p. 89.

[83] 수도자들로 하여금 그리스도를 따르도록 격려하는 책임은 수도생활이 복음적 권고의 서원을 통해서 그리스도를 보다 가까이 따르고 그리스도와의 영적인 일치를 향해 목적 지워진 생활로 이해되는 한, 그들 개개인의 영혼을 위해서나 수도회의 효과적이고 진정한 쇄신을 위해서 필수불가결한 기준이 된다. 수도생활을 쇄신한다는 것은 무엇보다 수도생활 자체가 그 최상의 모델로서 그리스도를 따라 정결하고 가난하며 순명하는 삶의 형태에 가능한 한 최상의 방식으로 근접시키고자 노력하는 것이다. cfr.『완전한 사랑』n. 25; A. Pardilla, *La forma di vita di Cristo al centro della formazione della vita religiosa. Il quadro biblico e teologico della formazione*, p. 198. 따라서 "수도회의 장상들이나 총회에서 수도자들이 항상 그리스도께 순응하고 창설자의 정신과 의도에 더욱 부합하는 삶을 살아가도록 고무시키기 보다는 회헌을 변경하거나 책임자들을 바꾸는 일에만 더욱 몰두한다면 그것은 치명적인 실수가 될 수 있을 것이다." G. Rousseau, *Il decreto "Perfectae Caritatis"*, in ViRe 1(1966), p. 54. 이러한 의미에서 그리스도를 따름은 영적인 쇄신과 현시대의 보다 나은 적응을 위한 전제조건으로 이해된다. cfr.『완전한 사랑』n. 2.

[84] 추종과 수도생활에서의 사도직 활동과의 밀접한 관련성에 대해서 교령에서는 다음과 같이 말한다. "따라서 회원들이 무엇보다 먼저 그리스도를 따라야 할 자기 소명에 응답하고 그리스도의 지체들 안에서 바로 그리스도를 섬기려면, 그리스도와 내밀한 일치를 이루며 사도직 활동을 하여야 한다."(n. 8b), "생활 전체를 포함하여 자기 봉헌으로 그들이 더욱더 열렬히 그리스도와 결합될수록(coniunguntur) 교회생활은 그만큼 더 풍요로워지며, 그 사도직은 그만큼 더 풍성한 열매를 맺게 된다."(n. 1d)

[85] A. Pardilla는 공의회의 문헌들에서 나타난 지침들에 대해서 검토하면서 양성에 있어서 하나의 기본 원칙을 소개한다. "『교회헌장』에서만큼이나 교령『완전한 사랑』에서도 수도자들에게서 요구되는 '삶의 일치'란 오직 그리스도 안에서 찾을 수 있다고 말한다. 그분의 삶의 방식은 양성에 있어서 언제나 그 핵심이어야 한다. 양성 책임자들은 양성이란 무엇보다 그리스도께 부합하는 데에 달린 문제라는 충분한 확신을 지니고 있어야 한다." A. Pardilla, *La forma di vita di Cristo al centro della formazione della vita religiosa. Il quadro biblico e teologico della formazione*, p. 200.

사랑』은 성체성사의 중요성에 대해서 강조하면서도, 수도자들이 거룩한 성경을 읽고 묵상함으로써 자신들이 따라야 할 모델이신 예수 그리스도께서 지니셨던 탁월한 지혜를 배우기 위해서(필립 3,8)[86] 매일같이 자신들의 양손에 성경을 지니고 다니라고 요구한다.

3. 복음 권고를 통해서 그분을 더욱 가까이 본받음으로써의 그리스도를 따름

수도생활의 정체성에 대한 공의회의 가르침으로부터 출발하여 보다 심화된 신학적 숙고를 통해서 우리는 그리스도를 보다 가까이 따르고 보다 성실히 그분을 본받으며, 하느님의 사랑 안에서 드러난 신비에 몰입하는 생활을 의미하는 축성의 본질을 더 잘 이해할 수 있다. 교회는 복음 권고를 단계적으로 그리스도를 따르는 삶을 살기 위한 수단으로 강조한다. 복음 권고와 관련하여 『교회헌장』은 복음 권고의 서원은 수도자들로 하여금 특별한 방식으로 교회와 그 신비에 결합시켜 줄 뿐만 아니라(n. 44), 그리스도께 대한 일치를 심화시키고 확장시키며 (nn. 44c: 46b), 세례성사의 은총과 그리스도의 삶에 더욱 풍요롭게 참여시키는 것으로 소개한다.(n. 44a)[87]

사실 그리스도를 따르는 것은 모든 그리스도인들의 과제이다. 모든 그리스도인들은 자신의 생활 안에서 온전한 사랑을 통하여 그리스도

---

[86] Cfr. 『완전한 사랑』 n. 6b.
[87] Cfr. E. Gambari, *La Costituzione "LUMEN GENTIUM" e la vita religiosa*, in ViRe 1(1966), p. 35.

를 따라야 하는 것이다. 그러나 '그리스도 추종'에로의 부르심은 특별한 축성의 형태로써 복음 권고들의 수용을 통해 표현되는 근본적인 생활 안에서 자신의 구체적이고 본질적인 형태를 갖는다. 아버지께 대한 사랑에 온전히 자기 자신을 내어맡기셨던 그리스도의 삶과 동일한 방식으로써 그리스도를 보다 가까이 따르는 일은 복음 권고를 통해서 수도생활의 고유한 요소를 형성하게 된다.[88] 공의회는 이러한 복음 권고의 서원에 대해서 '새롭고 특별한 축성이라는 자격'을 부여함으로써 그 고유한 특색을 강조하면서 수도생활 안에서 복음 권고들에 대한 기본적인 이해를 드러내고 있다.

> 서원을 통하여 또는 그 고유한 특성에서 서원과 비슷한 다른 거룩한 결연을 통하여 앞서 말한 세 가지 복음적 권고의 의무를 받아들이는 그리스도인은 지극히 사랑하는 하느님께 온전히 봉헌되며, 이렇게 하여 하느님을 섬기고 하느님께 영광을 드리는 새롭고 특수한 자격을 받는다.[89]

이에 대해서 S. Recchi는 교령 『완전한 사랑』에서 '서원'이라는 전문적인 용어와 함께 복음 권고에 대해 묘사하고 있다는 점에 주목한다. 저자에 따르면 복음 권고와 결합된 이 용어는 『완전한 사랑』 안에서 14번 나오는데, 이것은 또한 복음 권고를 효과적으로 실행하려는 의도에서 이 권고들을 서약하는 사람들과 복음 권고에 담긴 정신을 살고자 하는 평신도들을 분명히 구분 짓고 있다고 본다.[90] 또한 수도자에게

---

88 Cfr. H. Böhler, *I consigli evangelici in prospettiva trinitaria. Sintesi dottrinale*, Milano 1993, p. 15.
89 『교회헌장』 n. 44a.
90 Cfr. S. Recchi, *Consacrazione mediante i consigli evangelici. Dal Concilio ad Codice*, Milano 1988, p. 64.

있어서 복음 권고들을 효과적으로 실천하는 것을 묘사하기 위하여 사용된 비교급의 표현들을 분석하는 데에 주의를 기울일 필요가 있다. 실제로 라틴어 '보다 더: magis(più, di più)'[91]라는 표현은 『교회헌장』 6장에서 모두 7번 사용되는데, 특별히 이것은 수도생활의 본성과 복음 권고를 실천하는 일의 가치를 드러내 주는 특징적인 동사들과 연관되어 쓰이고 있다: 표현하다(rappresentare) 해방하다(liberare) 보여 주다(manifestare) 증거하다(testimoniare) 예고하다(preannucnciare)(이상 n. 44) 합치하다(conformare)(n. 46) 탁월하다(eccellere)(n. 47) 이러한 결과를 토대로 H. Böhler는 다음과 같이 주장한다.

> 복음 권고의 효과적인 실천은 그리스도를 더욱 잘 표현해 주며, 세상의 걱정으로부터 더욱 자유롭게 하고, 이 세상에서 천상의 보화를 더 잘 보여 주며, 새로운 생명을 더 잘 증거하고, 미래의 부활을 예고해 주며 그리스도께 더욱 합치시켜 주는 효과를 갖는다.[92]

---

91 교황 권고 『복음의 증거』는 세례를 받은 이들과 비교하여 수도자들에 대해서 '보다 더'라는 표현을 첨가하며 이러한 입장을 견지하고 있다. "'…교회 안에서 복음적 권고들을 서원하여… 하느님 섬김에 더욱 깊이 봉헌되는 것이다.'(n. 7), '…하느님께 봉헌된 정결은 이 결합(그리스도와 교회의 사랑의 결합)을 더욱 직접적으로 상기시킬 뿐더러 모든 인간적 사랑이 지향해야 할 자아 극복을 달성하는 것입니다.'(n. 13), '그리스도인의 순명은 하느님의 뜻에 대한 조건 없는 복종입니다. 그런데 수도자들의 순명은 더 엄격합니다.'(n. 27) 따라서 수도자는 자신의 생활 자체가 그리스도를 증거하기 위하여 보다 탁월하고 보다 적합한 생활이라는 확신을 가져야 한다. 하지만 이러한 확신이 다른 이들의 삶의 가치를 절하시키는 것이어서는 안 되며, 오히려 그리스도께 대한 사랑을 향한 자신의 증거를 더욱 강화시키는 것이어야 한다." B. Rinaldi, *Religiosi testimoni dell'amore di Cristo. Rettifica della vita religiosa alla luce della Evangelica Testificatio di Paolo VI*, Milano 1974, p. 19. 비교급의 표현에 대한 연구를 위해서는, L. Cabielles De Cos, *Vocación universal a la santidad y superioridad de la vida religiosa en los capítulos V y VI de la Constitutión Lumen Gentium*, in Claretianum XIX(1979), pp. 51-96; G. M. Gozzelino, *La vita religiosa come segno e testimonianza*, in AA. VV., "Per una presenza viva dei religiosi nella Chiesa e nel mondo", Torino 1970, p. 371.

92 H. Böhler, *o. c.*, p. 49.

교령 『완전한 사랑』은 이러한 비교급의 표현을 빌려 수도자는 더욱 자유로이 그리스도를 따르며 복음 권고의 실천을 통하여 더욱 가까이서 그분을 본받고자 한다는 사실을 보여 주고자 한다.[93] 이 복음 권고들은 이처럼 그리스도를 따르는 일에 전념토록 하는 데에 그 목적을 둔다. 이와 같은 이해를 가지고 공의회는 비교급의 표현을 지속적으로 사용함으로써 세례성사의 보편적인 축성에 대비하여 수도자들의 한층 깊은 축성의 의미를 보다 높이 평가하고 있는 것이다.[94] 그러므로 세 가지 복음 권고에 의해서 제시되는 수도생활의 모든 본질적인 차원들은 수도생활이 기원하는 원천이 그리스도의 인격과 하느님과 인간을 위해 자신을 온전히 증여하는 삶을 살았던 그분의 역사적인 삶의 방식에 기초하는 한에서,[95] 예수의 존재와 그가 살았던 삶의 계획이라는 유일한 전망 안에서 숙고되어야 하는 것이다.[96] 달리 말하자면, 예수 그리스도는 수도생활의 진정하고 궁극적인 의미를 이해하기 위한 결정적인 준거점이기 때문에, 그리스도의 삶 역시 모든 다양한 형태 안에

---

93 Cfr. 『완전한 사랑』 n. 1.

94 Cfr. 『교회헌장』 n. 43; J. M. Lozano, *La sequela di Cristo. Teologia storico-sistematica della vita religiosa*, p. 85. 그러나 이러한 비교급의 사용이 필연적으로 삶의 형태에 대한 교계적인 질서의 개념을 포함하고 있는 것은 아니다. 왜냐하면 세속의 그리스도인의 생활이 어떤 하나의 측면이나 다른 어떤 관점에서 더욱 잘 실행하고 더욱 잘 표현하는 것도 있다고 말할 수 있기 때문이다. 예를 들자면 세속의 그리스도인 생활은 세상 안에서 육화되는 삶으로써 은총의 현존을 더욱 잘 표현하기도 한다. 이와 달리 복음적 권고의 실천을 통한 수도생활의 고유한 가치는 마음을 다하여 하느님을 사랑하라는 보편적인 성소와 그리스도론적인 이해에서 모든 것을 버리고 그리스도를 따르라는 보편적인 부르심을 가시적으로 보여 주는 표현이라는 데에 있다. cfr. *Ibid.*, pp. 85-89.

95 Cfr. S. M. Alonso, *o. c.*, p. 41.

96 이에 부응하여 교령 『완전한 사랑』에서는 이러한 주장에 대해 재확인한다. "완전한 사랑(*Perfectae Caritatis*)을 복음적 권고의 실천으로 추구하는 것은 하느님이신 스승의 가르침과 모범에서 비롯되며, 이는 하늘나라의 탁월한 표지를 보여 주는 것이라고 거룩한 공의회는 교회에 관한 교의헌장 「인류의 빛」에서 이미 밝혔다."(n. 1a)

서도 수도생활을 해석하기 위한 열쇠이며 최상의 모범이 된다는 것이다. 이러한 의미에서 『교회헌장』 43항에서 이미 서술하고 있는 바와 같이 그리스도는 당신의 가르침과 모범으로 복음적 권고들의 기초가 되기에, 역사적인 생애 안에서 나타난 예수 그리스도의 인격과 유리된 채 세 가지 복음 권고를 이해하는 일은 그 복음적 가치를 상실할 뿐만 아니라 단순히 비인격적이고 불명확한 금욕생활의 수단으로 그 의미가 감소될 것이다.[97] 이로써 우리는 다음과 같은 사실을 명확히 말할 수 있다.

> 축성생활자가 실천하는 복음적 권고들이 지닌 근본적이고 총체적인 삶의 형태는 그가 살아가는 특별한 혹은 더욱 친밀한 그리스도 추종을 표현하는 것 외에 다른 것이 아니다.[98]

따라서 우리는 수도생활의 구성적인 주요 요소로서 그리스도를 복음적으로 따름이라는 주제를 망각한 채, 세 가지 복음 권고 안에서 수도생활을 극단화시키는 것은 수도생활 자체의 의미를 빈곤케 하는 일이라고 할 수 있다.[99] 복음 권고에 대한 이러한 기초적인 이해를 기반으로, 우리는 공의회의 문헌 안에서 소개되는 순서에 입각하여 이 권고들에 대해 종합적으로 검토해 보고자 한다. 실제로 세 가지 복음적 권고는 다음과 같은 세 가지 순서에 따라 다르게 소개되기도 한다. ① 가난, 정결, 순명(많은 수도회 회원들, 신학적인 체계화 과정에서나 13세기 이후의 영성적인 문학작품들 안에서, 그리고 일각에서는 전통적인 순서

---

97 Cfr. S. M. Alonso, *o. c.*, p. 90.
98 H. Böhler, *o. c.*, p. 15.
99 Cfr. S. M. Alonso, *o. c.*, p. 74.

라고 일컬어지기도 한다.) ② 정결, 가난, 순명(교회헌장에서)[100] ③ 순명, 정결, 가난(교회법 487조)

가난, 정결, 그리고 순명이라는 복음적 권고들의 전통적인 순서와 관련하여 J. Aubry는 이것은 물질적인 재화의 포기와 같은 외적인 노력에서 시작하여, 자기 자신을 자유로이 의탁하는 내적인 행위를 향해서 나아가는 과정을 표현하기에 적합한 논리적인 배열이라는 해석을 제시한다.[101] 어찌 되었든, 비록 공의회에서 동일한 하나의 신비 안에 있는 세 가지 관점을 구성하는 이 세 가지 복음적 권고에 대한 새로운 배열을 수용하면서 이러한 전통적인 질서를 따르지 않고 있다는 사실에 대해 절대적인 의미를 부여할 필요는 없겠지만, 축성된 정결에 대해 어느 정도 우선적인 가치를 부여하고 있다는 것은 분명한 사실이다.[102]

---

100 Cfr. G. Rousseau, *a. c.*, p. 57. 교령 『완전한 사랑』에서의 복음적 권고의 순서는 『교회헌장』의 그것과 상응한다.(『교회헌장』 nn. 42d, e: 43의 처음; 『완전한 사랑』 nn. 12-14) 그러나 이러한 순서가 모든 공의회 문헌들 안에서 언제나 고정적인 것은 아니다. 비록 『교회헌장』 안에서조차 그 순서가 여러 차례 바뀌기도 하고(cfr. nn. 41, 42), 공의회 이후의 교회의 가르침을 담은 문헌들에서도 항상 동일한 것은 아니지만, 『완전한 사랑』 안에서는 이 순서가 일정하게 유지되고 있다.(nn. 1: 12-14: 25)

101 Cfr. J. Aubry, *o. c.*, p. 105.

102 공의회 문헌들 안에서의 복음적 권고의 순서에 관한 문제에 대해서 J. Aubry는 다음의 세 가지 관점에서 설명하고 있다. ① 성서신학적인 근거: 복음서와 바오로에게서 축성된 정결에 대한 요구는 세 가지 권고들 중에서 가장 분명하게 명시되고 있다.(cfr. 1코린 7장) ② 역사적인 근거: 축성된 정결은 교회 안에서 자신을 선물로써 온전히 봉헌함을 나타내는 첫째가는 공식적인 실천 행위로 나타나며, 그것은 순교를 대체하는 것이기도 하였다. 따라서 (정결은) 축성생활의 역사적인 모든 형태의 기저에 있는 요소 중에 하나인 것이다. ③ 교의적인 근거: 정결은 주님께 대한 축성(봉헌)을 가장 분명하게 그리고 탁월한 방법으로 보여 주는 표지이며, 신부인 교회의 신비와 그 종말론적인 차원을 더욱 잘 보여 주는 것이다. cfr. *Ibid.*, p. 106. 이와 관련해서, S. Recchi는 모든 이에게 주어지는 것이 아닌 특별한 선물로써 축성된 정결에 대해 소개하면서, 이 정결이야말로 다른 두 가지 복음적 권고를 아우르며 그리스도께 동화되기 위한 하나의 자세를 지니도록 도와주는 것이라고 말한다. "공의회에서 동정(*verginità*)은 세 가지 복음적 권고 중에서 가장 고귀한 것(*eminet*)이라고 말한다.(『교회헌장』 n. 42c) 축성된 동정의 위대함은 그것이 우선적으로 포기를 나타내기 때문이 아니라, 자신에 대한 온전한 증여를 표현하고 있다는 사실에서 드러난다.

1) 따름과 독신 안에서의 정결

이제까지 『교회헌장』이 다른 두 가지 권고에 비해 정결에 대해 분명한 우선적인 중요성을 두고 있음에 주목하였다. 하지만 그리스도를 따름이라는 동일한 주제 안에서 하느님께 향한 사랑이라는 유일한 실재와 그분께 자신을 봉헌하는 사랑의 응답을 표현하는 것으로써 이 세 가지 권고를 통합하는 관점이 필요할 것이다.[103] 다른 권고에서처럼 축성된 정결이라는 권고 역시 그리스도를 따름이라는 주제 안에, 즉 주님과 동화되고 그분을 통해서 하느님과 일치를 이루는 과정 안에서 그 존재 이유를 지닌다. 우선 이 복음적 권고를 표현하기 위한 어휘와 관련하여 공의회에서는 동정 혹은 독신이라는 주제와 연관 지어 '완전한 금욕(continentia perfecta: 『교회헌장』 n. 42; 『완전한 사랑』 n. 12)'이라고 말할 뿐만 아니라, 수도자들에 대해 언급하면서는 '하느님께 축성된 정결(castitas Deo dicata: 『완전한 사랑』 n. 12)', '하늘나라를 위한 정결(castitas propter Regnum caelorum: 『완전한 사랑』 n. 1)', 그리고 '정결의 서원'이라고 묘사한다.[104] 『교회헌장』 42장에서 우리는 공의회가 성덕

…(교회헌장에서는) 축성된 동정은 모든 이에게 주어지는 은사(carisma)가 아닌 특별한 것으로 간주하며, 이와 달리 가난과 순명은 비록 특정한 이들만이 보다 철저한 방식으로 살아가기는 하지만 모든 사람이 불리어진 성덕에로의 보편적인 성소라는 관점 안에 놓는다. 축성된 동정은 그것이 유일한 신랑이신 그리스도께 대한 근본적이고 카리스마적인 선택이라는 가장 핵심적인 것을 표현한다는 점에서 당연히 모든 축성의 기본적인 자세가 된다. 바로 이러한 이유에서 축성된 정결은 가난과 순명이라는 권고와 분리되어 이해될 수 없으며, 이들과 함께 그리스도께 동화됨이라는 유일한 삶의 자세를 표현하고 있다." S. Recchi, o. c., pp. 38-39.

103 Cfr. S. Recchi, o. c., p. 65.

104 2차 바티칸 공의회에서는 '완전한 정결(castità perfetta)'이 혼인에 대한 부정적인 관념을 투사하는 경향이 내포될 수 있기에 이 표현을 삼간다. 이 때문에 공의회에서는 정결이라는 말을 독자적으로 사용하는 것을 피하여 수도자들이 서약하는 정결의 형태를 설명해 주는 수식어들을 첨가하고 있다. cfr. J. M. Lozano, La sequela di Cristo. Teologia storico-sistematica della vita religiosa, p. 163.

이라는 관점에서 복음적 권고를 통한 과제와 그 효과, 그리고 영적인 풍요로움을 더해 주는 동정의 가치에 대해 상기시켜 주는 바를 찾아볼 수 있다.

> 교회의 성덕은 특별한 방식으로 주님께서 복음에서 당신 제자들에게 준수하도록 제시하신 여러 가지 권고로써 증진된다. 그 가운데에서도 뛰어난 천상 은총의 고귀한 선물은 하느님 아버지께서 어떤 사람들에게만 허락하신 것으로(마태 19,11; 1코린 7,7 참조), 동정이나 독신생활 안에서 갈리지 않은 마음으로(1코린 7,32-34 참조) 더욱 수월하게 오직 하느님께만 헌신하게 하는 것이다. 하늘나라를 위한 이 완전한 금욕은 교회에서 언제나 특별한 영예를 누려 왔으며, 사랑의 표지와 자극제로 또 세상에 있는 영적 풍요성의 어떤 특별한 원천으로 여겨졌다.[105]

어떤 이들 중에서, 특별히 수도자들에게서 갈라짐 없는 마음으로 살도록 초대하는 하느님 나라를 위한 동정 혹은 정결은 무엇보다 천상 은총의 고귀한 선물로써 이해해야 할 것이다.[106] 이러한 사실이 가리키는 바는, 수도자들이 살아가는 모습에서 보듯이 이 복음의 정결은 신자들 편에서의 자발적이며 주도적인 노력 또는 단순히 윤리적 덕목을 가리키는 것이 아니라 부르심에 대한 응답으로써 자신을 봉헌하는 의미를 담고 있다는 것이다.[107] 복음의 정결은 교회가 그리스도 안에서 받게 되는 하느님의 선물이며, 성령으로부터 기원하는 은사(carisma)이고, 그리스도의 동정의 생활 방식을 재생케 하는 성소인 것이다.[108] 동시에

---

105 『교회헌장』 n. 42c.
106 이 정결은 단지 『교회헌장』(n. 42)에서만이 아니라, 교령 『완전한 사랑』에서도(n. 12) 하느님의 은총의 탁월한 선물로써 정의되고 있다.
107 Cfr. S. Recchi, o. c., p. 62.
108 Cfr. S. M. Alonso, o. c., p. 281.

인간 편에서의 자유로운 응답인 한에서 이것은 온전한 자기증여와 사랑의 표현이기도 하다. 이러한 점은 정결의 서원이 단순히 삶의 계획이라는 차원에서 혼인하지 말아야 할 의무를 지닌다는 것을 뜻하는 것이 아니라, 서원 자체를 행함으로써 정결을 거스르는 어떠한 행위도 삼갈 것을 의미하고 있음을 이해하도록 돕는다.[109] 정결이라는 선물은 수도자가 더욱 자유로운 존재가 되도록 해 주며,[110] 이러한 영적인 자유는 수도자의 마음 안에 하느님과 이웃을 향한 두 가지 차원의 애덕에 대한 열정이 불타오르도록 함으로써[111] 그리스도의 삶의 방식에 더욱 동화되도록 이끌어 준다.[112] 이와 같은 방법으로 교회는 개인적인 금욕의 형태로서가 아니라 애덕 안에서 항상 더욱 진보하게 하기 위한 보다 효과적인 수단으로써,[113] 그리하여 하느님을 위한 봉사와 사도직 활동에 헌신하게 하기 위한 방편으로 독신 안에서 살아야 할 정결을 권고하는 것이다.

『완전한 사랑』 12항 1절의 말미에서는 정결을 그리스도와의 혼인 (connubio)의 관계에서 소개하고 있다. 수도자들은 정결의 서원을 통해 내세에 충만히 나타날 이러한 혼인, 즉 교회가 그리스도를 유일한 신랑으로 모시고 있음을 보여 주어야 한다는 것이다. 달리 말해 교령에서는 이 덕목을 단순한 소속감을 넘어서 주체적인 의미에서 정결한 그리스도를 따름이라는 과정 안에서 이루는 혼인 계약으로서 설명하고 있는

---

109 Cfr. J. M. Lozano, *La sequela di Cristo. Teologia storico-sistematica della vita religiosa*, pp. 163-164.
110 Cfr. 『교회헌장』 n. 42.
111 『완전한 사랑』 n. 12.
112 『교회헌장』 n. 46.
113 Cfr. H. Böhler, *o. c.*, p. 67.

것이다.[114] 이러한 관계는 본성상 모든 부부간의 관계에서 그러하듯, 혼인의 형태 안에서 유일하고 배타적인 증여의 성격을 지닌다. 따라서 정결의 그리스도론적 종말론적인 차원은 그리스도와의 일치라는 고유한 목적에 이르게 된다. 이제까지 검토한 내용을 토대로 우리는 하늘나라를 위한 정결의 몇 가지 주요한 내용들을 도출해 낼 수 있다.

① 신학적 차원: 정결은 하느님과 그분의 구원 계획에 대한 완전한 자기 개방과 이를 충실하고 자유로이 수용하려는 삶의 지위를 이르는 것이다. 정결은 단지 금욕적인 정화 행위나 단순히 사도적 직무의 실행을 위해 외적인 자기 위탁과 같은 순수하게 기능적 가치로 축소되어서는 안 되며, 오히려 충만한 자유로 하느님의 뜻에 순응하려는 내적인 의미에서 숙고되어야 할 것이다.[115] 이러한 의미에서 정결은 갈라짐 없는 마음과 오직 하느님께 향한 축성 봉헌된 삶을 얻기 위한 수단으로 이해된다.(cfr. 『교회헌장』 n.42)[116]

② 그리스도적인 차원: P. Molinari에 따르면 수도자들의 정결 서원은 명백하게 그리스도를 따름의 여정과 그분의 사명에 참여하는 것을 향해 목적 지워진 것이다. 그는 다음과 같이 설명한다.

> 정결의 서원은 수도생활의 본질적이고 우선시되는 요소이다. 동정성을 통해서 수도자들은 자신의 마음을 우리의 구원자이신 그리스도께 집중시키며, 충만한 사랑으로 그분을 철저히 따르고, 그분의 구원사명에 참여하는 일에 자신을 봉헌하며 또한 축성되는 것이다.[117]

---

114 Cfr. E. Marchitielli, *o. c.*, p. 226.
115 Cfr. S. M. Alonso, *o. c.*, p. 286.
116 Cfr. J. M. Lozano, *La sequela di Cristo. Teologia storico-sistematica della vita religiosa*, p. 188.

그러므로 수도생활의 정결의 주요 동기는 다름아닌, 그리스도를 따르는 가운데 그리스도와 그분께 대한 봉사에 밀접히 일치하고자 하는 사랑인 것이다.[118] 이러한 사실은 그분께 자신을 봉헌한다는 것이 사도적인 사랑 안에서 그분의 삶의 방식, 즉 사도적 활동에 함께 동참하는 것으로써 드러나게 됨을 보여 준다.[119] 이러한 역동성은 그분과의 보다 친밀한 일치 안에서 변화되는 과정으로 귀결된다. 바로 이 점에 대해 교황 권고『복음의 증거』는 다음과 같이 재강조하고 있다.

> 정결은 확실히 적극적이고, 주님을 향한 우선적 사랑을 증언하는 것입니다. 또한 그리스도 신비체와 그 머리이신 그리스도와의 일치, 영원한 사랑(그리스도)과 신부(교회)의 일치의 신비를 가장 탁월하고 확실하게 표현하는 것입니다. 정결은 마침내 인간 본질의 가장 내밀한 곳까지 파고들고 인간을 변화시켜 가장 신비롭게 그리스도를 닮게 만들어 줍니다.[120]

③ 형제적, 교회적 차원: 삶의 형식이라는 차원에서 정결은 필연적으로 그리스도께 대한 사랑을 추구하기 위해서 혼인과 같은 긍정적인 가치

---

117 P. Molinari, *Seguendo Cristo incondizionatamente. Riflessioni teologiche sul rinnovamento della vita religiosa*, Milano 1970, p. 25.
118 저자 J. Aubry는 수도생활의 정결은 기본적인 의미는 그리스도를 따르도록 이끌어 주는 온전하고 사랑스러운 축성을 나타내는 일이다. 정결은 과거의 그리스도를 본받으려는 사랑이며, 영원하신 그리스도께 밀접히 일치하려는 사랑이며, 현재의 그리스도를 섬기려는 사랑인 것이다. 이렇게 축성된 정결의 주요 동기는 바로 그리스도 당신께 대한 사랑인 것이다. cfr. J. Aubry, *o. c.*, p. 112.
119 그리스도를 따름과 인격적인 봉헌의 심오한 개념을 설명하면서 교령『완전한 사랑』은 모든 활동의 근거로 사도적 사랑에 대해 결정적으로 언급하고 있다. "복음적 권고를 서원한 이들은 우리를 먼저 사랑하신 하느님을(1요한 4,10 참조) 모든 것에 앞서 찾고 사랑하여야 하며, 모든 상황에서 그리스도와 함께 하느님 안에 숨겨져 있는 생명을(콜로 3,3 참조) 증진하도록 노력하여야 한다. 여기에서 세상을 구원하고 교회를 이루어 나가게 하는 이웃 사랑이 흘러나오고 재촉을 받는다. 이 사랑으로 복음적 권고의 실천 자체도 활력을 얻고 인도를 받는다."『완전한 사랑』 n. 6a.
120 『복음의 증거』 n. 13b.

의 포기를 수반하기도 한다. 하늘나라를 위한 정결은 그리스도께 대한 자신의 온전한 포기이며, 이러한 포기는 소유하려는 사랑의 모든 관점들과 인간관계 안에서 자신의 존재와 인격을 조건 지을 수 있는 다른 모든 상황들을 배제하는 것이기도 하다. 그럼에도 불구하고 정결은 일차적으로 포기와 관련한 문제가 아니다. 오히려 그것은 점진적으로 더욱 열렬하고 더욱 충만한 사랑에 이르기 위한 목적에서 그리스도께 결합하고자 하는 지향과 관련한 것이다.[121] 이러한 견해는 그리스도 안에서 형제적이고 보편적인 사랑, 즉 어떠한 한계나 경계가 없는 모든 이들을 위한 사랑으로 향하게 한다. 이러한 이유에서 수도자들에게 있어 정결은 하느님께 대한 봉사와 사도적 활동에 보다 자유롭게 자신을 헌신하도록 유도해 주는 효과적인 수단이 된다. 또한 모든 수도자들이 건전하고 현명한 방법으로 하느님의 뜻에 따라 타인과의 관계를 심화시켜 가야 할 필요에서 면제되는 것은 아니다.[122]

④ 종말론적인 차원: 정결은 하느님 나라의 종말론적인 차원에서 그 결정적인 의미를 갖는다. 그리스도와 성모 마리아의 동정성에 대한 참여이며 성사적 표현으로써의 정결은[123] 단지 완전한 사랑을 성취하기 위한 도구만이 아니라, 또한 그 자체로 모든 세속적이고 유한한 가치들 위에 있는 하느님 나라의 절대적인 우위성을 보다 효과적으로 선포하는 것이기도 하다. 정결의 선서를 통해 수도자들에게는 지금 바로 여기서, 천상의 보화에 대한 예고이며 부활하신 그리스도를 효과적으로 보여 주는 표지로써,[124] 하느님 나라의 요청에 따르는 삶이 요구

---

[121] Cfr. P. Molinari, *o. c.*, pp. 42-43.
[122] *Ibid.*, p. 38.
[123] Cfr. 『교회헌장』 nn. 44, 46.

되고 있는 것이다.

2) 따름과 가난

교령 『완전한 사랑』에서 가난의 권고는 무엇보다 그리스도와의 관계 안에서, 분명하게는 그리스도를 따름이라는 맥락 안에서 고찰되고 있다. 먼저 교령은 가난을 복음의 조명에서 설명한다.

> 그리스도를 따르려고 스스로 가난하게 사는 청빈은 특히 현대에 높이 평가되는 표지이다. 수도자는 열심히 청빈생활을 하며, 필요하다면 청빈을 새로운 형태로도 표현하여야 한다. 이를 통하여, 부유하셨지만 우리를 위하여 가난하게 되시고 가난해짐으로써 우리를 부유하게 하신(2코린 8,9; 마태 8,20 참조) 그리스도의 가난에 참여하는 것이다.[125]

앞서 교령에서 언급하고 있는 것처럼 수도자들의 가난을 이해하기 위해서는 그리스도로부터 출발해야 할 것이며, 이로써 모든 그리스도인들에게 가난의 본질적인 가치는 그리스도를 따르며 그분의 삶의 방식에 참여하는 것을 의미하게 된다는 것을 확인할 수 있을 것이다. 분명

---

124 J. M. Lozano는 자신의 저서에서 어떻게 수도자들의 독신(정결)이 '하느님 나라의 표지'가 될 수 있는지에 대해 설명한다. "(수도자들의 정결이 하느님 나라의 표지가 되는 이유는) 혹시 그리스도와 그분의 일에 대해 배타적으로 자신의 존재를 정향하고자 하는 인간적인 결정 때문일까? 그것은 전연 아닐 것이다. 단지 은총만이 그 초월성을 명백히 드러낼 수 있다. 하느님 나라는 이러한 독신을 통해서 가시적인 것이 된다. 말하자면 이 독신은 어떠한 의미에서 그리스도께서 이미 제자의 마음을 사로잡아 당신과 당신의 일에 배타적으로 자신을 봉헌하도록 하고 계시다는 사실을 보여 주기 때문이다. 사실 독신은 인간적인 결정이기 이전에 은사이며, 교회 안에서 몇몇 사람들에게 그 지위가 수여되는 하느님의 선물이고, 따라서 성소인 것이다." J. M. Lozano, *La sequela di Cristo. Teologia storico-sistematica della vita religiosa*, pp. 192-193.
125 『완전한 사랑』 n. 13a.

교회의 모든 구성원들은 자신들의 지위의 성격에 따라 그리스도의 가난을 살아야 할 의무가 있다.[126] 이들 가운데에서 특히 수도자들에게는 그리스도의 가난을 보다 철저히 드러내고 살아가며 지속해 나가야 할 의무가 부여된다. 말하자면 수도생활은 그리스도와의 결합이라는 근본적인 요구를 수도자들 스스로 공적으로 받아들이고 선서한 삶의 방식으로 표명하며, 이 세상에서 하느님 나라의 현존을 가시적으로 드러내는 것이어야 한다는 것이다.[127] 이와 관련해서 교황 권고 『복음의 증거』는 그리스도인 양심의 최상의 표현으로써 가난의 증거에 대해 재확인하며 그 가치를 인정하고 있다.

> 그리스도를 따라 정결을 지키는 수도자들은 또한 일상생활에 필요한 현세 사물을 사용하는 데에서도 그리스도의 모범을 따라 청빈을 실천하고자 합니다. …수도회들이 자선사업이나 사회 정의 구현에 중책을 맡고 있음은 분명한 사실입니다.[128]

> (수도자들은) 진정한 진보는 물질, 지식, 권력에 있는 것이 아니라 "만인의 아버지시며 생명의 근원이신 하느님의 자녀로서 그 생명에 참여하도록"

---

126 가난의 권고와 관련해서 공의회는 모든 교회의 구성원들에게 다음과 같은 점을 요구하고 있다. 평신도들에게는 "그들은 가난하신 예수님을 따라 현세 재물이 부족해도 위축되지 않으며, 풍족하더라도 교만해지지 않는다. 겸손하신 그리스도를 본받아, 잘난 체하지 말고(갈라 5,26 참조) 사람보다는 하느님의 마음에 들도록 노력하며, 언제나 그리스도를 위하여 모든 것을 버리고(루카 14,26 참조) 정의를 위하여 박해를 당할 각오가 되어 있으며(마태 5,10 참조) '누구든지 내 뒤를 따라오려면, 자신을 버리고 제 십자가를 지고 나를 따라야 한다.'(마태 16,24) 하신 주님의 말씀을 기억한다."(『평신도 교령』 n. 4) 사제들과 거룩한 직무자들에게는 "사제들은 자발적으로 가난을 받아들여, 그 가난으로 더욱 뚜렷하게 그리스도와 동화되고 거룩한 교역을 더욱더 수월하게 수행하도록 권유받고 있다."(『사제생활 교령』 n. 17)

127 Cfr. J. M. Lozano, *La sequela di Cristo. Teologia storico-sistematica della vita religiosa*, p. 219.

128 『복음의 증거』 n. 16.

부름 받은 그들 자신의 성소에 응답하는 데에 달려 있다는 것을 깨우쳐 주어야 합니다.[129]

따라서 선서로써 살아야 할 수도생활의 가난은 교회 안에서 그리스도의 가난의 신비를 다시 살아내려는 의지를 대중 앞에서 공적으로 선언하는 것을 의미한다.[130] 수도자들의 가난에 대한 이러한 해석과 관련하여, 우리는 예수님께서 설교하시고 실천하셨던 가난의 근본적인 의미가 무엇인지 묻지 않을 수 없다. 사실 복음서에서는 가난의 개념이 그리스도를 본받기 위한 것으로는 직접적으로 명시되고 있지는 않다. J. M. Lozano는 하느님 나라를 위해 모든 것을 버리고 당신 자신을 따를 것을 요청받는 부자 청년에 대해 일화(마태 19,16-30)[131]를 제외하고는, 복음서 안에 나타나는 성소사화들이나 추종에 관련한 사건들로

---

129 『복음의 증거』 n. 19.
130 Cfr. S. M. Alonso, *o. c.*, p. 368.
131 부자 청년에 대한 예화는 역사적으로 성 안토니오의 은수자 생활의 전통이나 수도승 운동의 출현에서부터, 근래에 이르러서는 교황 권고 『구원의 은총』에 이르기까지, 수도생활의 기원과 그 의미를 설명하기 위해 가장 자주 인용되는 텍스트 중에 하나이다. 본문에서는 "가서 너의 재산을 팔아 가난한 이들에게 나누어 주어라. 그러면 네가 하늘에서 보물을 차지하게 될 것이다."와 "와서 나를 따라라."라는 두 구절 사이에 밀접한 관계가 성립되고 있음을 분명히 확인할 수 있다. 여러 성서 주석가들의 해석에 힘입어, 우리는 이 일화가 파스카 사건 이후에 그리스도인의 성소와 생활을 정의하려는 의도를 지니고 있다는 사실을 알 수 있다. 이러한 점에서 이 일화는 우리에게 그리스도인을 구별 짓는 것은 결정적으로 율법을 철저히 준수하는 것을 넘어서, 모든 함축되는 요구들과 더불어 그리스도를 따르는 일이라는 사실을 보여준다. 그분의 제자가 되기 위해서는 자기 의지대로 혹은 재화 자체를 악한 것으로 판단하는 의미에서가 아니라 예수를 따르기 위해 요구되는 것으로 가난한 이들과 재화를 나누는 차원에서 이를 포기하는 것이 필연적이다. 동시에 철저한 포기는 십자가 사건에서처럼 그리스도를 따름이 가져다주는 결과라는 점을 암시하는 것이기도 하다. cfr. *Ibid.*, pp. 47-55. "부자 청년의 이야기"에 대한 성서학적인 이해를 위해서 다음의 책들을 참고할 수 있다. T. Matura, *Il radicalismo evangelico. Alle origini della vita cristiana*, Roma 1981, pp. 78-94; V. Fusco, *Povertà e sequela. La pericope sinottica dalla chiamata del ricco (Mc 10,17-31parr)*, Brescia 1991.

부터 예수가 어떠한 합법적 행위나 타인들을 위한 효과적인 양도와 함께 전적으로 재화에 대해 포기할 것을 요구했다는 사실을 도출해 내는 것은 불가능하다고 주장한다.[132] 이것은 복음적 가난의 개념이 그리스도의 운명과 하느님 나라의 선포에 전적으로 투신하기 위해 재화로부터 단절된 삶을 살아가는 그분 삶의 방식에 참여하는 것을 의미하기 때문이다. 이러한 의도에서 A. Böckmann은 교령 『완전한 사랑』에서 소개되는 코린토인들에게 보낸 바오로의 둘째 편지에서 인용된 구절을 주석하면서 다음과 같이 설명한다.

> 2코린 8,9절에서는 말한다. 그분께서는 부유하시면서도 여러분을 위하여 가난하게 되시어, 여러분이 그 가난으로 부유하게 되도록 하셨습니다. 필리비서의 그리스도 찬가(2,6-11)에서 가난하게 되심은 자기를 비우심(kenosis)과 모욕을 받으심으로 서술되고 있다. 육화와 십자가 위에서 죽음에 이르기까지 자신을 넘겨주심은 예수의 가난의 존재론적인 토대를 이룬다. 가난은 그리스도와 구원의 신비의 본질적인 측면이다. 그것은 단지 물질적인 재화나 자유로이 실행할 수 있는 권리에 대한 포기뿐만 아니라, 더욱 심오하게는 주권이나 권능과 같은 신성한 특권에 대한 포기인 동시에 스스로를 양도하는 것, 즉 가난 자체에 대한 사랑에서가 아니라 우리 인간을 향한 사랑 때문에 '사람들과 같아지시는 것'을 말한다.[133]

가난은 어떤 기이한 일화나 단순한 덕목 혹은 그리스도의 삶의 교훈적인 예화가 아니라 그분의 온 생애를 관통하는 하나의 심오한 차원을

---

132 Cfr. J. M. Lozano, *La sequela di Cristo. Teologia storico-sistematica della vita religiosa*, p. 207.
133 A. Böckmann, *Cosa significa "povertà evangelica"? quale senso può avere la 'povertà' del religioso nelle società del benessere e nel realmente 'povero' terzo mondo?*, in Concilium (7/1974), p. 80.

말한다.[134] 예수님은 가난하셨고, 자신을 낮추심으로써 모든 형태의 가난과 겸손을 통해 자신을 무화시키셨으며, 가난한 이들에게 특별한 관심을 갖으셨다. 예수님은 마음 깊은 곳으로부터 가난하셨고, 하느님 앞에서 항상 순종하고 인내하며 신뢰함으로써 그분의 뜻에 겸손하게 의탁하셨던 것이다.[135] 그러므로 예수의 가난은 기본적으로 소유하느냐 그렇지 않느냐의 문제가 아니라 존재의 문제인 것이다.[136] J. M. Lozano는 구원사 전체에 영향을 미치는 동정(con-passione)의 원리에 의해 조명된 가난의 신학에 대한 P. Tillard의 공헌에 대해 언급하면서 다음과 같이 주장한다.

> 하느님께서는 인간의 구체적이고 비천한 처지 안에서 그를 만나기 위해 내려오시고, 그에게 자유와 실추된 존엄성을 되찾게 하기 위해서 당신 자신을 양도하신다. 그리스도는 하느님께서 인간 역사 안으로 개입하시는 이러한 구원 실재의 하강 운동의 정점이시다. 예수는 자신 안에 죄인으로서의 인간의 철저한 가난을 수용함으로써(필립 2,6-11), 하느님께 대한 사랑, 말하자면 하느님 나라에 대한 사랑을 증명하고 있다. 만일 그리스도인의 가난이 예수의 자기 비움(kenose)에 대한 참여라면, 그것은 이러한 자기 비움의 개념을 명확히 드러내는 육화의 노선을 견지해야 할 것이다.[137]

수도자가 선서를 통해 자신의 삶으로써 살아낼 것을 약속하고자 하는

---

134 Cfr. S. M. Alonso, *o. c.*, p. 365.
135 A. Böckmann, *a. c.*, p. 81.
136 Cfr. A. Pardilla, *La forma di vita di Cristo al centro della formazione della vita religiosa. Il quadro biblico e teologico della formazione*, p. 154.
137 J. M. Lozano, *La sequela di Cristo. Teologia storico-sistematica della vita religiosa*, p. 217.

예수의 가난이란 금욕적인 수단이거나 정화를 위한 인간적 수행의 노력일 수만은 없다. 그것은 인간을 섬기기 위해 살았던 예수의 삶 자체이며, 하느님 아버지 앞에서 취했던 그분의 생생한 의식인 것이다. 무엇보다 예수는 육화 사건 안에서 모든 이들의 형제가 되셨고, 보잘것없는 사람들 안으로 구체적으로 들어오셨으며, 결국 비천한 인간의 운명을 지셨다.[138] 이 사건 안에서 그분 자신은 보다 더 가난한 사람들을 만나러 오시는 하느님 사랑의 결정적인 계시인 것이다. 이러한 가난의 전망에 견주어 볼 때 육화란 복음적 가난과 관련하여 예수가 당신의 지상 생애를 통해서 살았던 모든 것들을 집약시키는 사건으로 이해된다.(전적인 포기, 하느님 아버지의 사랑에 내적인 의탁과 무한한 신뢰, 가난한 이들과의 연대) 바로 이 점에서 수도자들의 가난은 신학적, 그리스도론적인 가치를 지닌다. 또한 가난과 관련하여 사도적 생활 안에서 제기되는 근본적인 요구들의 성취 여부는 부유하셨지만 당신의 가난으로 우리를 부유하게 하시기 위해 스스로 가난하게 되신 그리스도의 가난에 실제적으로 참여하는 데에 달린 것이다.[139] 이제 축성된 가난의 몇 가지 요소들을 종합적으로 분석해 보고자 한다.

① 가난은 그리스도를 따르기 위한 하나의 선택이다: 교령 『완전한 사랑』에서 의미 있는 서술과 함께 묘사하고 있는 것처럼, 수도자의 가난은 자발적인 것이다.[140] 수도자의 가난은 경제적 사회적 상황에서 처하게 되는 가난과는 다르게 그리스도를 따르려는 의도에서 요구되는 자발적이고 자유로운 선택인 것이다.[141] 그것은 다른 어떠한 것에도

---

138 A. Böckmann, *a. c.*, p. 80.
139 Cfr. 『완전한 사랑』 n. 13.
140 Cfr. 『완전한 사랑』 n. 13a.

의존함 없이, 그리스도를 따르기로 결정한 사실에 대한 심오하고 지속적인 의식과 관련한 태도를 가리킨다. 바로 이러한 이유에서 수도자의 가난은 우리가 그리스도께 속해 있음을 인식하는 데에 기인하는 정신과 마음의 기본적인 자세이다.[142]

② 가난은 아버지께 대한 의존이다: 가난은 하나의 수단인 한에서, 우리가 그리스도를 추종하는 데 있어서 일차적으로 물질적인 것에 제약됨 없이 그분과의 동일한 삶에 참여하도록 도와준다. 사실 그리스도에게서 가난은 아버지께 대한 의탁 안에 살았던 그분의 전 생애에 대한 표현이기도 하다.[143] 복음의 가르침에 따르는 가난은 인간이 지닌 모든 것은 하느님께로부터 왔으며, 하느님께 대한 전적인 의탁 가운데 살아야 한다는 의미에서 근본적으로 가난한 존재일 수밖에 없는 인간의 본질에 대해 인식하도록 이끌어 준다.[144] 이러한 가난은 삶의 확실성을 자신 안에 두게 하는 그릇된 사고를 멀리하거나 거부하게 하고, 하늘에 계신 아버지의 사랑과 자비의 섭리에 온전히 자신을 맡기는 일을 가능케 한다.[145] 복음의 가난이라는 측면에서 사회적 생활 안에서의 이러한 삶의 불확실성은 다름아니라 따름의 중요한 요소 중 하나이다. 더불어 수도자의 가난은 내적으로는 하나의 역설적인 작용을 동반하는 것이

---

141 저자 J. Aubry는 예수께 대한 베드로의 언사에 대한 성 예로니모의 주석을 인용하며 가난의 의미를 분명히 밝히고 있다. '보시다시피 저희는 모든 것을 버리고 스승님을 따랐습니다.'(마르 10,28) "중요한 것은 우리가 모든 것을 버렸다는 사실이 아니다. 그것은 철학자 Cratete의 경우처럼 많은 철학자들도 부유함에 대한 경멸의 표시로 포기를 실천하기도 하였기 때문이다. 여기서 중요한 점은 사도들과 신자들이 행하는 바로 그것, 즉 '당신을 따르기 위해서'라는 사실에 있다." J. Aubry, o. c., p. 127.
142 Cfr. P. Molinari, o. c., p. 46.
143 Cfr. H. Böhler, o. c., p. 71.
144 Cfr. P. Molinari, o. c., p. 44.
145 Cfr. 『완전한 사랑』 n. 13c.

다. 이에 대해 S. M. Alonso는 다음과 같이 명백히 설명하고 있다.

> 물질적 가난, 실제적인 무소유와 결여의 상태는 하느님께 대한 포기를 위한 훈련의 과정이며 방법과도 같은 것이다. 그것은 고뇌 가운데 기도에로, 좌절에서 믿음에로, 그리고 전적인 혼란에서 무조건적인 의탁에로의 도약이다. 경제적 재원의 결핍, 질병 또는 좌절과 같은 체험은 많은 경우 하느님께서 행하시는 교육적인 차원에서 중요한 역할을 수행한다. 하지만 이러한 체험 가운데 우리는 역설적인 상황에 직면하기도 한다. 즉 하느님께 대한 완전한 신뢰, 그분의 계약에 대한 확고한 믿음과 하늘나라의 보화에 대한 확실한 체험은 현세의 재화에 대한 효과적인 포기를 도와준다. 가난은 '너희의 보물을 하늘에 쌓아라.'(마태 6,20; 『완전한 사랑』 13) 하는 말씀과 인간이 필요로 하는 모든 보물은 결국 하느님이시라는 것을 확언하는 가장 효과적인 방법인 것이다.[146]

③ 가난은 삶의 방향성이다: 그러므로 부에 대한 자발적인 포기로써, 그리고 예수 그리스도께 대한 결합의 표현으로써 실현되는 가난은 하느님 나라를 향해 삶의 방향을 정하고 성령의 감도 아래 복음의 유일한 기준에 따라 살아가는 일을 용이하게 해 준다.[147] 이러한 이유에서 P. Molinari는 다음과 같이 명확히 정의한다. "가난한 그리스도처럼 가난한 사람이 되는 것은 전적으로 그분의 성령에 따라 살아간다는 것이다."[148] 이에 따른 논리적인 결과로써 자발적인 가난을 수용하며 그리스도를 따르고자 하는 사람들은, 따라서 자신의 삶의 여정을 지속해 나가는 일을 방해하는 어떠한 구속에도 얽매이지 않으며, 또한 어떠한

---

146 S. M. Alonso, *o. c.*, p. 368.
147 Cfr. J. M. Lozano, *La sequela di Cristo. Teologia storico-sistematica della vita religiosa*, p. 214.
148 P. Molinari, *o. c.*, p. 47.

삶의 자리에서든지 성령께서 인도하시는 대로 그곳을 향해 가야 할 준비가 되어 있어야 할 것이다. 이러한 지속적인 유연성은 수도자들을 주님께 일치시키고, 그들의 사도직에 있어서도 그리스도의 구원사업에 대한 참여를 보증해 줌으로써 효과적인 기능을 부여해 준다.[149]

④ 가난과 가난한 이들과의 연대: 수도자의 가난은 하느님 나라의 실재를 증거하는 표지가 된다는 점에서 종말론적인 가치를 지닌다.[150] 하지만 가난이 그 자체로 목적은 아니며, 그렇다고 해서 순수하게 추상적인 대상으로 여겨져서도 안 될 것이다. 오히려 그것은 궁핍한 사람들을 위한 봉사를 통해 구체화되어야 할 사랑의 표현이다.[151] 이러한 이유에서 교령 『완전한 사랑』은 수도회들이 교회의 다른 필요를 위해서나 빈곤한 자들의 생계 유지를 위해서 자신들의 재산의 일부를 제공하도록 요구하고 있다.[152] 따라서 자신의 존재를 하느님 나라를 향해 방향 지운다는 것은 단지 순수한 의식 차원에 머문다거나 정신적인 가난에 한정되어서는 안 된다. 반대로 그것은 어떠한 방법으로도 면할 수 없는 가난에 처한 사람들의 단순한 요구에 부응하는 연대와 같은, 실제적인 가난의 실천을 돕는 사업들을 통해 구체적인 삶의 실재의 차원에서 필수적으로 그리고 객관적으로 다뤄져야 하는 것이다.[153] 이러한 방법으로 실제적인 가난은 또한 내적으로 사랑의 공동체를 실현하기 위한 효과적인 수단이 된다.

---

149 Cfr. *Ibid.*, p. 48.
150 Cfr. 『완전한 사랑』 n. 13.
151 Cfr. H. Böhler, *o. c.*, p. 80.
152 Cfr. 『완전한 사랑』 n. 13e.
153 Cfr. J. M. Lozano, *La sequela di Cristo. Teologia storico-sistematica della vita religiosa*, p. 217.

⑤ 수도생활의 가난의 궁극적 목적: 수도자의 가난은 정결과 같은 의미에 결부되어 있다. 말하자면 가난 역시 "그리스도께 대한 사랑의 관계 안에서가 아니라면 아무런 가치가 없다."[154]라는 것이다. 실제로 공의회에서는 다음과 같이 단언한다. "모든 수도자들은 그리스도의 마음으로 가난한 이들을 사랑해야 한다."[155] 수도자들은 가난 선서를 통해서 그리스도의 삶에 참여하며 가난한 이들과의 친교에 관심을 기울인다. 이러한 친교는 또한 세상 안에서 하느님 나라의 현존과 우리를 구원하시는 하느님의 사랑을 드러내는 일이며, 동시에 그분 앞에서 우리 모두가 동등하게 빈곤한 사람들이며 이와 같은 처지에서 모두가 한 형제임을 인정하게 되는 것이다.[156] 이렇게 축성된 가난을 통해서 우리는 단지 가난하신 그리스도에게만이 아니라, 여러 방법을 통해 그들과 동일시되고자 하셨고 당신 자신이 비천한 조건의 형제가 되기를 원하셨던 그리스도의 모든 형제들에게 이르게 된다.[157] 이러한 방법으로 가난의 권고는 우리를 교회의 선교사명에 참여하도록 해 주며, 마침내는 하느님 나라의 표지로써 그리스도 안에서 교회적인 친교에로 이끌어 준다.[158]

---

154 J. Aubry, *o. c.*, p. 126.
155 『완전한 사랑』 n. 13e.
156 Cfr. J. M. Lozano, *La sequela di Cristo. Teologia storico-sistematica della vita religiosa*, p. 218. 같은 저자에 따르면, 교령『완전한 사랑』에서 표현된 몇몇 구절은 가난에로의 성소와 가난한 이들과의 연대 사이에 긴밀한 연관성에 대해 언급하고 있다고 본다. 특별히 마태 19,21에서 재화에 대한 포기에의 초대와 가난한 이들에 대한 분배, 2코린 8,9의 그리스도의 가난과 가난한 사람들과의 연대를 위한 동기 부여에서 이러한 점을 살펴볼 수 있다.
157 Cfr. J. Aubry, *o. c.*, pp. 131-132.
158 같은 견지에서『교회헌장』8장은 그리스도의 가난과 교회의 선교사명 사이의 관계에 대해 밝혀 주고 있다. "그리스도께서 가난과 박해 속에서 구원 활동을 완수하셨듯이, 그렇게 교회도 똑같은 길을 걸어 구원의 열매를 사람들에게 나누어 주도록 부름 받고 있다. 예수 그리스도께서는 '하느님의 모습을 지니셨지만… 오히려 당신 자신을 비우시어

3) 따름과 순명

복음적 순명과 관련해서도 우리가 이것을 명료하게 설명하기 위해서 수행하게 될 방법은 순명에로의 부르심에 대한 기초를 그리스도의 개별적인 말씀 안에서 찾으려 시도하는 것이 아니다. 왜냐하면 다른 복음적 권고들과 이 권고들 위에 설립된 수도생활의 형태가 그러하듯이, 순명은 어떠한 상황에서 독립적으로 표현되거나 이해되는 그리스도의 말씀들에 직접적으로 기인하는 것이 아니라, 그분의 모든 가르침과 삶에서 그 성서적 근거를 찾아야 하기 때문이다.[159] 즉 복음서 안에서 명시적으로 순명의 권고가 언급되지는 않는다. H. Böhler에 따르면, 사실 순명은 그리스도의 모범에 기초한 것이며,[160] 따라서 그리스도를 진정으로 따르기 위해서 필요한 요소이다.[161] 그러므로 수도생활의 순명 안에서 그리스도를 따름에 대한 우리의 논의를 심화시키기 위해서

종의 모습을 취하셨으며'(필리 2,6-7), 우리를 위하여 '부유하시면서도 가난하게 되셨다'(2코린 8,9). 이렇게 교회는 그 사명을 수행하려면 인간적인 힘이 필요하겠지만, 현세의 영광을 추구하도록 세워진 것이 아니라 자신의 모범으로도 비움과 버림을 널리 전하도록 세워진 것이다. 그리스도께서는 '가난한 이들에게 기쁜 소식을 전하고… 찢긴 마음을 싸매 주며'(루카 4,18 참조), '잃은 이들을 찾아 구원하러'(루카 19,10) 하느님 아버지에게서 파견되셨다. 이와 같이 교회도 인간의 연약함으로 고통 받는 모든 사람을 사랑으로 감싸 주고, 또한 가난하고 고통 받는 사람들 가운데에서 자기 창립자의 가난하고 고통 받는 모습을 알아보고, 그들의 궁핍을 덜어 주도록 노력하며, 그들 안에서 그리스도를 섬기고자 한다."

159 Cfr. S. M. Alonso, *o. c.*, p. 321.

160 Cfr. 『완전한 사랑』 n. 14a. 이에 대해서 M. A. Asiain García는 J. Garrido의 견해를 인용하면서 다음과 같이 명확히 설명하고 있다. "실제로 현대의 해석가들은 순명의 서원이 분명한 표현들을 통한 어떠한 성서적 근거를 가지고 있지는 않다는 사실에 동의한다. 하지만 예수의 전 존재적 차원에서 순명이 가지는 중요성에 대해 이해해야 할 필요가 있다. 이처럼 모든 신약성경은 순명에 대한 기초를 제공하고 있다고 말해야 할 것이다. 이것이 의미하는 것은 특별한 서원으로써 성서적 기초를 가지는 것은 아니지만 그것은 성소의 정체성을 드러내는 체험으로써 성서적 근거를 갖는 것이다." M. A. Asiain García, *Obbedienza. Lettura teologica*, in "DTVC", Milano 1994, p. 1160.

161 Cfr. H. Böhler, *o. c.*, p. 73.

우리는 그 출발점으로써 예수의 아들로서의 순명과 그의 인격을 통해서 드러난 하느님의 구원 의지를 수용하는 모습에 대해 다루고자 한다.[162] 실제로 공의회의 문헌들 안에서는 그리스도를 따름과 수도자의 순명 사이의 깊은 연관성을 그리스도론적인 차원의 강한 어조와 풍부한 성서의 인용을 통해 표현하고 있다.

> …어머니인 교회는 그 품 안에서 많은 남자와 여자들이 구세주의 자기 비움을 더욱 철저히 따르고 더욱 명백히 보여 주며, 하느님 자녀들의 자유 안에서 가난을 받아들이고 자기 자신의 뜻을 버리는 모습을 보고 기뻐한다. 그들은 곧 순종하시는 그리스도를 더욱더 완전히 닮고자, 계명의 척도를 넘는 완덕의 문제에서 하느님 때문에 사람에게 스스로 복종하는 것이다.[163]

> 하느님 아버지의 뜻을 이루려 오시고(요한 4,34; 5,30; 히브 10,7; 시편 40,7-9[39,9] 참조), "종의 모습을 취하셔서"(필리 2,7) 고난을 겪고 순명을 배우신(히브 5,8 참조) 예수 그리스도를 본받아, 수도자는 성령의 인도로 신앙 안에서 하느님의 대리자인 장상들에게 순명하며, 장상을 통하여 그리스도 안에서 모든 형제를 섬기게 되는 것이다. 이는 마치 그리스도께서 하느님 아버지께 순명하심으로써 형제들을 섬기시고, 당신 목숨을 바쳐 많은 사람을 위하여 몸값을 치르신 것과 같다(마태 20,28; 요한 10,14-18 참조). 이렇게 수도자는 교회의 봉사에 더욱 긴밀히 결합되며 성숙한 사람으로서 그리스도의 충만한 경지에 다다르려고 힘쓴다(에페 4,13 참조).[164]

수도자의 순명에 관하여 공의회에서는 이 순명을 예수의 육화 사건에

---

162 Cfr. J. M. Lozano, *La sequela di Cristo. Teologia storico-sistematica della vita religiosa*, p. 250.
163 『교회헌장』 n. 42d.
164 『완전한 사랑』 n. 14a.

서 출발하여 구원사업의 정점인 십자가의 죽음에 이르기까지의 그리스도의 신비 전체 안에 정초한다. 그리스도께서 세상에 오심 자체는 히브리인들에게 보낸 서간에서 소개하듯 순명의 행위였다. "번제물과 속죄 제물을 당신께서는 기꺼워하지 않으셨습니다. 그리하여 제가 아뢰었습니다. '보십시오. 하느님!'… 저는 당신의 뜻을 이루러 왔습니다."(히브 10,7) 육화는 예수님께서 성부와의 영원한 사랑의 친교 안에서 아들로서 자신의 정체성을 분명히 취하는 순간인 동시에, 인류를 구원하기 위한 계획에 당신 스스로를 봉헌하는 데서 예수의 순명하시는 모습을 명확히 보여 주는 사건이다. 이러한 사랑스러운 순명의 모습은 성부께 대한 아들로서 온전한 순종과 함께 예수의 육화된 존재와 삶 안에서 완벽히 실현되고 있다. 사실 복음의 맥락에서 '당신의 뜻이 이루어지소서.'라는 표현은 단지 예수님께서 살아온 삶의 어느 한 특정 순간에 그가 보여 준 태도를 정의하기 위해서 필요한 것이 아니라 매 순간 아주 미소한 부분에 이르기까지(마태 4,23; 마르 1,38-39 참조) 그가 실행하며 살아왔던 삶의 모든 행위의 기본 원칙이었던 것이다.[165] 그러므로 이러한 지향은 자신의 모든 활동의 근본원리이며, 그의 양식이 되고(요한 4,34 참조), 성부의 구원계획에 온전히 축성 봉헌된, 섬기는 자로서의 자신의 존재를 특징짓게 될 운명의 법칙과도 같은 것이다.[166] "사람의 아들도 섬김을 받으러 온 것이 아니라 섬기러 왔다."(마태 20,28) 이처럼 그를 파견하신 성부의 뜻을 이루는 일이 예수가 지녔던 기본적인 자세에 있어서 지속적인 목적이 되는 것이기에, 그리스도

---

165 Cfr. A. Pardilla, *La forma di vita di Cristo al centro della formazione della vita religiosa. Il quadro biblico e teologico della formazione*, p. 140.
166 Cfr. J. Aubry, *o. c.*, pp. 142-143.

의 전 생애는 오로지 그가 사랑했던 아버지의 뜻에 대한 근본적이고 항구한 관계 안에서만 이해될 수 있는 것이다.[167]

이러한 그리스도의 순명은 삼위의 위격적 일치, 육화의 신비 그 중심에서만이 아니라 구원 신비의 심오한 내면 안에서도 드러나고 있다.[168] 오히려 당신의 뜻을 이루기 위해 예수께서 견지하였던 아버지께 대한 순명은 자신의 수난과 죽음이라는 십자가의 신비 안에서 최상으로 실현되고 있는 것이다. 성 바오로는 수차례에 걸쳐 자신을 비우고 아버지를 섬기셨던 하느님의 종의 순명(cfr. 필립 2,5-8), 오직 하느님의 사정에 온전히 자신을 봉헌하고 사랑의 법칙에 순응하는 데에만 뜻과 관심을 두셨던 그분의 모습(cfr. 로마 5,10; 19; 히브 5,8)에 대해 설명한다. 예수께서는 자신에게 위임된 임무에 완벽하고 항구한 모습으로 충실하였다. 즉 그분은 자신이 행한 선교의 한계를 극복하기 위해 안간힘을 쓴다거나, 다른 형태로 자신을 아버지께 맡기도록 요구하는 내적·외적인 소리들에 현혹되는 일을 허용하지 않으셨을 뿐만 아니라, 당신을 파견하신 성부께서 원하셨던 봉사의 방식을 바꾸려고 노력하지도 않으셨다.[169] 더욱이 예수께서는 아버지 앞에서 순명하셨던 것과 동일한 방식으로 당신의 백성과 모든 인류를 위해 봉사하셨다. 말하자면 그리스도의 전적인 자기 비움 안에서 순명의 실천은 형제들에 대한 봉사와 모든 이들의 구원을 위해 당신의 생명을 내어주시는 모습 안에서 그 수평적인 차원을 갖게 된다.(마태 20,28; 요한 10,14-18 참조; 『완전한

---

167 Cfr. J. M. Lozano, *La sequela di Cristo. Teologia storico-sistematica della vita religiosa*, p. 250.
168 Cfr. J. Aubry, *o. c.*, p. 144.
169 Cfr. A. Pardilla, *La forma di vita di Cristo al centro della formazione della vita religiosa. Il quadro biblico e teologico della formazione*, p. 142.

사랑』 n. 1c)[170] 이 점에서 하느님과의 관계, 그리고 형제들과의 관계 안에서의 순명의 개념이 지니는 두 가지 차원을 설명하기 위해서 S. M. Alonso는 순종(obbedienza)과 순명(sottomissione)이라는 개념을 구분하여 표현한다. 전자는 우리가 마땅히 순명해야 할 유일한 대상인 하느님께로 직접적으로 향하는 행동을 나타내고 있다. 그것은 그분만이 인간 존재의 철저한 봉헌이라는 선물을 받을 수 있는 분이시기 때문이다.(cfr. 『쇄신의 문제』 n. 2) 이에 비해 후자는 법이라든가 권위, 혹은 인간적인 중재 역할을 하는 이들에 대한 관계 안에서 행해지는 것이다.[171] 말하자면 순명이 수단이라면 순종은 그 목적이 되는 것이다. 그리스도는 모든 면에서 이러한 순종과 순명의 모습으로 사셨다. 즉 그리스도께서는 인간을 위한 희생과 인간적인 중재자들에게 순명하심으로써 성부께 항상 순종하시는 분이 되고자 하셨던 것이다.[172] 이에 대해서

---

170 Cfr. H. Böhler, *o. c.*, p. 73.
171 Cfr. S. M. Alonso, *o. c.*, p. 322. 신약성경에서는 "*hypotassein*"이라는 단어로 낮은 단계의 인간에 대한 순명에 대해 말한다. 예를 들자면, 시민사회의 규율에 대한 순명(로마 13,1; 1베드 2,13-18), 남성에 대한 여성의 순명(1코린 14,34; 에페 5,24; 콜로 3,18; 티토 2,5), 부모에 대한 자녀의 순명(루카 2,51), 주인에 대한 종의 순명(티토 2,4), 그리고 거룩한 직무자들의 모임이나 그들의 협력자들에 대한 순명(1코린 16,16) 등이다. 유일한 예외는 바오로에 대한 필레몬의 순명(*hypakoē*)이다. cfr. J. M. Lozano, *La sequela di Cristo. Teologia storico-sistematica della vita religiosa*, pp. 273-274.
172 저자 S. M. Alonso는 30년간의 예수의 숨은 생애를 예로 들면서 인간적인 중재 역할을 하는 이들에 대한 예수의 순명과 수도자가 합법적인 권위 앞에 행하는 그것 사이의 관계에 대해 설명한다. "그리스도께서는 순종과 순명 안에서, 즉 성부께 향한 완전하고 지속적인 순종의 생활을 사셨다. 그러나 또한 일차적으로 그리고 기본적으로 그의 부모들에 대해서도 순종하셨다. 의미 있는 사실은 루카 복음사가는 순종이라 표현되는 말로써 예수의 숨겨진 생애라 불리어지는 30년을 함축하여 요약하고 있다는 것이다. '그들에게 순종하며 지냈다.' (루카 2,51) 그럼에도 불구하고 인간적인 중재자들에게 대한 '순명'은 성부께 대한 순종과 같은 것이다. 즉 예수에게 있어서 마리아와 요셉에게 순종한다는 것은 동시에 성부께 순종하는 구체적인 방법이었던 것이다. 같은 방식으로 합법적 권위나 법적인 요구 등에 대한 모든 그리스도인들의 순명은 하느님께 대한 순종인 것이다. …동일한 이유에서 우리는 본래의 의미에서 장상들에게 순명하는 것은 아니다. 그들은 특정한 상황 안에서 우리 삶의 구체적이고 특별한 면과 관련하여 하느님의 뜻을 드러내는 단순한 표지

P. Molinari는 수도자들이 실천해야 할 본분이라는 점에서 이러한 수평적인 차원의 순명에 대해 설명한다.

> 그리스도께서 실천하셨고 수도자들이 자신들의 순명을 통해 함께 나누고 참여하도록 불리어진 자기비하(kenosi), 혹은 자기 비움이란 자신을 희생하고 자신의 의지는 물론, 그리스도께서 우리에게 주신 본보기에 따라 개인적인 견해마저도 포기하는 데에 온전히, 그리고 철저한 방법으로 응답할 준비를 하는 자세이다. 그리스도께서는 당신 스스로 종이나 노예와 같은 신분을 기꺼이 취하셨으며, 이로써 아버지께 순종하시는 모습을 보여 주셨고, 당신의 충만한 사랑을 통하여 죄인들을 구속하시고자 하셨다. 그분께서는 우리에게도 이와 같은 자기희생에 기꺼이 응답하기를 고대하신다. 왜냐하면 사랑으로써 실천되는 이러한 희생을 통하여 구원이 이루어지고 실현되는 것이기 때문이다.[173]

이 장의 서두에서 이미 언급하였다시피, 예수 그리스도를 본받는다는 것으로 수도자들의 순명선서는 예수의 모범 안에서 그 명백한 기원을 갖는다. 그것은 성령께 힘입어 예수의 전 생애에 걸친 신비로부터 영감을 받고, 예수의 행동 방식을 구분 짓는 특별한 성격으로(요한 5,20: 8,7) 하느님의 말씀에 대한 끊임없는 경청의 자세를 통해서 살게 되는 신앙의 행위인 것이다.[174] 동시에 축성된 순명은 예수께서 모든 인간 창조물에게까지 순명하셨듯이, 즉 당신을 죽음의 운명에 처하도록 만드는 이들에게마저도 순명하시고 이들을 수용하심으로써 고난을 통해

이며 해석해 주는 이들에 불과하기 때문이다. 우리는 이러한 표지와 해석들을 통해 드러나는 하느님의 뜻에 순종하는 것이다." S. M. Alonso, *o. c.*, p. 54.
173 Cfr. P. Molinari, *o. c.*, p. 54.
174 Cfr. J. M. Lozano, *La sequela di Cristo. Teologia storico-sistematica della vita religiosa*, p. 270.

순종을 배우신 것처럼, 수도자가 하느님의 뜻을 중재하는 이들을 수용하고 그들에 대해 순명할 수 있도록 만들어 주는 행위이기도 하다.[175] 이러한 방법으로 성부께 향한 예수의 사랑과 성부의 뜻을 충만히 수용함으로써 자신의 사명을 완수하려는 노력은 형제들에 대한 사랑과 봉헌의 행위가 된다. 이 점은 하느님께서 원하시는 것은 인간의 구원이며, 이것은 그리스도의 선교사명이라는 숙고 안에서 그 논리적 근거를 찾을 수 있다. 바로 이와 같은 예수의 모범이 순명의 선서를 필수불가결한 것으로 만드는 핵심적인 요소인 것이다. 따라서 그리스도께서 하느님 앞에서, 그리고 인간 앞에서 취하셨던 새로운 존재 방식으로 이해되는 순명은 인간을 위한 봉사에 온전히 헌신하려는 노력 없이는 충만히 실현될 수 없는 것이다.[176] 바로 여기서 구체적인 의미에서 그리스도를 따름과, 수도자로 하여금 그분의 존재 방식을 익히고 일치하도록 만들어 주는 순명의 권고 사이의 밀접한 관계가 나타난다.[177] 이러한 순명의 복음적 권고에 대한 이해와 더불어, 수도생활과 관련한 순명의 구체적인 몇 가지 요소들에 대해 좀 더 살펴보겠다.

① 수도생활의 순명은 인격적인 자율성에 토대를 둔 고유하면서도 이성적이고, 자유로운 행위이다. 달리 말하면 그리스도를 따르기 위한 목적에 온전히 자기를 헌신할 것을 요구하는 순명은 수동성이나 미성숙함과는 정확히 상반되는 것이며, 오히려 하느님의 뜻과 그분의 선교사명에 충실히 결합되고자 하는 충만한 책임감과 성숙함으로 표현되는 행위인 것이다.[178] 따라서 이것은 자신의 의지를 포기하는 것만을

---

175 Cfr. M. A. Asiain Garcia, *o. c.*, p. 1159.
176 Cfr. *Ibid.*, p. 1160.
177 Cfr. 『교회헌장』 n. 42d.

뜻하지 않는다. 수도자는 일반적인 그리스도인 생활의 일상적인 형태로서, 때로는 자신의 의지를 우선시하면서 피상적으로만 하느님의 뜻을 수용하는 것에 만족하지 않는다. 반대로 그는 하느님의 뜻을 온전히 자신의 것으로 삼으며 이에 따르는 규칙에 준하여 살아가려는 책임과 함께, 이러한 삶의 형태를 더욱 고결한 자세로 받아들이고자 한다.[179] 그렇다고 해서 순명의 여정이 단순히 인간적인 삶의 계획에 따른 결과, 또는 자신의 의지적인 결정에서 비롯한 것으로 간주해서는 안 될 것이다. 왜냐하면 성소의 근원에는 한 개인이 자신의 역사를 식별하도록 불리어졌음을 인식하는 과정이 내포되어 있기 때문이다. 즉 그는 순명의 자세로 이러한 부르심에 응답하는 것인 동시에, 자신의 존재를 살아가려는 개인적인 삶의 계획에 속하는 모든 것을 포기하게 됨으로써 첫 번째 성소의 역동적인 과정을 시작하게 되는 것이다. 그리하여 그는 예수께 관련한 것을 우선적으로 자신의 것으로 받아들이며 성령의 인도에 따라 그리스도와 동일화되는 과정을 걷게 된다.[180] 이러한 점에서 금욕적인 생활의 의미에서 언급되는 순명과, 예수의 삶과 카리스마적인 일치를 향한 과정 안에서 이해되는 수도자들의 순명 사이에는 분명한 차이점이 있다고 하겠다.[181]

---

178 Cfr. P. Molinari, *o. c.*, p. 55.
179 Cfr. J. Aubry, *o. c.*, p. 141.
180 Cfr. M. A. Asiain García, *o. c.*, p. 1163.
181 이러한 점에서 J. M. Lozano는 다음과 같이 주장한다. "신약성경 안에서 순명에 대한 금욕적인 개념은 나타나지 않는다. 더욱이 자신의 자유를 포기하는 것 자체를 가치 있는 행위로 간주하는 가르침이 존재하는 것도 아니다. 포기란 항상 그보다 상위에 있는 선한 것에 의해 요구되는 것이다. 예를 들자면 하느님의 구원 의지, 하느님에게서 부여된 선교사명, 복음에 충실하라는 요구들, 또는 공동체의 평화 등이다. 좀 더 엄밀히 보자면, 이것은 그리스도교적 근본주의 성격을 지닌 본문들에서 언급되는 충실성에 관한 것이라 하겠다." J. M. Lozano, *La sequela di Cristo. Teologia storico-sistematica della vita religiosa*, p. 274.

② "순명이란 하느님의 말씀을 경청하고 순종하는 일이다."[182] 수도생활의 역사 안에서도 초기 수도승들은 자신들의 삶의 규칙을 바로 성경 안에서 찾고자 하였다. 그들에게서 "하느님의 말씀은 주님의 계명(praecepta Domini)으로 여겨졌으며, 처음부터 성경은 유일한 규칙서였던 것이다."[183] 이처럼 수도자란 하느님 말씀의 사람이다. 이것은 그가 스스로 자신의 삶을 설계하고자 하지 않으며, 오히려 그에게 말씀하시는 분에게 지속적으로 주의를 기울임으로써 모든 것 안에서 그리고 매 순간에 그분의 말씀에 따라 모든 것이 이루어지게 하려는 사람이라는 것을 의미한다.[184] 이러한 방식으로 수도생활 안에서 자신의 자질과 가능성이라는 측면에서만이 아니라, 자신을 비우고 어떠한 개인적인 삶의 계획을 실현하려는 욕구에서 벗어나 성부께 지속적으로 의탁함으로써 자아실현을 이루는 일이 가능해진다.[185] 그리하여 수도생활 전체가 하느님 아버지의 구원 의지를 계속해서 찾고 들음 안에서, 그리고 그분께 순명하는 사랑의 영적인 희생을 통해서, 이러한 구원 의지에 더욱 공고히 결합됨으로써 이루는 일치의 삶이 되는 것이다.[186]

③ 정결이나 가난과 같은 다른 복음적 권고들과 마찬가지로, 수도자의

---

182 J. Aubry, o. c., p. 146.
183 J. M. Lozano, *La sequela di Cristo. Teologia storico-sistematica della vita religiosa*, p. 275. 같은 저자는 파코미오의 작품으로 여겨지는 교리서에서 나타난 권고에 대해 소개하면서 수도승을 하느님 말씀의 청취자로서 정의한다. "'만일 당신이 자기 스스로 충분치 않다면 복음에 따라 일하는 다른 사람을 따라가시오. 그러면 그와 더불어 진보해 나갈 수 있을 것이다. 들으시오. 그리고 들을 줄 아는 이에게 순종하시오.' 결국 수도승은 자신 안에서 하느님을 들을 수 있는 사람이다." *Ibid.*, p. 276.
184 Cfr. J. Aubry, o. c., p. 146.
185 Cfr. M. A. Asiain García, o. c., p. 1160.
186 Cfr. 『완전한 사랑』 n. 14a.

순명 역시 그리스도를 따름이라는 것의 한 측면을 이룬다. -"구세주의 자기 비움을 더욱 철저히 따르고 더욱 명백히 보여 주며, …순종하시는 그리스도를 더욱더 완전히 닮고자…."[187]- 순명은 예수 그리스도께서 보여 주신 철저한 순명에 온전히 기초하며, 이러한 그분의 순명에 참여하는 것 외에 다른 것이 결코 아니다.[188] 그리스도께 축성된 순명을 통해서 수도자는 그분의 삶과 선교사명, 즉 그분께서 생각하고 행동하며 사랑하셨던 방식에 참여하라는 초대를 결정적으로 수용하게 된다.[189] 그리고 수도자는 예수의 순명에 참여하는 삶을 살아가는 가운데 그분의 구원사명의 협력자로서 봉사하는 일에 있어서 기꺼이 자신을 희생할 마음가짐과 적극적인 책임감을 지닐 것을 요청받게 된다. 의미 있는 점은 그리스도의 존재와 삶에 참여한다는 이러한 그리스도적인 전망 안에 장상에 대한 순명 역시 연관되어 있다는 것이다.

> …예수 그리스도를 본받아, 수도자는 성령의 인도로 신앙 안에서 하느님의 대리자인 장상들에게 순명하며(superioribus vices Dei gerentibus in fide sese subiiciunt), 장상을 통하여 그리스도 안에서 모든 형제를 섬기게 되는 것이다.[190]

그러므로 그리스도를 따르는 길에서 수도자는 형제들과 함께 규칙서를 준수하며, 하느님의 구체적인 뜻을 드러내는 탁월한 도구인 장상들에게 순명해야 할 책임이 있는 것이다.[191]

---

187 『교회헌장』 n. 42d.
188 Cfr. J. Aubry, o. c., p. 142.
189 Cfr. P. Molinari, o. c., p. 51.
190 『완전한 사랑』 n. 14a; cfr. 『교회헌장』 n. 42e.
191 Cfr. J. Aubry, o. c., p. 147.

따라서 수도자는 하느님의 뜻을 믿고 사랑하는 마음으로, 규칙과 회헌의 규범에 따라 장상들에게 겸손되이 순명하여야 한다.[192]

이러한 겸손은 "모든 진정한 순명의 토대이다."[193] 이러한 사실은 자신의 충만한 자유와 책임감을 가지고 종이 아닌 자녀로서의 순명을 요구한다는 것이다.[194] 그러나 우리들의 존경은 당연히 하느님의 거룩한 뜻을 보여 주는 단순한 표지나 해석에 불과한 이러한 도구들을 향하는 것이 아니라 하느님께 바쳐지는 것이다. 이러한 이유에서 도구의 편에서, 상술하자면 규칙서, 공동체나 장상 편에서는 하느님께 협력하며 하느님의 뜻에 순응하기 위한 지속적인 노력이 필수적으로 요구되며, 이로써 그들은 그리스도 안에서 형제들의 영적인 성장을 촉진시켜 나갈 수 있을 것이다.[195]

④ 앞선 연구에서 밝힌 것처럼, 공의회에서는 순명의 여정과 세상의 구원 사이의 긴밀한 연관성에 대해 매우 정확히 명시하고 있다. 순명선서를 통해 수도자는 형제들을 위한 구원의 신비를 살아간다. M. A. Asiain García에 따르면, 이러한 사실은 기본적으로 두 가지 이유를 포함하고 있다.

> 첫째로 (순명은) 인간의 마음을 산란케 할 수 있는 형제들과의 공동체 내적인 차원의 부수적인 걱정으로부터 자유로워진 채 책임자의 인도에 따라 상위의 사도적 덕목들을 실행할 수 있도록 해 준다. 둘째로는 예수의 자기 비움

---

192 『완전한 사랑』 n. 14b.

193 J. Aubry, o. c., p. 148.

194 구체적으로 교령 『완전한 사랑』에서는 수도자들의 자녀로서의 순명에 대해 서술하고 있다. "이와 같이 수도자의 순명은 인간 존엄을 떨어뜨리지 않고 오히려 하느님의 자녀로서 더욱 폭넓은 자유를 누려 성숙에 이르게 한다."(n. 14b)

195 Cfr. P. Molinari, o. c., pp. 63-64.

(Kenosis)에 참여함으로써 일정한 방법으로 구원역사의 효과를 실현케 한다.[196]

이로써 수도생활 안에서 순명의 사도적 차원이 드러난다. 수도자들은 예수를 따르고 그분의 삶의 방식을 함께 나누도록 불리어졌기에, 순명을 통한 그들의 사명은 그분의 지체로서 그리스도 신비체를 형성하려는 목적에서 그분 자신이 행하셨던 일들을 지속해 나가는 일이 되는 것이다.[197] 따라서 예수의 은총과 선교사명에 순종한다는 것은 교회와 함께 그리스도 신비체의 충만함에 이르기 위해 협력한다는 것을 의미한다.[198]

4. 따름을 위한 조건인 그리스도 자기 비움에의 참여

이제까지 우리는 수도생활이 세 가지 복음 권고들을 통하여 그리스도를 충실히 따름으로써 보다 완전히 실현되고 있음을 살펴보았다. 이것은 무엇보다 수도자를 평신도와 구분 짓게 하는 것으로, 이러한 수도생활 안에서 그리스도를 따름이란 그 자체로 육화된 말씀이 취하신 삶의

---

196 M. A. Asiain García, o. c., p. 1161.
197 Cfr. P. Molinari, o. c., p. 53.
198 같은 의미에서 교황 권고 『복음의 증거』는 축성된 봉헌이 교회를 위한 봉사를 지향하고 있음을 밝히고 있다. "순명 서원을 통하여 수도자는 자기 의지를 온전히 바치며 더욱 확실하고 굳건하게 구원 계획에 참여하는 것입니다. 아버지의 뜻을 이루려 오시고 '고난을 겪고 순명을 배우시고' 또 '형제들을 섬기신' 그리스도를 본받아, 수도자는 교회와 형제들의 봉사에 더욱 긴밀히 결합됩니다." 『복음의 증거』 n. 23.

성격을 충실히 본받는 과정을 수반한다.[199] 물론 그리스도의 삶의 방식을 본받는다는 것이 앞에서의 세 가지 복음 권고를 이행하는 것만으로 완전히 한계 지을 수 없다 하더라도,[200] 주님의 말씀과 표양 안에 정초된 이 세 가지 권고들 안에 이러한 본받음의 의미가 실체적으로 담겨있으며, 따라서 이 권고들의 실천은 수도생활의 가장 본질적인 것이라 하겠다.[201] 복음적 권고의 서원을 통한 그리스도를 따름은 모든 수도자들을 '포기'라는 덕목에 결부시키는데, 이러한 포기는 죄악과의 단절뿐만 아니라, 그리스도가 아닌 다른 누구로부터 자신이 통제되도록 허용하지 않는다는 것을 뜻한다.[202] 즉 수도자는 오직 주님께 결합되기 위하여 모든 것을, 또한 정당한 실재들에 대해서마저도 포기해야 하는 것이다. 이러한 점에서 복음적 권고들이 지니는 고유한 기능을 통해 어떠한 목적을 지향해야 하는지 생각해 볼 수 있다. 이에 대해서, J. Aubry는 다음과 같이 주장한다.

---

199 S. Recchi는 평신도 그리스도인들로부터 구분하여 수도생활 안에서 복음적 권고를 실천하는 것에 대해 설명한다. "『교회헌장』에서는 복음적 권고들의 방법으로 축성생활을 동일시하려는 것을 정당하게 보지 않는 듯하다. 복음적 권고들이란 모든 이에게 제시되는 것이며 따라서 모든 신자들이 실천하며 살아야 하는 것이다. 그럼에도 불구하고 삶의 규칙으로써 그것은 다른 신원으로부터 축성생활을 구별 짓게 한다. 아니 오히려 축성생활의 본질적인 요소를 나타낸다. 이로써 복음적 권고는 신자들 사이에서 새로운 자격, 즉 세례받은 사람을 변화시키고 그로 하여금 더욱 가까이서 따르고자 하는 그분께 더욱 친밀히 일치시킴으로써 새로운 축성을 실현케 한다." S. Recchi, *o. c.*, p. 39.
200 『교회헌장』에서 시사하고 있는 바와 같이, 수도자들은 세 가지 복음적 권고들을 통해서만이 아니라, 그리스도께서 사셨던 생활의 다른 측면이나 직무, 다양한 일들, 예를 들자면 공동의 기도, 설교, 가난한 이들과 병든 이들, 소외당한 사람들과 어린이들을 위한 자선 등을 통해서 그리스도의 신비를 지속해 나간다. cfr. 『교회헌장』 n. 46.
201 Cfr. 『교회헌장』 n. 43; J. M. Lozano, *Rinnovamento religioso. Dottrina conciliare*, pp. 84-85.
202 Cfr. 『완전한 사랑』 n. 5a.

우리가 서원하는 것들의 첫 번째 역할은 세 가지 죄악과 싸우기 위한 것이 아니다. 서원하는 것에 상응하는 덕목들은 그 자체로 존재하지 않는다. 우리가 하는 서원과 서원을 통한 덕목들은 무엇보다 그리스도께 이르기 위한 훌륭한 수단인 것이다. 우리가 관심을 기울여야 하고, 알아야 하며, 가르치고 실천해야 할 것은 오직 가난하신 그리스도, 정결하신 그리스도, 그리고 순명하시는 그리스도일 뿐이다. 마치 우리의 소유물이 될 수 있는 것처럼 여겨지는 영광스럽게 성취해야 할 덕목이 있는 것이 아니며, 단지 우리는 겸손하게 우리 자신 안에 예수의 가난, 정결, 순명이 흐르도록 해야 하는 것이다. …이러한 사실이 의미하는 바는, 그리스도께서 교회 안에 서원 자체가 존재하는 최상의 이유라는 것이다.[203]

주님께서 몇몇 사람들을 당신을 따르는 여정에로 불러 모으시고, 믿음과 사랑으로 당신의 인격에 보다 충만히 일치시키려 하신 것처럼, 공의회 역시 복음 권고를 통한 그리스도를 따름이란 그분과의 인격적인 일치이며, 그분께 대한 온전한 축성이며 봉헌으로 이해한다.[204] 따라서 수도생활의 이러한 목표에 도달하기 위한 특징적인 도구로써 복음적 권고의 선서는 포기보다는 그리스도께 대한 결합을 의미하는 것이다.[205] 달리 말하면, 복음적 권고를 통한 세 가지 단절은 어떠한 의미에

---

203 J. Aubry, *o. c.*, pp. 41-42.
204 Cfr.『완전한 사랑』n. 1.
205 A. Dalbesio는 세 가지 복음적 권고를 실천하는 원천적인 힘을 예수의 인격 안에서 드러나는 절대적인 존재에 대한 사랑에 온전히 빠지게 되는 체험으로 묘사한다. "마태 19,10-12에서 제시되는 정결의 선택은 여타 일반적 종교적 동기에서 단순히 혼인을 포기하는 것을 넘어서는 일이다. 오히려 그것은 믿는 이가 성령의 특별한 선물로써 자신의 내면 안에서 하느님의 절대성에 의해 사로잡히게 되는 것에 기인한다. 즉 그는 이제 더 이상 다른 어떤 창조물과 자신의 삶을 온전히 나눌 수 있는 상태가 아니기에 혼인을 위한 선택에 있어서 불가능하다고 느끼게 된다. 그의 영혼은 오로지 하느님의 인격적인 모습에 구속되었으며, 사로잡히게 되었고 소유되었기 때문이다. 이것이 예수 그리스도의 인격 안에서 나타나는 절대자에 대한 온전한 사랑에 빠져드는 숭고한 체험인 것이다. …이러한 이유에서 수도자의 가난 역시 현세의 실재들에 대한 가치 폄하, 혹은 사도적인 임무를 수행하는

서 유일한 주님으로서 그리스도의 절대적인 우위성을 선언하는 것이며, 존재하는 모든 것들을 실제적으로 다스리시는 그분을 유일하고 우선적으로 선택하였음을 보여 주는 것이다.[206] 따라서 수도자들은 그분의 말씀을 경청하고 그분의 일에 충만한 관심을 가지며, 복음 권고들의 선서를 통해 유일하게 필요한 것으로써 그리스도를 따르도록 요청되는 것이다.[207] 그러나 이러한 복음 권고들에 대한 이해가 '모든 것을 버리라'는 그리스도께서 요청하신 복음적 의미의 포기가 지니는 중요성을 감소시키는 것은 아니다. 하지만 포기란 그리스도를 따름이라는 보다 고유하고 긍정적인 의미에서 설명되어야 할 것이다. 즉 그리스도를 위해서 그분과 함께 살아가고 그분처럼 살기 위해서, 그리고 오직 성부께 관련된 것에 관심을 가지고 임하기 위해서 포기하는 것이다.[208]

데 있어 보다 큰 유용성을 위한 기능적인 이유에서 초래되는 포기로 보아서는 안 되며, 또한 금욕적인 생활에서 요구되는 것에 따른 선택 역시 아니다. 반대로 가난은 다른 현세 사물 안에서는 찾을 수 없지만, 일정한 방법으로 자신의 삶의 다양한 관심들을 흡수하는 준거점으로써의 하느님의 실재로 충만한 영혼 안에서 그 정당성을 얻는다. 이러한 논지는 순명에 있어서도 유효하다. 순명을 통해서 자신에 대한 하느님의 구원계획의 충만함에 참여하기를 원하는 축성된 자로서의 염원이 표현되며, 그는 신앙의 관점에서 자신이 속한 공동체의 형제적 생활의 관계를 통해 이러한 계획을 깨닫게 된다." A. Dalbesio, *E lasciato tutto lo seguirono. I fondamenti biblici della vita consacrata*, Bologna 1993, p. 133.

206 Cfr. S. Recchi, *o. c.*, p. 66. 이러한 의미에서 그리스도를 따름은 복음적 권고들보다 더 폭넓은 의미를 지니며, 그분께서 우리에게 남겨 주신 모든 모범과 가르침에로 확대되는 것임이 분명하다. 구세주의 모범을 따르려는 바로 이러한 열망에서 수도자들은 자신을 봉헌하는 임무와 지속적인 호의와 함께 영혼들의 구원을 위한 사도적 열의를 이끌어내는 것이다. cfr. 『완전한 사랑』 n. 8b; A. Marchetti, *Visione d'insieme della dottrina conciliare*, in AA. VV., "Vita religiosa e Concilio Vaticano II", a cura di E. Ancilli, Roma 1966, pp. 39-40.
207 Cfr. 『완전한 사랑』 n. 5d; J. M. Lozano, *Rinnovamento religioso. Dottrina conciliare*, p. 80.
208 Cfr. A. Pardilla, *La forma di vita di Cristo al centro della formazione della vita religiosa. Il quadro biblico e teologico della formazione*, p. 200. 이에 대해 J. M. Lozano도 같은 견해를 피력한다. "수도자의 선서가 진정 가치 있는 유일한 것으로 생각하는, 그리스도께 대한 사랑 때문에 모든 것을 버리는 것을 의미한다면, 수도생활에서 요청되는 포기란 그리스도의 자기 비움에 참여하는 것으로 보아야 할 것이다." J. M. Lozano, *Vita religiosa parabola*

이러한 의미에서 오직 주님께로 향하기 위해 다른 가치 있는 것으로부터 벗어나, 믿음과 무조건적인 사랑의 태도로 수도자들이 실천하는 포기와 그리스도께 대한 충실함은 그들 자신의 고유하고 진정한 삶의 방식(modus vivendi)이 된다.[209]

한편 수도생활을 특별한 방식으로 그리스도를 따름으로써 이해하는 것은 온 생애를 통해 하느님의 구원계획을 실현하시며 몸소 체험하셨던 그분의 삶과 동일한 여정을 따라 걷는다는 것을 포함한다. 예수의 이러한 여정은 본질적으로 수도자들 편에서 그분의 뒤를 따라 걷기 위한 여정의 구조적인 동선이 되는 두 가지 근본적인 차원으로 특징된다. 즉 그것은 성부와의 관계에서 아들로서의 존재 내적인 차원(in-esistenza)과 모든 사람들을 향한 형제적이며 존재 외적인 차원(pro-esistenza)이다.[210] 따라서 공의회 문헌과 그 이후의 교회의 가르침에서는 수도자들에게 강렬한 어조와 보다 분명한 화법으로 복음적 권고들이 지니고 표현하는 것들, 즉 예수의 자기 비움의 신비를 재현해야 할 특별한 사명을 부여한다.

> 제자라면 반드시 그리스도의 이러한 사랑과 겸손을 언제나 본받고 증언하여야 하므로, 어머니인 교회는 그 품 안에서 많은 남자와 여자들이 구세주의 자기 비움을 더욱 철저히 따르고 더욱 명백히 보여 주며, 하느님 자녀들의 자유 안에서 가난을 받아들이고 자기 자신의 뜻을 버리는 모습

---

evangelica. Una reinterpretazione della vita religiosa, p. 69.

209 Cfr. J. M. Lozano, *La sequela di Cristo. Teologia storico-sistematica della vita religiosa*, p. 44.

210 Cfr. B. Fernández García, *Seguidores del crucificado*, in VR 58(1985), p. 336. 수도생활과 성부와의 관계에 대해서 J. Galot, *Dimensione filiale della vita consacrata. Il Padre e la vita consacrata*, in ViCo 23(1987), pp. 1-14를 보시오.

을 보고 기뻐한다. 그들은 곧 순종하시는 그리스도를 더욱더 완전히 닮고자, 계명의 척도를 넘는 완덕의 문제에서 하느님 때문에 사람에게 복종하는 것이다.[211]

하느님을 위한 이러한 봉사가 그들 안에서 덕, 특히 겸손과 순명, 용기와 정결을 실천하도록 재촉하고 반드시 도와줄 것이다. 이러한 덕으로써 그리스도의 자기 비움과(필리 2,7-8 참조) 그분의 생명에 영적으로(로마 8,1-13 참조) 참여하는 것이다.[212]

특히 당신 자신을 온전히 비우신 그리스도의 지상생활을 충실히 본받기로 작정한 수도자들의 회개를 요구하고 있습니다. …그리스도의 제자로서 어찌 그리스도께서 친히 걸어가신 그 길 외에 다른 길을 택할 수 있겠습니까?[213]

복음적 권고의 본질적 목적은 구원의 경륜과 그 권고의 밀접한 관련을 강조하는 또 다른 측면들을 발견하도록 이끌어 주고 있습니다. 우리는 구원 경륜이 예수 그리스도의 파스카 신비에서 그 절정에 이른다는 것을 알고 있습니다. 거기서 죽음을 통한 자기 비움과 부활을 통한 새로운 생명으로 태어남이 결합됩니다. 복음적 권고의 실천은 이러한 파스카의 이원성을… 내포하고 있습니다.[214]

앞서 우리가 분명히 논의한 바와 같이, 그리스도는 온 생애를 통해서 자기 비움의 내적인 원리에 따르는 삶, 말하자면 육화에서부터 죽음에 이르기까지 '비움(Kenosis)'의 삶을 사셨다. 그리스도의 자기 비움이란

---

211 『교회헌장』 n. 42d.
212 『완전한 사랑』 n. 5c.
213 『복음의 증거』 n. 17.
214 『구원의 은총』 n. 10a.

자신을 버리는 일이며, 사랑으로 행해지는 이러한 온전한 포기의 표현을 통해 남김없이 자신의 존재에 속한 모든 것을 하느님께 희생 제사로 봉헌하는 것이다.[215] 그리스도의 삶의 신비에 참여하는 것으로 복음적 권고들은 사랑으로 이러한 자기 자신의 완전한 봉헌을 존재론적이며 역동적으로 실현하는 데에 집중케 한다. 따라서 그리스도를 특별한 방식으로 따르도록 부르심 받은 수도자는 부활의 그리스도의 역사적 실존의 삶을, 즉 아버지와 형제들을 위한 사랑의 자기 증여와 희생을 살아가는 일에 매진하여야 하는 것이다.[216] 파스카를 향한 이러한 긴장은 수도생활의 모든 원리를 통해 구현하고자 하는 유일한 열의를 담고 있는 부활의 그리스도의 이콘이 되라는 요청에 다름아니다. 이와 관련해서 L. De Candido는 그리스도의 파스카 사건의 여정을 성령의 작용에 겸손하게 따르며 수도생활의 성소가 전개되는 과정에 맞추어 설명한다.

예루살렘에 오르는 것은 그리스도의 이름으로 성부의 뜻에 순종하는 것, 이를 통해 내적인 일치를 성장케 하는 모든 행위이다. 파스카의 죽음은 포기와 고독, 정화의 노력을 통해 분명히 드러나는 축성생활의 희생 제사적인 차원이다. 부활은 세례성사의 은총의 결실이며 모든 쇄신의 노력에 따른 효과이고, 사람들 앞에 변모된 존재의 모습을 보여 주는 일이다. …부활의 그리스도의 주권에 참여하는 것은 부단한 금욕이며 높은 덕으로의 자유이고, 보편적인 봉사에 기꺼이 응하는 일이다.[217]

---

215 Cfr. P. Molinari, *o. c.*, p. 29.
216 Cfr. S. M. Alonso, *Los votos religiosos como proceso de identificación con el Crucificado*, in VR 58 (1985), p. 371. 이 점에서 『교회헌장』 45항에서 수도생활의 봉헌을 십자가상의 예수의 구원 업적을 통해 드러난 성체성사의 신비에 명백히 결합시키고 있다는 사실은 매우 의미 있는 일이다.
217 L. De Candido, *a. c.*, p. 189. 더욱이 이 저자는 수도회를 구성하는 모든 요소들이

예수를 따르는 일은 그분 삶의 여정에서 가장 놀랍고 포기할 수 없는 순간, 즉 십자가에 못 박히신 분을 따르는 것이다. 만일 하느님 나라와 타인을 위한 존재(pro-esistenza)로서의 예수의 삶의 계획을 근본적으로 수용하는 것으로 수도생활을 이해한다면, 이러한 생활은 필수불가결하게 십자가에 못 박히는 삶의 여정을 내포해야 하며, 더욱이 그 길을 통과해야 할 것이다.[218] 이처럼 수도생활 안에서 예수의 행위와 자기 비움을 지속해 나가는 과정은 수도자들의 정체성의 근원이며, 따라서 이러한 생활은 자신의 온 생애를 통해 지속해야 할 의무로, 점진적이고 역동적인 학습의 여정이 되어야 할 것이다. 이로써 성령의 이끌림에 자유로이 응답하며 그리스도의 구원의 역사적 생활을 함께 나누도록 초대된 수도자는, 결국 자신이 행한 봉헌에서 비롯하는 내적인 요구들에 부응하는 삶의 특정한 양식을 수용함으로써 그분 안에 변모되는 삶에로 인도되는 것이다. 이러한 의미에서 그리스도 추종이 수반하는

이러한 부활의 그리스도의 이콘을 중재하는 도구라는 사실에 대해 강조한다. "카리스마, 창설자, 규칙서, 회헌, 그리고 복음적 권고가 담고 있는 내용을 해석해 주는 모든 도구들은 관계적이며 부활의 그리스도의 이콘이 되게 하기 위한 중재를 하는 것이다. 구원은 도구이며 표지이고, 증거에 불과한 이러한 가치들을 분리하여 궁극적인 것으로 삼고 충실히 실천하는 데에 있는 것이 아니라, 부활의 그리스도께 대한 전적인 봉헌 가운데 얻어지는 것이다." *Ibid.*, p. 188.

218 Cfr. B. Fernández García, *a. c.*, p. 337. 교황 권고『구원의 은총』에서도 수도생활의 축성은 세례성사의 축성의 연장선 안에 있으며, 이 두 가지 축성 모두가 십자가에 못 박히신 그리스도께 근거하고 있음을 밝히고 있다. "수도 선서가 뿌리박고 있는 세례의 성사적 토대 위에서, 수도 선서는 새롭게 '그리스도와 함께 죽어서 묻히는 것'입니다. 그것을 깨달음과 더불어 선택으로 이루어진 것이기에 새롭고, 사랑과 부르심 때문에 새롭고, 끊임없는 '회개'인 까닭에 새롭습니다. …십자가에 못 박히신 그리스도 안에서 세례의 축성은 물론 복음적 권고의 선서의 궁극적인 토대가 발견됩니다. 제2차 바티칸 공의회의 말씀대로, 수도 선서는 '특별한 봉헌을 이루고 있습니다.'"『구원의 은총』n. 7d. '십자가에 못 박히신 분을 따름'이라는 주제에 대해서는, K. Rahner, *Dio e rivelazione. Nuovi Saggi VII*, Edizioni Paoline, Roma 1981, pp. 231-250; M. Flick, Z. Alszeghy, *Il mistero della croce, Saggio di teologia sistematica*, Editrice Queriniana, Brescia 1990², pp. 357-390을 참고할 수 있다.

파스카 신비에의 참여를 통해 죽으시고 부활하신 그분과 함께 동화되는 여정은 특별한 방식으로 수도생활 안에 자리 잡게 된다.[219] 따라서 수도생활에 대한 공의회의 가르침은 자신에 대한 온전한 봉헌이라는 주제와 함께, 구세주이신 그리스도를 철저히 따름이야말로, 그리스도와 그분을 따르도록 불리어진 이들 사이에 맺어지는 일치의 전형이라는 사실을 우리에게 명쾌하게 제시하고 있다.[220] 결국 수도생활 자체는 그리스도를 따르는 삶이며, 그분과의 충만한 일치에 이르기까지 우리 안에서 예수의 삶과 구원 행위가 지속될 수 있도록 온전히 그리고 효과적인 방법으로 스스로를 그분께 봉헌하는 삶인 것이다. 바로 이것이 부차적인 선택이 아니라 삶의 방식 자체로 교회 안에서 그리스도의 구원 신비를 드러내는 증거로써 수도생활이 기여하는 바이다.[221] 수도자들의 이러한 증거와 예언자로서의 역할은 자신 안에서 그리스도의

---

219 Cfr. E. Gambari, *a. c.*, p. 37.

220 Cfr. P. Molinari, *o. c.*, p. 26.

221 Cfr. 『교회헌장』 nn. 31, 44; J. M. Lozano, *La sequela di Cristo. Teologia storico-sistematica della vita religiosa*, p. 45. 교황 바오로 6세는 자신의 교황 권고 『복음의 증거』에서 모든 수도자들에게 복음적인 증거로써의 그들의 사명에 대해 강한 어조로 상기시키고 있다. B. Rinaldi는 이 문헌에 대해 주석하면서 수도자는 '그리스도의 가장 훌륭한 증거자(supertestimone)이다.'라는 말로 그 의미를 부여하고 있다. "이 말은 그들 편에서, 그리고 그들의 구원사명에 준하여 세상 앞에서 (그리스도를) 증거하기 위해서 그리스도와 교회에 의해서 선택된 사람이라는 것이다. 모든 사람이, 특별히 그리스도인이라면 하느님을 위해서, 그리고 그리스도를 위해서 증거 해야 할 권리가 있는 것이라 하겠지만, 덧붙여 축성된 사람 혹은 수도자는 그리스도교와 교회의 진정한 본질을 드러내기 위한 특별한 위치에 놓인 사람으로서, 최고의 증거자가 될 것이다. …그러므로 그의 마음에서부터 외적인 자세에 이르기까지 수도자의 전 인격은 그리스도의 사랑스러운 현존을 증거 하는 것이어야 한다." B. Rinaldi, *o. c.*, p. 27. 또한 A. Marchetti도 다음과 같이 주장한다. "하느님 나라를 확장시키는 데에 자신의 인격을 통해 기여하는 존재로서 수도자에게 요구되는 증거란, …그가 사도직 분야나 자선 행위를 통해서 행하는 활동과는 무관하며, 수도서약과 규칙에 대한 준수와 더불어 수도생활 자체와 동일시되는 의미에서의 증거이다. 바로 이것이 그 자체로 하느님께 축성되고 그리스도를 본받는 삶으로써 여겨지는 수도생활이 가지는 근본적인 가치 중에 하나인 것이다." A. Marchetti, *o. c.*, p. 42.

얼굴이 지닌 모습을 보여 줌으로써 모든 그리스도인들에게 자극을 주는 수도자의 신원이 갖게 되는 특징적인 요소일 것이다.²²² S. M. Alonso는 다음과 같은 말로 이러한 의미를 강조하며 확인한다.

> 수도생활 안에서 가장 고유한 것은 그것이 가지는 '표지' 또는 '증거'로써의 조건이라기보다는 그리스도를 따르는 생활이라는 사실 자체, 혹은 그분과의 진정한 일치, 그리고 동일한 삶의 방식을 교회 안에서 재생한다는 점일 것이다. 어떠한 의미를 드러내거나 증거하는 가치 역시 수도생활에 본질적인 부분이다. 그러나 그것은 무엇보다 그리스도를 복음적으로 따르는 삶의 당연한 귀결과도 같은 것이다.²²³

복음적으로 그리스도를 따르는 가운데 수도자들은 더욱 강렬하게 그분의 인격에 합치될 뿐만 아니라, 그분의 온 생애와 파스카의 신비에 결합한다. 따라서 그들은 교회 안에서 자신들의 삶을 통해 주님의 사랑스러운 현존을 증거하는²²⁴ 표지가 되는 것이다.²²⁵ 동시에 수도자들에

---

222 Cfr. E. Gambari, *a. c.*, p. 37; J. Aubry, *o. c.*, p. 79.
223 S. M. Alonso, *o. c.*, p. 90.
224 이러한 점에서 P. Martinelli는 H. U. von Balthasar의 신학에 대한 자신의 연구를 통해 성부의 사랑에 대한 예수 그리스도의 충실한 증거의 연속성 안에서 그리스도인의 의무에 대해 특별히 삼위일체적 관점으로 설명하고 있다. "십자가에 못 박히시고 부활하신 분을 따르는 사람은 은총을 통하여 사심 없이 어떠한 대가를 바라지 않는 사랑을 하며, 철저한 헌신으로 표현되는 특별한 삶의 방식을 자유로이 수용하게 될 뿐 아니라, 순교마저도 기꺼이 받아들이기에 이르게 된다. 십자가 위에서 죽으신 예수 그리스도는 성부를 영광스럽게 해 드리고, 이를 통해 그분을 증거하려는 당신의 사명을 성실히 실행함으로써 성부의 사랑에 대한 충실한 증인(묵시 1,5 참조)이 되셨다. 예수는 전 생애를 통하여 하느님의 신성한 부성의 증거로써 사셨으며, 물과 성혈과 함께(1요한 5,6-8 참조) 성령께서는 그분에게 확실한 증거를 부여하신다. 다른 모든 그리스도인의 증거 역시 이러한 삼위일체적인 증거 안에서가 아니라면 그 정당한 근거와 형태를 가질 수 없다." P. Martinelli, *La morte di Cristo come rivelazione dell'amore trinitario nella teologia di H. U. von Balthasar*, Milano 1994, p. 398. H. U. von Balthasar의 사상 안에서의 그리스도인의 증거라는 주제에 대해 살펴보기 위해서는, *Ibid.*, pp. 397-408; M. Neri, *La testimonianza in H. U. von Balthasar, Evento*

게는 그리스도를 닮아 가는 데에 만족하는 것으로 그칠 것이 아니라, 그들 스스로의 임무로 현재의 세상 안에서 그분의 사랑이 흐르도록 힘쓰며, 자신들의 봉헌된 행위와 사도직을 통해 그분의 현존을 드러내려는 노력이 요구된다.[226]

종합

우리는 공의회의 문헌과 세계주교대의원회의 후속 교황 권고 『봉헌생활(Vita Consecrata)』 이전의 교회의 가르침에 대한 분석을 통해서, 수도생활의 성소란 보다 철저한 방법으로 그리스도를 따르고 그분께 더욱 충만히 일치하는 것을 의미한다는 사실을 제시할 수 있었다. 그리스도를 따름이라는 보편적인 성소의 기초 위에서, 교회 안에는 그리스도께 결합하고 이러한 추종을 살아가기 위한 여러 구체적인 방식이 존재한다는 것은 당연한 사실이다. 그럼에도 교회의 가르침은 복음적 완덕과 그리스도의 본보기를 따르기 위한 그리스도인 공동의 성소에 대해 인정하면서도, 수도생활은 하느님의 아드님께서 받아들이셨고 사도들에게 제시하신 삶의 형태를 보여 준다는 점을 특별히 확인하고 있다.

---

originario di Dio e mediazione storica della fede, Dehoniane, Bologna 2001을 참고하시오.
225 표지이며 증거로써의 수도생활의 존재에 대해 살펴보기 위해서는 다음의 글들을 참고할 수 있다. C. Maccise, *Ser signos de liberación. Cuestionamiento a la Vida Religiosa desde las enseñanzas de San Pablo*, CLAR, Bogotá 1978; G. M. Gozzelino, *La vita religiosa come segno e testimonianza*, in AA. VV., "Per una presenza vita dei religiosi nella Chiesa e nel mondo", a cura di A. Favale, Editrice Elle Di Ci, Torino 1970, pp. 349-387 중에 특히 pp. 362-382; J. Oses, *Vocación religiosa signo ante el mundo de hoy*, in VR 49(1980), pp. 142-150; S. Rendina, *Vita religiosa: segno profetico nel mondo di oggi*, in Rassegna di Teologia 34(1993), pp. 544-557.
226 Cfr. J. Aubry, *o. c.*, p. 80.

이것은 수도생활이 세상의 구원을 위해 성부께로부터 파견되고 그분께 축성 봉헌된 삶의 원형으로써 예수의 삶을 교회 안에서 지속하고 재생하며 재현하고 있다는 것을 의미한다. 따라서 우리는 수도생활의 기원과 정체성을 오직 그리스도의 인격과 삶의 방식과의 관계 안에서 찾을 수 있을 것이다. 이러한 점에서 공의회의 문헌들은 그리스도를 따름이 수도생활과 그 쇄신을 위한 최상의 규범이라고 규정한다. 그러므로 우리가 수도생활을 이해하고 정의하기 위해서는, 공의회 문헌들 안에서 수도생활과 관계된 다른 개념들보다 우선하여 사용하고 있는 고유한 표현으로써 그리스도를 따름에 대해서 반드시 관심을 기울여야 하는 것이다.

『교회헌장』과 수도생활의 쇄신 적응에 관한 교령『완전한 사랑』의 가르침에 따르면, 수도생활은 주님의 말씀과 삶의 모범에 기초하며 복음에 제시된 바대로 그리스도를 따르는 삶의 여정으로 이해되며, 이는 사도들과 당신의 삶을 함께 나누셨던 정결하고, 가난하며, 순명하시는 그리스도를 교회 안에서 성사적으로 지속시키려는 생활이다.[227] 이러한 사실이 의미하는 바는, 수도자들은 축성된 그리스도의 현현(epifania)으로써 교회 안에 자신들의 정체성을 갖게 되며, 각자의 카리스마에 따라 살아가는 가운데 성부와 그분께 관련된 일에 온전히 자신을 봉헌하셨던 그리스도의 얼굴을 세상에 드러내는 이들이라는 것이다.[228] 이러한 이유에서 그들 삶의 최상의 규칙은 개별적으로 이해되는 독립된 주체로서의 창설자나 회헌이 아니라 복음에 준하여 따라야 할

227 Cfr. 『교회헌장』 nn. 44, 46; 『완전한 사랑』 n. 1a.
228 Cfr. A. Pardilla, *Dimensione cristologica della vita religiosa*, in AA. VV., "L'identità dei consacrati nella missione della Chiesa e il loro rapporto con il mondo", a cura dell'Istituto Claretianum, Città del Vaticano 1994, p. 94.

그리스도인 것이다.[229]

다른 한편 이러한 신학적 고찰은 복음과 특별한 관계를 맺고 있는 수도생활의 기원에 대해서도 밝혀 주고 있다. 수도생활이 복음에 근거하고 있다는 사실은, 그것이 오직 복음의 문자적 해석에서 영감을 받은 생활로써 이해된다는 것을 뜻하지 않는다. 오히려 수도생활은 그리스도론, 교회론, 그리고 성령론적인 모든 차원에서 이해되어야 한다. 말하자면 그리스도 추종을 실현하기 위한 구체적인 방식으로의 수도생활은 교회 안에서 창설자들로 하여금 성경의 말씀을 듣고 이해하고 실행하도록 이끄시는 성령의 인도를 통해서 그분의 인격과 가르침, 결국 예수께 전적으로 일치하려는 삶인 것이다. 이러한 의미에서 수도회의 회헌과 규칙서들은 복음의 주석 또는 해석이며, 수도회의 창설자들은 이 복음을 삶의 방식으로 표현하는 한에서 복음의 생생한 해석서가 된다. 따라서 수도자들 스스로도 특별히 복음으로 자신의 삶을 고양시키며, 그리스도를 따르기 위한 최상의 규범으로 복음의 가르침에 인도되는 삶을 살아가는 일이 요구되는 것이다.

수도생활의 정체성에 대한 이러한 고찰과 더불어 교회의 가르침은 그리스도 추종을 살기 위한 효과적인 수단으로 복음 권고들에 대해서도 강조하고 있다. 수도생활 안에서 그리스도를 따름은 복음적 권고들의 '선서'와 이 권고들을 효과적으로 실천하는 데 있어서 '보다 더(di più)'라는 기법을 활용함으로써 표현되는 복음적 철저함 안에서 구체적인 형태를 취한다. 왜냐하면 복음 권고야말로 보다 적절하게 그리스도인으로 하여금 예수의 정결하고 가난한 삶의 방식에 합치시킬 수 있기 때문이다.[230] 이것은 복음 권고들의 목적과 그것이 가리키는 모든 내용

---

229 Cfr. 『완전한 사랑』 n. 2a.

이 그리스도를 따름의 역동적 과정과 그분께 충만히 일치하는 데에 집중되어 있음을 보여 준다. 결과적으로 복음 권고들은 예수의 인격과 삶과의 연관성이 없다면 그 복음적 가치를 잃게 된다는 것이다. 이와 같은 사실에서 복음 권고들은 추상적인 실재들이거나 혹은 단순히 금욕적이거나 비인격적인 행위가 아니라 수도 신원을 통해 실현되는 고유한 방식으로 그리스도를 본받기 위한 생활의 구체적인 표현이며, 수도자들이 정결하고 가난하며 순명하시는 그리스도를 자신들의 삶의 규칙으로 삼기 위한 효과적인 수단으로 이해된다. 즉 그것은 단지 감각적인 애착을 단절하고 재화의 유혹을 피하거나 장상들에게 순종하기 위한 인간적인 노력을 기울이는 것만을 의미하지 않는다. 보다 본질적으로 그것은 자신의 삶과 인격을 통해서 그리스도의 정결, 가난, 순명을 닮아 가는 것을 가리킨다.[231] 그러므로 수도자들은 복음 권고들을 통해 그리스도께 향한 배타적인 사랑으로, 그분과의 온전한 일치와 하느님께 대한 봉사에 헌신케 하는 일에 자신의 마음과 정신과 활동을 집중함으로써 보다 자유롭게 그리스도를 따르고자 한다. 이러한 이해는 복음 권고들의 역할이 어떠한 목적을 지향해야 하는지 알려 준다. 즉 서원과 이에 상응하는 덕목들은 그 자체로서가 아니라, 오직 그리스도를 따르고 그분께 합치하는 데에, 그리고 그리스도 안에서 하느님께 일치하는 데에 그 존재 이유와 궁극적인 목적이 있는 것이다. 같은 방식으로 복음 권고의 실천이 필연적으로 수반하는 포기 역시, 고유한 방식으로 그리스도를 따르기 위한 수단이라는 긍정적인 관점에서 설

---

230 Cfr. 『교회헌장』 n. 46b.
231 Cfr. J. Galot, *Rinnovamento della vita consacrata. Presentazione e commento al Perfectae Caritatis*, Roma 1967, p. 55.

명되어야 할 것이다. 즉 포기란 유일한 주님으로서 그리스도의 절대적인 수위(秀偉)성을 보여 주며, 성부의 일에 관심을 두고 일하면서 그리스도와 함께, 그리고 그리스도처럼 살고자 하는 믿음과 사랑의 자세로 이해해야 하는 것이다.

이렇게 수도생활 안에서 특별한 방식으로 그리스도를 따른다는 것은 수도자로 하여금 그분 삶의 본질적인 차원, 즉 성부와의 관계 안에서 아들로서의 내적인 본질(in-esistenza)과 파스카 신비에의 참여를 통해 다른 이들을 향한 형제적이며 존재 외적인 본질(pro-esistenza)을 살아가도록 이끌어 준다. 그리스도를 따른다는 것은 그분의 구원사업에 있어서 가장 결정적이며 포기할 수 없는 순간이었던, 십자가에 못 박히신 분을 따른다는 것을 의미하기 때문이다. 이처럼 예수의 온 생애의 신비와 그분의 사명에 보다 철저히 참여하는 방식으로의 수도생활은 그리스도 안에 변모되는 존재론적인 과정이 된다. 이로써 수도생활은 마치 부활의 그리스도의 표지이며 이콘으로써 삶을 통해서 모든 그리스도인들에게 예수께서 지니셨던 얼굴의 모습을 보여 주는 증거자이며 예언자적인 역할을 실현할 수 있게 되는 것이다.

4장

교황 권고 『봉헌생활』 안에서 그리스도를 따름에 대한 고유한 특성

1. 삼위일체적 전망 안에서의 그리스도를 따름

2. 그리스도를 따름에 대한 해석과 그리스도론적인 전망

|종합|

이제까지 우리는 모든 그리스도인들이 그리스도를 따르고 그분의 모습에 동화되어야 할 공동의 성소를 가지고 있다는 이해를 토대로, 교황 권고 『봉헌생활』 이전까지 교회의 가르침을 담은 몇몇 문헌들을 통해 나타난 축성생활 안에서의 그리스도를 따름의 특별한 성격들을 규명하고자 하였다. 논문의 3장 서두에서 밝히고 있듯이 이 문헌들은 공의회와 그 이후의 가르침이라는 연속성 안에서 이해되는 것이다.[1] 특별히 『봉헌생활』은 공의회의 지침들을 보다 적절히 적용시키기 위한 방법을 탐구해 나감으로써 축성생활 신학을 발전시키는 동시에 축성생활이 직면한 상황 안에서 새로운 전망을 모색하고자 하였다. 주지하는 바와 같이, 1986년에서부터 1996년에 이르기까지 교황 요한 바오로 2세는 교회 안에서의 다양한 그리스도인 신원의 고유성과 정체성을 보다 분명히 하고 심화시키려는 의도에서 세 개의 시노드 후속 교황 권고를 공포하였다. -『평신도 그리스도인(Christifideles laici)』(1988. 12. 30), 『현대의 사제 양성(Pastores dabo vobis)』(1992. 3. 25), 『봉헌생활(Vita consecrata)』(1996. 3. 25)- 실제로 『봉헌생활』은 단지 1994년에 열린 세계주교대의원회의를 종결짓고 있을 뿐만 아니라 어떤 의미에서는 앞선 두 번의 회의를 마무리하면서 다양한 그리스도인 신원들의 정체성을 밝히는 한편, 상호 간의 관계와 교회의 사명에 관해서 각자가 고유한 방법으로 기여하고 보충하고 있음을 이해시켜 주고 있다. 이로써 교황은 이들 세 가지 교황 권고를 통해 주님이신 예수님께서 당신의 교회를 위해 원하셨던

---

1 J. Castellano Cervera는 교황 권고 『봉헌생활』과 수도생활에 관한 교회의 문헌들, 즉 『교회헌장』 6장, 교령 『완전한 사랑』, 교황 권고 『구원의 은총』, 수도자 양성지침, 교황 권고 『복음의 증거』, 훈령 『공동체의 형제생활』 등이 이러한 연속성을 지니고 있음을 명백히 밝히고 있다. cfr. J. Castellano Cervera, *Dimensione teologica e spirituale della Vita Consacrata: Tradizione, Novità, Profezia*, in CeS (Giugno/1996), p. 15.

그리스도인 생활의 세 가지 신원들을 특징짓는 고유한 성격에 대해 보완하고자 했던 것이다.[2] 특별히 이 세 번째 권고 안에서 교황은 교회 안에서 선교사명이라는 측면에서 축성생활이 지니는 고유한 위상에 대해 각별한 관심을 가지고 이를 심화시키고자 하였다.[3] 이러한 방법으로 교황은 축성생활을 하는 모든 이들에게 단지 격려와 지지를 보내는 말만이 아니라 축성생활에 대한 특기할 만한 구체적인 신학적 성과들과 더불어, 분명하고 강한 어조로 이들에게 권고하고 용기를 북돋아 주며, 성령을 축원(paráklesis)[4]해 주고자 한다. 이처럼 『봉헌생활』이 축성생활에 대한 공

---

2 Cfr. 『봉헌생활』 n. 31; E. Martínez Somalo, *Presentazione dell'Esortazione Apostolica*, in AA. VV., "Vita consacrata: Studi e riflessioni", Roma 1996, p. 12; G. Ghirlanda, *Sviluppo dell'ecclesiologia alla luce delle Tre Esortazioni apostoliche post-sinodale e rapporto tra gli stati di vita*, in AA. VV., "La vita consacrata alle soglie del terzo millenio alla luce dell'Esortazione apostolica post-sinodale", Roma 1997, pp. 9-36. 이와 관련하여 Cabra는 '시노드 후속(post-sinodale)'이라는 말이 지니는 의미에 대해서 설명한다. "'시노드 후속'이라는 말이 단지 연대기적인 뜻을 제공하고 있는 것은 아니다. 그보다는 이 문헌이 오랜 준비 기간을 거쳐, 세상 어디에서나 경청할 수 있도록 울려 퍼진 교회의 소리(*vox ecclesiae audita est*)라는 사실을 보장하고 있는 것이다." P. G. Cabra, *Breve introduzione alla lettura della Esortazione apostolica Vita consecrata*, Brescia 1998, p. 9.

3 이에 대해서는 A. Bandera, *L'identità ecclesiale della vita religiosa*, in ViCo 33(1997), pp. 372-389; C. Laudazi, *La vita consacrata nella dimensione ecclesiale*, in ViCo 33(1997), pp. 170-191을 보시오.

4 Cfr. P. G. Cabra, *o. c.*, p. 11. '권고'라는 성서적 어휘에 대하여, S. M. Alonso는 이것이 성령의 행위와 관련한 것이라는 점을 강조한다. "성서적 어휘로써, 그리고 무엇보다 성 바오로의 표현으로써 이 단어가 지니는 의미를 보다 정확하고 엄밀하게 이해하기 위해서 우리는 이 단어가 나타내고, 또한 그 안에 담고 있는 그리스어 낱말의 뜻을 참고해야 하겠다. 단어 '*paráklesis*'는 '*parakaléō*'라는 동사로부터 파생된 명사이다. 이 동사는 여러 다양한 의미를 포괄하고 있는데, 즉 '기운을 돋아 주다(alentar)', '위로하다(consolar)', '활기를 주다(dar animos)', '강화시켜 주다(fortalecer)', '확고히 하다(confirmar)', '격려하다(confortar)', '지지하다(sostener)', '권고하다(*exhortar*)', '촉진하다(fomentar)', '청원하다(suplicar)', '도움을 청하다(llamar en auxilio)' 등이다. 따라서 '*paráklesis*'라는 단어는 기운을 돋아 주고, 위로하며, 확고하게 해 주는 행위를 나타내는 말이다. 그러므로 권고라는 말은 가르침(instrucción), 권고(recomendación), 위로(consolación), 기운(aliento), 초대(invitatión) 등과 같은 말로 번역될 수 있다. 이것은 또한 Paráclito이신 성령께서 하시는 고유한 행위이기도 하다." S. M. Alonso, *Identidad teológica de la vida consagrada a la luz del misterio trinitario*, in

의회의 신학적 기조의 연장선상에 있을지라도, 성서적 신학적 숙고가 집약되어 표현되는 그 고유한 관점과 문체, 성격에 있어서 새로운 문헌으로 소개되고 있는 것이다.[5]

우선 『봉헌생활』은 구조적으로는 서론, 결론, 그리고 축성생활을 구성하는 세 가지 차원, 즉 축성, 친교, 선교사명 등에 상응하는 세 개의 장으로 이루어져 있다. 자세히 보면, 이 세 개의 장의 구조 그 자체는 또한 오늘날 우리가 살아가는 이 사회가 경고하는 결핍된 부분, 말하자면 영성과 연대성, 그리고 봉사의 부재라는 세 가지 요구들에 대한 응답이기도 하다.[6] 이러한 요구들에 대해 『봉헌생활』은 우선 축성생활을 삼위일체의 생생한 신앙고백(Confessio Trinitatis)으로 소개하면서, 축성생활은 본질적으로 모든 것이 그 기원에서부터 그리고 이 삶이 진보되는 역동적인 과정 전체가 이러한 신비에 결부되어 있음을 명확히 밝히고 있다. 또한 축성생활은 교회가 지니고 있는, 하나의 가족을 이루라는 내적인 성소에 대해 깊이 인식하고 있음을 보여 주는 형제애의 표징(Signum Fraternitatis)이다. 그리고 축성생활은 모든 봉사의 근원이라 할 하느님 사랑의 현현으로써 사랑의 봉사(Servitium Caritatis)를 드러낸다. 이처럼 『봉헌생활』 안에 담긴 신학적 교의적 내용들은 실로 방대하고 심오하다. 따라서 우리는 '그리스도를 따름'이라는 우리의 연구 주제와 관련한 핵심적인 내용들과 축성생활의 정체성에 대한 이해[7]에 우리의 관심

AA. VV., "Comentarios a la exhortación apostólica Vita Consecrata", (ed) da A. Aparicio Rodríguez, Madrid 1997, p. 122.

5 Cfr. J. Castellano Cervera, *Lumen Gentium – Perfectae Caritatis, Vita Consecrata. Unità dinamica e novità di tre testi magisteriali sulla vita consacrata*, in "Informationes SCRIS" 22(1996), p. 166.

6 Cfr. E. Martínez Somalo, *o. c.*, pp. 12-13.

7 저자 A. Pardilla에 따르면 『봉헌생활』의 성서적 신학적 고찰들은 바로 이 핵심적인

을 집중해 나가면서 다른 부수적인 주제들에 대해서는 부분적으로만 살펴보고자 한다.

축성생활의 정체성과 관련해서 이 생활은 다양한 그리스도인 생활 중의 하나의 형태이다. 그러나 축성생활의 정체성에 대한 성서적 신학적 연구는 이와 같이 단순한 성격을 부여하는 것만으로 충족될 수 없는 것이다. 기실 축성생활과 그리스도인 생활은 동의어가 아니기 때문이기도 하다. 때로는 축성생활을 평범한 그리스도인 생활과는 다른, 복음 권고의 선서를 통해 수반되는 몇몇 포기의 행위들로 특징 되는 삶으로 묘사하기도 한다. 하지만 그것 역시 축성생활을 단순히 포기의 삶과 동일시함으로써 축성생활의 특별한 가치에 대해 간과할 수도 있을 것이다. 사실 성서적 신학적으로 올바른 개념 정립을 기하자면, 포기라는 행위는 하느님으로부터 받게 되는 특별한 선익을 위한 적극적인 행위로부터 기원하지 않는다면 그 자체로 아무런 의미가 없는 것이다.[8] 오히려 축성생활은 하나의 포기 혹은 계명으로 구체화되는 삶이기 이전에, 교회 안에서 살아야 할 그리스도의 신비를 무조건적으로 수용하는 삶의 형태이다.[9] 따라서 축성생활의 정체성을 이루는 고유하면서도 적극적인 가치를 통해 이 생활을 신학적으로 정립해 가려는 노력이 필요할 것이다.[10] 이러한 문제 제기에 대해서 저자 P. G. Cabra는 축성

문제, 즉 축성생활의 정체성에 관한 주제에 집중되어 있다고 한다. cfr. A. Pardilla, *La forma di vita di Cristo al centro della formazione della vita religiosa. Il quadro biblico e teologico della formazione*, p. 304.

8 Cfr. *Ibid.*, p. 305.

9 Cfr. C. Amigo Vallejo, *Profetas para el 2.000. Lectura y comentarios de la Exhortación "Vita Consecrata"*, Madrid 1998, p. 267.

10 시노드 기간 공안에 신학적인 논쟁과 다양한 관점에 대해서는 B. Secondin, *Il profumo di Betania. Guida alla lettura dell'esortazione apostolica "Vita consecrata"*, Edizioni Dehoniane, Bologna 1997, pp. 43-44; P. G. Cabra, *Il Magistero, II. L'Esortazine apostolica Vita*

생활의 신비를 숙고했던 많은 신학자들이 이 삶을 설명하기 위해 다양한 범주와 해석들, 즉 축성, 추종, 그리고 카리스마에 대해서 강조하였음을 지적한다. 그 중요성을 지니며 서로 보완되는 것으로써 『봉헌생활』 안에서 수렴되고 있는 이 세 가지 범주는 거룩한 삼위일체의 역동적인 원리와도 긴밀히 연결되어 있다. 그는 다음과 같이 주장한다.

> 축성이란 무엇보다도 그 자체로 하나의 위격(位格)을 지니는 하느님 아버지의 행위로써 소개된다. 추종이란 아버지께로 인도해 주시며 당신의 선교사명에로 이끌어 주시는 참된 길이시며, 인간이 되신 하느님의 아들과 연관된 것이다. 또한 카리스마들이란 복음적이고 카리스마적인 삶의 고유한 계획 안에서 선교사명을 구체화시키시는 성령의 행위에 관계된 것을 말한다.[11]

이러한 주제들은 이 문헌 안에 전체적으로 스며들어 있으며, 축성생활의 신비를 명확히 밝히기 위해서 심도 깊게 다루어지는 신학적 범주들을 구성한다. 따라서 이 주제들은 삼위일체 영성의 견고한 원리, 즉

Consecrata, in "Supplemento al DTVC", Milano 2003, pp. 231-235를 참고하시오. 참으로 그리스도인의 영성이란 따름의 영성이다. 따라서 모든 이는 자신이 할 수 있는 한 더욱 가까이 그리스도를 따라야 한다. 이러한 인식은 그리스도를 따르는 특별한 양식으로 축성생활의 정체성에 대한 고유한 부분을 감소시키거나 위협하는 것이 아니다. 오히려 그것은 다른 이들과 동일한 그리스도인으로서의 삶의 이상을 공유하는 일을 가능케 함으로써, 자신만을 바라보는 것을 넘어서 교회 안에서 수도생활이 지니는 역할과 사명을 더욱 명확히 나타내도록 돕는다. 실제로 저자 F. Martínez Díez에 따르면 M. A. Santaner의 이러한 관점은 현시대의 수도자들에게 주어진 요구, 즉 다른 모든 사람들처럼 사는 것과는 다른 점으로부터 기인하는 차이점에 대해서는 덜 부각시키면서 자신의 정체성을 규정할 수 있는 새로운 방법을 찾으려는 요구와도 일치하는 것이다. 이로써 모든 그리스도인들이 그리스도를 따름이라는 동일한 요청에 충실하게 통합될 수 있는 만큼 교회로서의 실체도 더욱 분명히 실현되는 것이며, 축성생활의 사명 역시도 더 잘 드러나게 되는 것이다. cfr. F. Martínez Díez, *Rifondare la vita religiosa. Vita carismatica e missione profetica*, pp. 54, 69.

11 P. G. Cabra, *L'Esortazione apostolica "Vita Consecrata"*, in CeS(maggio/1996), p. 12.

내적(ad intra)으로는 친교의 영성, 외적(ad extra)으로는 선교와 더불어 축성생활자들의 성소와 그들의 삶 자체 안에서 광범위하게 다루어지고 있다. 이러한 방법으로 축성생활은 살아 계신 하느님의 신비와의 관계 안에 놓이며, 역사 안에서 새겨진 삼위일체 신비의 선물이며 흔적으로 간주된다. 이러한 신학적 삼위일체적 정식은 제2차 바티칸 공의회에서 강조된 이래로『봉헌생활』에서 드러나고 있는 가장 새로운 요소이며, 추종으로의 축성생활의 본질적인 면에서, 그리고 여러 구성요소들과 더불어 축성생활의 총체적인 이해를 위한 해석학적 중심 원리가 된다.[12]

동시에 축성생활은 언제나 크나큰 열정과 철저함으로 그리스도 추종에로의 요청을 수용하는 데에 있어서 충분히 준비되어 있는 자세를 견지해 왔다.[13] 여타의 그리스도인 생활의 신원과의 관계에서 축성생활을 구분 짓는 것이란 새롭고 특별한 축성의 생활, 즉 축성된 자로서 하느님의 아드님께서 사셨던 삶의 방식을 수용하여 보다 철저한 방식으로 그분을 따르고자 하는 점이다. 따라서 축성생활의 복음적이며 사도적인 기원은 예수 그리스도와 당신께서 친히 제자들과 맺으셨던 관계에로 거슬러 올라간다. 즉 예수께서 제자들과 관계를 맺으시며 그들로 하여금 하느님의 나라를 맞아들이고, 자신들의 존재를 당신의 생활 방식에 일치시키도록 초대하셨던 사실에 기인하는 것이다.[14] 이

---

12 Cfr. J. Castellano Cervera, *Linee teologiche portanti dimensione trinitaria ed ecclesiale-mariana della vita consacrata*, in AA. VV., "Consacrati da Dio, dono alla Chiesa e al mondo. Approfondimenti sull'Esortazione Apostolica Vita Consecrata", a cura di CISM, Roma 1997, p. 63.
13 Cfr. A. Amato, *Spunti di lettura cristologico-trinitaria della Vita Consecrata*, in AA. VV., "Vita Consecrata. Una prima lettura teologica", Milano 1996, p. 35.
14 Cfr. 『봉헌생활』 n. 14a.

처럼 축성생활의 정체성을 밝혀 주는 복음적 토대는 그리스도를 따르며 그분의 삶의 방식을 본받는 데에 있다. 『봉헌생활』에서 이 점은 또한 추종을 통해 그분의 삶과 인격에 충만히 일치되는 여정으로써 정결, 가난, 순명의 복음적 권고들을 통해 예수님의 삶에 일치되는 차원을 수반하는 것이기도 하다.[15] 그러므로 이처럼 그리스도께 고유한 방법으로 동화되는 과정은 축성생활이 추구해야 할 특별한 가치라 하겠다. 이러한 의미에서 『봉헌생활』은 축성생활이 무엇보다 세상 안에서 그리스도의 생생한 현존을 보여 주어야 한다는 점을 명백히 밝히고 있다.

> 봉헌생활은 하느님 아버지께 대한 관계에서 그리고 형제자매들에 대한 관계에서 참으로 강생하신 말씀으로 예수님의 생활양식과 행동 방식에 대한 살아 있는 기념입니다. 봉헌생활은 구세주의 삶과 가르침을 전해 주는 살아 있는 전통입니다.[16]

우리의 연구를 전개하기에 앞서, 어떠한 사전적인 관점에서 축성생활의 근본적인 요소로 '그리스도를 따름'이라는 개념을 선택했는지 밝혀 두고자 한다. 사실 『봉헌생활』에서 그리스도와 축성생활의 관계는 다양한 표현들, 열거하자면 따름(추종), 본받음, 동화, 합치, 재현, 지속, 그리스도의 삶과 사명을 재생하는 것, 주님께 속함, 일치와 온전한 사랑 등으로 제시되고 있다. 그럼에도 통계적인 분석을 보면, '따르다'와 '따름'이라는 단어는 다른 어휘들에 비해 여러 의미를 가지고 더욱 빈번히 사용되는데, 엄밀히 말하자면 『봉헌생활』 본문에서 동사는

---

15 Cfr. J. Castellano Cervera, *Dimensione teologica e spirituale della Vita Consacrata: Tradizione, Novità, Profezia*, p. 170.
16 『봉헌생활』 n. 22c.

29번, 명사는 21번 나타난다.[17] 이러한 사실은 여러 형태에 따라 분류되고 변화되는 축성생활을 서술하는 데 있어서 영성적으로 해석하고 종합하는 다양한 방법이 있을 수 있지만, 우선적으로는 그리스도를 따름이라는 이상 안에서 그 일치점을 찾을 수 있다는 것을 의미한다.[18] 이 점에 있어서 B. Fernández 역시도 '그리스도를 따름'이라는 주제는 제2차 바티칸 공의회 이후로 일반적으로는 그리스도인 생활의 핵심적 본질을, 특별히 축성생활 안에서는 삶의 영감과 지속적인 역동성의 원리로 이해된다고 밝히고 있다.[19] 이러한 사전 이해를 바탕으로 『봉헌생활』의 삼위일체적, 그리스도론적 전망 안에서 '그리스도

---

17 Cfr. A. Pardilla, *Vita consacrata per il nuovo millennio. Concordanze, fonti e linee maestre dell'esortazione apostolica "Vita Consecrata"*, pp. 1066-1068. 이와 관련해서 '본받다'와 '본받음'이라는 단어는 9번, 5번 사용되고 있다. cfr. *Ibid.*, pp. 624-626.

18 B. Secondin은 역사적으로 축성생활의 고유한 정체성을 정의하기 위한 여러 해석이 있었음을 말하면서도, 이러한 삶을 신학적으로 묘사하기 위해서나 교황 권고『봉헌생활』의 이해를 위해서 '그리스도를 따름'이라는 주제가 매우 중요하다는 사실을 강조한다. "(축성생활에 대한) 영성적, 수덕적, 교회론적인 해석에 다양성이 있다 하더라도, 우선적으로는 그리스도를 따름 안에서 그 일치점을 찾을 수 있다.(『봉헌생활』nn. 3b; 5ab; 12c; 14a 등) 이 주제는 특별히 몇몇 권고를 복음적으로 철저히 실천하는 일이나 내적인 평화를 통하여 하느님의 얼굴을 찾는 일, 공동의 기도, 그리스도의 재림을 기다림, 그분의 모든 제자들 사이의 형제적 친교, 하느님 나라를 고대하며 인류의 선을 위해 행하셨던 구세주의 사명에 참여하는 것으로써의 사도적 활동을 수행하는 모든 행위를 수반한다." B. Secondin, *Il profumo di Betania. Guida alla lettura dell'esortazione apostolica "Vita Consecrata"*, p. 43.

19 Cfr. B. Fernández, *Dimensión cristológica de la Vida Consagrada*, in AA. VV., "Comentarios a la exhortación apostólica Vita Consecrata", (ed) da A. Aparicio Rodríguez, Madrid 1997, p. 198. 같은 책의 다른 글에서도 동일한 저자는 다음과 같이 설명한다. "현시대에는 따름이라는 주제를 선호하고 있다. 이러한 선호도는 일차적으로 예수님의 역사와 그분의 실천, 십자가를 향한 여정의 발견과 함께 살펴보아야 할 것이다. 디트리히 본회퍼는 그리스도인의 정체성을 정의하기 위해서 추종의 개념을 회복시켰으며, 키에르케고르 역시 그러하였다. 제2차 바티칸 공의회는 수도생활을 그리스도를 따름에로 집약시키면서 이것이야말로 모든 수도회들의 최상의 규범이 된다고 말한다.(『완전한 사랑』 2) 시노드 후속 문헌 역시도 추종과 본받음이라는 단어에 구분을 두지 않으면서도 이들을 광범위하게 사용하고 있다. 이 두 개념이 수도생활에로 인도하는 주요 노선이 되는 것이다." *Ibid.*, p. 200.

를 따름'의 의미에 대해 살펴보고자 한다.

1. 삼위일체적 전망 안에서의 그리스도를 따름

의심의 여지없이 『봉헌생활』의 가장 중요한 요소 중 하나는 매우 강한 어조로 축성생활과 삼위일체 신비와의 관계에 대해서 설명하고 있다는 점이다. 삼위일체의 영감은 마치 세 줄기 태양 광채처럼 문헌 전체를 비추고 있는데, 이는 서론에서 삼위일체적 묘사와 함께 시작하여 결론에서도 삼위일체 하느님께 기도하는 것으로 마무리하는 문헌 본문의 구조적인 관점에서 뿐만 아니라, 거룩하신 삼위일체의 내적인 신비 안에 축성생활의 근거를 두는 데에도 깊이 새겨 있다. 따라서 축성생활의 실체를 규정하기 위해서 축성생활의 기원을 이루며, 또한 그 목적이 되고 있는 삼위일체의 본질에 대해 먼저 언급하는 것이 필수적이라 하겠다.[20] 실제로 『봉헌생활』 서두에서부터 이러한 삼위일체의 색채가 짙게 나타나고 있다.

> 주님이신 그리스도의 모범과 가르침에 깊이 뿌리박고 있는 봉헌생활은 하느님 아버지께서 성령을 통하여 당신 교회에 주신 은혜입니다. …어느 시대에나 하느님 아버지의 부르심과 성령의 이끄심에 순종하며 '갈라지지 않은' 마음(1고린 7,34 참조)으로 자신을 그리스도께 봉헌하려고 그리스도를 따르는 이 특별한 길을 선택한 사람들이 있어 왔습니다.[21]

---

20 Cfr. A. Pardilla, *Vita consacrata per il nuovo millennio. Concordanze, fonti e linee maestre dell'esortazione apostolica "Vita Consecrata"*, p. 1354.
21 『봉헌생활』 n. 1ab.

『봉헌생활』의 서두의 이 구절들은 예수 그리스도의 생애와 그분을 따름에 기초하고 있는 축성생활의 기원을 제시하면서, 그 안에 내포되어 있는 강한 그리스도 중심주의와 삼위일체적인 차원에 대해 묘사하고 있다. 사실 이러한 삼위일체적인 차원과 그리스도론 사이의 관계는 어떠한 의미에서는 불가분의 것이기도 하다. 왜냐하면 그리스도론에 집중하는 경향은 하느님 아버지로부터 파견되었고 성령 안에서 축성된 분이신 그리스도와의 특별한 관계를 나타내며, 축성생활은 바로 이러한 그분의 형상에 일치되고 그분을 따름에로 규정되는 생활이기 때문이다.[22] 이 점에서 『봉헌생활』은 항상 하느님 아버지의 주도적인 권한에 그 기원을 두고 있는 축성생활 안에서 특별한 방법으로 그리스도를 따르는 일은 기본적인 관점에서 그리스도론적이며 성령론적인 함의를 내포하고 있다는 사실을 보여주고 있다. 또한 삼위일체적인 차원은 첫 장의 제목, '삼위일체 신앙고백: 그리스도와 삼위일체 신비에서 기원하는 봉헌생활'에서도 명시적으로 표현되고 있다. 『봉헌생활』에서 받아들여진 이러한 명칭은 그 자체로 매우 의미 있는 일이며, 이는 축성생활이 신앙을 증거하는 고백의 행위라는 것을 명백히 보여주고 있다. 『봉헌생활』에서 서술하고 있는 삼위일체 신비와 축성생활과의 관계에 대해서 P. Martinelli는 삼위일체께 대한 고백과 신앙고백을 연관지어 설명한다.

> 문헌에서 선택된 이러한 (삼위일체적) 전망은 교회 안에서, 그리고 세상을 향해 축성생활이 지니고 있는 증거의 차원을 명확하게 드러내 주고 있다. …사실 신앙고백(confessio fidei)이란 함축적으로는 교회의 교부들로

---

22 Cfr. J. Castellano Cervera, *Dimensione teologica e spirituale della Vita Consecrata: Tradizione, Novità, Profezia*, p. 19.

부터 인정된 신앙을 선언하는 행위이며, 이것은 신학적 지식으로부터 나오는 것이다. 그리고 신앙의 지성(intellectus fidei)은 순교에 이르기까지 기꺼이 양도할 수 있는 능력을 수반하는, 증거하는 신앙의 고백에서 시작되고 귀결되는 행위이다. 이 점에서 이 문헌은 적어도 내재적으로는 삼위일체 고백(confessio Trinitatis)이라는 제목과 함께 신앙이 요구하는 공적인 증거의 행위로써 이러한 사실을 암시하고 있는 것이다. 교부 시대에서부터 교회가 언제나 순교와 수도생활의 정결을 최상으로 신앙을 증거하는 표현으로 여겨 왔던 것은 이처럼 결코 우연이 아니다.[23]

우리가 2장에서 이미 살펴보았 듯이, 교부들에게서 순교란 세례로 신자가 된 사람이 그리스도인 생활을 완성케 해 주는 행위로, 그리스도를 따름이라는 이상을 탁월한 방식으로 보여 주는 본보기였다.[24] 이러한 이해의 지평에서 축성생활은 교회 안에서 삼위일체의 신비가 그리스도인 실존의 고유한 부분으로 모든 그리스도인 생활 형태의 원천이며 모범임을 고유한 방식으로 드러내 주는 삼위일체께 대한 고백이며 표지가 된다.[25] 따라서 축성생활은 거룩하신 삼위일체 신비를 통해서 그 기원에 이르게 되며, 또한 이 신비를 반영하는 것으로 자신의 존재 방식과 진정한 윤리적 원리(ethos)를 찾게 된다. -하느님 아버지의 계획으로써의 성소, 그리스도와의 일치로써의 추종과 축성, 성령의 활동으로써의 축성과 사명.[26]- 문헌 전체에 반영된 신학을 설명하기 위한 해석학적 주요 원리로써의 이러한 신학적 정립은 어떠한 의미에서 삼위일체로부터 기

---

23 P. Martinelli, *Vita consacrata. Mistero trinitario e comunione ecclesiale*, in Sequela Christi (01/2006), p. 177.
24 이 책의 2장 서두에서 인용된 안티오키아의 성 이냐시오의 글을 참조하시오.
25 Cfr. 『봉헌생활』 n. 21; 『교회헌장』 n. 42.
26 Cfr. J. Castellano Cervera, *Dimensione teologica e spirituale della Vita Consecrata: Tradizione, Novità, Profezia*, p. 20.

원하는(ex Trinitate) 축성생활이 이 신비의 외적인 활동으로써 삼위일체의 인장을 지니고 친교와 사명에로 확장되어 가는지 이해할 수 있게 해 준다. 이 점은 삼위일체의 빛으로 조명된 축성생활이 자신의 고유한 생활로써 살아 있는 삼위일체의 신앙고백(confessio Trinitatis)이 될 수 있음을 의미하는 것이다. 동시에 이러한 삼위일체 신비는 어떻게 축성된 사람들 안에서 성삼위의 사랑을 증거하고 그 초월성을 선포하며, 세 위격 사이의 일치를 선포하려는 열망이 생겨날 수 있는지 설명할 수 있게 해 준다.[27] 이러한 의미에서 J. Rovira가 주장하는 바와 같이, 삼위일체의 원리야말로 이 문헌 전체를 올바로 해석하도록 인도해 주는 분명한 신학적 노선이라고 하겠다.

> 삼위일체는 단지 축성생활의 기본 원리이거나 목적, 즉 동인이나 궁극적인 지향점으로써만이 아니라, 축성생활의 규범이 되는 근거이며 모델이다. 축성생활은 삼위일체 신비에 의해서, 그리고 이 신비를 위해서 생겨났으며, 또한 삼위일체로서 이루어진 것이기도 하다. 이것은 성 치프리아노가 교회는 삼위일체로부터, 삼위일체 안에서, 삼위일체를 통해서(de Trinitate, in Trinitate, in Trinitatem) 생겨났다고 설명한 바와 같은 것이다. 바로 여기 교회헌장에서 교회에 대해 묘사된 것이 축성생활에 그대로 적용되고 있다. 이처럼 강한 삼위일체론적인 해석이야말로 진정 새로운 요소일 것이다.[28]

이러한 삼위일체론적인 토대 위에서 『봉헌생활』은 그리스도를 따름이 단지 특별히 인간적이며 복음적인 구체성만을 띠는 것이 아니라, 그

---

27 Cfr. P. G. Cabra, *L'Esortazione apostolica "Vita Consecrata"*, p. 11.
28 J. Rovira, *L'esortazione apostolica post-sinodale "Vita Consecrata". Per una lettura contestualizzata*, Claretianum, Roma 2001, p. 115.

안에 예수님의 삼위일체적인 생활 자체가 새겨진 것이라고 설명한다.

> 언제나 하느님 아버지의 주도권에서 비롯되는 '그리스도를 따르는' 이 특별한 길은 본질적으로 그리스도론적이며 성령론적인 의미를 지니고 있습니다. 그 길은 특히 그리스도인 생활의 삼위일체적인 본질을 극히 생생하게 표현하며, 어떤 의미에서는 교회 전체가 지향하고 있는 종말론적인 완성을 선취하고 있습니다.[29]

따라서 그리스도를 따름이라는 주제에 대한 연구를 전개해 나가기 위해서는 먼저 삼위일체론적 차원에서 조명된 축성생활에 대해서 살펴보는 것이 필수적이다. 이러한 점에서 이어지는 장에서는 『봉헌생활』 문헌에서 밝히는 축성생활의 성소 안에 스며들어 있는 삼위일체적 관점에 대해 다뤄 보고자 한다.

1) 축성생활 성소 안에서의 삼위일체적 구조

축성생활 성소 안에서의 삼위일체적 차원과 관련하여 첫 번째 주제로 다루게 될 요소는 하느님의 부성에서 나타나는 신비와 그분의 주도적인 능력이다. 하느님 아버지의 헤아릴 수 없는 신비 안에서 모든 거룩함의 원천(Fons totius divinitatis)으로써 그분께서 지닌 이 주도권은 성소의 구체적인 원천이 어디로부터 기원하는지를 설명해 준다.[30] 하느

---

29 『봉헌생활』 n. 14b.
30 P. Martinelli, *Vita consacrata. Mistero trinitario e comunione ecclesiale*, p. 177. 이에 대해 A. Pardilla도 성소란 하느님 아버지의 활동이라고 설명한다. "축성생활의 성소란 그 기원적인 의미에서 명백히 하느님께서 하시는 일이며(cfr. 『봉헌생활』 nn. 20b; 25c; 72a), 주님께서 하시는 일이기도 하다.(cfr n. 106a) 이러한 활동의 주도권은 성령의 협력으로(cfr. nn. 19b; 30c; 64c; 72a) 그리스도를 통해서 일을 행하시는(cfr. nn. 18a; 29c; 41a; 64b; 93c; 107c) 하느님 아버지께 있는 것이다." A. Pardilla, *Vita consacrata per il nuovo millennio*.

님께서 축성된 이들로 하여금 스스로 신앙의 순명을 통하여 그분의 거룩한 계획과 성화, 형제적 생활과 사명에 무조건적으로 자신을 봉헌하려는 강한 응답을 불러일으키시고 이끌어 주신다는 것이다.[31] 이러한 점에서 우리는 결정적인 요소로 작용하는 하나의 단어, 좀 더 명확히 말하자면 성서적 신학적 개념을 밝혀 주는 '신비'라는 용어에 주의를 기울이는 것이 필요하다.[32] '신비'란 당신의 아드님이신 예수 그리스도를 통해서, 그리고 성령의 역사하심으로 인류를 구원하시려는 영원하신 하느님 아버지의 사랑의 계획을 의미한다. 모든 이들을 당신의 거룩한 자녀로 부르시는 하느님의 구원계획의 '신비'[33]는 그리스도인 생활을 구성하는 본질적인 요소이지만, 성서적인 차원에서 이러한 사실은 오직 계시를 통해서만 알아볼 수 있는 감춰진 부분이기도 하다. 그것은 하느님만이 이 신비를 드러내 보여 주실 수 있는 주도권을 지니고 계시기 때문이다.[34] 이러한 점에서 문헌 첫머리에서 축성생활은 '하

Concordanze, fonti e linee maestre dell'esortazione apostolica "Vita Consecrata", p. 1372.
31 Cfr. A. Amato, *o. c.*, p. 36.
32 『봉헌생활』 안에서 '신비(mysterium)'라는 단어는 48번 등장한다. 더불어 이와 동의어로 표현되는 'progetto divino'는 4번, 'piano di Dio'는 2번, '(섭리의, 하느님의, 아버지의 구원의) disegno'는 10번 사용된다. cfr. A. Pardilla, *Vita consacrata per il nuovo millennio. Concordanze, fonti e linee maestre dell'esortazione apostolica "Vita Consecrata"*, pp. 445-446: 752-756: 891: 961-962.
33 사람들을 당신의 자녀로 삼고자 하시는 하느님 아버지의 신비는 이 교황 권고 말미의 삼위일체 하느님께 드리는 기도 안에도 잘 나타나고 있다. "지극히 거룩하신 삼위일체 하느님, 하느님께서는 지극히 복되시며 모든 행복의 근원이시오니, 하느님의 크신 사랑과 자비, 하느님의 좋으심과 아름다움을 찬미하도록 부르신 자녀들에게 강복하소서. 지극히 거룩하신 아버지 하느님, 하느님의 이름의 영광을 위하여 자신을 봉헌한 자녀들을 거룩하게 하소서. 하느님의 능력으로 감싸 주시어 그들이 하느님께서 만물의 근원이시며 사랑과 자유의 유일한 원천이심을 증언하게 하소서. 저희는 신앙을 통하여 하느님을 찾고, 세계 선교를 통하여 모든 이가 하느님께 가까이 다가서도록 초대하는 봉헌생활의 은혜를 저희에게 주신 하느님께 감사합니다."(n. 111)
34 Cfr. S. M. Alonso, *Identidad teológica de la vida consagrada a la luz del misterio trinitario*, pp. 140-141.

느님 아버지의 선물(은혜)'로 소개된다. 이어서 『봉헌생활』은 여러 세기에 걸쳐 이러한 선물을 받아들이고 하느님 아버지의 부르심과 성령의 이끄심에 유연한 자세로 순종하며 자신을 봉헌함으로써 그리스도를 따르는 특별한 삶의 방식을 선택한 사람들이 있었음을 상기시키고 있다.[35] 이에 대해서 S. M. Alonso는 다음과 같이 설명한다.

> 모든 것은 하느님 아버지에게서, 즉 그분의 자유롭고 사랑스러운 주도권으로부터 비롯된다. 그리고 모든 것은 그분을 향해 정향되고 그분 안에서 귀결된다. '이것이 오로지 하느님 아버지의 주도권에서 나오는 축성생활에 대한 성소의 의미이다.'(『봉헌생활』 n. 17) 그분의 사랑에 대한 체험은 부르심을 받은 사람 안에서 자신을 온전히 그리고 결정적으로 의탁하는 행위로써 응답하려는, 열렬한 바람을 일으킬 정도로 친밀하고 강력한 것이다. 이처럼 축성생활은 아버지의 뜻 안에 자신의 기원과 뿌리를 두고 있는 것이다.[36]

모든 그리스도인의 성소는 하느님 아버지에게서 시작된다. 인간으로 하여금 당신과 친교를 이루도록 부르시는 하느님께서는 또한 당신의 충만한 자유의지 안에서 자신을 드러내 보이시는 분이시다. 다른 한편 인간 존재의 품위의 탁월함은 육화하신 말씀의 신비 안에서 나타난다. 사실 오직 육화하신 말씀의 신비 안에서 인간 신비의 진정한 광채가 드러나는 것이다.[37] 따라서 축성생활의 내적인 본성에 접근하기 위해서는 필연적으로 육화하신 말씀이 지닌 거룩한 인성으로부터 출발해

---

35 Cfr. 『봉헌생활』 n. 1a.
36 Cfr. S. M. Alonso, *Identidad teológica de la vida consagrada a la luz del misterio trinitario*, pp. 141-142.
37 Cfr. 『사목헌장』 n. 22.

야 할 것이다. 왜냐하면 우리를 부르시는 아버지께서는 당신의 말씀이신 예수님 안에서 자신을 나타내 보이심으로써, 예수님께서는 아버지께 이르는 통로이며, '길'[38]이 되시기 때문이다. 축성생활의 신비 역시 아버지의 충만한 계시 자체이며, 중재자이신 그리스도의 육화 사건 안에서 가시적으로 나타난다. 그리하여 『봉헌생활』에서는 다음과 같이 말한다.

> 우리는 예수님의 봉헌에 비추어, 아버지의 주도하심 안에서 이루어지는 모든 거룩함의 원천과 봉헌생활의 궁극적인 기원을 볼 수 있습니다.[39]

이러한 점에서 축성생활 성소의 삼위일체적인 역동성은 모든 부르심이 육화의 중재를 통하여, 즉 말씀이신 아드님의 육을 통하여 아버지로부터 우리에게 전해진다는 것을 함축하고 있다. 이와 같은 사실은 또한 신약성경 안에서 그리스도를 철저히 따르라는 부르심은 그분의 인격과의 만남 안에 그 고유한 기원을 갖는 것처럼, 모든 진정한 성소란 객관적으로 예수님의 현존과 관계 맺는 것이어야 한다는 점을 의미한다.[40] 이러한 숙고에서 우리는 교황 베네딕도 16세께서 자신의 첫 번째 회칙 서두에서 밝힌 말씀을 적용시켜 볼 수 있을 것이다.

> 그리스도인이 된다는 것은 윤리적 선택이나 고결한 생각의 결과가 아니라, 삶에 새로운 시야와 결정적인 방향을 제시하는 한 사건, 한 사람을 만나는 것입니다. 요한복음서는 그 사건을 이렇게 말합니다. '하느님께서

---

38 Cfr. 『봉헌생활』 n. 18a: "나를 통하지 않고서는 아무도 아버지께 갈 수 없다."(요한 14,6)
39 『봉헌생활』 n. 22a.
40 P. Martinelli, *Vita consacrata. Mistero trinitario e comunione ecclesiale*, p. 178.

는 세상을 너무나 사랑하신 나머지 외아들을 내주시어, 그를 믿는 사람은 누구나… 영원한 생명을 얻게 하셨다.'(요한 3,16)[41]

이 말씀은 우리로 하여금 육화하신 말씀과의 만남이라는 사건 안에서 하느님께서는 아버지와 아드님, 성령의 거룩한 삼위일체로 계시되며, 인간은 이러한 삼위일체 하느님과의 친교에로 불리었다는 사실을 깨닫게 한다.[42] 의심의 여지없이 축성생활의 가치가 지니는 풍요로움과 심오한 진리 역시 그리스도의 신비의 계시 안에서 그 빛을 발한다.[43] 사실 그리스도의 신성하며 인간적인 모습과 얼굴은 축성생활에 대한 모든 숙고의 지속적인 중심이 된다. 앞서 우리가 공의회 문헌들에 대한 분석에서 살펴보았던 것처럼, 축성생활을 특징짓는 것은 하느님의 아드님께서 이 세상에 오시어 수용하셨던 삶의 방식을 재현한다는 점이다.[44] 이와 같이 축성생활의 부르심 안에서도 당신의 시선과 말씀, 그리고 아버지와 형제들을 위한 존재와 행위를 통해 특별한 방식으로 실현하고자 하는 당신 사랑의 계획과 함께 우리를 이끄시는 주님의 인격과의 만남이 나타난다.[45] 더불어 이러한 사실은 성소의 기초에서 인간은

---

41 하느님은 사랑이십니다 n. 1b.
42 Cfr. A. Pardilla, *Vita consacrata per il nuovo millennio. Concordanze, fonti e linee maestre dell'esortazione apostolica "Vita Consecrata"*, p. 1355.
43 Cfr. 『계시헌장』 n. 2.
44 Cfr. 『교회헌장』 nn. 44, 46; 『봉헌생활』 nn. 1a, 14a, 22a.
45 Cfr. J. Catstellano Cervera, *Dimensione teologica e spirituale della Vita Consecrata: Tradizione, Novità, Profezia*, p. 23. 그리스도를 따름은 순수한 자발적 의지에서가 아니라 예수님 안에서 하느님의 음성에 주의를 기울이며, 그 음성을 듣고 자유롭게 응답하는 자세와 함께 이를 실천하려는 마음가짐에서 나타나는 순명의 행위로부터 기인한다. 이러한 추종의 존재론적인 역동성은 예수님과의 인격적인 만남을 수반한다. M. Paradiso는 자신의 최근 연구에서 특별히 사랑의 대화라는 관점에서 그리스도인의 전 생애를 통해 항상 지속되어야 할 주님과의 만남으로써 추종을 설명한다. "내가 주님을 만난다는 것은 이미 응답하였기 때문인가, 아니면 응답하고 있기 때문인가? 그러므로 만남이란 사실 응답이며,

아버지의 부르심이 하느님의 아드님이신 분의 육신을 통해 인간의 언어가 될 때 비로소 이것을 인식할 수 있다는 점을 암시해 주고 있다. 이에 대해 P. Martinelli는 다음과 같이 표현한다.

> 사실 모든 것은 예수님과의 만남을 거친다. 그분은 모든 것이며 또한 모든 것을 아버지께로 이끄신다.(요한 14,9) - '나를 보내신 아버지께서 이끌어 주지 않으시면 아무도 나에게 올 수 없다.'(요한 6,44)- 이처럼 모든 성소의 사건은 아버지를 맞아들이기 위하여 당신 자신을 맞아들일 것을 요청하시는 그리스도의 현존의 표지들을 자신의 삶에서 깨닫는 일인 것이다.(마르 8,37; 요한 13,20)[46]

어떤 사람들은 육화된 말씀의 신비를 관상하며, 그분이 사셨던 동일한 삶의 방식과 일정한 삶의 태도를 자신의 삶과 인격적 본성 안에서 재생하며 살아가라는 부르심을 깨닫게 된다. 그리하여 그들은 삼위일체의 은총을 통하여 그리스도의 삶의 방식 안에서 드러난 가치를 수용함으로써 자신들의 존재의 품위를 고양시키고자 한다.[47] 이 과정 안에서

응답이란 만남의 사건 안에서 이루어지는 것이다. 당연히 만나지 않았다면 응답할 수도 없는 것이다. 아우구스티노에 따르면 그분을 만났고 그분께 이미 응답하였다 하더라도, 또한 그분께 응답하기 위하여 그분을 찾는 일을 계속하거나 그분께서 당신을 찾아서 다시 부르시게 하는 일을 끊임없이 지속해야 할 것이다. 그럼으로써 그분의 말씀과 초대가 당신의 삶 안에서 울려 퍼지게 할 수 있기 때문이다. 이것이 사랑에 매료되는 관계 안에서 일어나는 역동적인 유비이다. 상호 간에 제안(pro/posta)하고 응답(ris/posta)하는 관계의 매듭으로 짜인 사랑의 대화를 실현하기 위하여 항상 새로운 만남을 갈망해야 한다는 것이다. 여기에 사랑에 대한 지속적인 부르심과 또한 이 사랑에 대한 지속적인 응답이 있는 것이다." M. Paradiso, *Fenomenologia della vocazione. Chiamata-sequela-ministero*, in AA. VV., "Vocazione: Chiamata, sequela, ministero", Quaderno di studi a cura di G. Giorgio, Pescara 2009, p. 94. 초기의 이 만남은 그리스도와 함께 사는 일처럼 전 생애를 걸쳐 계속된다. 이 동거는 또한 마치 삼투현상처럼 흡수되어 삶의 기준이 되기도 한다. cfr. A. Scola, *La sequela Christi come modalità storica di realizzazione di vocazione*, in A. Scola, G. Marengo, J. Paredes López, "La persona umana. Antropologia teologica", Milano 2000, p. 335.

46 P. Martinelli, *Vita consacrata. Mistero trinitario e comunione ecclesiale*, p. 179.

삼위일체적 조화에 대한 마땅한 존경은 우리로 하여금 성령과의 관계 안에서 이러한 은총에 대해서 고찰하도록 이끌어 준다. 『봉헌생활』에서 언급하고 있듯이, 그리스도를 따름과 '새롭고 특별한 축성'의 삶으로 불리어진 사람은 또한 '거룩하시고 모든 것을 성화시키는 성령'으로부터 특별한 선물[48]을 받는다.

> 더욱이 이 부르심은 성령의 특별한 은혜를 수반함으로써 봉헌된 사람들이 그들의 소명과 사명에 응답할 수 있게 합니다.[49]

성령께서는 당신의 선물과 행위로써 부르심 받은 사람의 존재 자체를 사로잡으며, 자신을 부르시는 하느님 아버지의 음성과 그리스도와의 만남이라는 사건에 관련된 모든 상황을 이해하도록 도와주심으로써 선사받은 성소에 부응하도록 이끌어 주신다. 달리 말하자면, 성령께서

---

47 Cfr. A. Pardilla, *Vita consacrata per il nuovo millennio. Concordanze, fonti e linee maestre dell'esortazione apostolica "Vita Consecrata"*, p. 1356.

48 '은사(carisma)'라는 개념과 관련하여 2차 바티칸 공의회 이후에, 특별히 수도생활을 언급하며 이 단어를 자주 사용해 온 사실에 대해 기억해 둘 필요가 있다. 또한 『봉헌생활』에서도 지속적으로 더욱 광범위하게 축성생활과 관련하여 이 단어를 사용하고 있다. "긴 세월의 예정된 혹은 잊혀진 침묵 끝에, 2차 바티칸 공의회는 이 단어에 대한 숙고와 함께 공적인 문헌에서 단지 14번 사용할 뿐이다. 하지만 어떤 경우에도 수도생활에 대한 언급에서는 사용하지 않고 있다. …이후에 바오로 6세 때 이르러서는 일반적으로 수도생활에 대해 설명하면서, 뿐만 아니라 축성생활 각각의 형태에 대해 말하면서도 이 소중한 표현을 사용하기 시작한다. …이어서 요한 바오로 2세는 교회의 가르침을 담은 매우 공적이며 장엄한 문서나 훈령에서 'carisma'라는 이 단어를 매우 많이 사용한다. …교황 권고 『봉헌생활』에서는 80번 정도 등장하며, 이 외에도 4번 형용사(carismático)로 사용되고 있다. 별도로 선물(don)이라는 단어는 78번 나타난다. 성서적 의미에서 '카리스마'라는 단어는 항상 선물, 또는 하느님에게서 선사된 은총의 호의를 뜻한다. 어떠한 경우에도 한 사람이 다른 누군가에게 주는 선물을 의미하지는 않는다는 것이다. 따라서 이것은 항상 하느님의 선물, 성령의 선물을 말하는 것이다." S. M. Alonso, *Identidad teológica de la vida consagrada a la luz del misterio trinitario*, p. 154.

49 『봉헌생활』 n. 30c.

는 하느님으로부터 불리어진 사람의 마음 안에서 내적으로 활동하시며, 그리스도께 자신을 봉헌함으로써 그분께 동화되도록 재촉하시는 분이시다. 이에 대해 『봉헌생활』에서는 다음과 같이 밝히고 있다.

> 부르심에 완전한 응답을 하고자 하는 열망을 일으키시는 분은 바로 성령이십니다. 또한 이 열망이 자라도록 이끌어 주시고, 마침내 '예' 하고 응답하도록 도와주시며, 그 열망을 충실히 행동에 옮기도록 뒷받침해 주시는 분도 성령이십니다. 부름 받은 사람들의 마음을 지어 주시고, 정결, 청빈, 순명의 그리스도를 닮게 하시며, 그분의 사명을 그들 자신의 사명으로 삼도록 촉구하시는 분도 성령이십니다. 끝없는 정화의 여정에 있는 그들은 성령의 이끄심에 자신을 맡김으로써 날마다 그리스도께 동화되어 역사 안에서 부활하신 주님의 특별한 현존을 연장시켜 나갑니다.[50]

『봉헌생활』에서 제시하는 바와 같이, 성소의 모든 내적인 작용들, 즉 부르심에 이끌리게 되고 완전한 응답을 통해 영적인 여정에로 인도되며, 자신에게 부여된 사명을 수행하기 위한 고유한 은사를 수용하는 일 등의 모든 것들은 성령께로부터 이루어지는 것이다.[51] 이러한 점에서 교회 역사 안에서 강생하신 말씀이 취하신 종의 신분을 본받으며, 특별한 방식으로 십자가의 신비에 참여하기까지 그분을 따르고자 했던 많은 이들은 '십자가를 지고 가는 자들(staurophoroi)', '성령을 지닌 자들(pneumatophoroi)'이라는 특유의 이름으로 불리었던 것이다.[52] 따라서 P. Martinelli는 다음과 같이 말하면서 수도성소 안에서의 성령의 활동에 대해 강조한다.

---

50 『봉헌생활』 n. 19b.
51 Cfr. J. Castellano Cervera, *Dimensione teologica e spirituale della Vita Consecrata: Tradizione, Novità, Profezia*, p. 25.
52 『봉헌생활』 n. 6b; cfr. A. Pardilla, *Vita consacrata per il nuovo millennio. Concordanze, fonti e linee maestre dell'esortazione apostolica "Vita Consecrata"*, p. 1363.

성령의 활동을 도외시한다면 성소에 대한 이해 자체가 퇴색할 것이며, 부르심 받은 사람의 임무라는 것도 점차적으로 쓸모없는 도덕주의, 그리고 때로는 스스로를 변호하려는 행동으로 전락하게 될 것이다. 또한 그리스도의 모습도 단지 특정한 행동을 유발하는 데 영감을 줄 수는 있을지언정, 더 이상 '계시적인' 의미를 지니지는 못하게 된다. …이로써 모든 성소의 사건이란 인간적으로는 불가해한 것이 되고 말 것이다. 즉 만일 하느님 아버지와 아드님의 사랑스러운 관계가 완전한 진리에로 우리를 인도하시는(요한 16,31) 성령의 선물을 통해서 우리들의 마음에 밝혀지지 않는다면, 이러한 성소란 모든 인간 존재에게는 하나의 수수께끼로 남게 된다는 것이다. 또한 그것은 아버지께서 우리를 진리로 거룩하게 하시는 것이기 때문이다.(요한 17,17)[53]

이러한 관점에서 우리는 본질적으로 그리스도를 복음적으로 따르는 삶을 이루는 성소의 역동적인 모습 안에서 활동하시는, 한 분이신 하느님의 세 위격 간의 심오한 관계에 대해 살펴볼 수 있을 것이다. 철저한 방식으로 그리스도를 따르는 삶에로의 부르심은 이렇게 아버지의 사랑스러운 계획(mistero) 안에 일차적인 기원을 두며, 그분 자신께서 행하시는 강렬한 이끄심에 응답케 하는 일이다. 아버지께서는 특별한 사랑으로, 그리고 특별한 사명을 위하여 피조물을 당신께로 이끄시며, 그를 성숙케 하시어 항상 더욱 온전하게 자신을 맡기려는 자세로 성소에 응답하도록 만드신다.[54] 그러나 아버지께서는 단지 사람을 부르시고, 선택하시는 일에 있어서만 주도권을 지니시는 것은 아니다. 즉 그분께서는 성삼위의 다른 두 위격과의 완전한 조화 안에서 선택된 이가 살아가게 될 삶의 모든 여정을 함께 동반해 주실 것이다.[55] 그리고 이

---

53 P. Martinelli, *Vita consacrata. Mistero trinitario e comunione ecclesiale*, p. 179.
54 Cfr. 『봉헌생활』 n. 17a.

성소는 모든 성령론적 사건의 참된 주인공이신 성령의 은총(carisma)과 작용을 통해 교회 안에서 생겨나고 실현되며 증진된다. 이러한 의미에서 축성생활 성소 안에서의 삼위일체적인 모습은 모든 형태의 축성생활이 지녀야 할 본질적이고 구조적인 차원을 이룬다. 또한 그것은 교회 안에서 참된 사명을 수행하는 데에 있어서 축성생활의 생생한 근원이 되는 그 신학적 정체성을 구성하고 명확히 보여 주는 것이라 하겠다.

2) 축성생활의 삼위일체적 차원

축성생활의 삼위일체적 차원에 대한 연구를 지속하기에 앞서 먼저 삼위일체 신비에 접근하기 위한 교의적 신학적 해석의 두 가지 경향, 즉 삼위일체의 본성 자체에 대한 고찰이라 할 수 있는 내재적 삼위일체론(Trinità immanente o ad intra)과 구원역사 안에서 드러나는 모습에 대해 살펴보는 구원경륜적 삼위일체론(Trinità economica o ad extra)이 있다는 사실에 대해 상기해 둘 필요가 있다.[56] 어느 정도 전자보다는 후자에 상대적으로 더욱 많은 신학적 관심을 두려는 현대의 접근 방식과는 달리, 『봉헌생활』은 삼위일체와 축성생활의 관계, 그리고 작용에 관한 필수불가결한 전제가 되는 축성생활 공동체의 본질 자체를 규명하기 위해서 전자에 대해서 고찰하고 있다.[57] 이러한 신학적 노선은 축성생활의 내적 본질 자체에 대해서(ad intra) 친교의 영성을 견고하게

---

55 Cfr. A. Pigna, *La vita consacrata. Trattato di teologia e spiritualità. I. Identità e missione*, p. 301.
56 이러한 주제에 대해서 L. F. Ladaria, *La Trinità mistero di comunione*, Edizioni Paoline, Milano 2004를 참고할 수 있다.
57 Cfr. A. Resta, *Fondamento trinitario della vita consacrata*, in ViCo 33(1997/3), pp. 324-325.

반영하며, 축성생활 성소의 정체성, 따름과 축성에 대한 확고한 견해를 밝히며 구조적으로 펼쳐지고 있다. 동시에 『봉헌생활』은 외부적(ad extra)으로 드러나는 차원, 즉 핵심적인 범주로써 축성된 사람에게서 교회에로, 공동체로부터 현대 세계의 인류를 향하여 그 빛을 투영하며 개방되어 있는 축성생활의 또 다른 측면에 대해서도 도외시하지 않는다.[58] 이러한 방법론은 영성과 신학, 존재와 행위 사이의 구분을 극복하고, 축성생활과 관련하여 삼위일체 신비에 대한 신앙을 심화시켜 나아가기 위한 시노드 차원의 노력의 결실로 평가될 수 있을 것이다. 2차 바티칸 공의회의 가르침과 결부하여 『봉헌생활』의 본문에서는, 예수님께서는 하느님을 드러내 주는 계시 자체이며 계시자이시기 때문에, 축성생활의 그리스도론적인 존재 방식 안에 삼위일체적 근원이 있음을 보여 주고 있다. 이와 같은 신학적 정립은 또한 축성생활의 삼위일체적 구조에 대한 이해를 통해 예수님의 인성 안에서 발견된 복음 권고들을 명백히 주제화하고 있다는 사실을 수반한다.[59] 즉 복음 권고들은 모든 것을 성화시키는 거룩한 삼위일체 신비 안에 뿌리내리고 있음으로 해서 더욱 깊은 의미를 얻게 된다.

우선 복음 권고의 서원으로 특징지어지는 축성생활은 거룩한 삼위일체의 선물이며, 삼위일체께 바치는 기도의 자세에서 촉진되고 삼위일체께 드리는 찬미로써 입증되어야 할 실재이다.[60] 『봉헌생활』에서는 축성생활이란 그리스도의 존재에 동화되는 생활이며, 이렇게 그리스

---

58 Cfr. J. Castellano Cervera, *Dimensione teologica e spirituale della Vita Consecrata: Tradizione, Novità, Profezia*, p. 16.
59 Cfr. P. Martinelli, *Vita consacrata. Mistero trinitario e comunione ecclesiale*, p. 180.
60 Cfr. 『봉헌생활』 nn. 17, 20a, 111; A. Pardilla, *Vita consacrata per il nuovo millennio. Concordanze, fonti e linee maestre dell'esortazione apostolica "Vita Consecrata"*, p. 1353.

도의 신비에 동화됨으로써 하나가 되는 과정이야말로 삼위일체께 드리는 신앙고백(confessio Trinitatis)이라고 설명하면서 이러한 논리를 전개시켜 나간다.

'아버지나 어머니보다, 아들이나 딸보다'(마태 10,37 참조) 그리스도를 사랑하고 온 마음으로 그리스도를 따르는 일은 모든 제자들에게 요구되는 것입니다. 그러나 봉헌생활은 다양한 은사에 따라 즉각적으로 이러한 추종이 가능하도록, 종말론적 완성을 미리 보여 주는 전인적 투신을 통하여 그리스도께 전 실존을 동화시킴으로써 그리스도 사랑과 추종을 실천하고 표현하는 것입니다.

봉헌된 사람들은 복음 권고를 선서함으로써 그리스도를 그들의 삶의 전의미로 삼을 뿐만 아니라 '성자께서 세상에 오시어 보여 주신 그 생활'을 자신들 안에서 가능한 한 재현하려고 노력합니다. 그들은 정결을 기꺼이 받아들임으로써 그리스도의 순결한 사랑을 그들 자신의 것으로 삼으며 그리스도께서 하느님 아버지와 하나이신 외아들(요한 10,30: 14,11 참조)이시라는 것을 세상에 선포합니다. 그들은 그리스도의 청빈을 본받음으로써 그리스도께서 모든 것을 하느님 아버지께 받으시고 사랑으로 모든 것을 아버지께 되돌려드리시는 아들(요한 17,7.10 참조)이심을 선언합니다. 그들은 자기 자신의 자유를 희생하고 그리스도의 자녀다운 순종의 신비를 받아들임으로써 그리스도께서 하느님 아버지의 뜻만을 기뻐하시고(요한 4,34 참조) 아버지와 온전히 하나 되어 아버지께 모든 것을 의탁하시는 분이시며 무한한 사랑을 받으시고 무한히 사랑하시는 분이심을 선포합니다.[61]

---

61 『봉헌생활』 n. 16bc. 또한 n. 29b에서도 다음과 같이 묘사한다. "이는 복음 권고의 선서가 그리스도의 신비와 밀접하게 연관되어 있으며, 이는 예수님께서 절대적인 종말론적 가치를 선택하여 가리켜 주신 삶의 길을 힘을 다해서 드러내야 할 의무를 가지고 있다는 사실에서 분명히 알 수 있다."

『봉헌생활』에 따르면 정결, 청빈, 순명의 세 가지 복음 권고들이란 그것이 그리스도의 실존적인 방식을 이루는 요소였다는 점에서 축성생활을 구성하는 요소들이 된다. 사실 예수님께 있어서 복음 권고들의 실천이란 당신 자신이 하느님 아버지와 맺었던 일치의 관계 안에서나 인류를 위한 구원사업을 위해서 단순히 부차적인 실재만은 아니었다. 오히려 그것은 아버지께서 행하시는 축성에 대해 예수님 편에서 인격적으로 응답하시고, 하느님의 구원계획에 자녀로서 그리고 온전히 부응하고자 했던 자세를 표현하는 삶의 방식이었던 것이다.[62] 『봉헌생활』 16항에서 잘 드러나고 있듯이 각각의 복음 권고들은 삼위일체의 계시라는 전망 안에서, 즉 당신을 세상에 파견하신 아버지께로부터 부여된 아드님의 사명과, 아버지께 당신 자신을 온전히 의탁하셨던 그분의 삶의 방식과 관계하여 암시적으로 드러나는 성령의 역할에 대한 이해에서 더 쉽게 이해될 수 있다. 이에 대해서 P. Martinelli는 항상 아버지와 아드님의 관계를 준거점으로 삼으며, 예수님의 정체성과 아드님으로서의 자유라는 측면에서 이 복음 권고들을 설명하고자 한다.

'예수님의 동정, 순종, 청빈의 삶은 아버지의 계획에 대한 그분의 완전한 자녀다운 수락을 표현합니다.(요한 120,30; 14,11 참조) 그분의 완전한 봉헌은 그분의 지상생활의 모든 사건들에 축성의 의미를 부여합니다. 예수님께서는 자신의 뜻을 이루려고 오신 것이 아니라 자신을 보내신 분의 뜻을 이루려고 하늘에서 내려오신(요한 6,38; 하브10,5.7 참조) 순종의 본보기입니다.'(『봉헌생활』 n. 22) 순명과 관련해서 파견된 자로서의 존재는 순명이 아닌 다른 방식으로 그 사명을 수행한다는 것은 불가능하다. 그분의 순명은 영원하신 아드님으로서의 그분의 정체성을 표현하는 것이다.

---

62 Cfr. 『봉헌생활』 n. 22a; A. Pigna, *La vita consacrata. Trattato di teologia e spiritualità I. Identità e missione*, p. 304.

축성생활자들의 순명 역시 자녀로서의 이러한 신원을 보여 주도록 불리었음을 뜻한다. …(축성생활자들의) 가난은 예수님께서 당신의 사명을 수행하시며 가난하게 사셨던 삶에 대한 고백이다. 그리스도께서 사셨던 철저한 가난은 삶이 자기 자신에게 속한 것이 아니라 오직 매 순간 하느님 아버지의 손에서 부여받는다는 사실로 이해될 수 있는 것이다. 이러한 가난의 자세는 그분 스스로 당신의 사명을 예정하고 그것을 확고히 고수하려는 모습에서가 아니라, 아버지께서 모든 일을 자유로이 행하시도록 맡기고 당신 자신은 성령의 전능하심 안에서 아버지로부터 부여된 사명을 위해 헌신하시는 모습에서 드러난다. …또한 예수님께서 정결하게 사셨던 사실 역시 그분의 사명을 이루는 한 부분이다. 이러한 그리스도의 동정은 이타적인 존재(essere per)의 삶으로써 표현된다. 아버지를 위한 존재로서의 배타적인 모습과 아버지께서 기뻐하시는 모든 것을 행하려는 마음가짐은, 예수님으로 하여금 모든 실재들을 접하면서도 자유로이 활용할 수 있는 지위에 놓이게 했던 것이다.[63]

예수님께서는 복음 권고들을 구체적으로 실천하셨고, 그분의 온 생애는 이러한 복음 권고들의 실천으로 요약할 수 있다. 따라서 축성생활 안에서 복음 권고들의 서약을 통해서 예수님을 따르고자 하는 사람은 자신의 삶에 있어서 최고의 이상이며 행위의 구체적 규범을 그리스도에게서 찾아야 한다. 앞서 복음 권고들의 목적에 대한 공의회의 가르침에 대한 분석에서 우리가 분명히 살펴보았듯이 각각의 서원에 있어서 고유한 의무라는 것은 그분의 동정, 본질적인 가난, 온전한 순명의 삶의 형태에 애정을 지니고 효과적으로 참여하고 본받음으로써 예수님께 동화되는 것 외에 다른 것일 수 없다.[64]

---

63 Cfr. P. Martinelli, *Vita consacrata. Mistero trinitario e comunione ecclesiale*, pp. 181-183.
64 Cfr. 『복음의 증거』 n. 12; A. Pigna, *La vita consacrata. Trattato di teologia e spiritualità I. Identità e missione*, p. 304.

다른 한편 이러한 신학적 정립은 복음 권고들을 예수님의 인간적 실존과 그분의 생애에 기초하게 하면서, 거룩한 삼위일체의 내적인 모습 안에서 그 중요성을 이해하도록 도와준다. 달리 말하자면 그것은 구원역사 안에서 드러나는 하느님의 세 위격의 역동적인 모습 안에서 복음 권고들을 숙고함으로써 이 권고들을 보다 잘 이해할 수 있게 해 준다는 것이다. 동시에 이것은 삼위일체적 삶에 참여하는 자로 또한 인간적 관계 안에서 살아가도록 불리어진 우리 삶의 역동적인 원리를 보여 주기도 한다. 이에 대해서 『봉헌생활』은 다음과 같이 설명한다.

> 복음적 권고의 심오한 의미는 거룩함의 원천이신 삼위일체와 관련하여 볼 때 드러납니다. 사실 복음적 권고는 성령과 일치 안에서 성부께 대한 성자의 사랑의 표현입니다. 봉헌된 사람은 복음적 권고를 실천함으로써 모든 그리스도인의 삶의 특징인 삼위일체적, 그리스도론적 차원의 삶을 강도 높게 살아갑니다. …그러므로 봉헌생활은 삼위일체적 차원에서 더욱 더 순수하고 힘차게 자라는 사랑으로 복음적 권고의 봉헌(선물)을 심화하라는 요청을 받습니다. 그 사랑이란 그리스도께 더욱 가까이 이끌어 주는 그리스도께 대한 사랑, 성령의 감화에 우리의 마음을 열어 주는 성령께 대한 사랑, 봉헌생활의 첫 출발점이며 지고의 목표인 성부께 대한 사랑입니다. 그러므로 봉헌생활은 삼위일체에 대한 신앙고백이 되고 그 표징이 됩니다. 교회는 삼위일체의 신비를 모든 그리스도인의 삶의 전형이며 원천으로 제시합니다.[65]

복음적 권고가 한 분이시며 삼위이신 하느님께 향한 사랑의 표현이라는 점에서, 이 권고들을 실천함으로써 우리는 이 거룩한 사랑을 묘사해 주는 특징으로써 정결과 가난, 그리고 순명의 삶을 이해하고 살아가도

---

65 『봉헌생활』 n. 21ae.

록 요구받는다. 이러한 점에서 복음적 권고는 한 분이시며 사랑 자체이신 하느님을 축성생활의 측면에서 실제적이고 구체적인 방식으로 인정하는 문제에 직면하게 된다. 즉 복음적 권고의 선물이란 삼위일체 자체의 깊은 내면에서 나오는 것이며 어느 것에도 비할 수 없는 고귀한 선물일 뿐 아니라, 나아가서는 축성된 사람 안에서 같은 사랑의 응답을 불러일으키는 것이기도 하다.[66] 이것은 복음적 권고를 하느님의 선물로 인정하고 받아들이는 사람은 더욱더 진솔하고 강렬한 사랑으로 교회 안에서 이 권고들을 실천함으로써 지속적으로 그 의미를 심화시켜 가야 한다는 것이다. 『봉헌생활』의 심오한 의도는 이처럼 축성생활의 원천에 대해 밝히면서 복음적 권고들의 실천과 신학적 덕목들 사이의 밀접한 연관성 안에서 사랑이신 하느님의 실재가 드러난다고 설명하는 데에 있다.[67] 즉 정결은 축성생활자들이 하느님께 대한 사랑과 환원될 수 없는 타자로서 인정되어야 할 모든 형제들에 대한 온전한 사랑으로 살아가도록 불리었음을 드러내는 것이다. 또한 가난은 하느님의 세 위격이 서로에게 행하시는 모습처럼 사랑의 요청과 온전한 자기 증여의 행위로 표현된다. 그리고 순명은 거룩한 세 위격들 간의 사랑스러운 일치 안에서 아들로서의 정체성을 인식하도록 일깨워 주는 행위이다.[68] 이러한 방식으로 복음적 권고의 실천은 삼위일체의 외적인 차원(ex Trinitate) 안에서 하느님의 온 백성을 견고히 하고 부유케 만드는 위대한 사랑의 체험으로 고무된다.[69]

---

66 Cfr. P. G. Cabra, *L'Esortazione apostolica "Vita Consecrata"*, p. 11.
67 Cfr.『하느님은 사랑이십니다』n. 40. 자신의 첫 회칙에서 교황 베네딕도 16세는 교회의 장구한 역사 안에서 성인들과 수도자들의 모습을 사랑이신 하느님을 '대면' 하면서, 자신의 온 생애를 이웃에 대한 사랑의 봉사에 바쳐야 한다는 절실한 필요성을 깨닫고 보여 주었던 훌륭한 귀감으로 제시하고 있다.
68 Cfr.『봉헌생활』 n. 21d; A. Amato, *o. c.*, pp. 47-48.

축성생활의 정체성에 대한 이러한 삼위일체 신학적 논의는 그리스도 안에서 근본적인 일치와 형제애의 의미를 분명히 보여 줌으로써 내재적으로는(ad intra) 관계의 문제에 대한 정당한 이해를 제시해 준다. 동시에 이것은 외향적인(ad extra) 기능 안에서 축성생활자들이 여타의 그리스도인 생활에 견주어 자신들이 택한 축성생활이 지니는 본질적인 가치들을 규정하고 향상시켜 나가도록 도와주기도 한다.[70] 이렇게 해서 축성생활은 그 원천에 이르게 되고, 자신의 존재 방식을 통해서만이 아니라 친교와 사명을 통해서도 삼위일체 신비를 반영하는 생활로써 밝혀진다.[71] 바로 여기에 『봉헌생활』이 보여 주는 또 다른 관점이 있다. 즉 축성생활자들은 복음적 권고의 실천을 통해서만이 아니라 그리스도께 온전히 속해 있음으로 해서 인간적 관계를 통해서도 세상을 향해 삼위일체 신비를 고백하고 있다는 것이다.[72] 이러한 삼위일체와 형제적 공동체 안에서의 축성생활과의 관계에 대해서 『봉헌생활』은 다음과 같이 명백히 제시하고 있다.

> 봉헌된 사람들이 그리스도 안에서 '한마음 한뜻'(사도 4,32)으로 살고자 노력하는 '형제생활'은 삼위일체이신 하느님께 대한 웅변적 증거이며, 그 생활은 모든 인류를 하나의 가족으로 만들고자 하시는 '아버지'를 선포합니다. 형제생활은 또한 구원받은 사람들을 하나로 모으시고, 모범과 기도와 말씀, 그 무엇보다도 갈라지고 흩어진 인류를 위한 화해의 원천인 십자

---

69 Cfr. P. G. Cabra, *I consigli evangelici in "Vita Consecrata"*, in CeS (settembre/1996), p. 15.
70 Cfr. A. Pardilla, *Vita consacrata per il nuovo millennio. Concordanze, fonti e linee maestre dell'esortazione apostolica "Vita Consecrata"*, p. 1356.
71 Cfr. J. Castellano Cervera, *Dimensione teologica e spirituale della Vita Consecrata: Tradizione, Novità, Profezia*, p. 20.
72 Cfr. P. Martinelli, *Vita consacrata. Mistero trinitario e comunione ecclesiale*, p. 187.

가의 죽음으로써 길을 가리켜 주시는 강생하신 '성자'를 선포합니다. 이 생활은 교회 일치의 원리이시며 교회 안에서 영신적 가족들과 형제적 공동체들을 끊임없이 일으키고 계시는 '성령'을 선포합니다.[73]

그리스도 안에서 나타나는 삼위일체 신비는 세 위격이 무한한 차이점을 지니면서도 거룩한 본성에 있어서 일치하는 모습[74] 그대로 모든 진정한 인간적 관계의 원형을 보여 준다. 실제로 복음적 권고의 서원을 살아감으로써 삼위일체적인 삶을 보여 주는 축성생활은 그 자체로 개인적인 의미에서는 이해될 수 없으며, 권고들의 실천을 통한 공동체적 삶의 형태와 실질적인 관련을 맺는다. 이것은 복음적 권고의 삼위일체적인 구조가 본래의 의미에서 친교와 관련한 것이며, 정결, 가난, 순명은 그 본성상 관계적인 것이라는 사실을 의미한다.[75] 이러한 점에서 삼위일체의 중심에서 살아가는 삶이 축성생활 안에서의 친교의 원천이 되는 것처럼, 공동체의 생활 역시 그 기초에는 내부적으로만이 아니라 공동체 외적으로도 하나의 친교로써 드러나야 한다는 원리가 있는 것이다.[76] 그러므로 공동체가 다른 사람들을 향해 닫혀 있게 된다면, 그것은 삼위일체적인 것일 수 없다. 이처럼 축성생활이 삼위일체 신비에 근거한다는 것은 형제적 친교의 생활 안에서 그 의미가 더욱 분명하게 실현된다는 것을

---

73 『봉헌생활』 n. 21f.
74 A. Resta는 성 토마스가 신학적으로 정립했던 삼위일체이시며 한 분이신 하느님에 대한 교의를 토대로 축성생활의 기초에 대하여 검토하고자 한다. 즉 축성생활의 성소에 있어서의 일치와 구분, 그리스도를 따름에서의 일치와 그것을 실행 가능케 하는 방식의 다양성, 서로 다른 수도회와 카리스마의 다양성과 일치 등이다. cfr. A. Resta, *a. c.*, pp. 325-333.
75 Cfr. P. Martinelli, *Vita consacrata. Mistero trinitario e comunione ecclesiale*, p. 188.
76 Cfr. A. Resta, *a. c.*, p. 324.

의미한다. 이로써 형제적 생활은 역사 안에 거룩한 세 위격의 친교의 선물을 확장시켜 주시는 삼위일체이신 하느님께서 거하시는 인간적인 장소가 되어 이 신비의 심오함과 그 부요함을 반영하게 되는 것이다.[77] 즉 형제적 생활은 하느님 아버지의 계획과 아드님의 구원사업, 그리고 모든 사람들을 하나의 가족으로 모으시는 성령의 활동을 드러내는 한에서, '탁월한 삼위일체적 현현'으로 제시된다. 따라서 『봉헌생활』은 형제적 친교의 원천이며 토대인 사랑과 공동체 생활의 증진에 대한 지속적인 호소와 더불어, 축성생활이 삼위일체의 참된 모습(icona), 삼위일체의 지속적인 신앙고백이 되어야 한다고 강조하는 것이다.[78] 이러한 형제적 공동체는 주님의 계명, 즉 십자가 위에서의 그리스도를 통해 계시된 상호간의 무조건적인 사랑을 살아감으로써 삼위일체의 신앙고백이 되는 한에서 자신의 최상의 본질을 실현하게 될 것이다.

> 사랑 안에서 나누는 삶으로 이해되는 형제생활은 교회의 친교를 나타내는 훌륭한 표징입니다. …이 사람들은 모두 복음의 제자정신을 실천함으로써, 주님께서 우리를 사랑하신 것처럼 서로 사랑하라고 하신 주님의 '새계명'(요한 13,34 참조)을 실현하는 데 진력합니다. 그리스도께서는 사랑으로 말미암아 당신 자신을 내어주시고, 십자가에 죽기까지 하셨습니다. 이와 마찬가지로 그분의 제자들 또한 서로 조건없는 사랑 없이는 참된 일치를 이룰 수 없습니다. …봉헌된 사람들은 성령께서 그들의 마음속에 부어 주시는 사랑에 힘입어(로마 5,5 참조) '한마음 한뜻'(사도 4,32)이 되어, 소유물과 영성적 체험, 재능과 영감, 사도적 이상과 사랑의 봉사 등 모든 것을 함께 나누라는 내적 요구를 체험합니다.[79]

---

77 Cfr. 『봉헌생활』 n. 41b.
78 Cfr. A. Amato, o. c., p. 49.
79 『봉헌생활』 n. 42ab.

이상의 검토한 바를 토대로 우리는 어떻게 『봉헌생활』이 복음적 권고들의 실천에 있어서나 형제적 친교의 영성 안에서[80] 거룩한 삼위일체 신비와 축성생활을 연관 짓고 있는지 살펴볼 수 있었다. 삼위일체 신비를 관상하면서 얻어진 이러한 가치들은 그리스도 안에, 그리고 그분의 사랑의 계명과 삶에 동화되는 과정 안에 축성생활자들이 추구해야 할 궁극적인 지향점이 있음을 보여 준다.[81] 따라서 우리는 『봉헌생활』 문헌에서 제시된 삼위일체의 전망 안에서 신학적으로 더욱 풍요롭게 그리스도를 따름의 의미에 대해 고찰하고 심화시켜 나갈 수 있을 것이다.

---

80 "친교의 영성이란 우리 모두가 한 분이신 주님의 몸과 피를 함께 나눔으로써 더 이상 우리 자신을 위해서가 아니라 죽으시고 부활하신 그리스도를 위해 살아가도록 불리었음을 인식하는 데서 출발하지 않고서는 불가능한 것이다. 이러한 이유에서 진정한 친교의 영성이란 무엇보다 어떻게 우리의 영적인 생활이 그리스도를 따르도록 불리어진 사람들 상호간의 의미 있는 교제를 통하여 그리스도 안에서 서로에게 속한 관계에 실제적으로 놓이게 하는지 확인하도록 도와준다. 또한 이러한 친교 안에서 타인의 긍정적인 의미를 체험하는 것이 가능해진다. 사실 친교의 영성이란 무엇보다 '다른 사람의 긍정적인 면을 보고 그것을 기꺼이 받아들이며, 그것을 하느님의 선물로 여길 줄 아는 능력을 의미하며, 우리 형제자매들을 위하여 양보하며 남의 짐을 져 주는 것을 의미합니다.'(『그리스도에게서 새롭게 출발』 n. 29)" P. Martinelli, *Vita consacrata. Mistero trinitario e comunione ecclesiale*, p. 190.

81 덧붙여서 A. Pardilla는 자신의 저서에서 공의회 문헌의 신학적 노선에 따라 그리스도론을 중심으로 축성생활의 양성에 있어서 삼위일체적 차원을 해석하고자 한다. "예수님은 양성가이시며, 아버지로부터 양성된 분이시기도 하다. 예수님께서는 아버지께서 의도하신 삶의 방식에 따라 당신 자신이 양성되고 변화되도록 하셨다. 예수님께서는 자신이 원하셨던 이들을 부르시고 당신 가까이 머물도록 하시면서, 아버지를 위해 사셨던 삶의 모범을 따라 살도록 그들을 양성하시는 점에서 양성가이시기도 하다. …선택된 이들은 자신을 성령께서 양성하도록 맡기는 한에서, 즉 그리스도께 온전히 동화되기 위해서 성령의 전능하신 힘이 인도하시는 바에 자신을 의탁함으로써 양성되는 것이다. '그들은 성령의 이끄심에 자신을 맡김으로써 그리스도께 동화되는 것이다.'(cfr. 『봉헌생활』 n. 19b)" A. Pardilla, *La forma di vita di Cristo al centro della formazione della vita religiosa. Il quadro biblico e teologico della formazione*, pp. 320-321.

2. 그리스도를 따름에 대한 해석과 그리스도론적인 전망

이제까지 우리는 어떻게 축성생활이 자신의 고유한 호칭으로, 거룩한 성삼위의 내재적(ad intra), 외향적(ad extra)의 역동성 안에 근거하며 그리스도인의 모든 생활을 특징짓는 삼위일체 신앙고백(confessio Trinitatis)을 실현하게 되는지 고찰해 보았다. 『봉헌생활』은 삼위일체적, 그리스도론적 관점을 분명히 강조함으로써 다양한 성소와의 일치 안에서 축성생활이 가지는 고유성을 회복시키고자 노력하였다. 이 점에서 『봉헌생활』은 삼위일체적 생활의 깊은 내면에서 표출되는 행위를 통해서 가난하시고 순명하시며 정결하셨던 하느님 아드님의 실존 자체에 동화하기 위한 새롭고 특별한 축성과 교회 안에서 축성생활이 지니는 탁월한 목적의 본질에 대해서 입증하고 있다.[82] 이러한 기초적인 논증은 우리에게 그리스도를 특별한 방식으로 추종하는 삶의 기원에는 항상 그리스도인 생활의 삼위일체적인 성격을 보여 주는 아버지의 주도적인 능력과 그리스도론적, 성령론적 내용이 함축되어 있음을 보여 준다.[83] 이와 같은 전망에서 우리는 그리스도론적인 관점을 기초로 『봉헌생활』에서 묘사하는 그리스도를 따름에 대한 특별한 이해 안에서 축성생활의 고유한 점들(proprium)을 검토해 보고자 한다.

당연히 그리스도론적인 관점은 축성생활의 역사에서나 『봉헌생활』

---

[82] Cfr. J. Castellano Cervera, *Dimensione teologica e spirituale della Vita Consecrata: Tradizione, Novità, Profezia*, p. 26.
[83] P. G. Cabra에 따르면 이러한 삼위일체론적 정식이 동방 그리스도교적 배경이나 감성에 접근하도록 해 주는 것이라면, 『봉헌생활』 안에서 그리스도를 따름에 대해 특별히 언급하는 부분은 서방 그리스도교적 정서를 충분히 반영하는 것이라고 소개한다. cfr. P. G. Cabra, *L'Esortazione apostolica 'Vita Consecrata'*, p. 13.

문헌에서 드러나는 가장 지배적이며 명확한 신학적 경향 중의 하나이다.[84] 『봉헌생활』은 매우 확고하게 축성생활자들은 비록 비신자들 사이에서조차도 정결, 가난, 순명, 기도, 선교의 모범이신 그리스도를 현존하시게 해야 할 의무를 지니고 있다고 단언한다.[85] 이와 관련해서 또한 『봉헌생활』에서는 축성생활을 특징짓는 것은 이 생활이 하느님의 아드님께서 세상에 오실 때 수용하셨고, 당신을 따르던 제자들에게 친히 제시하신 삶의 방식을 재현하는 것임을 자주 언급한다.[86] 따라서 축성생활 자체의 내적인 본성에 대해 이해하기 위해서는, 불가결한 과정으로써 강생하신 말씀(요한 14,6)이 취하신 거룩한 인성에 대해 다루어 보는 것이 필요하다.[87] 축성생활이 지니는 심오한 진실과 풍요로운 가치들은 계시하시는 분이시며, 모든 계시의 충만함이신 강생하신 그리스도의 신비에 대한 관상 안에서 보다 구체적으로 밝혀진다.[88] 사실 『봉헌생활』의 그리스도론적인 해석의 중요성에 대해 J. Castellano Cervera는 그리스도론에 대한 점진적이며 완전한 이해를 통해서가 아

---

84 Cfr. B. Secondin, *Il profumo di Betania. Guida alla lettura dell'esortazione apostolica "Vita consecrata"*, p. 57.

85 Cfr. 『봉헌생활』 n. 77. 또한 『교회헌장』 n. 46과 교황 바오로 6세의 사도적 권고 『현대의 복음 선교』 n. 89를 보시오.

86 Cfr. A. Pigna, *L'Esortazione apostolica e le domande teologiche emerse dal sinodo*, in CeS (Giugno/1996), p. 41. 『봉헌생활』은 공의회의 근본적인 가르침을 계승하면서도 이와 같은 사실에 대해 다시 한 번 강조한다. "정결, 청빈, 순명으로 요약되는 예수님의 생활 방식은 이 땅에서 복음을 가장 철저하게 실천하는 길로 드러납니다. 하느님이시며 사람이신 그리스도께서 받아들이신 길이므로, 이 길은 외아들로서 하느님 아버지와 성령과 이루는 관계를 드러내는 하느님의 길이라 할 수 있습니다. 따라서 그리스도교 전통은 언제나 봉헌생활의 객관적 우월성을 이야기해 왔습니다."(『봉헌생활』 n. 18c) 또한 nn. 1b, 14a, 16c, 18b, 22b, 29c, 31d, 41a, 77, 111c 등을 참고할 수 있다.

87 Cfr. 『봉헌생활』 n. 18a; A. Pardilla, *Vita consacrata per il nuovo millennio. Concordanze, fonti e linee maestre dell'esortazione apostolica "Vita Consecrata"*, p. 1354.

88 Cfr. 『계시헌장』 n. 2.

니라면 문헌 전체의 내용에 대해서 이해하는 것은 불가하다고까지 주장한다.[89] 이처럼 축성생활은 유일한 가치로써 예수님의 인격에 집중되어 있으며, 그 기원과 명료한 특성은 모든 그리스도인에게 요청되는 것으로 따름이라는 요소에만 있는 것이 아니라 전인적 투신을 통해 그리스도께 전 실존을 동화시키는 데에 있는 것이다.[90] 인간의 역사 안에 사셨던 예수 그리스도의 지상에서의 실존적인 모습을 재현하고 가시화시켜 주는 실재로써 이 축성생활은 정결, 가난, 순명하시는 그리스도를 성사적으로 지속하는 삶(sacramento)으로 이해된다. 즉 이 생활은 그리스도의 마음과 그분의 유일하고 온전한 사랑에 동화되기 위해 특별히 적합한 조건, 혹은 전제가 되는 생활과 같은 것이다.[91] 여기서 축성생활자들 스스로 예수님을 눈에 보이도록 한다(visibilizzazione)는 말은 그 자체로 그리스도의 모습을 따르는(cristiforme) 그들의 정체성을 가리킨다. 따라서 『봉헌생활』은 여러 가지 방법으로 축성생활을 그리스도의 실존에 근본적으로 동화되는 과정이라 소개하며, 때로는 그리스도론적인 강렬한 어조로 축성생활자들을 그리스도가 될 수 있어야 하며, 또한 그렇게 되어야 한다고까지 단언한다.[92] 그러므로 축성

---

89 Cfr. J. Castellano Cervera, *Il mistero e la missione di Cristo nella vita consacrata*, estratto da ViCo 32 (1996), p. 342.
90 Cfr. 『봉헌생활』 n. 16b; A. Amato, *o. c.*, p. 41.
91 Cfr. 『봉헌생활』 n. 1; P. G. Cabra, *L'Esortazione apostolica "Vita Consecrata"*, p. 13.
92 Cfr. 『봉헌생활』 n. 109. 여기서 축성생활자들의 실존을 묘사하는 데 있어서 적용된 그리스도론적인 표현들을 개괄적으로 열거해 보는 것도 유익하리라 본다. "봉헌생활은 무엇보다 생활의 증거로서(n. 72c), 예수님의 살아 계신 현존을 가져다 준다.(n. 9); 봉헌생활은 그리스도를 따르는 특별한 길이며(n. 14), 삶의 중심이 되시는(n. 16), 그리스도와 이루는 특별한 사랑의 친교이다.(n. 15); 봉헌생활은 그리스도의 신비를 구체적으로 받아들이며(n. 16), 그리스도 자신의 생활 방식을 반영하는 생활이다.(n. 32); 또한 그리스도와 모든 것을 나누는 삶의 체험이다.(n. 41); 봉헌생활은 그리스도께 전 실존을 동화시키는 생활이다.(n. 16); 또한 그분의 마음과 그분께서 살아가신 길을 따라 살며 그분과 하나가 되고자 노력하

생활은 온전히 그리스도께, 즉 그분의 실존과 사명에 집중된 삶인 것이다. 이러한 의미에서 또한 축성생활은 그리스도께 대한 신앙고백(confessio Christi)이 되며, 최상의 모델로서 그분을 받아들이는 삶이 된다.[93] 더욱이 이 모든 사실은 그리스도께서는 특별한 추종에로의 부르심을 통해 주님이신 당신의 권한을 드러내 보이시면서도, 동시에 삶의 방식과 사명까지도 실제적으로 함께 나눌 정도로 완전한 친교를 이루고자 하셨다는 것을 보여 준다.[94] 그것은 친히 사람들을 부르시어

며(n. 18), 그분께 완전히 동화되는 삶이다.(*ibid.*); 축성생활자들은 '그리스도를 더욱 가까이 따르고 그분을 그들 삶의 모든 것으로 삼도록 부름 받은' 이들이다.(n. 73) 이를 위해서 '그리스도께 동화되어 역사 안에서 부활하신 주님의 특별한 현존을 연장시켜 나아간다'(n. 19) 봉헌생활은 '그리스도와 완전히 동화되는' 삶이며(*ibid.*), '주님이신 예수님을 닮는 동화'의 삶이다.(n. 65) 봉헌생활은 예수님께서 기꺼이 받아들이셨던 생활 방식을 교회 안에서 더욱 충실히 본받고, 영구히 재현한다.(nn. 22, 29) '봉헌생활은 아버지께 대한 관계에서 강생하신 말씀이신 예수님의 생활양식과 행동 방식에 대한 살아 있는 기념이다.'(n. 22) 이것은 '그리스도께 단단히 매달리며'(n. 25), '그리스도의 손길을 느끼며, 그분의 목소리를 듣고, 그분의 은총으로 유지되는 삶'이다.(n. 40) 또한 이를 위해서 축성생활자들은 '점진적으로 그리스도께 일치된 시선'을 지니도록 해야 한다.(n. 36) 봉헌생활은 '세상 안에서 그리스도의 참된 징표'가 된다.(n. 25) '봉헌된 사람들은 어떤 의미에서 그분의 인성을 이어갈 준비를 한다.'(n. 76): A. Amato, *o. c.*, pp. 37-38. 또한 한국어 표현으로는 구분이 명확치 않으나, 그리스도께 동화됨(conformazione)에 대해서는 nn. 16b; 16d; 18c; 25e; 30a; 31d; 37a; 57b; 72b; 83c; 94c; 105b를, 그리스도께 일치함(configurazione)에 대해서는 nn. 19b; 19c; 36f; 41b; 54b; 61a; 65b; 70e; 84a; 86a; 93d를, 그리스도의 모습을 닮아 감(esistenza cristiforme)에 대해서 nn. 14b; 19b 등을 참고할 수 있다. A. Pardilla, *Vita consacrata per il nuovo millennio. Concordanze, fonti e linee maestre dell'esortazione apostolica "Vita Consecrata"*, pp. 322-325, 376-377.

93 P. G. Cabra에 따르면 축성생활은 예수 그리스도께서 선포하신 생활 방식에 따라 복음적 권고들을 실천함으로써 하느님의 각각의 거룩한 위격에 대한 세 가지 신앙고백(*confessio*)이 된다. "그분의 생활 방식을 재생함으로써 축성된 사람은 독생성자이신 그리스도와 함께, 아버지만이 유일한 자신의 사랑이며(verginità), 유일한 재화이고(povertà), 유일한 자기실현(obbedienza)임을 고백한다.(*confessio Patris*) 또한 이러한 사실은 이천 년이라는 기나긴 세월에도 불구하고 옛 인간의 정신세계와는 거리가 먼 이러한 실재들을 마음 깊은 심연으로부터 참된 것으로 만들어 주시는 성령의 능력과 매력(seduzione)을 통해서만 가능한 것이다.(*confessio Spiritus Sancti*)!" cfr. P. G. Cabra, *Breve introduzione alla lettura della Esortazione apostolica Vita Consecrata*, p. 30.

94 Cfr. A. Pigna, *L'Esortazione apostolica e le domande teologiche emerse dal sinodo*, p. 60.

당신 삶의 방식을 제시하시며 그들로 하여금 당신을 가까이 따르도록 하시고, 또한 그들을 통하여 역사 안에 당신의 현존을 보이시는 분은 바로 예수님이시기 때문이다.[95] 축성생활에 대한 이러한 그리스도론적인 해석은, 우리로 하여금 그분의 존재와 행동 방식이라는 외적인 차원만이 아니라, 그분의 현존 자체를 함께 포함하는 차원에서의 완전히 동화됨을 통해, 그리스도를 특별한 방식으로 따르는 삶의 충만한 의미에 대해 이해하고 살아가게 해 준다. 바로 이 점이 『봉헌생활』의 고유한 요소이기도 하다. 『봉헌생활』은 그리스도의 인격에 대해 직접 언급하는 데 있어서 따름과 본받음의 고전적, 복음적 용어를 사용하는 것에 그치는 것이 아니라, 다른 범주의 신학적으로 풍요로운 서식이나 표현들, 예를 들자면 동화, 일치, 그리스도화, 변모, 변화와 동일화 등의 어휘를 통해 이러한 해석을 확장시켜 나가고 있다.[96] 이러한 이해를 바탕으로 이제 『봉헌생활』 안에서 우리의 연구 주제인 '그리스도를 따름(sequela Christi)'이 어떠한 내용을 담고 있는지 분석해 보고자 한다.

1) 그리스도를 따르기 위한 준거로써 하느님의 아름다움에 대한 사랑의 체험(philokalia)

축성생활의 기원에 대해 정립하기 위해서 몇 가지 부분적인 관점에 주목하기보다는 축성생활 자체의 보다 본질적인 내용에 집중하려는 노력이 필요할 것이다. 축성생활자는 그리스도 안에서 자신의 온전한 성숙을 향해 나아가는 여정 중에 있는 존재로, 그리스도를 따르는 가운

---

95 Cfr. 『봉헌생활』 n. 109cd.
96 Cfr. S. M. Alonso, *Identidad teológica de la vida consagrada a la luz del misterio trinitario*, pp. 147-148.

데 축성생활 성소를 실현할 수 있게 된다는 『교회헌장』의 가르침의 연장선상에서, 『봉헌생활』의 첫 구절은 그리스도의 신비와 복음 안에 축성생활의 기원이 근거하고 있음을 명백히 보여 주고 있다.[97]

주님이신 그리스도의 모범과 가르침에 깊이 뿌리박고 있는 봉헌생활은 하느님 아버지께서 성령을 통하여 당신 교회에 주신 은혜입니다.[98]

여기서 우리는 예수님의 삶과 가르침에서 다양한 형태의 축성생활이 흘러나오고, 축성된 사람들이 지속적인 관계를 형성해 가야 할 근거로 여겨지고 있음을 알 수 있다.[99] 이러한 의도에서 『봉헌생활』은 역사적으로 축성생활의 다양한 형태들이 존재하였음에도 불구하고, "완전한 사랑을 추구하며 정결, 청빈, 순명의 예수님을 따르라는 하나의 부르심이 있기에 근본적인 일치가 보존되어 왔다"[100]라는 사실을 주시한다. 사실 우리가 앞선 2장에서 살펴보았듯이 그리스도를 따르라는 부르심은 축성생활의 다양한 방식 안에서 지속적으로 불가변의 요소로 여겨 왔으며, 『봉헌생활』에서도 이 점을 재차 확인하고 있다.

봉헌생활은 앞으로 그 역사적 형태가 변할 수는 있겠지만, 주님이신 예수님을 사랑하고 그분 안에서 모든 인류 가족을 사랑하기 위한 철저한 자기

---

97 Cfr. M. Badalamenti, *Dal Concilio al Sinodo ed oltre... Dopo l'Esortazione Post-sinodale "Vita Consecrata"*, in Claretianum XXXVI-XXXVII(1996-1997), p. 63.

98 『봉헌생활』 n. 1a.

99 Cfr. F. Ciardi, *Il radicamento evangelico della vita consacrata e il suo sviluppo storico 'In ascolto dello Spirito'*, in AA. VV., "Consacrati da Dio, dono alla Chiesa e al mondo. Approfondimenti sull'Esortazione Apostolica Vita Consecrata", a cura di CISM, Roma 1997, pp. 98-99.

100 『봉헌생활』 n. 12c.

봉헌으로 표현되는 선택의 실체는 전혀 변화하지 않을 것입니다.[101]

여기서 언급되는 몇 가지 요소들, 즉 정결과 가난, 그리고 순명을 통해 그리스도를 따르는 가운데 표현되는 사랑의 행위로 온전히 자신을 봉헌하는 것은, 축성생활의 복음적 근거에 대해 설명하기 위해서 성경 안에서 우리가 찾아야 할 근본적인 가치들이다.[102] 이러한 이유에서 축성생활은 그리스도를 특별히 따르는 생활이며, 그분과의 사랑의 일치가 중심이 되는 생활인 것이다.[103] 그리하여『봉헌생활』은 '그리스도께 전 실존을 동화시킴', '그분의 마음과 그분께서 살아가신 길을 따라 살며 그분과 하나됨', '완전한 동화', '그리스도와 완전한 일치', '그리스도께 단단히 매여 있는' 생활, '그리스도의 손길을 느끼며, 그분의 목소리를 듣고, 그분의 은총으로 유지되는 생활', '주님을 사랑하고 섬기는 봉사로 주님과 그분의 신비체에 헌신하는 생활', 그리고 '그분을 위하여 남김없이 쏟아 부어진 생활'과 같은 여러 가지 의미 있는 방법을 통해 축성생활 안에서의 그리스도와의 관계에 대해 묘사한다.[104]

다른 한편 그리스도 중심성과 복음적 생활을 온전히 살아가려는 강한 열망으로 특징 되는 이러한 생활 방식을 위한 선택은 모든 수도회들이 이를 통해 탄생하게 되는 성소의 근원적인 체험, 즉 하느님 사랑의 체험을 전제로 한다.[105] 이것은 본질적으로 그리스도인의 독특한 생활

---

101 『봉헌생활』 n. 3b.

102 Cfr. A. Pigna, *L'Esortazione apostolica e le domande teologiche emerse dal sinodo*, p. 40.

103 Cfr. F. Ciardi, *Il radicamento evangelico della vita consacrata e il suo sviluppo storico "In ascolto dello Spirito"*, p. 99.

104 Cfr.『봉헌생활』 nn. 14, 15, 16, 18, 19, 25, 32, 40, 41, 104.

105 그리스도를 따름은 하느님과 그분의 나라에 대한 근본적이고 고유한 체험의 결과이다. 실제로 저자 F. Martínez Díez는 근래에 겪게 되는 수도생활 정체성의 위기란 바로

방식인 축성생활에로의 모든 성소의 기원에 특별한 부르심과 그리스도의 신비에 대한 고유한 표현이 담겨 있음을 인정해야 한다는 것이다.[106] 수많은 흥미로운 관심거리라든가 긍정적인 실재들을 포기하기 위해서는 그리스도만이 가장 마음을 매료시키는 분임을 드러내 주는 체험이 필요하다. 즉 축성생활이 그러하듯 결코 평범하지 않고 때로는 모호하기까지 한 은수자로서의 삶의 계획을 수용하기로 결심하기 위해서는 그리스도의 유일성에 대한 전적으로 특별한 계시가 필요하다는 것이다. 또한 그리스도의 구체적인 생활 방식을 받아들이기 위해서

신앙의 위기라고 성찰하면서 수도생활의 종교적 근본적인 체험과 파스카 신앙의 회복의 중요성에 대해 강조하고 있다. "수도생활의 철저성은 그 뿌리에서 찾아야 한다. 이 뿌리란 또한 파스카 신앙 안에서 발견되는 것이다. …철저한 추종은 오직 그리스도 안에 공고히 뿌리내리고 있는 사람에게서 가능한 일이다. 수도생활의 궁극적인 토대는 근원적, 종교적 체험이다. 수도생활의 고유한 카리스마는 정확히 그리스도 안에서의 하느님 체험을 주제화하고, 이 체험을 자신의 전 생애의 근본적인 계획, 모든 체험의 중심축으로 삼는 행위를 의미한다." F. Martinez Diez, *Rifondare la vita religiosa. Vita carismatica e missione profetica*, pp. 96-97.

106 이러한 점에서 수도생활을 통한 그리스도 추종의 보다 특징적인 관점 중에 하나는 예수님과의 만남, 즉 그분께 대한 신앙 체험이라고 말할 수 있을 것이다. 사실 이러한 체험은 수도회의 창설자들이 자신들의 삶의 기원으로서 경험된 것이며, 지속적이면서도 항상 새로운 방식으로 해석되어야 하는 것이기도 하다. 이러한 형태의 수도회 창설자의 영적인 체험과 관련하여 F. Ciardi는 다음과 같이 설명한다. "성령께서는 창설자에게 특별한 지혜를 주심으로써 그리스도의 신비와 그분의 말씀 안으로 스며들어 가도록 인도하신다. 이를 통해서 그는 그리스도의 특정한 모습에서나 그분께 대한 고유한 관점에서 개별적으로 인식하는 바에 따라 얻게 되는, 헤아릴 수 없는 그리스도의 신비에 자신의 전 존재를 결부시키게 된다. 바로 여기에 수도회의 영성의 근본적인 기원과 핵심적인 요소가 있다." F. Ciardi, *In ascolto dello Spirito. Ermeneutica del carisma dei fondatori*, Roma 1996, p. 108. 창설자의 체험에 대한 연구의 중요성에 대해서도 G. Sánchez Grieze는 다음과 같이 주장한다. "창설자가 제시하는 방식에 따라 그리스도의 삶을 살아간다는 것은 이미 개인적인 체험을 수반하는 것이다. 이는 단순히 어느 한 개인이 오랜 숙고를 통해 발견한 여정을 뜻하는 것이 아니다. 창설자가 먼저 삶으로 살아내고, 그의 제자들 편에서는 이를 심화시키고, 보존하며, 발전시켜 나가는 동시에 새로운 세대에게 전해 주게 하기 위해서 그들에게 전수한 성령의 체험을 뜻하는 것이다. 따라서 축성된 사람은 첫째로, 따라야 할 분은 오직 그리스도이시라는 사실을 찾기 위해서 이러한 성령의 체험에 대해 연구해야 하는 것이다." G. Sánchez Grieze, *Spiritualità e carima. La traccia vivente dei fondatori*, Siena 2008, pp. 163-164.

도 어떠한 방식으로든 오직 그분만이 선사하실 수 있는 축성생활에 대한 이해와 결단을 위한 특별한 선물이 요구된다. 그리하여 유일하게 그리스도만이 가지시는 매력에서[107] 온전히 그리스도께 집중된 삶, 그분께 완전히 봉헌되고 오직 그분 안에 원형이 간직된, 이른바 축성의 생활이 생겨나는 것이다.[108] 이러한 점에서 고대 수도승 운동의 영적인 체험에 대한 M. Augé의 해석은 매우 의미 있다. 그는 초기 수도승들이 그리스도교적인 덕목들과 하느님께 봉사하는 일을 더욱 사랑하는 사람들로 정의되었음을 주목하면서, 수도승 성소의 배경에는 본질적으로 하느님과의 관계의 의미를 표현해 주는 그분 사랑에 대한 체험이 나타나고 있다고 설명한다.

하느님 사랑의 아름다움에 매료된 자로서 수도승은 이 사랑을 소유하려는 것 외에 다른 어떤 것을 염원하지 않는다. 이처럼 강한 열망에 이끌려 그는 고독 속에 머문다. …수도승 성소는 그것이 생겨나는 순간에 이미 강렬한 하느님 사랑으로 유발되는 것이다. 이러한 사랑에 대한 자각은 수도승들로 하여금 죄로 인해 하느님 사랑의 체험을 저해하는 적대적인 세력이 된 세상을 포기하고, 하느님을 섬기기 위해 자신을 봉헌하도록

---

[107] 이와 관련하여 G. Gozzelino는 그리스도께서 지니시는 매력의 우선적인 가치에 대해 강조한다. "진정으로 축성된 실존의 기저에는 항상 그리스도께 향한 열정이 있다. …그리스도의 매력에 사로잡히거나 성령의 진리 안에서 그분과 하느님께 대한 사랑에 빠지지 않고서는 참된 축성생활자이거나 하느님께 열정적인 자가 될 수 없다." G. Gozzelino, *Seguono Cristo più da vicino. Lineamenti di teologia della vita consacrata*, Torino 1997, pp. 155-156. 또한 Tillard 역시 다음과 같이 설명한다. "특정 수도회나 혹은 한 남녀 창설자가 살아온 발자취에 따라 사람들에게 복음적인 방식으로 봉사하기 위해 어떠한 방식을 선택하는 행위에 대한 근본적인 설명으로써, '그리스도 추종'에로의 모든 성소에는 그리스도 앞에서의 경이로운 순간이 존재한다." J. M. R. Tillard, *Carisma e sequela. La vita religiosa come progetto carismatico*, Bologna 1978, p. 55.

[108] Cfr. P. G. Cabra, *Un itinerario spirituale a partire dalle icone*, in AA. VV., "Consacrati da Dio, dono alla Chiesa e al mondo. Approfondamenti sull'Esortazione Apostolica Vita Consecrata", a cura della CISM, Roma 1997, p. 116.

이끌어 준다. 인간이 범했던 죄의 고통스러운 체험의 맥락에서 금욕(ascesi)은 하느님 사랑 안에서 성장하기 위해 필요한 도구이기도 하다.[109]

실제로 P. G. Cabra도 모든 성소의 기초에는 '거룩한 유혹(seduzione divina)'이 있다고 주장한다.

하느님께서는 초대하시고 당신에게 매료시키시며, 예수님은 인간의 아들 네보다 짝 없이 아름다우신 분으로 나타나신다. 성령께서는 이러한 신비로운 매력을 명료하게 확신시키신다. 이로써 그리스도와 동일한 삶의 방식과 여정, 그리고 운명에 완전히 참여하는 삶의 선물을 수용할 것을 결단하도록 이끌어 준다.[110]

이에 대해서, 『봉헌생활』은 축성생활의 부르심의 원초적인 체험을 설명하기 위해서 '매력적인 유혹', 즉 '아름다움'이라는 새로운 범주의 체험에 대해 제시한다. 이러한 전망은 "하느님의 아름다움에 대한 사랑(philokalia)",[111]

---

[109] M. Augé, *o. c.*, pp. 43-44.
[110] P. G. Cabra, *Un itinerario spirituale a partire dalle icone*, p. 115.
[111] "Philokalia"라는 주제에 대해서 최근 출간된 M. Bolognino, *Salvifica bellezza. Sulle tracce della spiritualità filocalica dell'Oriente cristiano*, Editrice Effatà, Torino 2010, 특히 pp. 17-29를 참고할 수 있다. 이 책에서 저자는 P. Evdokimov의 표현을 인용하여 영적인 여정이란 성령의 능력 안에서 우리를 그리스도화(cristiforme)하는 데 목적을 둔, 아름다움을 추구하는 여정이라고 설명한다. "영적인 여정이란 아름다움의 여정(cammino filocalico)이다. 이것은 곧 희랍 사고에서 이미 말하는 인간의 심오한 진리와 타당함, 선함과 정의와 불가분의 것인 아름다움에 대한 끊임없는 추구의 여정인 것이다. 또한 그것은 자신의 뿌리와 심오한 기원을 삼위일체의 깊은 친교 안에 두며, 나누어질 수 없이 '인간 안에 하느님의 얼굴을, 그리고 하느님 안에서 인간의 얼굴(Evdokimov)'을 지니신 그리스도 안에서 자신의 모습을 찾게 되는 피조물의 여정이기도 하다. …아름다움에 대한 모든 텍스트에 적용되는 공통의 사고는 그리스도교적 구원이 하느님의 아름다움과의 일치, 즉 신화 되는 일치의 인간학과 부합한다는 것이다. 이것은 단순히 그리스도를 본받음(imitatio di Cristo)에 대한 것이 아니라, 모든 정서적인 혹은 개념적인 것들을 포함하는 것 이상으로 그리스도 안에서 이루는 실제적인 삶(vita in Cristo)을 말하는 것이다. 영적인 생활이란 본성에 따라

혹은 '아름다움을 추구하는 여정'이라는 고대 그리스 교부들의 고유한 범주를 새롭게 현대적으로 시사하는 대목이다. 또한 이 점은 과거의 신학적 원리나 범주와는 다른 차원에서 축성생활에 대해 숙고하게 하는 새로운 요소 중의 하나이기도 하다.[112] 이러한 전망에서 축성생활은 모든 생명체를 모아들이기도 하고 약동케 하는 힘을 지니신 하느님과 그분 나라의 아름다움에 매혹되는 체험(seduzione)에 대한 표현이며 결과로서 이해된다.[113] 바로 이 점에서, 『봉헌생활』은 성령의 역할에 대해 분명히 강조한다.

교회의 교부들은 예리한 통찰력으로 이 영성적 여정을 하느님의 좋으심을 반영하는 '하느님의 아름다움에 대한 사랑(Philokalia)'이라고 불러 왔습니다. 성령의 능력으로써 점차 그리스도와 완전히 동화되어 가는 사람들은 그들 안에서 다가설 수 없는 빛의 빛살을 반사시킵니다. 지상 순례 동안 그들은 끝없는 빛의 원천을 향하여 매진합니다.[114]

하느님의 사랑과 아름다움의 광채를 토대로 『봉헌생활』은 그리스도의

(secondo natura) 재형성되고 성령의 능력으로 그리스도화되며, 모든 그릇된 사고에서 자유로워지고 마음 깊은 곳에서 통합되어 하느님과의 친교에로 활짝 열려진 인간의 잠재력과 재능의 변모와도 부합한다." *Ibid.*, pp. 20-21.

[112] 이에 대해서 A. Badalamenti는 축성생활에 관련하여 이러한 새로운 신학적 범주의 해석이 미친 영향에 대해 평가한다. "그 유형에 있어서 이러한 새롭고 고유한 신학 경향은 교부들의 전통, 즉 아름다움에 대한 신학의 전문가인 동방 교부들의 전통에 뿌리를 두고 있다. 공의회의 이후에도 이러한 신학적 노선을 체계화하려는 몇몇 시도가 있었다. 어찌됐든 아름다움(bello)에 대한 재발견은 항상 더욱 명료하게 그리고 경이로움을 지니고 하느님의 아름다우심을 발견해 나아가기 위한 하나의 전조이며, 또한 과제가 되어야 할 것이다." A. Badalamenti, *o. c.*, p. 43; J. C. R. García Paredes, *o. c.*, pp. 121-122.

[113] Cfr. J. C. R. García Paredes, *Seducidos por la belleza de Dios: vida consagrada como filocalía*, in AA. VV., "Comentraios a la exhortacion apostólica Vita Consecrata", (ed) da A. Aparicio Rodríguez, Madrid 1997, p. 167.

[114] 『봉헌생활』 n. 19c.

신비에 동화됨과 인간 실존을 방향 짓는 추종, 그리고 존재의 근원에 자리 잡은 영원하고 무한한 사랑의 체험 등에 대해 소개한다.[115] 이러한 사랑은 축성된 사람으로 하여금 예수님께 사로잡히도록 자신을 맡기고, 그분을 따르기 위하여 모든 것을 버리게 한다. 이어서 『봉헌생활』은 예수님의 마음과 삶의 방식을 수용하며 그분과 하나가 되고자 하는 염원, 그분께서 사셨던 정결, 청빈, 순명의 삶에 동참하도록 부르시는 초대, 그리고 지상에서 복음을 더욱 철저히 살아가는 방식으로 복음적 권고를 받아들이고 그분께 완전히 동화되고자 하는 명백한 열망 등에 대해서 이야기한다.[116] 따라서 당신의 얼굴에서 비추어지는 광채와 신성한 아름다움으로 우리를 끌어들이는 그리스도의 사랑이 아니고서는, 하느님 나라를 위해 온전히 삶을 봉헌하는 행위를 정당화할 수 있는 다른 근거란 있을 수 없는 것이다.[117] 『구원의 은총』 n. 3의 내용을 인용하며 『봉헌생활』 n. 18이 강조하고 있는 것처럼,[118] 부름 받은 사람

---

115 Cfr. 『봉헌생활』 n. 16d.
116 Cfr. 『봉헌생활』 n. 18c; S. M. Alonso, *Identidad teológica de la vida consagrada a la luz del misterio trinitario*, p. 149. 이에 대해서 A. Pigna는 특별히 『봉헌생활』 n. 18의 내용이 심오한 종교적 체험, 즉 예수님의 사랑과 그분께 대한 사랑의 체험을 다루고 있다는 점에서 그 가치를 높이 평가한다. 이러한 체험은 사랑 자체의 전형적이며, 내적이고 고유한 역동성으로 인해 사랑하는 사람의 마음가짐과 태도를 자신의 것으로 삼도록 만들어 준다. cfr. A. Pigna, *La vita consacrata. Trattato di teologia e spiritualità, I-Identità e missione*, p. 305.
117 Cfr. J. Castellano Cervera, *Dimensione teologica e spirituale della Vita Consecrata: Tradizione, Novità, Profezia*, p. 23.
118 사실 『봉헌생활』 n. 18에서는 다음과 같이 언급한다. "'보이지 않는 하느님의 형상'(골로 1,15)이시며 '하느님의 영광을 드러내는 찬란한 빛'(히브 1,3)이신 예수님의 시선(역주: 마르 10,21 참조)에서 우리는 우리 존재의 근원에 자리 잡은 영원하고 무한한 사랑의 심연을 봅니다." 하느님 아버지께서 '예수님의 시선'을 통해 보여 주셨던 당신 구원의 영원한 사랑으로 선택된 피조물을 사랑해 주시는 체험에 대해서 교황 권고 『구원의 은총』은 매우 아름다운 방법으로 설명한다. "'예수님께서는 그를 사랑스럽게 바라보셨다.' 이것이 구원자의 사랑입니다. 구원의 인간적이고도 신적인 심오함에서 흘러나오는 사랑입니다. 이러한 사랑은 '세상을 너무나 사랑하신 나머지 외아들을 내주시어, 그를 믿는 사람은

은 예수님 안에서 결정적인 방식으로 자신의 존재를 휘감는 사랑 자체이신 하느님을 만나게 된다. 그리하여 하느님의 사랑에 구속되고 사로잡히고, 완전히 붙들린 사람은[119] 자신 안에서 '그리스도를 따르기 위하여 모든 것을 버리고', '그분과 하나가 되는 것'을 유일한 최상의 관심으로 여기는 마음이 생겨날 뿐 아니라, 이에 대한 갈망이 더욱 커 가는 것을 깨닫게 된다.[120]

이러한 사랑의 속성에 대하여, García Paredes가 제시한 신학적 해석을 살펴보는 것이 적절할 것이다. 그는 축성생활의 정체성을 이해하기 위해서 금욕적 혹은 윤리적인 관점이나 의무 준수의 정도에 우선적인 의미를 두기보다는 유혹의 체험 안에서 고찰해 보고자 한다. 실제로 우리는 『봉헌생활』이 여러 가지 방법으로 이러한 종류의 하느님 사랑의 매력에 관한 체험의 단서를 제공하고 있음을 찾아볼 수 있다.

> 이 특별한 은총으로 그리스도와 사랑의 친교를 나누는 사람들은 참으로 그분의 광채에 휩싸여 있는 것으로 느낍니다. 그분은 '인간의 아들네보다 짝 없이 아름다우신'(시편 44,2) 분, 비할 데 없으신 분이십니다.[121]

누구나 멸망하지 않고 영원한 생명을 얻게 하여'(요한 3,16) 주신 하느님 아버지의 영원한 사랑을 반영하고 있습니다. …사랑하는 수도자 여러분, 그리스도께서 여러분 한 사람 한 사람을 부르시며 '여러분을 사랑스럽게 바라보셨을 때' 그분의 구원하시는 사랑은 특정한 한 개인에게 향한 것입니다. 한편 그 사랑은 혼인의 특성을 지닌 선택의 사랑이 되었습니다. 이러한 사랑은 남자든 여자든 개인의 유일무이한 인격인 '나' 안에서 몸과 마음을 향한 전인격을 감싸고 있습니다. …이 새로운 깨달음은 그리스도의 '사랑의 시선'이 여러분의 은밀한 마음속에서 맺은 열매입니다. 여러분은 여러분 한 사람 한 사람을 맨 처음 선택하여 구원하시는 무한한 사랑으로 부르시는 그분을 선택함으로써 그 사랑의 시선에 응답하였습니다." 『구원의 은총』 n. 3.

119 Cfr. 『봉헌생활』 nn. 18b, 23c, 25a, 40a, 108b.
120 A. Pigna, *A lode della Trinità*, in "Informationes SCRIS" 22(1996), p. 17.
121 『봉헌생활』 n. 15c.

이 사랑에 사로잡힌 사람들은 모든 것을 버리고 그분을 따를 수밖에 없습니다.(마르 1,16-20; 2,14; 10,21.28 참조)[122]

성령께서는 모든 시대의 새로운 사람들이 그러한 어려운 선택에 매력을 느끼게 하십니다. 그들은 성령의 능력에 힘입어, 어떤 면에서 예레미야 예언자의 체험을 재현합니다. '주님, 저는 어수룩하게도 주님의 꾐에 넘어갔습니다. 주님의 억지에 말려들고 말았습니다.'(예레 20,7)[123]

이에 대해서 García Paredes는 하느님께서는 삼위일체 사랑의 영광 안에서 아름다움의 성격을 지니고 당신을 계시하신다는 H. U. von Balthasar의 신학에서 출발하여 수도생활에 대해 논한다. 그는 Philokalia란 심리적 혹은 미학적인 정체성을 드러내는 것이라기보다 사랑과 행위 안에서 완전한 일치를 획득하거나 이를 표현하기 위한 수단이라고 본다.[124] 즉 『봉헌생활』에서 축성생활자들의 영적인 여정으로 이해되는 Philokalia란[125] 하느님의 영광을 향한 여정이며, 열렬한 갈망이자 지속

---

122 『봉헌생활』 n. 18b.
123 『봉헌생활』 n. 19b; cfr. n. 104. 예언자 예레미야나 호세아에게서 표현된 '유혹하다, 꾀다(sedurre)'라는 용어의 개념과 함께 M. Conti는 수도생활의 본질을 '사랑의 약속', 즉 '그리스도와의 혼인의 계약'이라는 의미에서 명료화하고 있다. 이로써 우리는 주님께서는 마치 유혹과 같은 힘으로 인간을 당신과의 깊은 사랑의 체험으로 인도하고 계심을 살펴볼 수 있다. "여기서 하느님의 부르심에 대한 예레미야의 응답(예레 20,7)은 하느님과 자기 자신 사이에서 서로에 대한 사랑에 빠져드는 모습, 즉 혼인의 모습으로 기억되고 있다. 또한 호세아에게서 나타나는 동사 '유혹하다(sedurre. *pâtâ*)'라는 단어의 은유적인 사용은 이스라엘 민족이 모든 것을 버리고 혼인의 계약을 통해 당신께 일치하도록 초대하시는 하느님의 매력적이고 사려 깊은 사랑을 가리키기 위해서 필요한 것이다. '이제 나는 그 여자를 달래어(문자적으로는 '그녀를 꾀어') 광야로 데리고 가서 다정히 말하리라.'(호세 2,16) …수도서약과 더불어 수도자들은 교회 안에서, 그리고 교회 앞에서 그리스도와 맺어진 혼인의 계약을 통하여 하느님께 자신을 봉헌한다." M. Conti, *La vita religiosa nella Chiesa: cammino d'amore e perenne sfida evangelica*, in ViCo 23(1987), pp. 197-198.
124 Cfr. J. C. R. García Paredes, *Seducidos por la belleza de Dios: vida consagrada como filocalía*, pp. 172-173.

적인 탐구이다. 또한 그것은 단편적인 것 안에서 모든 것인 분을 발견하려는 열의이며, 십자가 위에 계신 그분의 일그러진 모습 안에서 변모된 얼굴을 찾고자 하는 창조적인 능력이기도 하다. 이 Philokalia는 사람의 마음을 매료시키는 신비 안에서 유혹이란 범주로부터 기인하는 것이다.

> 축성생활자의 실존은 '매료시키는 신비(mysterium fascinans)'가 인간 존재 안에서 일으키는 매력에서 출발하지 않고서는 이해될 수 없는 것이다. …교회적인 차원에서 유혹이란 많은 경우 성경에서 언급하고 있듯이, 무엇보다 악마의 계략으로 생각하는 것이 통상적인 관례이다. …그럼에도 불구하고 이것이 유혹의 유일한 형태는 아니다. 더욱 강력하고 변화시키는 능력을 지닌 유혹도 존재한다는 것이다. 시노드 후속 교황 권고『봉헌생활』은 이러한 범주의 유혹에 대해 설명하는 것으로 그치지 않고 여러 차례 이를 암시해 주고 있다.[126]

『봉헌생활』에서 축성생활 성소를 하느님의 아름다우심과 성소적 차원에서의 유혹에 대한 체험 안에 정립하고 있는 사실은 매우 특별한 것이다. 이 유혹이란 단순히 악마의 위협이나 계략을 극복하는 데 있어서 인간이 지니고 있는 연약함 혹은 무능력함의 의미에서가 아니라, 오히려 성소의 속성으로 이해된다. 무한하신 분과 인간 존재의 약함 사이의 절대적인 거리감에도 불구하고, 하느님께서는 예수님 안에서 눈으로

---

125 Cfr.『봉헌생활』n. 19. 이와 관련하여 E. Guerriero는 하느님의 속성으로서, 세상과 모든 사람들의 얼굴을 비추는 아름다움이란 것은 하느님으로부터 오는 것이며 또한 하느님께 이르는 길이라고 이해한다. 또한 이것은 하느님의 아름다우심에서 이 세상을 투명하게 비추어 형제들과 조화를 이루며 살아가기 위한 지름길인 것이다. cfr. E. Guerriero, *La via della bellezza*, in Communio 135(1994), p. 40.
126 J. C. R. Garćia Paredes, *Seducidos por la belleza de Dios: vida consagrada como filocalia*, pp. 174-175.

볼 수 있고 만질 수 있는 분이 되신다. 또한 부르심을 받은 이들은 예수님의 현존과 그분의 음성에 대해 인식하고 매료됨을 경험하며, 이러한 유혹의 진정한 체험을 삶으로 살아가려는 마음을 자각하기에 이르게 된다.[127] 메시아이신 분의 얼굴에서 드러나는 계시는 특별한 방법으로 인간을 휘감는다. 이 체험을 통해서 축성생활로 부름 받은 이들은 당신의 아드님을 따르도록 요청하시는 하느님 아버지의 음성을 듣는다.[128] 이러한 의미에서 성소 자체는 수수께끼처럼 불가해한 사건이다. 추종에로의 예수님의 초대는 부름 받은 이들에게서 혼란과 매력을 일으키는 동시에, 이전의 삶으로부터 그들을 분리시킴으로써 점차적으로 결정적인 변화를 가져오게 한다. 이로써 그리스도를 따르는 특별한 성소를 받은 이들은 완전히 새로운 방법으로 모든 사물을 바라보고 평가하게 된다. 이들에게 그리스도 안에서 발견된 하느님 나라는 모든 것을 판단하는 최상의 가치일 뿐만 아니라, 다른 모든 나머지 것들은 아무런 동요 없이 멀찍이 버려두어야 할 정도로 유일한 가치가 된다. 그러므로 이 부르심은 특별하고 신비로운 방법으로 어느 한 사람을 선택하시고, 그를 일상적인 삶의 조건에서 이끌어내어 개별적이고 특별한 추종을 위한 신분에 놓으시는 하느님의 기묘한 개입을

---

127 실제로『봉헌생활』에서 인용된 성 아우구스티노의 표현은 어떤 의미에서 그리스도의 신비 안에 나타난 아름다움이란 주제에 관련한 해석의 흐름을 종합하고 있다. "하느님, 하느님과 함께 계시는 말씀은 아름답습니다. …그분은 하늘에서도 아름답고 땅에서도 아름답습니다. 태중에서도 아름답고 양친의 팔에 안겨서도 아름답습니다. 기적을 행하는 모습도 아름답고, 고통 중의 모습도 아름답습니다. 생명으로 초대하는 모습도 아름답고, 죽음을 염려하지 않는 모습도 아름답습니다. 생명을 바치는 모습도 아름답고, 그것을 다시 취하시는 모습도 아름답습니다. 그분은 십자가 위에서도 아름답고, 무덤 안에서도 아름답고, 하늘에서도 아름답습니다. 이해하는 마음으로 이 노래를 들으십시오. 육신의 나약함 때문에 그분 아름다움의 광채를 보지 못하는 일이 없게 하십시오."(『봉헌생활』 n. 24a)

128 Cfr. J. C. R. García Paredes, *Seducidos por la belleza de Dios: vida consagrada como filocalia*, p. 182.

전제로 하는 것이다.[129] 이러한 의도에서 A. Pigna는 예수님으로부터 분출하여 부름 받은 사람의 깊은 내면으로 흘러 들어가고, 마침내 완전히 그를 사로잡는 매력의 위력에 대하여 다음과 같이 설명한다.

> 숨겨진 보화에 대한 예화가 구체적으로 투명하게 비추어 주는 분이신 그리스도를 실제로 만나게 될 때, '기쁨으로 가득 차서' 그분을 얻기 위하여 '모든 것'을 팔게 된다. 이 모든 것은 당신의 우정을 선사하시고, 당신과의 친밀한 관계에로 이끌어 주시는 특별한 사랑의 '시선'이 가져다주는 열매이다. 이 시선은 사람을 사로잡고 변화시키며, 이미 실제적인 소통의 삶에 참여케 하는 풍요로운 효과를 지닌 시선이다. '와서 나를 따라라'라는 요청에 대한 응답은 우선 예수님 자신이 마음속으로 들어오시고, 어떠한 의미에서 추종을 수용하고 실행할 수 있도록 만들어 주는 가치들, 즉 정결, 가난, 순명과 같은 것들을 이미 그 마음 안에 새겨 주시지 않으셨다면 불가능했을 것이다.[130]

이로부터 하느님 아버지의 유일한 말씀이신 그리스도와의 인격적인 만남을 통해서가 아니라면 어떠한 성소도 생겨날 수 없으며, 또한 그 충만함에 이를 수 없다고 단언할 수 있겠다. 그러므로 부르시는 그리스도를 만나지 못한다면, 그리고 한 사람에게 다른 삶을 선택할 여지가 없음을 충분히 깨닫게 해 주는 확신에 찬, '와서 나를 따라라'라는 그분의 음성을 듣지 못한다면 진정한 성소가 주어질 수 없는 것이다. 동일한 저자에 따르면 자신의 존재 깊은 내면에서 그리스도에게 구속되고 그분의 손길을 느끼게 된 사람이 지니는 이러한 형태의 인격적 체험은

---

129 Cfr. A. Pigna, *La vita consacrata. Trattato di teologia e spiritualità, I. Identità e missione*, p. 145.
130 Id., "*A lode della Trinità*", p. 17.

축성생활의 모든 면에서 특별한 가치를 지닌다. 왜냐하면 축성생활은 '그분과의 친밀한 관계 안에 살아가는 것'과 '그분이 가시는 곳이면 어디든지 따라가는 것', '모든 것을 버리는 완전한 투신'을 본질적이며 배타적인 성격으로 가지고 있기 때문이다.[131] 따라서 축성생활로 불리어진 사람들은 주님의 아름다움과 선하심에 완전히 매료된 사람들이라고 말할 수 있겠다. 이러한 의미에서 우리는 S. M. Alonso의 견해에 따라, 진정한 축성생활은 단지 하느님의 무한하고 인격적인 사랑을 통해 그분으로부터 사랑받고 있다는 확신에서 생겨나는 것임을 재확인하게 된다.[132] 달리 말하자면 특별한 추종의 삶을 위한 동기란 부르심에로 초대하고자 하는 사람을 당신 사랑으로 밝혀 주시고, 그 사랑을 비추어 주는 시선으로 바라보며 행동하시는 그리스도의 인격과 매력 외에 다른 것일 수 없다는 것이다.[133] 부름 받은 이에게는 이제 예수님처럼 살아간다는 것이 더 이상 의무가 아니라 마음 깊은 곳에서 우러나오는 요구이며 바람이 된다. 이처럼 그리스도의 사랑을 체험하게 된 사람은 축성생활에로의 초대에 '예'라고 기꺼이 응답하게 될 것이며, 동시에 서원의 무게감이 오히려 얼마나 '달고 가벼운' 것인지 깨닫게 될 것이다.[134] 이러한 하느님의 무상의 사랑에 대한 체험은 인간으로

---

131 『봉헌생활』 n. 18a; A. Pigna, "*A lode della Trinità*", p. 16.
132 S. M. Alonso는 다음과 같이 주장한다. "진정한 수도생활이란 마지막 순간에 오직 하느님의 인격적이고 무한한 사랑으로 사랑받고 있다는 유리될 수 없는 확신으로부터 싹트는 것이다. 생생한 체험으로 변화된 이러한 불가침의 확신으로부터 사랑 자체이며, 우리를 사랑하시는 하느님을 향한 근본적 선택으로 해석되는 뜨거운 사랑의 응답을 하고자 하는 필요성이 솟아난다는 것이다." S. M. Alonso, *Identidad teológica de la vida consagrada a la luz del misterio trinitario*, p. 143.
133 Cfr. A. Pigna, *La vita consacrata. Trattato di teologia e spiritualità, I. Identità e missione*, p. 145.
134 Cfr. *Ibid.*, p. 305.

하여금 현재의 것이든 미래의 것이든 자신의 모든 것을 그분 손에 맡기며, 삶을 아무런 조건 없이 봉헌하는 행위로 그분 사랑에 응답하려는 결심을 갖기에 이르게 될 정도로 친밀하고 강렬한 것이다. 이러한 의미에서 축성생활을 통한 추종은 인간에게 있어 유일하게 필요하고 동시에 그 필요를 충족시켜 주시는 분으로서 그리스도를 선택하는 일에만 자신의 모든 관심을 갖게 함으로써, 또한 오직 그리스도께 온전히 일치하는 삶의 응답을 통해 그분의 탁월한 권위를 드러내 보임으로써 하느님 사랑의 능력을 계시하고, 또한 힘 있게 선포하는 생활이 된다.

2) 예수님의 변모 사건 안에서의 그리스도를 따름

축성생활 신학의 기초가 되는 예수님의 말씀과 행위로부터 출발하여, 축성생활의 그리스도론적인 측면에 대해서 강하게 부각시키고 있는 특성은 문헌 전체를 시종일관 관통하고 있는 요소이며, 따라서 그 신학적 이해를 위한 열쇠가 된다. 예수님께서 하느님이시며 인간으로서 지니고 계시는 얼굴은 『봉헌생활』 전체의 근간이 되는 그분의 모습(icona)[135]으로 나타나며, 축성생활의 모든 관점과 숙고를 위한 토대이

---

135 여기서 '모습'이라는 말로 번역되고 있는 '이콘(Icona, *eikon*)'이라는 단어의 동방 그리스도교 영성의 차원에서의 상징적, 유비적 의미에 대해서 V. Borg Gusman은 다음과 같이 소개한다. "(이콘은) 그것이 갖는 상징적인 성격을 통해서 어떠한 형상에 또 다른 차원, 즉 초월적인 차원의 속성을 부여한다. …실제로 이콘은 한 인물이나 어떠한 사건을 대신하기도 하고, 그것이 형상화하는 어떤 사람을 상기시키기도 한다. 그럼으로써 그 유비를 통해서 표현된 사람과 그것을 바라보는 사람 사이를 연결해 주는 매개체가 된다. …이러한 인격적인 만남은 인격적인 현존을 요청한다. 따라서 하느님의 현존은 기도하는 사람과 하느님과의 만남에 있어서 필수적인 것이다. 동방 그리스도교인들에게 있어서 이콘은 이러한 현존을 드러내는 성사적인 실재와 같은 것이다. 869-870년 사이에 있었던 4차 콘스탄티노플 공의회에서는 이러한 점을 다음과 같이 확인한다. "복음이 말씀으로 우리에게 이야기하고 있는 바를 이콘은 색채로써 알려 주고, 또한 그것을 현존케 한다." 이것은 하느님께서 신비스럽게 존재하시도록 해 주는 역동적인 현존을 말한다. 그리하여 이콘은 신자들에

며 중심에 놓인다.[136] 무엇보다 그리스도의 변모 사건은 그리스도의 삼위일체적인 모습을 보여 줄 뿐만 아니라, 제자들 역시 그들 눈앞에서 펼쳐진 삼위일체적 생활에로 존재론적으로 참여하도록 불리어졌음을 보여 준다는 점에서 가장 결정적인 순간이기도 하다.[137] 『봉헌생활』의 첫 장에서 소개되는 이 변모 사건의 모습에서 하느님의 고귀한 아름다움이 탁월한 방식으로 드러나며, 바로 이 장면에서 모든 대상을 향한 아름다움이, 그리하여 교회 안에서 축성생활이 갖는 전적으로 특별한 아름다움이 발하게 되는 것이다. 또한 이 변모 사건 안에서 타볼 산의 그리스도를 통해 드러나고 관상되는 하느님의 아름다움에 대한 사랑(philokalia)은 축성생활자들로 하여금 추종에로의 부르심이 가지는 절대적이고 배타적인 특징들을 받아들임으로써 그리스도의 신비를 고유한 방식으로 수용하도록 인도해 줄 것이다.[138] 즉 『봉헌생활』 안에서 나타나는 일련의 성화들 중에서[139] 변모 사건의 이콘은 무한하면서도 매력적인 사랑의 원천으로서 소개되며, 이를 통해 그리스도를 따르는

게 하느님의 현존을 만져 보고 알 수 있도록 만들어 준다." V. Borg Gusman, *Icona*, in DM, a cura di L. Borriello-E. Caruana-M. R. Del Genio-N. Suffi, Città del Vaticano 1998, p. 629.

136 Cfr. M. Badalamenti, *o. c.*, p. 69.

137 Cfr. J. Castellano Cervera, *Linee teologiche portanti dimensione trinitaria ed ecclesiale-mariana della vita consacrata*, p. 71. 또한 Benedetto XVI, *Gesù di Nazaret*, Libreria Editrice Vaticana, Città del Vaticano 2007, pp. 352-366; J. P. Heil, *The transfiguration of Jesus: Narrative meaning and function of Mark 9:2-8; Mat 17:1-8 and Luke 9:28-36*. Analetcta Biblica 144, Editrice pontificio istituto biblico, Roma 2000, pp. 201-221을 참고할 수 있다.

138 Cfr. C. García Andrade, *A imagen del Dios trino*, in AA. VV., "Comentarios a la exhortación apostólica Vita Consecrata", (ed) da A. Aparicio Rodríguez, Madrid 1997, p. 90.

139 이에 대해서 B. Secondin, *Abitare gli orizzonti. Simboli, modelli e sfide della vita consacrata*, Edizioni Paoline, Milano 2002, pp. 28-41, 54-70; A. Aparicio, *Exhortación Apostólica Vita Consecrata. Fundamentación Bíblica*, in AA. VV., "Comentarios a la exhortación apostólica Vita Consecrata", (ed) da A. Aparicio Rodríguez, Madrid 1997, p. 45-82를 참고하시오.

여정은 그분의 삶과 사명에 동참하는 것으로 묘사되기에 이른다. 이러한 이콘을 통한 표현은 『봉헌생활』 문헌을 위한 신학적인 연구 작업들의 특별한 공헌이었음을 주장하면서, S. M. Alonso는 다음과 같이 설명한다.

> 교황 요한 바오로 2세는 『봉헌생활』 안에서 이콘의 표현들을 즐겨 사용하고자 했다. 이 점은 문학적인 관점에서나 신학적인 관점에서나 이 문헌이 가지고 있는 매우 독창적인 요소들 중에 하나이다. 무엇보다 교황은 변모 사건의 이콘을 언급함에 있어서 세심하고 사랑스러운 눈빛으로 관상하며 기쁜 마음으로 이에 대해 서술하고 있다. 또한 교황은 절대적인 그리스도 중심성, 그분 얼굴에서 비치는 거부할 수 없는 매력적인 아름다움, 당신의 삶과 사명에 동참하도록 초대하시는 모습을 부각시키기 위해서 특별히 이 이콘을 축성생활에 적용시키고 있다. 여기에서 우리는 관상이 앎보다는 강한 것이라고 말할 수 있겠다. 사랑의 원천이 앎이라면, 사랑이란 따름과 동화의 원천인 것이다.[140]

사실 변모 사건은 일반적으로 동방 교회 안에서, 그리고 특별히 정교회 안에서 그리스도론적인 의미에서 가장 중요한 장면으로 여겨 왔으며, 『봉헌생활』에서는 축성생활에 '그리스도의 변화된 모습(Icona di Cristo trasfigurato)'[141]이라는 명칭을 부여하는 지배적인 근거로써 이해된다.[142] 그리하여 변모 사건은 축성생활이 그 자체로 지향해야 할 목표

---

140 S. M. Alonso, *Identidad teológica de la vida consagrada a la luz del misterio trinitario*, p. 130.
141 『봉헌생활』 n. 14 제목.
142 동방 교부들 안에서 변모 사건에 대한 성화의 기원에 대해서 P. N. Evdokimov는 다음과 같이 표현한다. "고대 모든 성화 작가나 수도승들은 변모 사건에 대한 성화를 그리면서 자신의 '성화 예술'을 시작하곤 하였다. 변모 사건의 성화를 통한 이러한 작가로서의 입문은 무엇보다 성화라는 것이 색채로서만이 아니라 타볼 산에서의 광채로서 그려지고

를 보여 준다. 즉 이 사건은 그 안에 변모된 그리스도의 얼굴에서 드러나는 하느님의 영광에 대한 조명과 관상, 그리고 이 영광에 구원론적으로 참여하는 내용을 담고 있으며, 이러한 그리스도의 신비에 가능한 한 더욱 밀접히 참여하고자 하는 긴장을 함축하고 있다.[143] 성경과 전통에 정초한 그리스도론적인 전망 안에서 『봉헌생활』은 삼위일체의 신비가 계시되는 변모 사건의 감동적인 성화를 통해서 축성생활이 지니고 있는 신비에 새로운 빛을 비추어 주는 원형을 찾고자 한다.[144] 변모 사건의 성화의 중요성에 대해 충분히 인식하면서, 우리는 신학적, 성서적 관점에서 이 성화에 대해 좀 더 면밀히 살펴보고자 한다.

우선 이 복음의 이야기(마태 17,1-9; 『봉헌생활』 n. 15a)는 축성생활의 관상적인 측면, 활동적인 측면과 관련이 있는 두 개의 과정, 즉 '산을 올라가는 것'과 '산을 내려오는 것'으로 이루어져 있다. 무엇보다도 산이라는 장소는 '산 위에서' 예수님께서 기도하시는 모습에서 드러나는 관상생활과 관련하여 매우 의미가 있다.[145] 사실 이미 주지하고 있는 바와 같이 '산'은 일상의 생활에서 격리되어 하늘과 가까운 곳이라는 이유에서 수도승 전통 안에서 상징적이며 각별한 의미를 지니는 장소

있다는 점을 시사한다. …나지안즈의 성 그레고리오와 다마스코의 성 요한은 이 점에서 일치된 전통을 표현하고 있다. 사도들에게 계시된 빛은 '하느님의 광채', '영원하며', '창조되지 않은 하느님의 영광'의 현현이었다. 그들은 분명히 하느님의 모습을 다루고 있으며, 이 점에서 주님의 변모 사건은 교부들의 신학적 관상에 있어서 중요한 장면이 되었던 것이다. 성 그레고리오 빨라마스는 교의적인 엄밀함을 추구하면서 동방 교회의 근본적이며 예리한 통찰력을 하나의 정식으로 소개한다. '하느님은 당신의 본질로써가 아니라 활동으로써 빛이라 불리어지신다.'" P. N. Evodokimov, *Teologia della bellezza. L'arte dell'icona*, Roma 1996, pp. 278-279.

143 Cfr. A. Amato, *o. c.*, p. 30.
144 Cfr. J. Castellano Cervera, *Dimensione teologica e spirituale della Vita Consecrata: Tradizione, Novità, Profezia*, p. 21.
145 Cfr. 『봉헌생활』 n. 14c.

였다.[146] 변모 사건 안에서 타볼 산은 단지 지리적인 장소로써가 아니라 세 명의 제자들이 '스승과 깊은 친밀감의 체험'을 누리기 위해 영원의 지평에 사로잡혀 있던 분명한 순간으로써 간주된다.[147] 이 점에 대해서 B. Maëz는 축성생활의 특성을 고양됨의 관점과 결부시키면서 '산을 올라가는 것'의 의미로 해석한다.

> 모든 면에서 산이라는 이 장소는 축성생활 안에서 살아가게 되는 신비를 밝히기 위해 적합한 곳이다. …세 가지 관점에서 베드로와 야고보, 요한은 부르심을 통해서 축성된 제자들로 간주된다. 우리가 그리스도를 따름 안에서 다시 확인하게 되는 바와 같이 그들은 스승과의 친밀감을 누린다. 그리고 제자들은 삼위일체의 생명과 성인들의 통공의 광채에 휩싸이게 된다. 『봉헌생활』은 축성생활 안에서 특별한 방법으로 표현되는 그리스도인 생활의 삼위일체적인 성격을 상기시킨다. …이러한 주제는 제자들이 산 위에서 바로 이 분명한 순간에 겪게 된 그리스도와의 관계에 대한 강렬한 체험에서 절정에 이른다. 당연히 모든 그리스도인은 어떤 면에서 이러한 체험을 살아갈 수 있다. 하지만 이 순간에는 단지 베드로, 야고보, 요한만이 온전히 이러한 이 체험을 누리도록 따로 간택된 것이다. 이와 비슷하게 단지 몇몇 그리스도인들만이 축성생활에로 뽑히게 되는 것이다.[148]

사실 변모 사건에서 제자들은 그들 앞에 드러난 변모된 그리스도의 모습만을 본 것이 아니라, 하느님 아버지의 음성과 성령의 빛나는 구름

---

146 Cfr. B. Maëz, *Sull'immagine della Trasfigurazione in Vita Consecrata*, in ViCo 41(2005), p. 396.
147 『봉헌생활』은 다음과 같이 이 특별한 체험의 순간에 대해서 표현한다. "잠시 삼위일체의 생명과 성인들의 통공의 광채에 휩싸이신 스승과 친교를 누렸던 제자들, 말하자면 영원의 지평에 사로잡혀 있던 제자들은…" 『봉헌생활』 n. 14c.
148 Cfr. B. Maëz, *a. c.*, pp. 396-397.

을 통해 삼위일체의 현현(Teofania trinitaria)을 체험한다.[149] 그리고 빛에 조명되고 있는 제자들 편에서 사로잡힘의 체험은 한 분이시며 삼위이신 하느님과 이루는 신비로운 친교를 함축하고 있다. 동시에 제자들은 지적으로나 감각적으로 초월을 경험하게 된다. 이러한 방법으로 변모 사건은 인간의 전 존재가 하느님의 생명에 참여하도록 해 주는 사건이 되고 있는 것이다. 저자 P. N. Evdokimov에 따르면 이러한 유형의 친교란 실체적(범신론)이거나 위격적인 것(오직 그리스도께만 해당됨)이 아니라 하느님께서 온전한 방식으로 현존하시는 그분의 역동적인 활력(energia) 안에서 이루어지는 것이라고 말한다.[150] 복음의 이야기에서 이러한 친교는 변모된 그리스도를 통해서 발하여지고 있다.

---

149 이와 유사하게 C. Militello는 이렇게 설명한다. "그리스도의 얼굴에서 비쳐진 광채를 통해 제자들에게는 그분의 신성에 대한 신비가 드러난다. 아버지의 말씀을 통해서는 하느님의 구원계획이, 또한 구름에 둘러싸인 채로 성령의 신비가 계시되고 있는 것이다." C. Militello, *Spunti di lettura antropologica della Vita Consecrata*, in AA. VV., "Vita Consecrata. Una prima lettura teologica", Milano 1996, p. 136. P. N. Evdokimov는 변모 사건을 표현하기 위하여 사용되는 이콘의 도형에 대해 소개하면서 다음과 같이 말한다. "그리스도께서는 창조된 우주 전체의 형태를 원형으로 묘사하면서 중심부로 집중시키는 가운데, 이른바 아몬드 모양의 도형이라 불리는 구조의 중심에 위치한다. …종종 아몬드형의 원 가운데에 그려지는 오각의 별 모양은 성령의 표지이며, 하느님의 신성이며 초월적인 기운의 원천인 '빛나는 구름'을 표현하고 있다." P. N. Evdokimov, *o. c.*, p. 284.

150 Cfr. P. N. Evdokimov, *o. c.*, p. 281. 같은 저자는 이 책의 다른 곳에서도 하느님의 존재(essenza)와 활력(energia)의 신성함에 대해 구분하면서 하느님과 이루는 친교의 영적인 체험에 대해 서술한다. "하느님의 초월적 실존(super-essenza)은 인간에게는 철저하게 초월적인 것이며, 그 자체로 하느님께 대한 절대적인 접근 불가능성과 다른 한편 세상 안에 내재하는 그분의 현현이나 활동에 대한 참여 가능성이라는 불합리하지만 모순적이지 않은 주장에 대해서 설명해 준다. 하느님께서는 그분의 활력을 통해 '나오시며', 그곳에도 온전히 현존하신다. 이것이 초월적인 실존(essenza trascendente)과 그분의 내재적인 활력(energia immanente)을 통한 그분의 존재(esistenza)와 현존(presenza)의 두 가지 방식이다. 활력(energia)은 결코 하느님의 한 부분이 아니라, 그분의 계시 안에 존재하시는 하느님 자체이시다. 그것은 그분의 실존으로부터 발하여지지 않은 상태의(non uscita) 근본적인 것을 전혀 잃지 않는다. …이처럼 인간은 작은 조각 안에서 온전하신 하느님 전부를 받아들이는 성체성사의 신비 안에서처럼 하느님의 활력과 함께 더욱 근본적인 친교를 이루게 된다." *Ibid.*, pp. 280-281.

또한 제자들 편에서 이 친교는 하느님의 절대적인 초월성과 인간 존재 사이의 무한한 거리감에도 불구하고, 성령의 능력으로 변모된 눈으로써 하느님의 신성을 보았던 점(콜로 2,9)에서 그들 자신의 변모 사건이 된다.[151] 이러한 의미에서 제자들은 잠시나마 '육에서 영혼으로 건너간 것'이며, 빛나는 몸으로 그리스도의 인성을 보고 비움(kenosis) 안에 숨겨진 주님의 영광을 관상할 수 있는 은총을 받게 된 것이다.[152]

더욱이 예수님의 빛나는 얼굴은 제자들의 대변인 역할을 하는 베드로의 마음 안에서 강한 반향을 일으킨다. -"주님, 저희가 여기에서 지내면 얼마나 좋겠습니까!"(마태 17,4)- 우선 베드로의 이 말은 두 가지 의미를 담고 있다. 첫째는 제자들의 몰이해, 즉 하느님의 구원계획에 대한 베드로의 착각이다. 둘째는 예수님의 메시아니즘과 구약성경 안에서 과거에 이스라엘 백성이 사막의 여정을 통과하는 체험을 통해 갖게 된 유대사상에서의 메시아니즘 사이의 대조가 그것이다. -"제가 여기에 초막 셋을 지어 하나는 주님께, 하나는 모세에게, 하나는 엘리야에게 드리겠습니다."(마태 17,4)[153]- 다른 한편 베드로의 말은 축성생

---

151 이러한 고찰에 대해서 하느님의 계획에 따른 인간의 새로운 창조로써 성서 본문에서 나타나는 '엿새 후에'라는 표현의 의미를 적용해 볼 수 있다. "'엿샛날'은 인간을 창조하신 날이며, 그에 대한 하느님의 계획이 실현되는 날이다. 예수님의 제자들에게 교육적인 의미를 지닌 이 체험은 우리 안에서 반복될 수 있고, 우리가 향유할 수 있으며, 또한 우리를 새롭게 창조해 주는 것이다." P. J. Alonso Merino, *Presencia de la Escritura en la Exhortación apostólica*, in VR 80(1996), p. 428.
152 Cfr. P. N. Evdokimov, *o. c.*, p. 281.
153 이에 대해 Alonso Merino는 베드로의 말이 모세와 엘리야를 통해 대표되는 구약성경의 율법서와 예언서의 연장선상에서 예수님의 대답을 확인하고자 하는 의미를 담고 있다고 설명한다. "공동체와 복음사가는 제자들에게 그분의 길을 따르도록 독려하며, 승리의 최종 목표와 함께하는 예수님의 삶에 대해서 소개하고 있다. 이것은 사람들이 바라며 살아왔던 메시아니즘과는 구분되는 것이다. 또한 그것은 백성들이 초막절 축제 기간 엿샛날에 기념하던 민족주의 전통의 그것(레위 23,26; 신명 16,13; 요한 7,37)과도 전연 다른 완전히 새로운 것이다. 예수님께서는 폭력적인 메시아니즘의 유혹을 극복하고 고난받는 아들로서

활 성소의 심오한 역동성을 구성하는 전체적인 특성을 웅변으로 표현하고 있다.[154] 달리 말하자면 그의 말은 단순히 정적이거나 미학적인 차원을 지니고 있다기보다 역동적인 의미를 갖고 있으며, 축성생활을 그리스도께 중심을 둔 예언자적인 생활의 표현으로 분명하게 묘사하고 있다는 것이다. 이에 대해 『봉헌생활』은 다음과 같이 명확히 하고 있다.

> 저희가 당신과 함께 있고, 당신께 저희 자신을 바치며, 당신을 저희 삶의 중심으로 삼는 것은 얼마나 좋은지! 이 특별한 은총으로 그리스도와 사랑의 친교를 나누는 사람들은 참으로 그분의 광채에 휩싸여 있는 것으로 느낍니다. 그분은 '인간의 아들네보다 짝 없이 아름다우신 분'(시편 44,2), 비할 데 없으신 분이십니다.[155]

그럼에도 불구하고 『봉헌생활』이 산 위에서의 조명의 순간으로부터 일상생활에로 귀환하고 있는 모습, 즉 '산을 내려오는 것'에 대해 숙고하고 있다는 점에 주의를 기울이지 않을 수 없다. 하늘에서 울려 퍼지는 소리를 들은 후에 제자들은 그분과 함께 땀을 흘리며 하느님의 구원계획을 살아내기 위하여, 그리고 십자가의 길에 용기 있게 나서기 위하

의 신원을 확인받음으로써 유대 전통의 축제로부터 탈피하고 있다. 그리고 예수님께서 아버지로부터 받은 사명을 실현하기 위한 선택을 취하는 순간, 세례 때처럼 예수님에 대해서 알려 주는 말씀이 제자들에게 울려 퍼진다. 이 말씀은 고통 가운데에서, 그리고 십자가에서 실현되는 하느님의 영광을 드러내는 메시아니즘을 제시하고 있다. …예수님의 부르심 앞에서 베드로가 취한 응답의 성격은 비교하는 것이며, 그가 염원하는 바를 담고 있다. '지금 우리가 누리고 있는 것처럼, 예루살렘을 향해 가기보다 우리 유대 민족의 메시아니즘을 가지고 이곳에 남을 수 있기를' 실은 '예루살렘을 향한 길, 새로운 여정, 사랑으로 인해 죽음에 이르는 길을 시작하려 하기보다 이미 익숙한, 혹은 잘못 이해된 현재의 영광 안에 머무르는 것이 더 나으리라.'고 말하려는 것이다." P. J. Alonso Merino, *a. c.*, p. 429.

154   Cfr. 『봉헌생활』 n. 15.
155   『봉헌생활』 n. 15c.

여 일상의 현실로 되돌아왔던 것이다.[156] 사실 그들이 산에 오른 것은 탈혼에 빠진 채로 머물러 있기 위해서가 아니라 하느님의 구원계획에 따라 십자가의 길을 준비하기 위함이었다.[157] 이러한 방법으로 관상적 차원에 우선적으로 부여되었던 관점은 일상생활의 활동적인 측면을 배제하지 않는다. 또한 산을 올라가는 것과 산을 내려오는 것, 이 두 가지 행위 사이에서 아버지의 음성은 이 사건의 진정한 의미를 보여 주고 있다는 사실에 주목해야 할 것이다. -"이는 내 사랑하는 아들, 내 마음에 드는 아들이니 너희는 그의 말을 들어라."(마태 17,5)- 이 음성은 예수님의 정체성을 계시해 주는 특별한 기능을 수행하고 있다. 그것은 이 음성이 그분에게 특정 임무를 부여하기 때문이 아니라, 그분의 정체성과 그분의 말씀을 들어야 할 제자들의 의무 사이의 관계를 가리키고 있기 때문이다.[158] 즉 그 음성을 통해 하느님 아버지께서는

156 Cfr. 『봉헌생활』 n. 14c.
157 Cfr. C. Garcia Andrade, *o. c.*, p. 90.
158 이와 관련하여 K. Stock는 변모 사건에 대한 마르코 복음의 병행구를 검토하면서 제자들의 삶에 있어서 중심이 되는 예수님의 인격에 대해서 설명한다. "그것은(예수님의 정체성은) 그분 권위의 토대이며, 제자들에게는 그분께서 말씀하시는 바를 수용해야 할 의무의 근거이기도 하다. 그분께서 하시는 말씀의 내용이나 특성이 아니라 그것을 말씀하시는 분의 자격, 곧 그분의 인격이 그들로 하여금 그 말씀을 수용하도록 의무 지우는 것이다. 예수님께 대한 제자들의 관계의 본성은 이처럼 예수님의 정체성의 본질에 달린 것이다. 여기서 제자들을 예수님과 관계 맺도록 해 주는 것은 어떠한 메시지나 혹은 계획이 아니라, 그들과의 관계 안에 중심이 되는 예수님의 인격임이 분명히 드러난다. 그들을 예수님과 연결시켜 주는 것은 한 사람에게서 다른 한 사람에게로 향하는 관계인 것이다. 말씀하시는 분은 예수님이시기 때문에, 그들은 그분의 말씀을 받아들여야 하는 것이다." K. Stock, *Alcuni aspetti della cristologia marciana*, Roma 2005, p. 88. 이와 유사하게 E. R. Martinez 역시 다음과 같이 설명한다. "구름 속에서 들려오는 소리는 예수님의 세례 때에 하늘에서 들려온 소리와 거의 같은 말이다. 하지만 여기서는 매우 중요한 무언가가 덧붙여지고 있다. '그의 말을 들으라.' …이것은 하느님께서 예수님의 말씀을 받아들였음을, 그리고 바로 이전에 들었던 예수님의 말씀, 특별히 당신의 죽음과 부활에 대한 첫 번째 공적인 예고와 제자직에 대한 교훈적인 말씀이 참된 하느님의 생각과 뜻을 표현하고 있음을 확인하는 분명한 표지가 되고 있다. 따라서 그의 말을 들어야 한다! 이것은 마치 하느님 당신 자신이 직접 베드로에게 말씀하시는 것과 같으며, 또한 그를 통해 우리 모두에게 하시는 말씀이다.

당신의 아드님이신 그리스도와의 관계를 증언하고 있으며, 제자들로 하여금 그분의 수난은 자발적인 것이고 그분이야말로 아버지의 광채에 둘러싸인 참된 주님이심을 깨닫게 하신다. 동시에 이 음성은 제자들을 다시 한번 그분을 따름에로 초대하면서 그들과 예수님 사이의 관계를 명확하게 결정짓고 있다. 『봉헌생활』은 이에 대해서 다음과 같이 설명한다.

> 탈혼에 빠진 세 제자는 그분의 말씀을 듣고, 그분을 전적으로 신뢰하며, 그분을 그들 삶의 중심으로 삼으라는 하느님의 부르심을 듣습니다. 하늘에서 들려오는 그 말씀은 예수님께서 공생활을 시작하시며 제자들을 부르시어 일상의 삶을 버리고 당신과 친밀한 관계로 들어오라고 하신 그 초대에 새로운 깊이를 더해 줍니다. 바로 이 특별한 친교의 은총이야말로 봉헌생활에서 복음적 권고의 선서를 통한 완전한 자기봉헌을 가능하게 하고 또 이를 요구합니다. 복음적 권고는 단순한 포기 이상의 것으로 교회 안에서 살아가는 그리스도 신비를 구체적으로 받아들이는 것입니다.[159]

『봉헌생활』은 하느님 아버지의 이 요청 안에서 제자들이 주체가 되는, 즉 그들의 생활을 그리스도께 집중하도록 만드는 하나의 부르심이라는 탈혼 상태의 깊은 의미를 발견한다. 『봉헌생활』에서 언급하고 있는 것처럼, 사실 변모 사건의 이야기는 제자들의 믿음을 견고히 하고 그들에게 십자가의 사건을 준비시키며, 다시 한번 제자들을 그리스도를 따르기 위한 길에 놓이게 하는 계시의 사건이다.[160] 이러한

…이 여정은 매우 힘들고, 죽음에 이르게 할 수도 있지만 그분과 함께하는 부활이 우리를 기다린다. 그의 말을 들으라! 그리고 '그의 말을 들으라'는 것은 '그를 따라라'라는 것을 의미하고 있음이 분명하다." E. R. Martínez, *o. c.*, p. 90.
159 『봉헌생활』 n. 16a.
160 Cfr. 『봉헌생활』 n. 15b.

의미에서 A. Aparicio Rodríguez는 모세와 엘리야와 대비되는 예수님의 모습을 소개하면서 하늘에서 들려오는 소리의 의미에 대해서 해석한다. 그에 따르면 변모 사건 안에서 나타나는 구약의 두 인물의 존재는 예수님 안에서 성경 전체의 의미가 완전히 전환되고 있음을 확인시켜 주고 있다. 즉 파스카의 어린 양의 피로써 맺어지게 될 새로운 계약의 체결과 결정적인 예언을 확인시켜 주고 있는 것이다.[161] 또한 그는 구약의 탈출기 전승의 맥락에서 이 변모 사건을 주해하면서, 어떤 의미에서 하느님 아버지의 소리가 따름에로의 새로운 부르심이 되고

---

161 저자는 율법의 완성으로써 예수님의 변모 사건이 지니는 결정적인 중요성과 그분의 절대적인 신성에 대해서 강조한다. "마치 구약의 모세처럼(cf. 탈출 24,8), 신약의 예수님께서는 다른 세 제자들을 거닐고 산을 오르신다. 율법과 예언서의 주인공인 모세와 엘리야의 존재는 예수님 안에서 성경 전체의 의미가 전환되고 있음을 확인시켜 준다. ···두 사람, 모세와 엘리야는 우연히 뽑힌 인물들이 아니다. 이 두 예언자는 산 위에서 관상하게 된 하느님의 아름다움의 증인들인 것이다. 그들은 어떻게 하느님의 종이 자신을 양도함으로써 필연적으로 하느님의 빛 안으로 들어가게 되는지 증언해 주고 있다. 이 새로운 예언자는 마치 모세와 엘리야가 그랬던 것처럼, 산 위에서 하느님을 뵙기만 한 것이 아니다. 여기서는 하느님의 신성한 빛이 변모의 산 위에 계시는 그리스도의 얼굴에 흘러넘치고 있다. ···새로운 모세는 단지 하느님의 아름다움을 온전히 관상하는 것(cf. 탈출 33,18ss)으로 그치지 않고, 이 아름다움이 내면으로부터 그를 변모시키고 있다. 또한 하느님의 빛은 예전에 ‐모세의 얼굴에서 일어났던 것처럼‐ 예수님의 얼굴에서 투영되고 있는 것만이 아니라 하느님께서 예수님을 통해서 결정적으로 개입하실 때에 일어나게 될 완전한 변모의 예표로, 그의 전 존재를 일순간 변화시키고 있다." A. Aparicio Rodríguez, *Exhortación Apostólica "Vita Consecrata". Fundamentación Bíblica*, in AA. VV., "Comentarios a la exhortación apostólica Vita Consecrata", (ed) da A. Aparicio Rodríguez, Madrid 1997, p. 54-55. 덧붙여서 P. N. Evdokimov는 성화예술의 관점에서 예수님께서 모세와 엘리야 예언자와 함께 나눈 대화의 의미를 설명한다. "그리스도께서는 모세와 엘리야와 함께 대화를 나누시면서 그들에서 당신의 수난과 십자가에 못 박힌 모습의 아름다움에 대해서 말씀하신다. 왜냐하면 십자가에 못 박힘으로써 그 아름다움은 더욱 빛나는 것이기 때문이다. 또한 하느님에게서 이 사랑은 희생적인 것이지 않을 수 없다. 바로 이것이 십자가이며 그리스도께서 가신 길을 따라 이 세상이 걸어가야 할 십자가의 길인 것이다. 그럼에도 이 성화 안에 숨겨진 메시지인 십자가는 파스카의 새벽빛 안에서 이미 빛나고 있다." P. N. Evdokimov, *o. c.*, p. 399. 또한 다른 두 사람의 등장인물, 모세와 엘리야와 대비되는 예수님의 영적인 여정 안에서 드러난 하느님의 계시에 대해서 다른 책, P. Stefani, G. Barbaglio, Davanti a Dio. *Il cammino spirituale di Mosè, di Elia e di Gesù*, Guaderni di camaldoli, Dehoniane, Bologna 1995를 참고할 수 있다.

있는지 설명한다.

지금은 베드로가 청하고 있는 것처럼 하느님의 아름다움을 관상하며 산 위에 머물러 있을 때가 아니다. 구약의 백성은 거룩한 산의 끝자락에 진을 치고 하느님께서 모세와 백성에게 나타나실 때마다 길을 떠나야 했다. 지금은 세 개의 천막을 세울 때가 더더욱 아니다. -그들은 사막을 통과해야 했던 시기의 불안정한 거주의 생활을 기억하고 있는 듯하다.- 오히려 예수님과 함께 산에 오른 세 제자들은 빛나는 구름이 그들을 앞장서서 동반해 주는 길을 떠나야만 한다.(cf. 탈출 40,34-38) 또한 이러한 하느님 현존의 상징들은 한 사람의 말과 함께 완성되어야 한다. 사실 모세가 백성들 앞에서 율법의 규정들을 읽을 때마다 백성들은 이렇게 대답하였다. -'주님께서 말씀하신 모든 것을 실행하고 따르겠습니다.'(탈출 24,7)- 지금은 하늘에서 들려오는 소리가 사랑하는 아들의 말을 들으라고 명하고 있다. -'이는 내 사랑하는 아들, 내 마음에 드는 아들이니 너희는 그의 말을 들으라.'(마태 17,7)- 하느님의 종은 바로 그분의 아드님이시기 때문에, 또한 예언이 율법을 사라지게 해서는 안 되기 때문에, 요르단 강에서 들었던 것과 같은 말이 여기에서 울리는 일이 필요했던 것이다. 더욱이 율법의 완성은 하느님의 종이며 율법의 제정자이신 분 안에서 그대로 이루어지는 것이다. 그리고 율법의 제정자이신 분의 말을 듣는다는 것은 하느님의 종의 길을 걷기 시작한다는 것을 뜻한다.[162]

이로써 아버지의 말씀이 지닌 심오한 의미가 분명해진다. 아버지의 말씀은 아드님의 지고한 권위를 계시하고 있을 뿐만 아니라, 제자들이 되는 순간에 신학적 윤리적으로는 제자들로 하여금 당신 아드님의 예언자적 표징이 되도록 초대되고 있음을 증명하는 객관적 원리로 간주된다.[163] 그것은 제자들이 그리스도께서 가신 동일한 길에 들어서도록

---

162 A. Aparicio Rodríguez, *o. c.*, pp. 55-56.

부르시는 새로운 초대이며, 온전한 의탁의 응답을 요구하는 아버지의 특별한 부르심이다. 따라서 이 초대에 대한 응답은 존재로서나 사명에 있어서 온전히 그리스도화된 실존에 이르기 위한 완전한 포기를 통해 그리스도를 따르는 가운데 구체화될 것이다.[164] 이러한 의미에서 축성생활의 존재론적인 완벽한 모상이며, 모델이고 내적인 틀로써 그리스도의 이 이콘이 조명되고 있다. 말하자면 변모의 순간에 탈혼에 빠졌던 제자들의 경우에서처럼, 축성된 사람의 영적인 여정이 시작되는 순간에는 보이지 않는 하느님의 모상이신 그리스도의 아름다움과 사랑과 관계를 맺게 하는 하느님의 유혹이 있다는 것이다. 그러나 이러한 형태의 하느님의 아름다움과 사랑은 십자가에 이르기까지 예수님을 따르지 않고서는 완전히 이해될 수 없다.[165] 왜냐하면 예수님의 말씀을 듣는다는 것은 추종의 길에 들어선 사람들의 삶을 규정하는 유일한 기준으로써 그분의 인격과 운명을 받아들이는 일이기 때문이다. 이처럼 성소의 측면에서 유혹이란 무엇보다 파스카의 차원에서, 즉 타볼 산에서 변화된 그분 모습과 갈바리오 언덕에서 일그러진 주님 얼굴을 관상하는 가운데 그 절정에 이르게 된다.[166] 당연히 교회 안의 모든 그리스도인들은 변화된 그리스도와의 사랑의 친교를 이루는 체험을 찾고 맛보도록 초대되고 있다. 그리고 변모 사건은 특별한 방법으로 축성생활에

163 Cfr. B. Maëz, *a. c.*, p. 402.
164 Cfr. C. Garcia Andrade, *o. c.*, p. 91.
165 Cfr. P. G. Cabra, *Un itienrario spirituale a partire dalle icone*, p. 144.
166 『봉헌생활』에서는 다음과 같이 묘사한다. "그 주님과 종말론적인 만남을 향해 가고 있는 백성인 교회는 끊임없이 이 신비를 되풀이 체험합니다. 교회는 선택된 세 명의 제자들처럼 그리스도의 변화된 얼굴을 관상함으로써, 신앙을 굳건히 하고 십자가 위에서 일그러진 주님의 모습에 낙담하지 않게 됩니다. 변모하신 그리스도 앞에서든, 십자가의 그리스도 앞에서든, 교회는 신랑 앞에 선 신부로서 신랑이신 그리스도의 신비에 동참하며 그분의 빛에 둘러싸여 있습니다."(『봉헌생활』 n. 15b)

대한 아름다운 해석을 제공하며, 축성된 이들로 하여금 제자들이 겪었던 이러한 체험을 중심으로 그들 편에서의 동일한 이끌림의 궁극적인 동기를 찾게 해 준다.[167] 이처럼 제자들이 경험했던 친밀한 사랑에 대한 특별한 은총의 체험에서 출발하여, 『봉헌생활』은 '그리스도를 따름'에 대한 하나의 비유로 제시되는 변모 사건을 통해서 드러나는 축성생활의 파스카적인 차원, 즉 삼위일체적 친교를 향해 오르는 일과 십자가의 신비를 일상 안에서 함께 나누기 위해 내려가는 일에 대해서 강조한다.[168] 이러한 방법으로 변모된 그리스도의 성화에 대한 고찰은 단순히 외적으로 그분을 본받는 것과 같은 단편적인 의미에서가 아니라 총체적인 관점에서 축성생활 성소의 본질적인 특성들을 모색하도록 이끌어 준다. 이에 대해서 B. Maëz는 다음과 같이 주장한다.

> 그리스도의 모습을 닮은(cristiforme) 존재라는 것은 그분이 예수 그리스도라 할지라도, 외적인 형태나 본보기에 따라 자신의 모습이 형성되도록 맡기는 것만으로 이루어지는 것이 아니다. 이러한 실존이란 예수님을 따르는 존재가 되는 데에 중심을 두고 특별한 관계를 맺어 가는 삶을 의미한다.[169]

결국 그리스도를 따름은 온 세상의 구원을 위하여 인간이 되신 하느님의 신비, 특별히 예수님에게서 계시되고 실현된 신비의 역동적인 작용 안으로 들어가도록 해 주는 부르심인 것이다. 이처럼 모든 것은 그리스

---

167 Cfr. B. Maëz, *a. c.*, p. 401.
168 Cfr. A. Amato, *Il volto di Gesù Cristo. Il Consacrato e il Missionario del Padre nella vita consacrata*, in AA. VV., "Consacrati da Dio, dono alla Chiesa e al mondo. Approfondimenti sull'Esortazione Apostolica Vita Consecrata", a cura di CISM, Roma 1997, p. 153.
169 Cfr. B. Maëz, *a. c.*, p. 397.

도 중심주의(cristocentrismo)로 집약된다. 또한 이것은 축성생활에 궁극적인 의미를 심어 주시며, 이 생활을 통해 예수님의 인격을 실제적이며 구체적인 방법으로 따를 수 있게 만들어 주시는 유일한 분이신 하느님의 교육학이기도 하다.[170] 이와 같은 이해를 토대로 이제부터는 그리스도께 동화되는 과정으로서의 그리스도를 따름에 대해서 검토하고자 한다.

3) 동화의 과정으로써의 그리스도를 따름

이제까지 살펴본 바와 같이 예수님의 변모 사건은 단지 『봉헌생활』문헌을 시작하는 이야기로 예수님의 인성을 통하여 축성생활 성소를 하느님의 계획 안으로 들여놓고 있을 뿐만 아니라, 축성된 사람의 모습을 변형시키며 자신의 삶을 통해서 이러한 신비를 재현하도록 규정해 주는 체험이 되고 있다.[171] 이 변모 사건의 성화는 그 자체로 인간에게 참 인간의 모습을, 그리고 그리스도를 따름으로써 그분의 신비에 가까이 다가서도록 불리운 자로서 인간이 지닌 고귀한 품위를 보여 준다는 점에서 중요한 의미를 지닌다.[172] 이에 대해 C. Militello는 모든 그리스도인들이 교회 안에서 받은 자신의 성소를 통해 반영해야 할 유일한 모범으로서 변모된 그리스도의 얼굴에 대해서 강조하고 있다.

> 신앙인이 오직 주님의 변모된 얼굴에 새겨져 있는 충만한 의미에서가 아니라면, 세상을 향한 자신의 존재에 대한 또 다른 모범이나 해석을 찾는 일은 불가능할 것이다. 이 신비에 대한 지혜가 각기 다른 방식으로 그리스

---

170 Cfr. P. J. Alonso Merino, *a. c.*, p. 431.
171 Cfr. P. G. Cabra, *Un itinerario spirituale a partire dalle icone*, pp. 116-117.
172 Cfr. 『사목헌장』 n. 22.

도인 실존의 다양한 형태 안에서 비쳐지고 있기 때문에, 우리는 어떻게 축성생활의 부름을 받은 사람들이 강생하신 말씀에서 발하는 빛에 대한 특별한 경험을 하는지 알 수 있게 된다.(『봉헌생활』 n. 15)[173]

변모 사건의 성화는 산을 올라가는 것과 산을 내려오는 것에 대한 초대, 즉 관상과 증거의 차원과 더불어 모든 그리스도인들에게, 무엇보다 축성된 사람들에게 그리스도교 영성의 탁월한 상징으로 소개된다. 이러한 사실은 축성생활의 정체성에 대한 인식을 심어 주기 위하여 추종이라든가 성소에 대한 전통적인 성경의 본문에 대해 언급하기보다, 변모 사건에 대한 성화의 이야기 안에서 축성생활의 수직적-관상적 차원과 수평적-사도적 생활의 차원에 대한 해석을 찾고자 한다는 점에서 그 가치를 높이 평가할 만한 새로운 요소이기도 하다.[174] 그리하여 이 성화는 예수님에게서 흘러나오고, 축성된 사람으로 하여금 여타의 모든 것을 배제하고 자신의 실존을 오직 그분에게만 집중시키는 일을 가능케 하는 특별한 매력을 설명하기 위한 근거가 된다.[175] 말하자면 하느님의 아름다움을 드러내 주는 당신 아드님의 변모된 모습에 대한 해석은 축성된 사람에게 있어서 그분께 동화되는 삶을 살아가기 위한 동기가 되는 것이다. 이로써 축성된 사람은 "홀로 인간의 마음을 완전히 충족시켜 주실 수 있는 무한한 아름다움"[176]이시며, 사람이 되신 하느님의 아드님을 자신의 삶을 통하여 가리켜 보여 주게 된다. 바로 여기에서 하느님의 아름다움과 이를 반영하는 존재로서 사랑의 증거

---

173   C. Militello, *o. c.*, pp. 136-137.
174   Cfr. B. Secondin, *Il profumo di Betania. Guida alla lettura dell'esortazione apostolica 'Vita consecrata'*, p. 58.
175   Cfr. 『봉헌생활』 n. 15c.
176   『봉헌생활』 n. 16b.

와 예수님께 동화되는 삶의 의무를 지닌 축성된 사람이 지니게 되는 아름다움 사이의 연속성이 드러난다.[177] 이러한 그리스도께 동화되는 삶의 지속적인 역동성 안에서 복음적 권고의 서원 역시 포기 이상의 것으로써 그리스도께서 사셨던 삶의 방식과 그 신비를 특별히 수용하는 것으로 이해된다.[178] 또한 이로써 축성생활자는 자신의 생활을 통해 그리스도를 따르며 그분의 신비에 동화함으로써 그리스도인 생활의 표지인 '삼위일체 하느님에 대한 신앙고백(confessio Trinitatis)'을 고유한 방식으로 구현하게 된다.[179] 한편 이 모든 사실은 축성생활에 대한 신학적 논점이 일반적인 금욕주의에 대한 관점에서 그리스도를 따름과 그리스도를 통한 삼위일체의 현현이라는 차원으로 옮겨졌음을 의미하기도 한다.[180] 이러한 토대 위에서 우리는 왜 『봉헌생활』이 "그리스도께 전 실존을 동화시킴"이라든가 또는 "그리스도의 신비에 깊이 동화됨"과 같은 효과적인 신조어를 만들어 활용하고 있는지 이해할 수 있을 것이다.[181] 그러나 우리는 축성생활이 그 자체로 그리스도를 따름이라는 것과 동일시될 수 있는 것인지 자문하지 않을 수 없다. 만일 모든 그리스도인들이 그리스도를 따르도록 불리어졌다면, 축성생활 안에서 그리스도를 따른다거나 그분께 동화됨이라는 것은 무엇을 의미하는가? 또한 축성생활이 그리스도인 생활의 하나의 방식이면서도 무엇이 과연 다른 신원들과 구분되며 고유하다고 하는가? 이러한

177　Cfr. M. Badalamenti, *o. c.*, p. 45.
178　Cfr. 『봉헌생활』 n. 16ac.
179　Cfr. 『봉헌생활』 n. 16d.
180　Cfr. B. Secondin, *Il profumo di Betania. Guida alla lettura dell'esortazione apostolica 'Vita consecrata',* p. 59.
181　『봉헌생활』 n. 16bd; cfr. A. Amato, *Spunti di lettura cristologico-trinitaria della Vita Consecrata*, p. 42.

의문들에 대한 해답과 함께, 우리는 어떻게 축성생활을 그리스도께 동화되는 과정이며 복음을 철저히 살아가는 삶의 방식으로 이해할 수 있는지 검토해 보고자 한다.

J. Castellano Cervera에 따르면 『봉헌생활』이 그리스도와의 관계에서 언급하는 강조점 중에 하나는, 모든 그리스도인들에게 공통적인 그리스도를 따름이라는 신학적 주제로부터 이동하여 축성생활을 "예수님의 생활양식과 행동 방식에 대한 살아 있는 기념"[182]이라고 결정적으로 단언하고 있다는 사실이다. 축성생활의 임무란 일반적으로 복음의 가르침에 따라 그리스도를 따르려는 진지한 갈망을 나타낸다. 이미 앞서 공의회의 신학적 노선에 대한 분석을 통해 그리스도를 따름이 보편적인 성소임을 확인한 바와 같이, 모든 그리스도인들은 그 실현 방식의 다양성에 있어서 차이점은 있지만 똑같이 그리스도를 따르도록 초대되고 있다. 실제로 『봉헌생활』은 이 점을 다음과 같이 재확인하고 있다.

> (변모 사건에서의) 이 빛은 교회의 모든 자녀들을 비춥니다. 그리스도 신자는 누구나 그리스도를 따르라는 같은 부름을 받았으며 그리스도 안에서 삶의 궁극적인 의미를 발견함으로써, 마침내 바오로 사도와 같이 '나에게는 그리스도가 생의 전부입니다.'(필립 1,21)라고 말할 수 있게 되는 것입니다.[183]

> 아버지께로 가는 길(요한 14,6 참조)이신 성자께서는 아버지께서 당신께 맡기신 모든 사람들(요한 17,9 참조)에게 당신의 추종을 삶의 목적으로 삼으라고 촉구하십니다.[184]

---

182 『봉헌생활』 n. 22c; cfr. J. Castellano Cervera, *Linee teologiche portanti di dimensione trinitaria ed ecclesiale-mariana della vita consacrata*, p. 64.
183 『봉헌생활』 n. 15c.

'아버지께서 축성하시고 세상에 보내주신'(요한 10,36 참조) 사랑하는 성자 예수님의 모습대로, 그분을 따르도록 하느님의 부르심을 받은 사람들 또한 그분의 모범을 본받아 그분의 사명을 계속하도록 축성되어 세상에 파견됩니다. 근본적으로 이는 모든 제자들에게 해당되는 것이며…[185]

의심의 여지없이 세례성사의 축성의 기초 위에서 모든 그리스도인들은 그리스도를 따름에로 동일한 부르심을 받았다. 교황 권고『현대의 사제 양성』에서 언급하는 바와 같이, 모든 그리스도인들에게서 어느 누구도 배제됨 없이 그리스도를 따르고 본받으라는 그분의 요청으로부터 나오는 복음의 철저성을 살아야 할 본질적이고 포기할 수 없는 요구를 받고 있다는 것이다.[186] 사실 L. Boisvert에 따르면, 그리스도를 따름은 모든 신앙인들이 실천하도록 불리어진 그리스도와 이웃에 대한 철저한 사랑 외에 다른 원칙이나 기준을 갖지 않는다.[187] 이러한 의미에서 축성생활은 그 의미를 획일화하는 것이 아니라면, 오직 그리스도를 따름이라는 동일한 관점을 통해서 이해된다. 다만 축성생활자들은 그리스도를 따름에로의 공통의 부르심에 대해서 자신들의 고유한 성소에 부합하는 삶의 형태를 수용함으로써 독특한 방식으로 응답하는 것이다.[188] 이 점에서 축성생활자들이 살아내고자 하는 그리스도

---

184 『봉헌생활』 n. 18a.
185 『봉헌생활』 n. 72a.
186 현대의 상황 속에서의 사제들의 양성을 위한 이 교황 권고에서 요한 바오로 2세는 다음과 같이 단언하고 있다. "복음의 철저성이란 한 사람도 빠짐없이 모든 그리스도인들이 성령의 도움을 받아 그리스도와 긴밀하게 친교를 이룸으로써 그리스도를 따르고 닮도록 하기 위하여 그리스도께서 그들을 친히 부르시는 데서 비롯된 근본적이고 부인할 수 없는 요구 사항을 말합니다.(마태 8,18이하: 10,37이하; 마르 8,34-38: 10,17-21; 루카 9,57이하)"(사제양성 n. 27b)
187 Cfr. L. Boisvert, *Temi di vita consacrata*, Bologna 2005, p. 30.
188 Cfr. *Ibid.*, p. 26.

를 따름의 형태는 다른 그리스도인 신원을 지닌 사람들이 지향하는 일반적인 의미에서 그것으로 제약되기보다는 복음적 권고의 서약과 각 수도회의 규칙과 회헌들을 통해 더욱 분명한 특색을 지닌다. 이에 대해서 『봉헌생활』은 교령 『완전한 사랑』에서 모든 수도회의 쇄신의 핵심적인 요소로써 그리스도를 따름에 대해 강조하는 점을 재확인하면서 다음과 같이 설명한다.

> 그러나 수도회의 창립 정신에 충실하기 위한 모든 쇄신 작업을 보장하여 주는 것은 바로 주님께 더욱더 일치하려는 동화 노력이라는 사실을 명백히 알아두어야 합니다. 이러한 정신에서 오늘날 모든 수도회는 규칙으로 되돌아가야 한다는 필요성을 절실히 느끼고 있습니다. 왜냐하면 규칙과 회헌은 교회가 인준한 독특한 은사에 따라 제자생활(역자 주: 따름)의 전 여정에 대한 지도를 제공하기 때문입니다.[189]

더불어 축성생활자들 편에서 그리스도를 따름이라는 삶의 형태를 특징짓는 것은 단지 규칙과 회헌을 통해 그 구체적인 방식이 규정된다는 것뿐만 아니라, 또한 그들 자신의 개별적, 내적 역동성 안에서도 드러난다는 점이다. 이와 관련하여 A. Amato는 축성생활자들이 그리스도께 동화됨의 과정 안에서 내면적으로 실현하게 되는 두 가지 근본적인 선택에 대해서 설명한다. 첫째, 그것은 세례성사를 통한 그리스도를 따름이라는 것을 그리스도인 실존의 유일하고 총체적인 근거로써 받아들이는 것을 뜻한다. 그리고 다른 하나는 축성생활자들에게 해당되는 고유한 요소로써, 정결하고 가난하며 순명하시는 예수님, 기도하시며 선교활동을 하셨던 그분 삶의 방식을 자신의 것으로 수용하는 것을

---

189 『봉헌생활』 n. 37bc.

의미한다.[190] 이와 유사하게 L. Boisvert 역시 『봉헌생활』 안에서 나타나는 이러한 근본적인 선택이 수반하는 세 가지 내적 역동성의 단계에 대해 강조한다. -복음적 권고들의 서약을 통해서 그리스도의 삶의 방식을 재현함, 그분의 마음과 삶의 방식을 수용함으로써 그분과 하나가 되고자 하는 열망, 예수님께서 직접 실천하시고 제자들에게 제시하셨던 생활 방식을 자신의 것으로 삼는 일.[191]- 이처럼 축성생활의 근본적인 특성은 항상 예수님께서 당신의 지상 생애 동안에 몇몇 제자들과 맺으셨던 특별한 관계 안에서 찾아야만 할 것이다. 즉 그것은 예수님께서 그들의 삶 안에 하느님 나라를 받아들이며, 모든 것을 버리고 당신의 생활 방식을 가까이서 본받으며, 자신의 존재를 그분의 일을 위한 봉사에 내어놓도록 초대하셨던 특별한 관계 안에서 찾아야 한다는 것이다.[192] 이러한 점에서 F. Ciardi는 『봉헌생활』에서 축성생활자들이 그리스도께 동화되어 감에 대해 언급하면서 "철저성(radicalismo)"[193]과

190 Cfr.『봉헌생활』 n. 76; A. Amato, *Spunti di lettura cristologico-trinitaria della Vita Consecrata*, p. 42.
191 Cfr.『봉헌생활』 nn. 16c, 18b, 31d; L. Boisvert, *o. c.*, p. 27.
192 Cfr.『봉헌생활』 n. 14a.
193 교황 권고『봉헌생활』에서는 철저성(radicalismo)와 관련 있는 용어들이 다양한 방식으로 나타나고 있다. radicale 7번, radicalismo 3번, radicalità 3번, radicamento 2번, radicare 또는 radicato/a 5번, radice 2번: cfr. A. Pardilla, *Vita consacrata per il nuovo millennio. Concordanze, fonti e linee maestre dell'esortazione apostolica 'Vita Consecrata'*, pp. 994-995. 일반적으로 라틴어 "뿌리(radix)"에서 파생된 '철저한(radicale)'과 '철저성(radicalismo)'이라는 단어는 외적인 행동이나 일상적 생활양식과는 구분되는 것으로서, 극단적이거나 난해하면서도 선명한 것, 뾰족하거나 까다로운 것을 의미한다. 이러한 말들은 '나무'의 비유와 함께, 그리스도인 생활에서 절대적으로 요구되는 것들을 서술하기 위해서 차용되기도 하는데, 특별히『교회헌장』과『봉헌생활』에서는 수도생활의 기원이 그리스도론적, 교회론적인 근거를 지니고 있다는 점을 설명하는 데서 활용되고 있다.(cfr.『교회헌장』 n. 43;『봉헌생활』 n. 5) 우선 이러한 철저성에 대한 성찰은 우리로 하여금 그리스도인 생활의 본질에 대해서 숙고하게 해 준다. 즉 그리스도인 생활의 정체성이란 수많은 가지들이 피어나게 해 주는 자리, 바로 복음의 토양(humus)이라는 심저에서 찾아야 한다는 것이다. 축성생활 역시도 당연히 이러한 복음적 철저성과 깊은 관계가 있다. 그것은 축성생활이 복음 안에

"보다 더(di più)"라는 표현을 풍요롭게 활용하고 있다는 사실에 주의를 기울인다.[194] 이러한 비교급의 표현을 사용하는 것은, 『봉헌생활』이 축성생활의 고유한 요소를 명확히 하는 동시에 축성생활 신학의 그리스도론적인 강한 특성을 부여하기 위해서 선택한 방법이라는 P. G. Cabra 의 권위 있는 해석을 따르며, 그는 다음과 같이 설명한다.

> 무엇보다 먼저 철저성과 그리스도인 생활에서의 "보다 더(di più)"라는 표현이 중요하다. 축성생활을 통한 그리스도께 대한 선택은 '복음적 철저함(radicalità evangelica)과 형제적인 봉사'를 통해서 구현된다.(n. 5) …축성생활은 그리스도의 삶의 방식을 '가까이서' 본받으며(n. 14), 아니 '더욱 가까이서' 본받음으로써(n. 72) '특별한 친교의 은총'(n. 16; cf. n. 18)과 그리스도의 얼굴에서 밝히 빛나는 광채에 대한 '특별한 체험'(n. 15)을 하게 되고, 또한 결정적으로는 '주님과의 더욱 긴밀한 일치'(n. 30)를 이루며 이를 자신의 삶의 방식으로써 반영하게 된다.(cf. n. 32) 그리하여 '특별한 사랑으로 특별한 사명을 위하여 모든 이를 당신께로 이끄시는 아버지의 적극적인 행위의 열매'(n. 17)인 철저한 자기봉헌(radicalismo del dono personale: cf n. 3)을 통해 나타나는 축성의 '근본적인 특성'을 강조하기에 이른다.(cf. n. 15)[195]

뿌리를 두고 있으며, 최상의 복음이란 예수님의 인격 자체이고 바로 이 복음으로부터 자신의 열매를 거두게 되기 때문이다. cfr. T. Matura, *Radicalismo evangelico*, in "DTVC", Milano 1994, pp. 1455-1469; G. Meiattini, *'Un albero dai molti rami'(LG 43) Alle radici della vita consacrata*, in ViCo 44(2008), pp. 420-431. 축성생활 안에서의 복음적 철저성이라는 주제에 대한 연구를 심화하기 위해서는 B. Proietti, *Il fondamento evangelico della vita consacrata I. II*, in ViCo 43(2007), pp. 566-575; 44(2008), pp. 6-18; E. Bianchi, *Il radicalismo cristiano. Seguire Gesù il Signore*, Gribaudi, Torino 1989; J. M. R. Tillard, *Davanti a Dio e per il mondo. Il progetto dei religiosi*, Edizioni Paoline, Alba 1975; T. Matura, *Il radicalismo evangelico. Alle origini della vita cristiana*, Edizioni Borla, Roma 1981; Id., *Suivre Jésus. Des conseils de perfectio au radicalisme évangélique*, Edizioni Cerf, Paris 1983을 참조하시오.

194 Cfr. F. Ciardi, *Il radicalismo evangelico della vita consacrata e il suo sviluppo storico 'In ascolto dello Spirito'*, p. 102.
195 Id., *Spunti di lettura ecclesiologica della Vita Consecrata*, in AA. VV., "Vita Consecrata.

이러한 방법으로『봉헌생활』은 공의회의 문헌과 교황 권고『복음의 증거』에서 이미 사용되었던 특별한 표현인 '보다 더(di più)'라는 말을 지속적으로, 그리고 더욱 빈번히 활용하고 있다.[196] 즉 축성생활은 예수님의 삶의 방식을 더욱 충실히 본받는 생활이며,[197] 복음적 권고의 서약을 통해 보다 완벽히 표현하고 실현함으로써 이에 동화되는 생활인 것이다.[198] 그러나 이러한 표현을 사용한다는 것이 다른 그리스도인 생활의 신원들에게서 공통 요소로 세례성사를 통해 그리스도께 근본적으로 동화되는 과정을 부인하는 것은 아니다.[199] 하지만 축성생활에서 '보다 더'라는 특성은 세례성사 안에서 시작되었고, 성령의 특별한 선물을 받아 견진성사를 통해서 증진되는 그리스도와의 친밀한 일치를 더욱 풍요롭게 심화시켜 주는 것으로서 간주된다.[200] 이러한 의미에서 F. Ciardi는 그리스도론적인 차원과 결부시키며 축성생활을 부각시키기 위한 특별한 용어로써 이 표현이 지니는 의미에 대해서 명확히 설명하고 있다.

> 다른 그리스도인 생활의 신원들에 견주어 축성생활의 탁월한 성격을 보여 주는 '보다 더'라는 말은 직접적으로는 그리스도론적인 차원과 관련되어 있다. 사실 축성생활은 동정이며 가난하고 순명하시는 예수님의 특징적인 모습을 '고유한 방법으로 끊임없이 눈에 보이도록' 드러내 주는 생활이다.(nn. 1, 21, 22, 31) …이미 Aubry가 제시하는 바와 같이, 다른 그리스도

Una prima lettura teologica", Milano 1996, p. 70.
196   Cfr. Ibid., p. 72.
197   Cfr.『봉헌생활』n. 22a.
198   Cfr.『봉헌생활』n. 30a.
199   Cfr. A. Pardilla, *La forma di vita di Cristo al centro della formazione della vita religiosa. Il quadro biblico e teologico della formazione*, p. 307.
200   Cfr.『봉헌생활』n. 30ac.

인들과의 관계에서 나타나는 이러한 '차별성'은 상반되는 것이나 부수적인 것도 아니며, 또한 평행관계를 보여 주는 것이 아니다. 그것은 축성생활의 '중심성'이나 이 생활이 '표현하는 열정'에서 비롯하는 것으로 받아들여야 할 것이다.[201]

실제로 '보다 더'라는 이 표현은 『봉헌생활』 안에서 134번 이상 사용되고 있다.[202] 축성생활과 예수님의 삶과의 관계를 직접적으로 확실하게 표현해 주는 이 단어가 사용되는 모든 경우를 보면, 전체적인 문맥에서 분명하게 모든 신자들에게 공통적이거나 의무로써 지워지는 동화에 대해서가 아니라, 축성생활 안에서 이뤄지는 특별한 동화의 과정에 대해 설명하고 있음을 알 수 있다.[203] 우리가 통계적 분석을 통해서나 예수님의 인격에 실존적 중심성을 두고 있는 문맥의 의미에서 '보다 더(di più)'라는 용어의 사용에 대해서 살펴본 바와 같이 축성생활은 예수님의 존재와 행위의 방식, 즉 그분의 생애와 가르침에 대한 살아 있는 기념과 전통으로 이해될 수 있고, 또 이해되어야만 할 것이다.[204]

---

201 F. Ciardi, *Spunti di lettura ecclesiologica della Vita Consecrata*, pp. 71-73. 동일 저자의 다른 글에서도 그는 '더욱(più)'이라는 비교급의 사용은 세계주교대의원회의 의안에서 제기된 내용에 부응하고자 하는 결과라고 말한다. 즉 이 시노드에서는 "축성생활이란 그리스도를 따름을 '더욱 철저히 실천하려는 응답'이며, '더욱 밀접히' 그분을 따르는 삶이고, 또한 그분을 철저히 따르기 위한 '더욱 탁월한' 방식이며, 육화하신 말씀의 신비를 '더욱 충실히 재현하는' 방법인 동시에 구원의 신비에 '더욱 충만히' 참여하는 생활로써 묘사하기를 요구했던 것이다.(의안집 n. 3)" Id., *Il radicamento evangelico della vita consacrata e il suo sviluppo storico 'In ascolto dello Spirito'*, p. 102.

202 Cfr. A. Pardilla, *Vita consacrata per il nuovo millennio. Concordanze, fonti e linee maestre dell'esortazione apostolica "Vita Consecrata"*, pp. 897-904.

203 Cfr. Id., *La forma di vita di Cristo al centro della formazione della vita religiosa. Il quadro biblico e teologico della formazione*, p. 307.

204 Cfr. 『봉헌생활』 n. 22c. 이러한 의미에서 '보다 더(di più)'라는 표현은 축성생활의 고유한 의무로 여겨진다. 이에 대해서 A. Pigna는 다음과 같이 주장한다. "(축성생활이나 사제 직무 안에서 표현될 수 있는) 특별한 추종에로의 부르심의 목적은 모든 교회의, 즉

따라서 『봉헌생활』은 축성생활과 그 양성에 있어서의 목적이란 성부께 대한 그리스도의 마음에 점차 동화됨으로써 주님이신 예수님과 그분의 온전한 봉헌에 일치하는 것에 있다는 사실을 결정적으로 확언하고 있다.[205]

이로써 그리스도께 동화됨에 자신의 존재를 집중시키는 일은 모든 형태의 축성생활의 계획에 있어서 핵심적인 요소가 된다. 이러한 고찰과 더불어 『봉헌생활』이 의도하는 축성생활에서의 '특별한' 동화라는 요소의 내용에 대해 검토해 보는 것이 적절하리라고 본다.[206] 즉 축성생활 안에서 이루어지는 축성을 세례성사와 견진성사의 은총을 증진하는 것으로서 이해한다면, 과연 이를 통한 새롭고 특별한 동화의 과정이란 무엇을 의미하는가? 우선 A. Pardilla에 따르면 그리스도께 대한 특별한 동화의 성격이란 두 가지 성서적 신학적 의미에서 나타나는 축성된 자(nn. 9, 22)로서 그리스도의 모습, 그리고 사도(n. 9)이며, 아버지로부터 파견된 선교의 모범이신 그리스도의 모습(nn. 22, 77)과 관계

모든 그리스도인들에게 해당되는 그 성소를 '더욱' 성실히 살아가라는 의미에 있는 것이 아니다. 그것은 모든 이들이 항상 더욱 충만히 이 성소를 살아갈 수 있도록 하기 위하여 더욱 '교회를 위해 봉사하고', 온전히 자신을 위탁하게 하는 데에 있다. 모든 이들의 선익을 위한 구원을 가시화하며 보여 주는 이 특별한 과제는 또한 명백히 그것을 살아내야 할 특별한 임무를 수반하는 것이기에 더욱 큰 책임감을 갖게 하는 것이다." A. Pigna, *La vita consacrata. Trattato di teologia e spiritualità, I-Identità e missione*, p. 147.

205   Cfr. 『봉헌생활』 n. 65b.
206   『봉헌생활』에서는 수도생활의 축성에 대해 설명하면서, 이것은 '심화된', '새롭고', '특별한' 축성이라고 분명히 언급하고 있다. cfr. A. Pardilla, *Dimensione biblica dell'Esortazione 'Vita Consecrata'*, in AA. VV., "Vita Consecrata. Studi e riflessioni", Roma 1996, p. 322. 수도생활에서의 축성이라는 주제에 대해서는 J. Rovira, *Consacrazione*, in "DM", a cura di L. Borriello-E. Caruana-M. R. Del Genio-N. Suffi, Libreria Editrice Vaticana, Città del Vaticano 1998, pp. 331-334 (다수의 참고 문헌과 함께); S. M. Alonso, *Consacrazione. Riflessione teologico*, in "DTVC", Milano 1994, pp. 449-476; S. Tassotti, *La consacrazione religiosa, dal Concilio Vaticano II all'Esortazione Apostolica "Vita Consecrata"*, Edizioni OCD, Roma 2003을 참고하시오.

하여 설명된다.[207] 즉 축성생활자에게 있어 새롭고 특별한 축성의 성서적 신학적 의미는 그리스도론적인 특별한 성격을 지니고 있다는 것이다. 이에 대해서 『봉헌생활』은 축성생활의 모델이신 예수님 안에서 축성의 의미에 대해 묘사하고 있다.

우리는 예수님의 축성에 비추어, 아버지의 주도하심 안에서 이루어지는 모든 거룩함의 원천과 봉헌생활의 궁극적인 기원을 볼 수 있습니다. 예수님께서는 '하느님께서 성령과 능력을 부어 주신'(사도 10,38) 분이며, '아버지께서 축성하시고 세상에 파견하신'(요한 10,36) 분입니다. 아들은 인류를 위하여 아버지께 자신을 봉헌하고(요한 17,19 참조) 아버지께서는 아들의 봉헌을 기꺼이 용납하십니다. 예수님의 동정, 순종, 청빈의 삶은 아버지의 계획에 대한 그분의 완전한 자녀다운 수락을 표현합니다.(요한 10,30: 14,11 참조) 그분의 완전한 바쳐 드림은 그분의 지상생활의 모든 사건들에 축성의 의미를 부여합니다.[208]

---

207 Cfr. A. Pardilla, *Vita consacrata per il nuovo millennio. Concordanze, fonti e linee maestre dell'esortazione apostolica "Vita Consecrata"*, p. 1359. A. Amato 역시 『봉헌생활』에서의 풍부한 그리스도론적 호칭들을 열거하면서도, 그 중에서도 이 두 가지를 가장 특징적인 호칭으로 설명하고 있다. "'정결하고 가난하고 순명하시는' 예수님(n. 1; cfr. n. 19); '주님이신 그리스도'(n. 9); '종'(n. 6); '스승'(n. 14); '비할 데 없으신 분'(n. 15); '아버지께 가는 길이신 성자'(n. 18); '보이지 않는 하느님의 형상(콜로 1,15), 하느님의 영광을 드러내는 찬란한 빛(히브 1,3)'; '모든 덕을 완성시키시는 모범'(n. 18); '제물이 되셨다가 다시 살아난 어린 양'(n. 23) 등. 이러한 호칭들 중에서 예수님을 일컬어 '아버지에게서 파견되신 사도(Apostolo)이시며 가장 탁월하게 축성되신 분(Consacrato)'(n. 9), '하늘나라를 위하여 성부께서 축성하여 보내신 지고하신 분(consacrato e missionario)'(n. 22); '아버지께서 축성하시고 세상에 파견하신 사랑하는 성자(요한 10,36 참조)' (n. 72); '선교를 위해 아버지로부터 축성받으신 분'(n. 76)이라는 표현이 가장 두드러진다. 이러한 그리스도론적 호칭들은 축성생활을 삼위일체 신비 안에 정초하면서, 교황 권고 『봉헌생활』 전체를 관통하며 견고케 하는 요소이다." A. Amato, *Il volto di Gesù Cristo. Il Consacrato e il Missionario del Padre nella vita consacrata*, p. 154.
208 『봉헌생활』 n. 22a.

위에 인용한 본문에서 우리는 아버지 편에서 성령 안에서 아들을 축성하시는 것과 아들 편에서 아버지께 자신을 봉헌하는 예수님의 축성에 대한 두 가지 차원을 명확하게 살펴볼 수 있다. 이러한 사실은 자신들의 축성에 대한 근거를 예수님께 두면서, 복음적 권고들을 서약하는 이들의 축성이 지니는 두 가지 본질적인 축성의 요소와 의미를 이해하도록 도와준다. 즉 예수님의 경우에서처럼 무엇보다 특별한 성소에로 불리어진 사람을 축성하시는 분은 아버지이시다. 이어서 모든 축성된 이들은 아버지로부터의 축성을 받아들이며 그들 편에서 자신을 아버지께 봉헌한다. 이러한 의미에서 새롭고 특별한 축성이란 우선적으로 축성하시는 아버지의 주도적인 행위이며,[209] 그것은 자신을 봉헌하는 사람에게는 하나의 의무이기도 한 것이다.[210] 이처럼 예수님의 축성을 통해서 축성의 신적이며 동시에 인간적인 두 가지 요소가 서로 모순되는 것이 아니라는 사실이 분명해진다. 즉 이 두 가지 차원은 인간 존재의 품위와 자유를 존중해 주시는 하느님의 신적인 행위의 결과로 축성이라는 단일한 실재의 본질적인 구성 요소를 이루는 것이다.[211] 더불어 이러한 특별한 축성은 부름 받은 이들의 마음을 지어 주시며, 그리스도를 닮고 그분의 선교사명을 자신의 사명으로 삼도록 촉구하시는 성령의 특별한 선물로 이해된다.[212] 사실 성서적으로도 이러한 예수님의 축성은 그리스도의 주요한 사건들, 즉 지상 생애의 시작에 있어서나(마태 1,20; 루카 1,35) 요르단 강에서 세례를 받으시는 때(루카 3,21; 마태

---

209 Cfr. 『봉헌생활』 nn. 19, 22, 82.
210 Cfr. 『봉헌생활』 nn. 9, 65, 66, 68, 111.
211 Cfr. A. Pardilla, *La forma di vita di Cristo al centro della formazione della vita religiosa. Il quadro biblico e teologico della formazione*, p. 311.
212 Cfr. 『봉헌생활』 n. 19b.

3,16; 마르 1,10)부터 시작하는 선교의 순간에 나타나는 성령의 행위를 연상케 한다. 예수님에게서 성령의 현존은 당신의 존재와 행위에 있어서 지속적으로 작용하는 내적인 실체였으며, 따라서 지상에서의 예수님의 전 생애는 성령의 작용 아래 이루어지고 있다.[213] A. Amato는 이러한 예수님과 성령의 깊은 관계는 분명한 인격적인 의미를 가지고 사용되는 바오로의 전문용어들, 이를테면 '아드님의 영'(갈라 4, 6), '그리스도의 영'(로마 8,10; 필립 1,19), '예수님의 영'(2테살 2,8 참조)을 통해서 더욱 잘 표현된다고 설명한다. 즉 이러한 용어들은 예수님 안에 계시며, 그분 안에서 그리고 그분을 통해서 활동하시는 성령의 실체를 가리키기 때문이다.[214] 이로써 예수님의 모든 일은 근본적으로 성령론적인 의미를 함축하고 있다는 점이 분명해진다. 다시 말해 예수님께서 때가 되어 몇몇 사람들을 부르시고 그들에게 성령을 통해 이루어지는 당신의 생활 방식을 전해 주셨던 것과 같은 방법으로, 그분은 오늘날에도

---

[213] A. Amato는 세례 때의 예수님의 도유(축성)와 그분 안에 계시는 성령의 행위에 대해 강조하면서 다음과 같이 주장한다. "나자렛의 회당에서 예수님께서는 '주님께서 나에게 기름을 부어 주시니 주님의 영이 내 위에 내리셨다.(échrisen: 루카 4,18)'는 이사야서 16,1의 말씀을 당신 자신에게 적용시키시며 세례 때에 받은 성령(루카 3,21-22 참조)에 대해서 언급하고 계신다. Y. M. Congar는 Poitiers의 힐라리오의 말을 상기시키며, 그리스도께서는 이미 하느님의 아들이시지만 세례를 통해서 아들로서의 새로운 자격을 가지게 되신다고 주장한다. 세례 때의 예수님의 도유는 하느님의 아들로서의 지위를 새롭게 실현하는 가운데 그분을 '그리스도'가 되게 하고, 또한 그렇게 선포해 주는 것이다. …그리고 '성령으로 가득 차신' 그분은 '성령에 이끌려'(루카 4,1) 악마를 내쫓으시는 사명을 수행하시고(마태 12,28 참조), 성령의 힘을 지니고 가르치신다.(루카 4,14) 이처럼 예수님의 탄생과 하느님의 아들로서의 정체성, 그분의 선교활동은 모두 성령 안에서 드러나고 이루어지고 있는 것이다.(루카 4,16-30; 마태 13,54-58; 마르 6,1-6)" A. Amato, *Il volto di Gesù Cristo. Il Consacrato e il Missionario del Padre nella vita consacrata*, pp. 155-157. '예수님의 도유'라는 주제와 관련하여 I. De La Potterie, *L'onction du Christ*, in Nouvelle Revue Théologique 80(1958), pp. 225-252; R. Cantalamessa, *Lo Spirito Santo nella vita di Gesù. Il mistero dell'unzione*, Ancora, Milano 1982를 참조하시오.

[214] Cfr. A. Amato, *Il volto di Gesù Cristo. Il Consacrato e il Missionario del Padre nella vita consacrata*, p. 159.

이러한 행위를 지속하심으로써 부름 받은 이들을 통해 당신의 현존이 눈에 보이도록 연장하고 계신 것이다.[215] 이러한 과정은 분명 예수님의 외적인 모습이나 행동을 재현하는 것을 뜻하는 것이 아니라, 무엇보다 내적인 본질을 다시 살아냄으로써 자신의 존재의 살아 있는 규칙으로써, 그분의 삶의 방식과 마음에 동화되는 것을 의미한다.[216] 결국 교회 안에서 어떤 이들은 성령을 통해서 특별한 추종에로, 그리고 자신의 성소와 사명을 충만히 실현하기 위해 그리스도께 동화되는 역동적인 삶을 살아가도록 초대되고 있다는 것이다. 이에 대해서 『봉헌생활』은 다음과 같이 말한다.

> 모든 그리스도인의 삶과 마찬가지로 봉헌생활에 대한 부르심은 성령의 활동과 밀접하게 연관되어 있습니다.[217]
>
> 더욱이 이 부르심은 성령의 특별한 은혜를 수반함으로써 봉헌된 사람들이 그들의 소명과 사명에 응답할 수 있게 합니다. 그러므로 동방과 서방 전례가 수도서원이나 동정녀들의 봉헌 예식에서 보여 주는 것처럼, 교회는 뽑힌 사람들 위에 성령의 은혜를 기원하며 그들의 봉헌을 그리스도의 희생 제사에 합치시킵니다.[218]

여기서 모든 은사의 주권자이시며 협력자이신 성령과 함께함으로써 이루어지는 형언할 수 없는 효과 안에서 축성생활의 모든 구성 요소들을 종합하고자 하는 『봉헌생활』의 새로운 내용이 나타난다.[219] 이러한

---

215 Cfr. 『봉헌생활』 nn. 1, 19b, 22c.
216 Cfr. A. Pigna, *La vita consacrata. Trattato di teologia e spiritualità, I - Identità e missione*, pp. 140-141.
217 『봉헌생활』 n. 19b.
218 『봉헌생활』 n. 30c.

의미에서 『봉헌생활』은 성령께 대한 특별한 신학적 용어들에 대해 설명하면서, 1994년 10월 26일 교황의 일반 알현 때에 선포된 가르침[220]과 같은 맥락에서 수도생활의 축성이 가지는 고유성에 대해 언급한다.

> 그러나 이 심화된 축성은 세례를 통한 축성과 성격이 다른 것으로써 세례에 반드시 따르는 것이 아닙니다. …복음 권고에 어울리는 삶의 양식인 독신생활 또는 동정생활, 소유의 포기나 장상에 대한 순명의 부르심이 세례성사 자체에 내포되어 있는 것은 아닙니다. 그러므로 복음 권고의 선서는 예수님께서 자발적인 독신생활에 대하여 강조하신 것처럼(마태 19,10-12 참조) 모든 사람에게 다 주어지는 것은 아니며, 하느님의 특별한

---

[219] Cfr. J. Castellano Cervera, *Linee teologiche portanti dimensione trinitaria ed ecclesiale-mariana della vita consacrata*, p. 76.

[220] 사실 교황 권고 『봉헌생활』이 반포되기 전에 교황 요한 바오로 2세는 수도생활의 축성의 차원에 대한 분명한 이해를 돕는 말씀을 하신다. "5. 축성생활은 세례성사를 통해 얻어진 그리스도와의 친밀한 일치를 더욱 완벽히 증진시킴으로써 더욱 완전해지며, 세례 때의 은총의 결실을 더욱 풍요롭게 거두게 된다. 실제로 세례받은 모든 사람들에게 부과되는 요구로써 마음을 다하여 하느님을 사랑하라는 계명은 복음적 권고를 통해 하느님께 서약한 사랑으로 온전히 실현된다. 이것은 '새롭고 특별한 자격으로' 하느님을 위한 봉사에 더욱 친밀히 축성(봉헌)되었기에 '특별한 축성'이며, 세례성사의 적용이나 논리적 귀결이 아니기에 새로운 축성이다. 세례성사가 필연적으로 독신을 위한 삶을 목적으로 삼지 않으며 복음적 권고의 방식으로 재화에 대한 소유를 포기할 것을 요구하지는 않는다. 하지만 수도생활의 축성은 마치 예수님께서 자발적인 독신에 대해 말씀하실 때처럼, 모든 사람들에게 주어지는 것이 아닌 고유한 은사(carisma)라는 선물을 수반하는 삶을 살아가도록 하는 부르심과 관련되어 있다. 따라서 이것은 자유롭게 선택하시고 불러 주시며, 당연히 세례성사의 축성과 관련되어 있지만 이와는 구분되는 하나의 길을 열어 보여 주시는 하느님의 주도적인 행위인 것이다. 6. 유비적으로 복음적 권고의 서원도 견진성사 안에서 이뤄진 축성을 심화하고 발전시킨다. 이것은 도유를 통한 축성이 요구하는 것들을 넘어서는 것으로, 복음적 권고를 받아들임으로써 교회를 위한 협조와 봉사에 더욱 밀접한 의무를 가지고 적극적인 그리스도인 생활을 살아가게 하기 위해 주어지는 성령의 새로운 선물이며, 이로써 성화와 사도직 활동에 있어서의 새로운 결실을 맺게 되는 것이다. 축성생활은 그리스도의 군사이며 사도로서의 직분을 수행케 하는 견진성사에도 그 뿌리를 두고 있다. 이러한 점에서 복음적 권고들을 수용함으로써 실현되는 축성 안에서 세례와 견진성사의 효과들을 확인하고, 그 본성상 카리스마적이기도 한 축성생활을 성사적인 활동 안에서 바라보는 것이 정당할 것이다." Giovanni Paolo II, *Insegnamenti di Giovanni Paolo II*, XVII/2(1994), pp. 549-550.

은혜를 전제로 합니다. …복음 권고의 선서는 또한 견진성사 은총의 증진이지만, 축성생활의 역사가 보여 주듯이 성덕과 사도적 활동의 새로운 가능성과 결실을 향하여 나아가게 하는 성령의 특별한 은혜에 힘입어, 견진성사를 통한 축성에서 기인하는 일반적 요구를 능가합니다.[221]

따라서 복음적 권고를 통해 실현되는 축성이 이 두 가지 성사에 기초하고 있지만, 이는 단순히 세례 때 이뤄지는 공통의 축성을 개별적으로 재수용한다거나 견진성사의 필연적인 결과로 여겨져서는 안 된다. 이 축성은 내적으로는 구속력 있는 체험이며 그리스도께 속한다는 사실을 드러내고 구체적으로 증언해 주는 삶의 방식으로,[222] 일반적인 요구들을 넘어서는 성덕과 선교사명을 위한 새로운 가능성을 열어 주는 성령의 선물과 관계된 것이다. 이로써 축성생활은 하느님의 특별한 선물, 나아가서는 '그리스도 자신의 생활 방식을 반영하는' 생활로써 뛰어난 성격을 지니는 '객관적 탁월성', 혹은 '복음적 탁월성'을 취하게 된다.[223] 이러한 의미에서 축성생활의 보다 직접적인 목표는 복음적 권고를 통하여 그리스도께서 사셨던 삶의 방식을 취하고, 온 생애를 통해 자신의 전 실존을 항상 더욱 충만히 동화시킴으로써 그리스도 자신의 생활을 더욱 분명히, 그리고 눈에 보이도록 해 주는 일이다.[224] 그리하여 축성생활은 그리스도의 모습을 따르는 존재

---

221 『봉헌생활』 n. 30bd.
222 Cfr. 『봉헌생활』 n. 25d.
223 이러한 표현의 순서대로, 『봉헌생활』 nn. 30a, 32b; 18c, 32b; 105c를 보시오. 이와 관련해서, B. Secondin은 축성생활의 '탁월성(superiorità)'을 부여하는 것이 축성생활자들에게 위험스러운 자기예찬이 되거나 평신도들에게 그릇된 열등감을 유발할 수 있다는 위험성에 대해서 경고한다. cfr. B. Secondin, *Il profumo di Betania. Guida alla lettura dell'esortazione apostolica 'Vita consecrata'*, p. 50. 또한 U. Sartorio, *Gli stati di vita. Un avvio di riflessione a partire da Vita Consecrata I-II*, in ViCo 35(1999), pp. 160-171, 278-296를 참고하시오.

(esistenza cristiforme)가 되기 위한 여정으로 정의되는 것이다.[225] 그러므로 우리는 그리스도론적인 강한 특색과 함께 축성생활 안에서의 추종과 동화에 대한 심오한 의미에 대해 설명해 주는 J. Castellano Cervera의 견해에 따라서, 축성생활의 고유성에 대해서 다음과 같이 주장할 수 있다.

> 축성생활은 단지 추종의 삶만이 아니라 친교와 내적인 일치의 삶이다. 또한 단지 모방(mimesis)이 아니라 기억(anamnesis)이며, 기념하는 것이고, 마치 예수님의 존재와 행위에 대한 성사(sacramentalità)인 것이다. 그것은 전승(paradosis)이고, 살아 있는 전통이며, 완전한 봉헌과 축성, 선교를 통해서 성부께 자신의 마음과 몸을 봉헌한 심오한 의미와 함께 교회 안에서 성자의 삼위일체적 생활을 현존케 하는 삶이다.[226]

모든 덕을 완성시키는 모범[227]이신 그리스도께 동화됨이라는 이러한 과정은 축성생활자로 하여금 그분 앞에서 지녀야 할 영적인 자세와 마음가짐을 고양하도록 해 준다. 실제로『봉헌생활』은 단지 외적으로 그리스도를 따르는 것에 대해서만이 아니라, 그리스도 자신의 마음과 생활을 나눔으로써 그분과 함께 내적으로 동화되는 것에 대해서도 설명해 주고 있다.[228] 이러한 점에서 예수님을 따른다는 것은 그분의 마음을 간직하는 것이며, 그분의 감성에 길들여지기를 받아들이는 것을

---

224 Cfr.『봉헌생활』 nn. 16d, 104d.
225 Cfr.『봉헌생활』 n. 14b.
226 J. Castellano Cervera, *Linee teologiche portanti dimensione trinitaria ed ecclesiale-mariana della vita consacrata*, p. 64.
227 Cfr.『봉헌생활』 n. 18c.
228 Cfr. J. Castellano Cervera, *Linee teologiche portanti dimensione trinitaria ed ecclesiale-mariana della vita consacrata*, p. 70.

의미한다. 이로써 당신 제자들의 양성가이신 그분 안에서 모든 것을 배우기 위해서 예수님께 시선을 모으도록 초대한다는 점에서, T. Ruiz Ceberio는 이러한 지침이야말로 축성생활자들의 양성을 위해 『봉헌생활』이 제시하는 새로운 요소라고 주장한다.[229] 이러한 의미에서 M. Midali는 『봉헌생활』에서 예수님의 인격적인 면모를 묘사하기 위하여 사용하고 있는 "그리스도께서 지니셨던 그 마음을 간직하라"(필립 2, 5)[230]는 바오로 사도의 표현에 대해서 평가하면서, 이 표현이 함축하고

229 T. Ruiz Ceberio는 설명한다. "예수님을 따른다는 것은 그분 자신의 마음을 지니는 것을 뜻한다. …그리스도 자신과 같은 마음을 지닌다는 것은 우리가 그분의 감성에 길들여지도록 허락하는 것을 의미한다. 『봉헌생활』에서 강조되는 이러한 지침은 양성에 대해 이야기하면서 자연스럽게 그 원리와 과정, 단계 등을 연상케 한다는 점에서, 그리고 무엇보다 신학적, 성서적, 또는 영성적인 실천과 함께 증명되는 지속적인 양성에 대하여 언급하는 부분에서 우리에게 새로운 요소로 나타난다. 이에 대한 유용한 것들을 거부함 없이, 제자들의 양성가이신 예수님에게서 배우기 위해서 그분께 시선을 모으도록 여러분을 초대하고 있는 것이다." T. Ruiz Ceberio, *Formación como itinerario espiritual: las edades de la vida*, in AA. VV., "Comentarios a la exhortación apostólica Vita Consecrata", (ed) da A. Aparicio Rodríguez, Madrid 1997, p. 274. 또한 V. Battaglia도 다음과 같이 주장한다. "'보시다시피 저희는 모든 것을 버리고 스승님을 따랐습니다.' (마태 19,27 참조) 날마다 모든 것을 버린다는 것은 또한 주님이신 예수님의 마음과 점차적으로 같아지려는(필립 2,5) 정신과 마음가짐을 습득한다는 것을 말한다. 이것이야말로 초기 양성 기간에서나 지속적인 양성계획을 위해서 추구해야 할 기본적인 영적인 목표인 것이다." V. Battaglia, *Cristo. Profeta definitivo del Padre*, in AA. VV., "I religiosi sono ancora profeti?", a cura di J. M. Alday, Milano 2008, p. 56.

230 바오로 사도의 이 표현은 『봉헌생활』에서 문자적으로는 7번 사용되고 있다.(nn. 9b, 18b, 38c, 65b, 66a, 68c, 69a): cfr. A. Pardilla, *Vita consacrata per il nuovo millennio. Concordanze, fonti e linee maestre dell'esortazione apostolica 'Vita Consecrata'*, pp. 1073-1074; Id., *La forma di vita di Cristo al centro della formazione della vita religiosa. Il quadro biblico e teologico della formazione*, pp. 307, 322. 무엇보다 "그리스도께서 지니셨던 그 마음을 간직하라."는 표현의 중요성은 축성생활과 양성의 목표에 대해 언급하는 데서 분명히 드러난다. "봉헌생활의 목적이 자신을 완전히 내어주시는 주님이신 예수님을 닮는 동화이므로, 이것은 또한 양성의 주요 목적이 되어야 합니다. 양성은 하느님 아버지께 대한 그리스도의 자세에 점차 동화되어 가는 도정입니다."(n. 65b); "봉헌생활의 쇄신이 우선적으로 양성에 달려 있는 것은 사실이지만, 동시에 분명한 것은 자신을 봉헌하고자 하는 사람들이 주님이신 그리스도의 마음을 지니도록 이끌어 주는 영성적, 교육학적 지혜를 특징으로 하는 교육 방법을 확립하는 역량과 관련되어 있다는 것 역시 사실입니다."

있는 목적과 상황에 따라 세분하여 설명한다.

① 일반적, 전체적 의미에서의 태도: 그리스도에게 사로잡히고, 그분께서 자신을 차지하시도록 맡기는 일. 그리스도의 신비를 특별히 수용하도록 자신을 개방하며 그리스도와의 사랑의 친교 안으로 들어가는 것. 그리스도를 자신의 존재의 모든 것이며, 삶의 유일한 의미로 삼는 것. 마음을 다하여 그분을 사랑하고 전인적 투신을 통하여 그리스도께 전 실존을 동화시키는 삶을 실천하고 표현하는 것. 모든 것을 버리고 그리스도를 위해서 모든 위험을 무릅쓰는 것.

② 실존적 상황과 관련한 태도: 이것은 심지어 박해와 순교에까지 이르는 여러 형태의 시련과 역경 속에서 드러난다. 유일한 사랑이신 분께 대한 충실성, 그리스도의 환난에서 모자란 부분을 내 육신으로 채우기 위해서(콜로 1,24) 고난을 받아들임, 침묵의 희생, 하느님의 거룩한 뜻에 내어맡김.

③ 복음적 권고의 실천을 고무하기 위한 태도: 정결, 청빈, 순명

④ 친교의 생활로써 특징 되는 태도: 한마음 한뜻으로 이루어지는 형제

(n. 68c) 사실 교황 베네딕도 16세도 사도적 방문지인 오스트리아에서 사제와 부제, 신학생들에게 다음과 같이 말씀하셨다. "우리는 그분을 따르고자 합니다. 그리스도를 따른다는 말은 그리스도께서 지니셨던 마음을 함께 나누며, 그분의 삶의 방식에 동화됨으로써 성숙해 간다는 것을 의미합니다. 그것은 필립비인들에게 보낸 편지가 우리에게 소개하고 있는 바입니다. "그리스도 예수님께서 지니셨던 바로 그 마음을 여러분 안에 간직하십시오!"(필립 2,5) "'그리스도를 바라보는 것'은 오늘날의 화두입니다. 삶의 위대한 스승이신 그분을 바라봄으로써 교회는 예수님께서 지니셨던 기본적인 자세를 나타내는 세 가지 특징을 발견합니다. 교회의 전통과 함께 우리는 이 세 가지 특징을 복음적 권고라고 말합니다. 가난과 정결, 순명. 이 셋은 그리스도 추종을 약속한 생활을 규정짓는 구성 요소입니다." *L'Osservatore Romano*, 10-11 settembre 2007, p. 5. 이 주제를 더욱 심화시키기 위해서는 V. Battaglia, *I sentimenti del Signore Gesù, Un modello cristologico per la vita spirituale e l'agire morale*, in Antonianum 81(2006), pp. 209-255를 참고하시오.

적 생활과 그분께서 우리를 사랑하신 것처럼 서로 사랑하는 일(요한 13,34 참조)

⑤ 사도적 선교활동과 다양한 형태의 복음적 봉사를 위한 태도: 예수님을 닮으며, 그분에게서 생기를 얻고 그분과 함께 일하는 것. 그분과 함께 일하고 그분과 함께 고통 받으며, 그분과 함께 나누는 친밀하고 기쁜 삶의 친교를 심화시키는 것. 주님께 향한 온전한 봉헌으로의 사도적 생활. 그리스도의 마음으로 사랑하는 것. 그리스도의 사랑에서 촉구된 '인류에 대한 선교(missio ad gentes)', 종의 신분을 취하신 예수님(필립 2,7 참조)의 자세로 문화에 접근하는 것. 주님과의 친교의 삶 안에서의 새로운 복음화, 그리스도 안에서 실천하는 사랑의 구조 안에서의 가난한 이들에 대한 우선적 선택.[231]

위에서 살펴본 바와 같이, 축성생활은 그리스도의 마음과 그분의 신비에 점진적으로 그리고 충만히 동화됨으로써 실현된다. 예수님과 같은 마음을 지니기 위해서는 그분을 바라보고, 그분께 들으며, 그분을 관상하고, 그분의 사랑에 자신을 내어맡기는 일이 필요하다.[232] 또한 이러한 동화의 과정과 관련하여 살펴본 모든 내용들은 "신랑이신 그리스도께 대한 완전하고 배타적인 봉헌을 살아가고"[233] 그리스도께 대한 인격적인 사랑보다 아무것도 중요하게 여기지 않는 삶[234]을 함축하고 있다.

231 순서에 따라, 『봉헌생활』 ① nn. 18b, 25a; 76; 16a; 15c, 72a; 16c, 95b; 16b; 40b, ② nn. 24b; 70c, ③ n. 16c, ④ nn. 21d; 41ab; 42b, ⑤ nn. 8; 36d; 44b, 72ac, 76a; 75의 제목; 78a; 79a; 81b; 82b를 참고하시오: cfr. M. Midali, *Vita spirituale di consacrati e consacrate. Autorevoli indicazioni e orientamenti di 'Vita Consecrata'*, in Claretianum XXXVI-XXXVII (1996-1997), pp. 121-123.
232 Cfr. T. Ruiz Ceberio, *o. c.*, p. 271.
233 『봉헌생활』 n. 34a.

그리하여 결국에는 두 줄기의 빛, 변모의 예표적인 빛과 부활의 결정적인 빛 사이에서 '십자가의 신비(mysterium Crucis)'로 표현되는 힘겨운 '탈출의 여정(cammino esodale)'을 시작한다는 것을 의미하고 있다.[235] 이처럼 동화의 과정은 필연적으로 축성생활자들로 하여금 십자가에 못 박히심으로써 성부께 완전히 봉헌된 사랑을 계시해 주신 그리스도께 끝까지 일치하도록 인도해 준다. 그것은 고난 받고 모욕받으시는 그리스도께 동화되는 것만이 영광스럽게 오실 그리스도께 이르기 위한 유일한 길이기 때문이다.[236] 이것이야말로 축성생활이 다른 그리스도인 신원과 달리, 더욱 긴급한 요구로써 복음적 철저성이라는 성격을 갖게 되는 이유인 것이다. 이러한 의미에서 『봉헌생활』은 십자가의 신비가 하느님 사랑의 아름다움과 권능을 충만히 보여 준다는 점을 명확히 상기시키면서, 그 구원사적 의미에 대해 설명한다.

> 눈부신 변모 사건은 비극적이지만 영광스러운 해골산 사건의 준비입니다. …하느님 아버지와 온 인류를 위한 예수님의 정결한 사랑이 그 정점에 이를 것입니다. 그분의 청빈은 완전한 자기 비움에 이르고, 그분의 순종은 생명을 바침으로 나타날 것입니다. …제자들은 십자가 위에 높이 달리신 예수님을 관상하도록 초대받습니다. 십자가 위에서 침묵과 고독 속에서 '침묵에서 나온 말씀'은 모든 창조물에 대한 하느님의 절대적인 초월성을 예언적으로 천명합니다. 예수님께서는 당신의 육신 안에서 우리의 죄를 이기시고 모든 사람을 당신께 이끄시며 그들에게 부활의 새 생명을 주십니다.(요한 12,32; 19,34.37 참조) 봉헌생활에 부름 받은 사람들은 십자가에 못 박히신 그리스도를 관상함으로써 영감을 받습니다. 성령의 은혜와 모

---

234 Cfr. 『봉헌생활』 n. 84a.
235 Cfr. 『봉헌생활』 n. 40c; M. Midali, *o. c.*, p. 121.
236 Cfr. S. M. Alonso, *La vida consagrada. Síntesi teológica*, p. 421.

든 은총, 특히 봉헌생활의 은혜는 이 관상에서 시작됩니다.[237]

구경꾼들이 얼굴을 가릴 정도로 멋진 모습도 볼품도 없이 일그러진(이사 53,2-3 참조) 그분께서 죽음을 앞두고 하느님의 사랑의 능력과 아름다움을 완전히 드러내신 곳은 바로 이 십자가 위에서입니다.[238]

봉헌생활은 이 사랑의 광채를 반영합니다. 왜냐하면 봉헌생활은 십자가의 신비에 충실함으로써 성부와 성자와 성령의 사랑을 믿으며 그 사랑에 힘입어 산다는 것을 고백하기 때문입니다. 이리하여 봉헌생활에서 십자가는 이 세상에 쏟아부어 주시는 넘치는 하느님 사랑이며 특히 고난과 시련 가운데서 그리스도의 구원하시는 현존에 대한 위대한 표징이라는 사실을 교회가 잊지 않도록 도와줍니다.[239]

일그러진 그리스도의 모습에서 인류를 위한 구원이 발원한다는 점에서 십자가는 복음의 역설이다. 위에서 언급하고 있는 바와 같이, 십자가에 못 박히신 그리스도를 통해서 하느님의 사랑과 그분의 아름다움이 드러날 뿐 아니라, 축성생활을 특징짓는 모든 관점들이 최상으로 표현되고 있다. 더불어 십자가에 못 박히신 채 침묵하고 계시는 분에 대한 묘사는 어떻게 추종이 실천되고, 또 어디에로 우리를 이끌어 주는지 보여 준다.[240] 따라서 십자가에 못 박히신 그리스도께 완전히 동화됨을 통해서 축성생활자들은 "이 세상에 인간 실존의 길을 밝혀 주는 거룩한 아름다움의 빛이 결코 사라지지 않도록 하기 위해"[241] 노력하는

---

237 『봉헌생활』 n. 23ab.
238 『봉헌생활』 n. 24a.
239 『봉헌생활』 n. 24b.
240 Cfr. F. Ciardi, *Il radicamento evangelico della vita consacrata e il suo sviluppo storico* 'In ascolto dello Spirito', pp. 110-111.
241 『봉헌생활』 n. 109a.

가운데 하느님께 자신을 봉헌한 삶을 살아가고자 한다. 즉 그들은 십자가 아래서 하느님의 사랑에 감싸이고, 제물이 되셨다 다시 살아난 어린 양이 가는 곳은 어디든지 따라가도록 부름 받은 마리아와 요한의 본보기를 따라[242] 우리를 위하여 십자가에 달리고 부활하신 그리스도의 신비를 관상하고, 또한 참여하고자 한다. 이에 관련해서 A. Amato는 예수님과 축성생활자가 이루는 친교와 일치의 삶의 형태에 대해서 결정적으로 다음과 같이 설명한다.

> 축성생활자의 존재는 그리스도와 같은 존재가 된다. 그리스도는 그의 새로운 자아(io)로서 나타나며 그의 생각과 마음, 행위를 지도한다. 그것은 축성생활자가 세상 안에서 예수님의 얼굴, 마음, 자애로운 손길이 됨으로써 그리스도 안에서 그렇게 하나가 된다는 의미에서, 그분 존재에 고유한 방식으로 참여(communicatio idiomatum)하는 형태인 것이다. …축성과 복음적 권고에 대한 충실한 실천, 선교사명을 통해서 그는 세상 안에서 그리스도의 생생한 현존이 되기에 이르는 것이다.[243]

이제 축성생활자는 그리스도를 따르며 형제적 친교의 아름다움을 보여 줌으로써,[244] 동시에 소외된 이들의 얼굴에서 하느님의 참된 얼굴을 찾고자 노력함으로써[245] 자신 안에서 십자가에 못 박히신 분의 사랑을 반영하고자 한다. 그리하여 주님과 그분의 완전한 봉헌에 동화되는 여정을 통해 변모된 존재로서 축성생활자들이 지니는 사랑의 임무는 하느님의 아름다움을 추구하는 데에서 다른 사람들, 특별히 소외된

---

242 Cfr. 『봉헌생활』 n. 23c.
243 A. Amato, *Spunti di lettura cristologico-trinitaria della Vita Consecrata*, p. 44.
244 Cfr. 『봉헌생활』 nn. 41, 66.
245 Cfr. 『봉헌생활』 n. 75.

사람들과 함께 나누며 그들을 돌보아 주고, 그들의 삶에 참여하는 것으로 확장된다.[246] 이러한 방식으로 추종 안에서 예수님과의 깊고 친밀한 일치를 이루는 축성생활은 일찍이 사도 바오로가 체험했던 바를 충만히 재현하기에 이르게 될 것이다. -"나는 그리스도와 함께 십자가에 못 박혔습니다. 이제는 내가 사는 것이 아니라 그리스도께서 내 안에 사시는 것입니다. 내가 지금 육신 안에서 사는 것은, 나를 사랑하시고 나를 위하여 당신 자신을 바치신 하느님의 아드님에 대한 믿음으로 사는 것입니다."(갈라 2,19-20)[247] - 이로써 우리는 축성생활자들에게서 그리스도께 동화되는 삶이란 결국 그리스도화의 여정이라고 단언할 수 있을 것이다.

---

246 Cfr. 『봉헌생활』 n. 75d; M. Midali, *o. c.*, p. 123.
247 실제로 『봉헌생활』은 재화의 포기와 함께 예수님과 친밀한 일치를 이루며 그분께서 가시는 곳은 어디든지 그분을 따라가려는 삶을 위해서 축성생활자들에게 요구되는 모든 함축적 요구들을 설명하기 위한 방법으로 이러한 성 바오로의 체험을 직접적으로 언급하고 있다. "이 사랑에 사로잡힌 사람들은 모든 것을 버리고 그분을 따를 수밖에 없습니다.(마르 1,16-20: 2,14: 10,21.28 참조) 그들도 성 바오로처럼 '그리스도 예수님을 아는 지식이 무엇보다 존귀하기에' 그 밖의 모든 것을 잃어버린 것으로 여깁니다.(필립 3,8) 그들은 '그리스도를 얻으려고' 모든 것을 '쓰레기로' 여깁니다.(필립 3,8) 그들은 그분의 마음과 그분께서 살아가신 길을 따라 살며 그분과 하나가 되고자 노력합니다. 이렇게 모든 것을 버리고 주님을 따름(루카 18,28 참조)은 그분의 부르심을 받은 모든 시대 모든 사람들에게는 인생의 귀중한 계획입니다."(『봉헌생활』 n. 18b); "성 바오로는 이러한 깨달음을 다음과 같이 표현하였습니다. '나에게는 모든 것이 다 장해물로 생각됩니다. 나에게는 내 주 그리스도 예수님을 아는 지식이 무엇보다 존귀합니다. …나는 그리스도를 위해서 모든 것을 잃었고 그것들을 모두 쓰레기로 여기고 있습니다. 내가 바라는 것은 그리스도를 알고 그리스도의 부활의 능력을 깨닫는 것입니다.'(필립 3,8.10) 동방과 서방의 그리스도교 전통이 증언하는 바와 같이 이러한 정신은 처음부터 사도들에게 영향을 주었습니다. …동일한 전통은 또한 봉헌생활에서 하느님과 맺는 특별한 계약의 측면을 강조하였습니다. 그것은 곧 그리스도와 맺는 혼인계약으로, 이에 대하여 성 바오로는 스승으로서 모범을 보여 주었고(1고린 7,7 참조), 성령의 인도를 받아 이를 제시하고 가르쳤습니다.(1고린 7,40 참조)" (『봉헌생활』 n. 93)

4) "사도적 생활양식(apostolica vivendi forma)"으로써 그리스도를 따름

지금까지 우리는 축성생활 안에서 이루어지는 그리스도께 동화되는 과정, 말하자면 그리스도를 따름의 의미를 더욱 풍요롭게 해 주기 위한 목적에서 전인적 투신을 통하여 그리스도께 전 실존을 동화시키는 과정에 대해서 살펴보았다. 이제는 그리스도를 따름이라는 주제와 관련하여 『봉헌생활』이 제시하는 또 다른 관점, 즉 "사도적 생활양식(apostolica vivendi forma)"에 대하여 검토해 보고자 한다. 앞에서 보았듯이 축성생활은 무엇보다 하느님과 모든 이들을 위해 사셨던 예수님의 인격과 그분의 역사적인 생활양식에 온전히 기초한다. 이러한 삶의 방식을 특징짓는 것은 바로 절대적인 그리스도 중심주의 경향이라 하겠다. 이러한 생활을 받아들이는 사람은 그리스도와 하나가 되고자 하는 것이나, 그리스도의 모습을 닮아(cristiforme) 역사 안에 그분의 특별한 현존을 지속하게 되기까지 그분께 동화되는 것 외에 다른 바람을 가질 수 없다. 어떠한 의미에서 이러한 고찰은 그리스도 자신의 생활과 그 신비와 관계 맺고 있는 축성생활의 기원과 본성, 그리고 교회 안에서의 지위에 대한 논쟁에 있어 하나의 해결책을 제공해 준다. 우리는 『봉헌생활』의 몇몇 구절에서 이와 관련한 해답의 실마리를 찾을 수 있다.

> 봉헌생활은 하늘나라를 위하여 성부께서 축성하여 보내신 지고하신 예수님(supremo consacrato e missionario)께서 기꺼이 받아들이시고 (당신을 따르던: 편집자) 제자들에게 제안하신(마태 4,18-22; 마르 1,16-20; 요한 15,16 참조) 생활 방식을 성령의 촉구를 받아 '더욱 철저히 본받고 교회 안에서 영구히 재현합니다.'[248]

361

예수님께서 몇몇 사람들을 친히 부르시어 모든 것을 버리고 그분을 따르도록 하심으로써 이러한 삶의 유형을 제정하셨고, 그것은 여러 세기를 거치는 동안 성령의 인도 아래 점차 다양한 봉헌생활 형태로 발전하게 되었습니다.[249]

저희의 구원자이신 예수님, 강생하신 말씀이시여, 주님께서 부르신 사람들에게 주님 고유의 생활 방식을 맡겨 주셨사오니….[250]

교회공동체의 상황과 역사적인 긴급한 요구들과 축성생활과의 관계에서 우리는 이 두 가지가 긴밀히 연관되어 있다는 사실을 알아야 할 것이다. 그럼에도 불구하고 축성생활은 교회 안에서 생겨난 우연한 역사적 현상이 아니며, 단지 교회 조직이나 그 주도적인 영향력에 의해서 시대적 요구에 대응하기 위한 방편으로 만들어진 수단 역시 아니다. 오히려 그것은 교회의 생명과 성덕에 속하는 것이며, 또한 교회의 본성을 표현해 주는 필수적이며 거부할 수 없는 요소로 이해된다.[251] 이 점은 『봉헌생활』에서 복음적 권고의 선서가 그리스도의 신비와 밀접하게 연관되어 있으며, 그분께서 선택하신 생활 방식을 드러내야 할 과제를 지닌다고 설명하는 데서 잘 드러난다.[252] 이처럼 축성생활이 교회의 창설자이신 그리스도 자신의 뜻과 그분의 생활에 근거하는 것이기에, 축성생활의 기원 역시 역사적 상황에 따른 결과로 축소되어서

---

248 『봉헌생활』 n. 22a.
249 『봉헌생활』 n. 29c.
250 『봉헌생활』 n. 111c.
251 『봉헌생활』 n. 29b는 이 점을 정확히 설명해 주고 있다. "복음 권고의 선서는 교회의 생명과 신성함에 속하는 것이 분명합니다. 이것은 초대교회부터 있어 온 봉헌생활이 교회 본연의 특성을 나타낸다는 의미에서, 교회의 본질적이고 특징적인 요소의 하나임을 뜻합니다."
252 Cfr. 『봉헌생활』 n. 29c.

는 안 된다.²⁵³ 더불어 축성생활의 토대에 대한 『봉헌생활』에서의 이 설명은 그리스도께서 이러한 삶의 형태를 제시한 것만이 아니라, 먼저 당신 자신이 살아내심으로써 제정하셨고, 제자들에게 맡겨 주셨다는 점을 분명히 밝히고 있다.²⁵⁴ 즉 복음적 권고를 완벽히 살아감으로써 구체화하신 분은 다름아닌 예수 그리스도라는 사실이다. 따라서 그분은 축성생활의 창립자이시다.²⁵⁵ 말하자면 복음적 권고의 서원을 통해

---

253 Cfr. B. Secondin, *Il profumo di Betania. Guida alla lettura dell'esortazione apostolica 'Vita consecrata'*, p. 46.
254 Cfr. 『봉헌생활』 n. 16c.
255 '수도생활의 창립자'라는 표현과 관련하여 우리는 예수님께서 진정 교회 안에 수도생활의 기초를 놓으셨고, 제도로서 설립하기를 원하셨는지에 대한 문제 제기를 할 수 있겠다. 이에 대해서 요한 바오로 2세 교황은 1994년 10월 12일에 있었던 일반 알현에서, 『교회헌장』 n. 43의 교의적 노선에 입각하여 수도생활에 대한 그리스도의 창립 의지에 대해 분명하게 선포하고 있다. "고전적, 혹은 새로운 형태의 수도생활에서 가장 중요한 점은 자신들의 삶 안에 복음적 권고의 제정자이신 그리스도의 뜻에 근본적으로 부합하는지 식별이 필요하다는 것입니다. 이러한 의미에서 그리스도는 수도생활과 이와 유사한 모든 축성생활 신원의 창설자이십니다. 제2차 바티칸 공의회에서 이야기하는 바와 같이, 복음적 권고들은 '주님의 말씀과 모범에 기초'하고 있습니다. 수도생활을 복음의 이상을 더욱 깊이 살아가기를 열망했던 그리스도인들의 주도적인 노력에서 생겨난 순수하게 인간적인 제도로 생각하며 이러한 창립 기원에 대해 의문시했던 사람들이 적지 않았습니다. 물론 교회 안에서 서서히 발전된 몇몇 수도공동체들을 예수님께서 직접 설립하셨거나 수도생활의 특별한 형태를 규정하시지 않으셨다는 것은 분명합니다. 그러나 예수님의 가르침의 보편적인 가치와 본질적인 요소들을 통해서 볼 때 수도생활은 그분께서는 원하셨고 제정하신 생활입니다. 역사적으로는 수도생활 신원을 후대의 인간 편에서의 주도적인 노력과 함께 설명하려는 시도가 없지 않았지만, 성덕에로의 진보와 교회의 선교사명에 있어서 이처럼 훌륭한 역할을 수행했던 수도생활이 그리스도의 창립 의도에서 비롯되지 않았다고 말하는 것은 쉽게 이해할 수 없는 일입니다. 그리고 만일 복음에서 증언하는 바를 자세히 살펴본다면, 이러한 그분의 의도가 매우 분명히 나타나고 있음을 깨닫게 될 것입니다." *Insegnamenti di Giovanni Paolo II*, XVII/2(1994), p. 477. 이러한 전망에서 『봉헌생활』은 교회의 구성에 대해 소개하면서 수도생활은 거룩한 창설자의 의도에 따른 것임을 명확히 하고 있다. 여기서 F. Ciardi의 견해에 대해서도 주목해 볼 필요가 있다. 그는 『봉헌생활』 n. 29c의 내용을 주해하면서 어떻게 우리가 "수도생활의 창립자이신 그리스도"라는 정의를 이해해야 하는지 설명한다. "당신의 교회를 설립하려는 행위로써 예수님께서는 당신을 따르도록 부르신 몇몇 사람들을 자신에게 결합시키신다. 수도생활이라는 고유한 삶의 방식을 구성하는 행위가 이러한 부르심 안에서 이해된다. 그리스도 자신이 이 삶의 방식을 원하셨고 '시작하신' 것이다. 그리스도께서 의도하신 바는 다음의 확실한 표현에서 더욱 명료해진다. '그러

서 선택하는 이러한 삶의 방식은 예수님께서 사셨고, 제자들에게 전해 주신 바로 그 생활이라는 것이다.[256] 이로써 축성생활은 그리스도의 동일한 삶의 방식을 반영한다는 점에서 객관적 탁월성을 인정받게 된다.[257] 달리 말하자면, 축성생활이 복음적 권고의 선서를 통해서 더욱 완벽하게 표현되고 실현되는 그리스도께 대한 동화의 선물로써 그리스도의 삶의 방식이 지니는 고귀한 가치를 드러내기 때문에, 교회의 생명을 위한 필수불가결한 요소가 된다는 것이다.[258] 따라서 축성생활자들에게서의 특별한 축성의 생활과 선교사명은 예수님의 삶과 가르침을 전하는 교회의 살아 있는 기념이며, 살아 있는 전통이 되어야 한다는 목표를 지향해야 한다.[259] 같은 맥락에서 복음적 권고의 선서를 통해서 살아야 할 삶의 근본적인 목적 역시 특별한 덕목이나 금욕적인 실천을 수행해 나가는 데에 있는 것이 아니라, 자신의 존재를 그리스도화(cristificare)하는 데에 있다.[260] 바로 이것이 복음적 권고가 우선적으

므로 성직자와 평신도로만 이루어진 교회는 신약성서의 복음서와 서한들을 통해서도 알 수 있듯이, 교회의 창립자이신 하느님의 뜻에 맞는 것이 아닙니다.' (n. 29c) 여기에서 그리스도를 교회의 창립자로 칭하는 것은 결코 우연이 아니다. 그리고 이것은 그분께서 교회의 구성 요소인 수도생활 자체의 창립자이시다는 것을 이해하도록 돕는다." F. Ciardi, *Il radicamento evangelico della vita consacrata e il suo sviluppo storico 'In ascolto dello Spirito'*, p. 103. 또한 B. Secondin, *Il profumo di Betania. Guida alla lettura dell'esortazione apostolica 'Vita consecrata'*, pp. 52-53을 보시오.

256 B. Secondin에 따르면 몇몇 학자들, 예를 들면 A. Pigna, J. Galot, G. Ghirlanda 역시 동일한 견해를 피력하고 있다. cfr. B. Secondin, *Il profumo di Betania. Guida alla lettura dell'esortazione apostolica 'Vita consecrata'*, p. 47.

257 Cfr. 『봉헌생활』 n. 32b.

258 E. Marchitielli는 『봉헌생활』이 수도자들에게 재언급하는 더욱 완전하고 명백한 일치 (n. 30a)라는 표현은 아씨시의 성 프란치스코와 성녀 글라라가 자신들이 속한 회의 수도자들에게 요구했던 바를 반영하는 것이라고 주석한다. cfr. E. Marchitielli, *o. c.*, p. 254.

259 Cfr. 『봉헌생활』 n. 22c; A. Pardilla, *La forma di vita di Cristo al centro della formazione della vita religiosa. Il quadro biblico e teologico della formazione*, p. 315.

260 Cfr. B. Secondin, *Il profumo di Betania. Guida alla lettura dell'esortazione apostolica*

로 자기완성이나 기능적 차원에서의 사도적 활동의 효율성을 위한 수단으로 이해되어서는 안 되며, 그분과의 삶의 친교와 일치를 실현하기 위한 중요성에서 다뤄져야 하는 이유이다.[261] 이러한 의미에서 『봉헌생활』은 복음적 권고의 의미와 축성생활의 목적에 대해 명확히 전하고 있다.

> 복음 권고는 정결, 청빈, 순명의 삶을 사셨던 그리스도께서 당신의 삶에 동참하도록 일부 사람들을 초대하시는 것으로, 그 권고를 받아들이는 이들에게 그리스도께 완전히 동화되고자 하는 명백한 열망을 요구하고 또 그 열망을 드러내 줍니다.[262]

> 주님이신 예수님을 더욱 가까이 따르도록 귀중한 은혜를 받은 사람들은 예수님을 갈라지지 않은 마음으로 사랑할 수 있고 또 사랑해야 하며 그분께 단순히 일정한 행동 또는 특별한 경우나 활동이 아니라 전 생애를 봉헌하는 것은 당연한 일이라고 생각합니다.[263]

이처럼 『봉헌생활』은 축성생활의 객관적 탁월성에 대해 확신하며, 이 생활이 그리스도의 삶의 방식과 밀접한 관계가 있음을 제시한다. 다른 한편, 그리스도의 복음적인 삶의 모습에 집중된 축성생활에 대한 『봉헌생활』의 이러한 관점은 사도들의 모습에 대해서도 특별한 관심을 기울이게 한다. 즉 축성생활에 대한 그리스도론적인 관점은 사도들의 방식으로 그리스도를 따르는 삶과도 깊이 연관되어 있다는 것이다.

'Vita consecrata', pp. 47-48.
261　Cfr. A. Pigna, *L'Esortazione apostolica e le domande teologiche emerse dal Sinodo*, p. 43.
262　『봉헌생활』 n. 18c.
263　『봉헌생활』 n. 104c.

사실 『봉헌생활』은 복음의 그리스도와 축성생활과의 관계를 설명하기 위해서 '그리스도를 따름'이라는 정식을 취하고 있지만, 또한 이러한 삶의 또다른 모범으로 '사도적 생활양식(apostolica vivendi forma)'이라는 정식도 함께 사용하고 있다.[264] 이러한 점에서 『봉헌생활』은 새롭고 특별한 축성의 수도자들로 하여금 예수님께서 직접 실천하셨고, 그분께서 제자들에게 권고하신 삶의 방식을 자신의 것으로 삼도록 하는 것임을 확인하고 있다.[265] 즉 그리스도와의 일치라는 동일한 과정 안에서 그리스도의 생활양식(Christi vivendi forma)과 사도적 생활양식, 이 둘은 서로 일치하는 것이며, 축성생활자들은 이 모두를 지속적으로 실현하는 통합적인 실체라는 숙고를 반영하고 있는 것이다.[266] 이것은 예수님의 삶과 사명이 그리스도를 따름이라는 과정을 통해 제자들의 생활과 사명이 되는 것과 같은 방법으로, 축성생활자들 역시도 이러한 삶을 함께 나누며 동일한 사도적 이상에도 참여한다는 것을 의미한다.[267] 사실 예수님께서도 단지 온전히 성부께 축성 봉헌된 삶의 계획

---

[264] Cfr. A. Pardilla, *Vita consacrata per il nuovo millenio. Concordanze, fonti e linee maestre dell'esortazione apostolica 'Vita Consecrata'*, p. 1366. 그리스도의 삶과 그리스도를 위한 삶으로써 이해되는 추종과 관련하여, 마리아에게도 이러한 추종의 최상의 모범이 있음을 이야기할 수 있겠다. 그러나 우리는 예수님과 그분의 제자들과의 관계에 대한 탐구로 우리의 연구 주제를 제한하고자 한다. 왜냐하면 마리아께서 물리적인 방식으로 예수님을 따르며, 사도로서의 그분의 여정을 함께했던 것이 아니라, 이와는 다른 방법으로 그분 때문에, 그리고 그분을 위해서 사셨기 때문이다. cfr. A. Pigna, *La vita consacrata. Trattato di teologia e spiritualità. I-Identità e missione*, p. 128. 축성생활과 마리아와의 관계에 대해서 J. Galot, *Spiritualità mariana e vita consacrata. 1. Presenza di Maria nella preghiera dei consacrati*, in ViCo 23(1987), pp. 349-367; Id., *Vivere con Maria nella vita consacrata*, Editrice Ancora, Milano 1987; V. Macca, *Maria ideale della vita religiosa*, in AA. VV., 'Vita religiosa e Concilio Vaticano II', a cura di E. Ancilli, Teresianum, Roma 1996, pp. 381-399를 참조하시오.
[265] Cfr. 『봉헌생활』 n. 31d.
[266] Cfr. E. Marchitielli, *o. c.*, p. 254.
[267] Cfr. A. Amato, *Spunti di lettura cristologico-trinitaria della Vita Consecrata*, p. 31.

을 구체화시키셨던 것만이 아니라, 사도들을 초대하시어 당신 자신과 친밀한 관계를 맺게 하시고, 당신과 동일한 삶의 계획을 그들 자신의 것으로 받아들이게 함으로써 새로운 공동체를 건설하고자 하셨다.[268] 그리하여 사도들은 유일한 스승이신 분을 따름으로써 스스로도 전적인 포기의 삶의 방식을 살아야 했고, 또한 예수님의 생활양식과 인도를 받아들여야 했던 것이다. 이러한 방법으로 예수님의 삶과 사명은 제자들의 삶과 사명이 되며, 따라서 축성생활자들의 삶과 사명이 되기도 한다. 이에 대한 『봉헌생활』의 중요한 예문들을 다음과 같이 열거할 수 있다.

> 어느 시대에나… 자신을 그리스도께 봉헌하려고 그리스도를 따르는 이 특별한 길을 선택한 사람들이 있어 왔습니다. 사도들처럼 그들 또한 그리스도와 함께 살려고 모든 것을 버렸습니다. 그리스도께서 그러하셨듯이 그들은 하느님과 형제자매들을 섬기는 봉사에 자신을 바치려고 모든 것을 버렸습니다.[269]

> 봉헌생활의 복음적 토대는 예수님께서 지상생활 동안 일부 제자들과 맺으신 특별한 관계에서 찾아볼 수 있습니다. 예수님께서 제자들을 부르신 것은 그들이 각자의 삶 안에 하느님의 나라를 맞아들이게 할 뿐만 아니라, 모든 것을 버리고 그분 자신의 생활 방식을 열심히 본받음으로써, 그들의 삶을 하느님 나라에 봉사하게 하려는 것이었습니다.[270]

> 지상생활 동안 주님이신 예수님께서는 하느님 아버지를 위하여 또 아버

---

268 Cfr. A. Pardilla, *La forma di vita di Cristo al centro della formazione della vita religiosa. Il quadro biblico e teologico della formazione*, p. 310.
269 『봉헌생활』 n. 1b.
270 『봉헌생활』 n. 14a.

지께 받은 사명을 완수하시려고 원하신 이들을 부르시고 그들을 당신 곁에 두시어 당신 모범을 따라 살도록 가르치셨습니다.(마르 3,13-15 참조) 이렇게 예수님께서는 앞으로 다가올 세대에 '하느님의 뜻을 수행'할 모든 사람들을 받아들일 새로운 가족을 탄생시키셨습니다.(마르 3,32-35) 예수님 승천 이후, 성령의 은혜의 결실로써 사도들을 중심으로 한 형제공동체가 형성되었고, 그들은 모여서 하느님을 찬미하고 친교의 체험을 나누었습니다.(사도 2,42-47; 4,32-35 참조) 그러한 공동체 생활과 그리스도와 모든 것을 나눈 열두 사도들의 체험은 교회가 원래의 열정으로 되돌아가 참신한 복음적 활력으로 역사적 여정을 재출발할 때마다 교회가 바라보는 모범이 되어 왔습니다.[271]

동방과 서방의 그리스도교 전통이 증언하는 바와 같이 이러한 정신은 처음부터 사도들에게 영향을 주었습니다.(편집자 주: 사도들에게서 영향을 받았습니다.) '예수님을 위하여 모든 것을 버리고 그분을 따르는 사람들은 우리에게 그분의 초대에 응답하여 모든 것을 포기하였던 사도들을 상기하게 합니다. 결국 수도생활을 사도적 생활양식(apostolica vivendi forma)이라고 일컫는 것은 전통이 되었습니다.[272]

위에서 제시된 본문의 내용을 토대로 우리는 '사도적 생활양식' 안에서 그리스도를 따름에 대한 몇 가지 명시적 특징들을 찾아볼 수 있다. 그 특징들이란 그리스도와 함께 지내는 것, 하느님과 형제자매들을 섬기는 봉사에 자신을 바치는 것, 그리고 하느님의 뜻을 수행할 모든 사람들을 받아들이는 새로운 가족과 형제적 공동체를 형성하는 일이다. 먼저 그분과 함께 지내는 삶으로 이해되는 그리스도를 따름이란 단지 그분의 가르침을 경청하고 그분의 계명을 준수하는 것만을 의미

---

[271] 『봉헌생활』 n. 41a.
[272] 『봉헌생활』 n. 93c.

하지 않는다. 오히려 그것은 예수님 자신의 인격에 더욱 근본적으로 합치하는 것을 뜻한다. 즉 예수님께서 제자들에게 건네주신 따름의 정신은 단순히 그분의 계명과 권고를 이행하는 것이나 그분의 행위나 덕목을 본받는 일 이상의 것이다. 그것은 예수님께서 당신을 따르도록 어떤 사람을 초대하는 경우에 단지 당신 자신을 본받아야 할 모범으로써 보여 주시기만 한 것이 아니라, 생명이 있는 삶(요한 14,6: 15,5 참조)으로써 선사하시기 때문이다. 이에 있어서 A. Pigna는 회칙 『진리의 광채(Veritatis Splendor)』에서 '예수님의 제자가 된다는 것은 그분과 닮는다는 것을 뜻한다'[273]고 단언하고 있다는 점을 강조하면서, 그리스도를 따름에 있어 필수불가결한 요소로 스승과 제자의 관계 안에서 그분과 함께 지내는 생활의 의미에 대해 설명한다.

> 그리스도인의 신분이란 진정 '그리스도 안에 머무는 생활', 지금 여기에서 그분으로 인해 사는 것이며, 따라서 그분의 죽음과 부활의 진리에 충만히 참여하는 생활이다. 한마디로 말하자면 그리스도를 따르도록 불리었다는 것은 마치 바오로 사도께서 '그리스도께서 내 안에 사시는 것입니다.'라고 말씀하신 바에 이르게 되기까지 그리스도 때문에 살아가도록 불리었다는 것을 뜻한다. …그리스도를 따르며 그분의 제자가 되기를 수용한다는 것은 하나의 여정을 시작하는, 즉 인간적인 관점에서 비유될 수 있는 여타의 체험을 무한히 넘어서는 거대한 모험을 향해 나아가는 것을 의미한다. 그것은 단지 다른 누군가로부터 배우거나 그와 함께 사는 것만이 아니라 그 누군가가 되는 것을 이야기한다. 그러므로 따름이란 일치에 이르게 하는 것이다. 그 안에서 스승은 자신의 지식만을 전수하는 것이 아니라 있는 그대로 자기 자신을 내어놓는다. 또한 제자는 삶의 근본원리나 모범만을 전해 받는 것이 아니라 스승이 자신 안에 깊숙이 들어와서 자신의

---

[273] 『진리의 광채』 n. 21a.

삶 자체가 되기를 수용하는 것이다.[274]

예수님께서는 가르침을 주거나 본받아야 할 모범을 제시하기 위해서가 아니라 당신과 함께 지내도록 하고, 당신과 지속적이며 배타적인 성격의 확고한 관계를 맺게 하기 위해서 제자들을 당신 곁으로 초대하신다. 이러한 관계는 삶을 물리적으로 공유하는 것과 더불어 내적인 친교를 형성하게 해 준다.[275] 그리고 제자들 편에서는 어느 누구도 어떤 대상을 얻기 위해서나 혹은 자신의 삶의 계획이나 이상을 실현할 목적으로 그분을 따르는 것이 아니라, 삶의 모든 것이며 최상의 가치인 그분의 인격을 사랑으로 받아들이며 그분과 함께 지내기 위해서 따르는 것이다. 따라서 그리스도를 따름이란 그 자체 안에서 존재의 이유와 목표를 갖는다.[276] 제자들의 정체성은 언제나 그분과 함께 지내는 것에 달린 문제인 것이다. 이렇게 해서 예수님과 함께, 예수님 안에서 지내는 삶의 방식은 제자들에게 그분의 배타적인 주도권에 의해 행해지는 그분과의 삶의 일치를 충만히 실현해 나갈 것을 요구하게 된다.[277] 이러한 의미에서 그리스도를 따름은 그리스도교 신앙에 있어서 부가적

---

274 A. Pigna, *La vita consacrata. Trattato di teologia e spiritualità. I-Identità e missione*, pp. 131-132.
275 F. Ciardi에 따르면 심오한 내적인 자세로서 이해되는 '그분과 함께 지내는 생활'은 요한 복음서에서는 예수님과 제자들이 함께 지내거나 사는 것(essere, dimorare), 그리고 서로 안에 머무는 것(rimanere reciproco)으로 소개된다. 또한 그것은 성자를 성부에게 일치시켜 주는 형언할 수 없는 친밀함의 관계 안으로 들어가는 것을 말한다. cfr. F. Ciardi, Koinonia. *Itinerario teologico-spirituale della comunità religiosa*, p. 30.
276 Cfr. A. Pigna, *La vita consacrata. Trattato di teologia e spiritualità. I-Identità e missione*, p. 132.
277 이 논문의 1장 그리스도를 따름의 성서적 기초에서 살펴보았던 것처럼 제자들의 성소의 기본적인 특성은 예수님께서 직접 제자들에게 당신을 따르도록 초대하셨으며, 이 초대에 그들은 모든 것을 버리면서 응답하였다는 사실에 있다. cfr.『봉헌생활』nn. 16a, 64c, 93c.

인 어떤 것이 아니라, 신앙의 가장 본질적인 핵심 내용이 된다. 우리는 그분을 따르면서 그분과 함께 지내는 가운데 비로소 그분이 누구이신지, 그분에 관하여 무엇을 생각해야 하는지 알 수 있기 때문이다.[278] 그러므로 그리스도를 따름을 실천하는 행위는 그리스도께 대한 참된 지식의 근원이다.[279] 왜냐하면 그분의 말씀을 듣고 그분과 함께 같은

---

278 Cfr. J. B. Metz, *Tempo di religiosi? Mistica e politica della sequela*, Brescia 1978, p. 71.

279 예수님께 대한 친밀한 인격적인 지식이란 과학적인 지식을 말하는 것이 아니라, 당연히 '알다'라는 말의 성서적 의미에서처럼 하느님의 계획과 그분의 길을 이해하고 체험한다는 것을 뜻한다. 이에 대해서 우리는 '이해하다(capire)'와 '보다(vedere)'라는 상징적인 용어로써 표현되는 지식(앎)과 관련하여 따름의 두 가지 모델, 즉 파스카 사건 이전의 따름과 그 이후의 따름에 대해서 확인해 볼 수 있다. 여기서 베드로의 모습과 예리고의 바르티매오라는 눈먼 거지에 대한 이야기(마르 10,46-52)는 이러한 파스카 사건 이전의 추종에 대한 전형적인 본보기로 제시된다. 베드로의 경우에 그에게 예수님을 메시아로 고백하려는 마음(마태 16,16)이나 그분을 위해서 자신의 목숨을 희생하려는 의지(마태 26,35)가 부족하지는 않았다. 그럼에도 불구하고 결정적인 수난의 때에 이르러 그는 예수님을 '멀찍이 떨어져' 따랐으며(마태 26,58; 마르 14,54), 맹세한 바를 부인하는 지경에 처한다. '나는 그 사람을 알지 못하오!'(마태 26,74) 베드로는 그리스도를 다시 만나서 부활하신 그분으로부터 용서를 받고, 고난을 통해 성숙된 사랑을 고백하게 된 이후에(요한 21,15-19) 비로소 모든 노력을 기울여 철저히 그분을 따르는 것이 어떤 것인지를 이해하고 경험하게 될 것이다. cfr. U. Vanni, a. c., pp. 8-11. '멀찍이 떨어져 따르다'의 성서적인 의미에 대해서는 A. Aparicio Rodríguez, *El seguimiento de Jesús desde Galilea*, in AA. VV., ""Y lo contemplaban desde lejos' ¿Seguir a Jesús 'mas de cerca'?", Publicaciones Claretianas, Madrid 1997, p. 55를 보시오. 다른 한편 바르티매오의 이야기는 따름의 조건과 시력의 회복을 결부시키며 제자의 모범을 제공한다. '그가 곧 다시 보게 되었다. 그리고 그는 예수님을 따라 길을 나섰다.'(마르 10,52) 여기서 파스카 사건 이전의 따름이라는 것은 예수님의 구원 신비를 깨닫고 이해할 수 없는 것으로 특징지어진다. 따라서 시련의 순간에 충실한 자세를 견지하며 예수님의 삶과 인격에 대한 충만한 지식에 이르기에는 충분치 못한 것이다.(마르 9,32; 루카 9,45: 18,34: 24,31) cfr. F. Martínez Díez, *Creer en Jesucristo vivir en cristiano. Cristología y seguimiento*, pp. 631-632; Id., *Rifondare la vita religiosa. Vita carismatica e missione profetica*, pp. 82-85. 이와 유사하게 J. M. Castillo는 마르코 복음에서 나타나는 제자들의 몰이해에 대해 주석하면서, 제자들은 실제로는 그분을 따르지 않았던 것이라고 단호하게 주장한다. 그는 다음과 같이 설명한다. "이 여정에서 제자들은 그들의 몰이해(ézamboûnto)로 특징지어진다. 그들은 놀라워하며 그 여정을 이해하지 못했다. 여기서 흥미로운 것은 이 몰이해가 마르코 복음 전체를 관통하는 제자들에 대한 특징적인 표현이라는 점을 상기해야 한다는 것이다.(마르 4,41: 6,52: 7,17-18: 8,18.21.33: 9,10.28.32.34: 10,10.26.35: 13,1.4: 14,27 이하) 그리하여 예수님께서는 '알아듣지 못하는' 그들을 깨닫게 하시고(마르 7,18: 8,18: 4,12 참조), 때로는 그들을 바리사이들과 대조하는 표현(마르 6,52: 8,17: 9,34: 3,4.5

길을 걷는 사람만이 그분이 누구이신지, 그분의 하느님은 어떤 분이시고, 또 인간은 어떤 존재인지 헤아릴 수 있기 때문이다.[280]

다른 한편 예수님께서는 교회의 모든 사람들에게 제자들의 방식으로 하느님 나라를 위해 온전히 축성 봉헌된 생활양식을 유산으로 남겨 주셨다.[281] 사실 조건 지워진 따름이란 아무런 의미가 없는 것이다. 왜냐하면 그것은 이미 그 자체로 추종의 유일한 동기와 목적인 그리스도의 절대적인 주권에 대한 부정이기 때문이다. 따라서 그리스도를 따름이란 그분께 대한 순명 이외에 다른 응답이 있을 수 없다. 이러한 기본적인 태도 안에서 그리스도를 따름이란 어느 한 사람이 전적으로 자유로이 그분을 따르고 그분께서 원하시는 방식으로 하느님과 이웃을 위한 봉사에 자신을 바칠 것을 수용하는 순간에 살아야 할 하나의 삶이 된다. 이러한 과정은 필연적으로 모든 것을 버리거나 포기하라는 요구를 수반한다. 이 복음적 요구란 악한 것이나 죄가 되는 모든 것을 버리

참조)과 함께 자주 이러한 제자들의 몰이해에 대해 책망하신다. 그러므로 따름의 여정을 처음 시작했던 사람들(마르 1,18.20)이 이제는 예수님을 따르고 있지 않는 것이며, 절망과 죽음을 맞이하기 위해서 예루살렘을 향해 가시는 예수님의 운명을 이해하지 못하고 있는 것이다.(마르 10,33-34) 이 이야기 전체에서 주목할 것은 이 사람들이 예수님 곁에 지내면서 그분을 따랐고 항상 그분을 동반했으며 그분의 가르침에 대한 설명을 들었지만, 그것을 이해하지 못했고 실제로는 그분을 따르지 않았다는 것이다." J. M. Castillo, *El seguimiento de Jesus*, Salamanca 2004, p. 117. 따라서 예수님을 철저히 따르는 여정 안에서 그분께 대한 확고한 신앙만이 가져다주는 새로운 내적 지식과 회복된 시력을 갖추는 것이 필수적이다. 이러한 신앙을 통해서 파스카 이전의 따름 안에서 겪게 된 연약함의 체험은 우리가 항상 하느님의 자비로운 손길 안에 있음을 깨닫고 다시 새롭게 예수님의 뒤를 따르는 일을 가능케 하는 회심의 기초가 된다. 그리하여 제자들은 예수님의 인격과 그분의 신비를 새롭게 재해석하고, 새로운 단계에서 철저한 추종을 시작할 수 있게 될 것이다. cfr. E. Schillebeeckx, *Gesù la storia di un vivente*, Brescia 1980³, pp. 339-342.

280　Cfr. B. Fernández García, *Sequela. Riflessione teologica*, in "DTVC", Milano 1994, p. 1619.

281　Cfr. 『봉헌생활』 n. 29c; A. Pardilla, *La forma di vita di Cristo al centro della formazione della vita religiosa. Il quadro biblico e teologico della formazione*, p. 310.

라는 공통의 의무를 가리키기보다, 비록 선한 것일지라도 예수님께서 택하셨고, 당신과의 친밀한 관계에로 특별히 초대된 몇몇 사람들에게 제시하신 생활양식과 양립할 수 없는 모든 것들에 대한 근본적인 포기를 의미한다.[282] 그러나 항상 잊지 말아야 할 것은 포기보다는 따름이라는 요소가 더욱 중요성을 지닌다는 것이다. 이에 대해 A. Pigna는 다음과 같이 주장한다.

> '버리다'라는 것에 과도한 중요성을 부여하지 말아야 한다. 그보다 중요한 것은 단지 그분만을 '따른다'는 것이다. 그분을 따르기로 결심했기 때문에 버리는 것이다. 이로써 이미 그분의 주권과 영향력이 미치는 범위 안에 들어가게 된다. 따르기 위해서 버리지는 않는다. 왜냐하면 그것은 따라오는 것이기 때문이다. 비록 버리는 일 없이 따를 수는 없는 것이지만, 사실 따르지 않으면서도 버릴 수는 있다. 자기 소유를 포기한다거나 관대한 봉사의 생활을 선택하는 것이 그 자체로 그리스도께 대한 순명의 행위라고 말할 수는 없다. 포기와 따름은 동일시될 수 없다. 마치 그리스도께 대한 선택과 봉사하기 위한 선택이 동일시될 수 없는 것처럼. …다양한 생활양식과 서원, 그리고 봉사의 생활은 오직 그리스도께 대한 순명의 행위로써 실천되는 기준에 따라 진정 그리스도교적인 것이 될 것이다.[283]

이로써 모든 것을 버린다거나 전적으로 자유로이 봉사하는 일에 자신을 바치는 행위와 비교하여 그리스도를 따르는 일이 절대적으로 우선시되어야 한다는 사실이 분명해진다. 사실 예수님께서도 제자들을 당신 곁에 가까이 두시며 일상생활에서 벗어나 당신을 따르도록 초대하

282　Cfr. *Ibid.*, p. 311.
283　A. Pigna, *La vita consacrata. Trattato di teologia e spiritualità. I-Identità e missione*, pp. 133-134.

셨다. 그것은 제자들이 당신과 친밀한 관계를 이루고, 하느님 아버지를 위하여 또 아버지께로부터 받은 사명을 위한 당신의 모범을 살아가도록 그들을 가르치기 위함이었다. 이러한 의미에서 『봉헌생활』은 축성된 사람이 그리스도께 더욱 완벽히 동화되는 만큼, 사도적 활동을 위한 자신의 존재와 사명도 더욱 풍요로워지는 것이라고 설명한다.

> 봉헌된 사람들이 그리스도께 일치하면 일치할수록 그리스도께서 인류의 구원을 위하여 이 세상에 더욱 현존하며 활동하시도록 해 드립니다. …그러므로 수도자들은 주님이신 예수님께 대한 그들의 봉헌이 더욱더 인격적일수록… 사도직에도 더욱더 열렬히 투신하게 될 것입니다.[284]

> 봉헌생활은… 우리가 그리스도 안에서 살면 살수록 다른 사람들 안에서 그분을 더 잘 섬길 수 있음을 웅변적으로 보여 줍니다.[285]

결국 우리를 초대하시는 예수님과 함께 머물며 무조건적으로 그분을 따르는 가운데 스승과 제자들 사이의 친교, 그리고 동일한 한 분을 뒤에서 함께 따르는 제자들 사이의 친교가 점차 이뤄진다.[286] 이렇게

---

284 『봉헌생활』 n. 72bd.
285 『봉헌생활』 n. 76. 여기서 L. Guccini의 주장을 들어 보는 것이 유익할 것이다. "우리가 수도자가 된 것은 어떤 특별한 활동이나 사업에 헌신하기 위해서가 아니라 예수님과 복음 때문에, 결국 영성적인 이유와 신앙 때문이라는 것을 경솔히 여기지 말아야 한다. 공동체적인 차원으로 옮겨서 이러한 관점은 일차적으로는 형제적 관계와 함께 모든 이들을 섬기는 삶을 살아가는 제자직무를 위한 신앙의 나눔이 중요하다는 것을 명확히 밝혀 준다. 그러나 실제로는 어떠한 일이 벌어지는가? 우리의 모든 생활은 사업이나 활동과 봉사와 같은 일을 체계화하는 데에 기초하고 있다. 그렇게 하여 결국에 삶의 중심이 되는 것은 복음과 따름이 아니라 기능과 과제, 심지어 일이나 경영을 위한 효율성이 된다. 이것이 오늘날 수도회들이 가지고 있는 또 하나의 약점이며, 미래에 대한 진정한 위협인 것이다." L. Guccini, *Dopo il Sinodo verso dove? La sfida della santità*, in Testimoni 18(1995) p. 22.
286 이에 대해서 F. Ciardi는 제자들의 성소 자체는 이미 함께 불리어졌음(공동 성소: con-vocazione)을 의미하는 것이라고 주장한다. 그것은 따름이란 예수님의 인격을 중심으

하여 제자들 각자를 부르시는 예수님의 말씀과 이 말씀으로부터 생겨나는 따름의 역동적인 활동에 의해서 사도적 공동체가 탄생한다. 즉 예수님 곁에 함께 모이고 그분의 뒤를 따름으로써 스승과 제자들의 관계만이 아니라 제자들 사이의 관계 역시 강화되는 것이다. 이러한 방법으로 "스승과 함께하는 삶의 친교는 그들 사이의 삶의 친교가 된다."[287] 여기서 사도들의 방식으로 그리스도를 따르는 모습을 정확히 묘사하기 위해서 『봉헌생활』은 특별히 성서적인 언어로써 예수님으로부터 시작된 "새로운 가족"[288]이라는 표현을 사용한다. 이에 대해서 A. Pardilla는 이스라엘 사람들의 전통적인 축제인 '파스카'의 맥락에서 사도들의 특별한 따름과 축성의 삶을 통해 형성되는 예수님의 새로운 가족이 지니는 고유한 의미에 대해 설명한다.

> 사실 따름이란 사람들을 공동의 생활에 결속시키는 것을 의미한다. 이것은 그들이 서로를 모임의 동료로서, 또는 같은 한 가족의 형제이며 구성원으로서 받아들일 의무를 가지는 것을 필요로 한다. 이스라엘에서 파스카 축제는 가장 큰 가족 축제이기도 하였다. …하지만 제베대오의 아들들은 아버지의 집으로 갔던 것도 아니고, 자신들의 가정집에 모여 파스카 축제를 지냈던 것도 아니다. 왜냐하면 그들은 자신들의 특별한 추종과 축성을 통해서 수도 가족과 견주어 생각해 볼 수 있는 새로운 형태의 가족을 구성하기 위해서 자기가 속한 가족을 포기했기 때문이다. 실제로 이 새로운 가족은 예수님의 제자들이 모인 가족, 즉 예수님으로부터 시작된 가족이며, 거룩하고 초자연적인 동기에서 생겨난 가족이다. 또한 그것은 머물 곳조차 없는 사람들이나 하느님 나라를 위해서 고자가 된 사람들이 모인

로 한 동일한 여정 안에서 그들을 결합시켜 주는 것이기 때문이다. cfr. F. Ciardi, *Itinerario teologico-spirituale della comunità religiosa*, pp. 28-29.

287 *Ibid.*, p. 33.
288 Cfr. 『봉헌생활』 n. 41a. 또한 nn. 21f, 35c, 93f를 참조하시오.

가족이며, 단지 자신들이 받은 특별한 성소로부터(또한 공동 성소이기도 한) 그 정체성을 찾을 수 있는 가족이다. 그리고 예수님과 함께, 예수님처럼 살기로 약속한 사람들의 가족이며, 예수님을 인도자, 모범, 아버지로서 받아들였던 동료 형제들의 가족이기도 하다. 그들은 가족이 가지는 소속감을 최상으로 표현해 주는 날, 즉 파스카 축제를 기념하는 날에 이렇게 그분 곁에 함께 모여 머물렀던 것이다.[289]

이로써 축성생활 성소의 정체성은 예수님께서 사도들을 초대하신 부르심의 연장선상에서 나타난다. 즉 예수님께서는 '사도적인 생활양식'과 동일한 방법으로 축성된 사람들에게 "그분 곁에서 살면서 그분이 가는 곳이면 어디든지 따라가기 위하여(묵시 14,4) 모든 것을 버리는(마태 19,27 참조) 전적인 투신"[290]을 요구하신다. 만일 축성된 사람이 그리스도로부터 그분을 항상 더욱 가까이서 따르도록 불리운 자로서, 그분을 자신의 존재의 유일한 의미로 선택하고 그분과의 친밀한 관계를 충만히 살아간다면, 그는 자신의 성소를 주님과 나누는 우정의 역사로 만들어 갈 수 있게 될 것이다.[291] 그리하여 우리는 그리스도를 따름이라는 유일한 성소의 의미에서 '사도적 생활양식'을 살아간다는 것은 자신의 삶의 계획에 있어서 본질적인 가치들, 즉 예수님께 완전히 동화되기까지 그분과 친밀한 관계를 이루는 생활, 새로운 가족공동체 안에서의 친교의 생활, 하느님과 이웃을 섬기는 데에 전적으로 자신을 내어놓음 안에서 그분의 사명에 참여하는 생활을 뜻한다고 결론지을 수 있겠다.

---

289 A. Pardilla, *Vita consacrata per il nuovo millennio. Concordanze, fonti e linee maestre dell'esortazione apostolica 'Vita Consecrata'*, p. 1367.
290 『봉헌생활』 n. 18a.
291 Cfr. 『봉헌생활』 n. 64d.

5) 그리스도를 따름 안에서 변모된 사람으로서의 사명

타볼 산 위에서의 예수님의 변모 사건에 대해 고찰하면서 우리는 축성생활 안에 그리스도의 얼굴을 관상하며 하느님 나라를 추구하는 가운데 인간 실존을 변화시키도록 초대하는 부르심이 있음을 살펴보았다. 그리스도의 변모된 얼굴을 관상하며 증언하도록 부름 받은 수도자들은 그들 스스로가 또한 변모된 존재가 되도록 부름 받고 있는 것이다.[292] 『봉헌생활』에 따르면 역사적으로 많은 수도자들은 삶의 형태와 창립 카리스마의 고유한 성격에 있어서 다양함이 있을 수 있지만, 그리스도의 신비에 대한 특별한 관점을 증언하고 그리스도께 동화되고자 하는 깊은 열망을 보여 주었으며, 그리하여 교회 역사 안에서 성덕의 탁월한 유산을 남겨 주었다. 따라서 『봉헌생활』은 매우 분명한 표현으로 수도자들은 세상 안에서 그리스도의 증인이며 그분의 사명의 협조자라고 정의하고 있다.[293]

> 교회 역사상 봉헌생활은 성령 활동의 살아 있는 현존, 곧 하느님과 이웃에 대한 절대적 사랑, 그리고 온 인류를 사랑의 문화와 하느님 자녀들의 대가족 안으로 끌어 모으시려는 하느님의 계획을 증언하는 일종의 특전 영역이 되어 왔습니다.[294]

> 선교의식(missionarietà)은 수도생활 안에서 특별히 실현되고 있습니다. 사실 만민 선교에 헌신하거나 일반 사도활동에 종사하는 봉헌생활 단체들의 고유한 영성에 더하여, 선교의식은 모든 봉헌생활의 핵심이라고 말할 수 있습니다. 봉헌된 사람들은 그리스도께 단단히 매달리며(요한15,16;

---

[292] Cfr. 『봉헌생활』 n. 35b.
[293] Cfr. M. Midali, *o. c.*, p. 117.
[294] 『봉헌생활』 n. 35c.

갈라 1,15-16 참조) 성령의 감화를 받아(루가 24,49; 사도 1,8: 2,4 참조), 아버지께 완전히 헌신하는 생활을 함으로써(루가 2,49; 요한 4,34 참조), 주 예수님의 사명에 효과적으로 협력하며(요한 20,21 참조) 완전한 방법으로 세상의 쇄신에 공헌합니다.295

여기에서 수도생활의 축성과 선교 사이의 긴밀한 연관성이 드러난다. 이 두 가지 차원은 필연적으로 서로 관련되어 있을 뿐만 아니라, 축성은 그 자체로 선교의 가장 탁월한 형태를 이룬다는 의미에서 실체적으로도 이 둘은 서로의 한 부분을 구성하고 있는 것이다. 즉 축성은 선교의 토대이며 가장 중요한 실현 방식이기도 한 것이다.296 이 점에서 수도자들의 선교사명은 이미 그들의 축성된 생활과 결합되어 있다는 사실을 상기시키면서 『봉헌생활』은 다음과 같이 역설한다.

> 봉헌된 사람들의 소명에는 전적으로 '선교'에 헌신해야 할 의무가 포함됩니다. 사실 봉헌생활은 예수님의 전 생애가 그러하였듯이, 모든 소명과 은사의 근원인 성령의 활동에 힘입어 그 자체가 선교입니다. 온전하게 자유로이 복음에 봉사하도록 하는 복음 권고의 선서는 이러한 관점에서도 중요합니다. 그러므로 선교의식(missione)은 활동 사도직에 헌신하는 수도회뿐만 아니라, 관상생활에 전념하는 수도회를 포함한 모든 수도회에 근본적인 것이라고 말할 수 있습니다. 사실 선교는 외적인 활동이라기보다 인격적 증거를 통하여 세상에 그리스도를 현존하게 하는 것입니다. 이것은 봉헌생활의 첫째가는 과제인 동시에 하나의 도전입니다! 봉헌된 사람들이 그리스도와 일치하면 할수록 그리스도께서 인류의 구원을 위하여 이 세상에 더욱 현존하며 활동하시도록 해 드립니다.297

---

295 『봉헌생활』 n. 25a.
296 Cfr. A. Pigna, *L'Esortazione apostolica e le domande teologiche emerse dal sinodo*, p. 55.

가장 훌륭한 사도직은 그 어떤 활동보다 주님의 구원 의지에 대한 자신의 완전한 봉헌을 보여 주는 증거이며 이 봉헌은 기도와 참회에서 자양분을 얻습니다.²⁹⁸

실제로 『봉헌생활』에서 축성된 사람들은 축성과 선교 사이의 일치, 자기 복음화와 증거 사이의 일치, 내적 쇄신과 사도적 열성 사이의 일치, 존재와 행위 사이의 일치를 드러내 보이며, 그 역동성은 언제나 이 두 요소 중에 앞의 것으로부터 나온다는 것을 증명하도록 요청받고 있다.²⁹⁹ 여기서 『봉헌생활』은 '행위는 존재로부터 나온다(operari sequitur esse)'는 고전적 명제가 유효하다는 점을 수용하면서 행위를 통한 축성된 이의 정체성 역시 존재로부터 기인하는 것임을 강조하고 있는 것이다.³⁰⁰ 이것은 주님께 온전히 속해 있음이 하느님 나라와 그분의 계획에 대한 투신을 가능하게 한다는 것을 의미한다. 이처럼 『봉헌생활』은 이분법적 사고의 틀에 매이지 않으면서도, 행위에 대한 존재의 우선적 지위를 수용하는 가운데 축성과 선교 사이의 통합된 전망을 제시한다.³⁰¹ 축성된 사람은 자신의 축성을 통해 선교한다. 말하자면 축성된 사람들의 선교는 무엇보다 축성을 살아가며, 자신을 완전히 봉헌함으로써 하느님께 온전히 내맡기는 것을 의미한다.³⁰² 따라서 '봉헌생활'은

---

297 『봉헌생활』 n. 72ab.
298 『봉헌생활』 n. 44b.
299 Cfr. 『봉헌생활』 n. 81a.
300 Cfr. A. Pardilla, *Vita consacrata per il nuovo millennio. Concordanze, fonti e linee maestre dell'esortazione apostolica 'Vita Consecrata'*, p. 1389.
301 Cfr. J. Castellano Cervera, *Linee teologiche portanti dimensione trinitaria ed ecclesiale-mariana della vita consacrata*, p. 87.
302 이에 대해 S. M. Alonso는 다음과 같이 설명한다. "진정한 정체성이란 선교의 존재론적인 차원을 뜻한다. 그리고 진정한 선교란 정체성의 보다 생생하고 역동적인 차원을 말한다. 더욱이 선교는 활동 안에서 실현되는 정체성이며, 역동적인 의미에서 정체성을 구현하

축성생활을 특징짓는 요소로, 선교에 전적으로 투신하는 일은 고유한 방식으로 그리스도를 따름이라는 근본적인 요청을 실현하기 위한 자연스런 결과라는 점을 재확인하고 있다.[303]

그 예언자적 성격은 성령께서 하느님의 모든 백성에게 나누어 주시는 그리스도의 예언자적 직무에 동참하는 특별한 형태를 취합니다. 봉헌생활 자체에 속하는 예언자적 차원은 바로 그리스도의 추종과 봉헌생활의 특유한 사명에 수반되는 헌신의 근본적 성격에서 기인하는 것입니다.[304]

봉헌된 사람들의 첫째 선교 임무는 그들 자신에 대한 것으로, 그리스도의 성령의 재촉에 마음을 열어 그 임무를 수행합니다. 그들의 증거는 성령의 은혜를 통하여 신자들에게 전달되는 그리스도의 은총에 힘입어 자유로이 하느님을 섬기는 것의 중요성을 교회 전체가 기억하도록 도와줍니다. … 봉헌된 사람들은 먼저 하느님의 부르심과 선택을 받았다는 의식을 키워감으로써 선교사가 됩니다. 그러므로 그들은 사랑의 완전한 응답에 방해가 될 수 있는 모든 장애를 멀리하고 그들의 전 존재와 소유물을 하느님께 돌리고 바쳐야 합니다. 그럼으로써 그들은 세상 안에서 그리스도의 참된

는 일이다. 따라서 정체성이 없다면 선교라는 것도 있을 수 없다. 그러므로 선교가 없다면 정체성도 소멸되는 것이다. 그럼에도 불구하고 한탄스럽고 역설적인 현상은 아직도 많은 남녀 수도자들이 선교와 자신들이 실행하는 활동을, 동시에 사도직과 실천하는 일들을 동일시하거나 혼동하고 있다는 것이다." S. M. Alonso, *Identidad teológica de la vida consagrada a la luz del misterio trinitario*, pp. 133-134. 그러나 축성과 선교 사이의 관계에 대한 이러한 이론적 정립이 선교의 중요성을 소홀히 여기는 것은 아니다. "존재와 정체성의 권리에 대한 이러한 주장이 선교의 중요성을 상쇄할 수도 없고 또 그렇게 해서도 안된다. 왜냐하면 선교와 유리된 존재와 정체성이란 이해 가능한 것이 아니며, 선교란 새롭고 역동적인 동력을 가지고 성소와 정체성, 존재 자체의 의미를 재발견하기 위한 확실한 방법이기 때문이다. 여기에 수도생활이 직면해야 할 현 시대의 도전이 있다." F. Marfinez Díez, *Rifondare la vita religiosa. Vita carismatica e missione profetica*, p. 316.

303 Cfr. A. Pigna, *L'Esortazione apostolica e le domande teologiche emerse dal sinodo*, p. 56.
304 『봉헌생활』 n. 84a.

징표가 됩니다.[305]

위에서 언급한 본문의 내용 안에서 우리는 축성생활 안에서의 축성과 선교의 불가분의 단일성[306]이란, 예수님의 예언자적 활동에 참여하는 삶의 방식에 기초하는 것이며, 이는 그 자체로 그리스도를 근본적으로 따르고자 하는 생활로부터 나오는 자연스러운 결과라는 것을 알 수 있다.[307] 따라서 그리스도를 따르기 위한 특별한 삶의 방식인 축성생활의 사명에 대해 고찰하기 위해서, 필연적으로 예수님 안에서의 축성과 선교의 단일성에 대해서 우선 살펴보아야 할 것이다. 사실 예수님께서는 "성부께서 축성하시고 세상에 보내신 분"(요한 10,36 참조)으로서 정의된다. 앞서 우리가 예수님에게서의 축성의 두 가지 측면에 대해서 설명했던 것처럼 그분께서는 성부께로부터 온전히 축성받은 분으로서, 또한 당신 자신을 성부께 기꺼이 봉헌하셨다. 그리고 성부께 무조

---

305 『봉헌생활』 n. 25bc.
306 S. M. González Silva는 이러한 단일성은 양성계획에 있어서의 핵심(『봉헌생활』 n. 65 참조)일 뿐만 아니라, 부르심 받은 사람들이 역동적인 통합성과 활동적인 개방성 안에서 성장하는 유일한 애덕을 충만히 인식하게 되는 근원적인 체험이라고 설명한다. cfr. S. M. González Silva, *Consacrati e inviati*, in AA. VV., "Vita Consecrata. Una prima lettura teologica", Milano 1996, p. 118.
307 또한 축성생활은 동정녀이신 마리아의 축성과 선교사명의 생활을 본받기 위한 특별한 방식이기도 하다. 따라서 『봉헌생활』은 축성생활의 마리아론적인 차원에 관한 성서적인 연구에도 관심을 기울이도록 초대한다. "또한 복음 권고의 실천은 완전한 자기봉헌으로 하느님의 계획에 기꺼이 봉사하였던 첫 제자, 나자렛의 마리아를 본받아 그리스도의 사명에 동참하는 매우 심오한 효과적인 길임을 부인할 수 없습니다. 주님의 탄생 예고에서 '이 몸은 주님의 종입니다. 지금 말씀대로 저에게 이루어지기를 바랍니다.'(루가 1,38)고 한 마리아의 자세로 모든 사명은 시작됩니다."(『봉헌생활』 n. 18d) "그러므로 그리스도와 마리아와 사도적 생활양식의 말씀과 모범들을 기록한 복음서와 신약성서의 기록들을 규칙적으로 묵상하는 것은 봉헌된 사람들에게 크게 유익합니다."(『봉헌생활』 n. 94a) 『봉헌생활』 안에서의 마리아론에 대해서는 C. Stucchi, *Maria di vita consacrata nell'esortazione apostolica*, in AA. VV., "Consacrati da Dio, dono alla Chiesa e al mondo. Approfondimento sull'Esortazione Apostolica Vita Consecrata", a cura di CISM, Roma 1997, pp. 167-180.

건적으로 당신 자신을 바치심으로써, 즉 육화 사건으로부터 시작해서 십자가 위에서 죽음을 맞이하시는 극적인 순간에 이르기까지 축성된 존재로서 당신의 사명을 이루셨던 것이다. 따라서 예수님의 존재는 축성과 선교로서 규정된다.[308] 그분께서는 축성과 선교라는 존재론적인 두 개의 축이 통합된 삶을 완벽히 사셨으며, 그리하여 성부와 이루는 친교의 생활과 열정적이며 활동적인 생활이 어떻게 합치될 수 있는지를 보여 주는 완전한 모범을 우리에게 제시해 주신다.[309] 즉 축성의 기초 위에서 예수님께서는 당신의 지상 생애 초기에서부터 당신을 세상에 파견하신 아버지께서 자신을 인도하시도록 내맡김으로써 선교사(Missionario)의 모범이 되신다. 이 점에서 『봉헌생활』은 축성에 대한 원칙적인 우위성에 대해 포기하지 않으면서도, 예수님에게서의 축성과 선교의 불가분의 단일성이라는 전망 안에서 축성생활을 결부시키고 있다.[310] 이와 관련해서 A. Pigna는 예수님에게서의 축성이란 그분의 선교에 대한 이해를 위해서 필수적인 전제조건이 된다고 주장한다.

엄밀히 말해서 결국 축성이란 것이 선교를 위해 정향되어야 하거나 목적 지워진 것이 아니라, 오히려 선교가 축성을 통해 먼저 실현되는 것이다. 성부에게서 파견된 자로서 행동하시기 전에 우선 그리스도께서는 파견된

---

308 『봉헌생활』의 다음의 몇 가지 표현들을 통해서 우리는 축성과 선교와 관련된 예수님의 정체성에 대해 알 수 있다. 예를 들자면, '아버지에게서 파견된 사도(Apostolo)'(n. 9b), '아버지께서 세상에 보내주신 분(missionario)'(nn. 22; 77), '아버지께서 거룩한 일을 맡겨 세상에 보내주신 분'(n. 72), '아버지의 축성을 받고 (선교를 위해) 파견된 그리스도'(n. 76) cfr. A. Pardilla, *La forma di vita di Cristo al centro della formazine della vita religiosa. Il quadro biblico e teologico della formazione*, p. 313.
309 Cfr. 『봉헌생활』 n. 74b.
310 Cfr. B. Secondin, *Il profumo di Betania. Guida alla lettura dell'esortazione apostolica 'Vita Consecrata'*, p. 62.

자로서 존재해야 한다. 이것은 그분의 인격적인 단일성 안에서 인간의 본성을 수용하심으로써 실체적으로 부여되고 있는 것이다. 예수님께서 선교행위란 눈먼 이들에게 시력을 회복시켜 주는 데(이사 62,1-3; 루카 7,22-23)에 있는 것이 아니다. 그것은 '성부께로부터 파견되신 분', '하느님의 아드님', 그리고 '계시하시는 분'으로서 당신의 선교사명을 인식시키기 위한 표지(segno)로서 그들의 시력을 회복시켜 주시는 데에 있다.[311]

이처럼 예수님의 선교는 무엇보다 당신 존재의 축성을 통해 드러나고 실행되고 있다. 이러한 점에서 예수님의 축성이 축성생활자들에게서의 축성의 모범이라 한다면, 그들의 선교 역시도 필연적으로 예수님에게서의 선교의 연장선상에서 고유한 방식으로 이에 참여하는 것으로 이해해야 할 것이다.[312] 이와 관련해서『봉헌생활』은 축성생활의 고유한 사명에 대해 설명하기 위해서 상징적인 개념들, 특별히 "증거(testimonianza)"와 "표징(segno)"이라는 말을 사용하고 있는데, 이 표현들은 축성생활자들에게 예수 그리스도의 생활을 대변해 주는 그들의 역할을 규정해 주고 있다. 사실 이러한 어휘가 오직 『봉헌생활』에서만 사용되고 있는 것은 아니다. 오히려 이것은 이 개념들을 통해 축성생활의

---

311 A. Pigna, *La vita consacrata. Trattato di teologia e spiritualità, I-Identità e missione*, p. 348.

312 A. Pardilla에 따르면 축성된 자들에게서 '특별한 선교'란 그들의 '특별한 축성'과 마찬가지로, 신적이며 수동적인 측면과 인간적이며 능동적인 측면이라는 두 가지 성서적 신학적 관점을 보여 준다고 한다. "사실 선교란 무엇보다 먼저 하느님에게서 기인하는 선물이며 하나의 과제이다. 그리고 그것은 또한 다른 사람들을 위한 책임 있는 봉사이며 인간적인 의무이기도 하다. 사도, 또는 선교사는 자기 스스로를 파견하는 자가 아니라 그리스도를 통해서 성령 안에서 성부께로부터 파견된 사람이다. 그는 아래에서 자신의 선교를 창출해 내는 것이 아니라, 위로부터 그것을 수용하는 사람이다. 따라서 축성된 사람들은 자신들이 부여받은 바에 스스로를 내어맡기려는 훌륭한 순응성과 충실성을 지니고 선교를 수행해 나가야 하는 것이다." A. Pardilla, *Vita consacrata per il nuovo millennio. Concordanze, fonti e linee maestre dell'esortazione apostolica "Vita Consecrata"*, p. 1390.

근본 요소들을 밝히고자 하였던 2차 바티칸 공의회의 신학적인 성과인 것이다.[313] 그러나 『봉헌생활』에서는 이와 동일한 다양한 용어들을 활용함으로써 이 개념들을 더욱 풍요롭게 심화시켜 나가고 있다. 이 주제에 대해서 F. Ciardi는 축성생활의 심오한 의미를 제시해 주는 여러 가지 표현들을 소개한다. -표징(segno), 눈에 보여 주는 것(visibilità), 표상(immagine), 권유(invito), 증거(testimonianza), 선취(anticipazione), 예언(profezia), 인호(traccia), 신앙고백(confessione), 기념(memoria), 특성을 나타내는 요소(elemento espressivo)[314]- 위에 열거한 이 표현들은 그리스도와 교회의 신비, 그리고 선교사명을 살아가기 위한 진정한 삶의 형태인 축성생활이 지니는 다양한 상징적인 면모들을 보여 주고 있다. 하지만 여기서 축성생활의 다양한 차원들에 대해서 모두 다루기보다는 '그리스도를 따름'이라는 우리의 연구 주제에 대해서 주목하는 가운데 특별히 '증거'와 '표징'이라는 두 가지 표현을 선택하여 축성생

---

313 Cfr. F. Ciardi, *Spunti di lettura ecclesiologica della Vita Consecrata*, p. 74. '표징'이라는 개념에 대한 공의회의 가르침에 대해 알아보기 위해서는 R. Shulte, *La vita religiosa come segno*, in AA. VV., "La Chiesa del Vaticano II", Vallecchi, Firenze 1966³, pp. 847-870; A. Di Gironimo, *La vita religiosa come segno e testimonianza*, in AA. VV., "Vita religiosa e Concilio Vaticano II", Teresianum, Roma 1967², pp. 370-380을 보시오.

314 『봉헌생활』에서 차례대로 '눈에 보여 주는 것'(n. 1), '표상'(n. 7a), '증거'(n. 8), '선취'(n. 14), '예언'(n. 15), '인호'(n. 20), '신앙고백'(nn. 21. 24), '기념'(nn. 22. 27), '특성을 나타내는 요소'(n. 29) 등을 참고할 수 있다. cfr. F. Ciardi, *Spunti di lettura ecclesiologica della Vita Consecrata*, p. 75. 같은 책에서 저자는 위의 개념들과 연관된 동사들에 대해서도 소개해 주고 있다. '시선을 들어올리게 하다(Richiamare e manifestare)'(n. 1), '나타내다(esprimere)'(nn. 3. 9. 105), '증언하다(testimoniare)'(n. 35. 51), '보여 주다(additare)'(nn. 16. 41. 29), '미리 보여 주다(anticipare)'(n. 16), '보여 주다(rendere visibile)'(nn. 20. 76), '선포하다(predicare)'(n. 25), '의미하다(rendere presente e significare)'(n. 28), '일깨워 주다(indicare)'(nn. 33. 73), '고무하다(stimolare)'(n. 39), '반영하며 증언하다(rispecchiare, rivelare e confessare)'(n. 41), '드러내다(mostrare)'(n. 45), '동기를 부여하다(offrire degli impulsi)'(n. 3): cfr. *Ibid.*, pp. 76-77. 개인적인 견해로는 '선포(annunico)'와 '선포하다(annunziare)'(nn. 20a. 51b)의 표현도 첨가하는 것이 유익하리라 본다.

활의 고유한 선교사명에 대해 검토해 보고자 한다. 이 두 가지 개념을 선택한 이유는 『봉헌생활』에서 더욱 빈번하게 사용되는 용어들이기도 한 데다, 축성생활 안에서의 선교의 신학적 의미를 보다 풍요롭게 표현하는 개념들이기 때문이다.[315]

(1) 증거와 표징으로써의 축성생활

그리스도의 생활의 증인으로서 축성된 이들의 첫째이며 가장 근본적인 선교사명은 자신 안에 그분을 받아들이는 일이며, 그분께서 당신의 사명을 완수하실 수 있도록 자리를 마련하는 일이다. 달리 말하자면, 축성된 사람들의 선교사명이란 외적인 활동 이전에 생활이어야 하며, 자신 안에 그분의 인성을 수용함으로써 그리스도의 구원사업이 육화되는 자리가 되는 일이라는 것이다. 『봉헌생활』에서는 이 점을 다음과 같이 설명하고 있다.

> 축성된 사람들의 복음화에 대한 고유의 공헌은 무엇보다도 인간에 대한 사랑 때문에 스스로 종이 되신 구세주를 본받아 하느님과 형제자매들에게 온전히 헌신하는 삶의 증거입니다. …축성된 사람들은 그들의 축성과 온전한 헌신을 통하여, 아버지의 축성을 받고 파견된 그리스도의 구원하시는 사랑의 현존을 눈으로 볼 수 있게 합니다. 그들은 그리스도께서 그들을 붙드시도록(필립 3,12 참조) 내맡김으로써, 어떤 의미에서는, 그분의 인성을 이어 갈 준비를 합니다.[316]

---

[315] 실제로 '표징(segno)'이라는 용어는 『봉헌생활』에서 46번 사용되며, 동사 '나타내다(segnare)'는 2번, 형용사 'segnato/a'는 4번 나타나고 있다. 또한 '증언(testimonianza)'은 더욱 광범위하게 사용되는데 총 57번 나타나고 있으며, 이로부터 파생된 '증거자(testimone)'는 11번, 동사 '증언하다(testimoniare)'는 35번 쓰이고 있다. cfr. A. Pardilla, *Vita consacrata per il nuovo millennio. Concordanze, fonti e linee maestre dell'esortazione apostolica 'Vita Consecrata'*, pp. 1063-1066; 1179-1185.

위에 언급한 『봉헌생활』의 내용이 의미하는 바는 선교의 주체는 명백히 예수님이라는 사실이다. 무엇보다 선교사의 모범은 예수님이시며, 우리의 선교사명이란 그리스도의 구원하시는 현존을 드러내는 그분의 선교의 연장 혹은 실행이다. 이러한 점에서 축성된 사람들에게는 개인적으로 어떠한 활동을 완수하기에 앞서, 그보다 먼저 예수님의 선교와 구원 행위가 실현되는 자리가 되는 일이 요구된다. 하느님께 자신을 봉헌하고 하느님께서 머무시는 장소가 되는 생활을 통해서 우리는 그리스도의 선교사명을 실제로 지속해 나갈 수 있게 된다. 이 점에 대해서 A. Pigna는 다음과 같이 주장한다.

> 말씀이신 분의 선교사명에 근본적으로 기여한다는 것은… 다른 이들에게 말씀을 선포하는 데에 있는 것이라기보다, 우리 안에 그 말씀을 받아들이고 자기 자신을 그분께 봉헌함으로써 역사 안에 그분의 육화가 점진적으로 이루어지는 자리와 장소가 된다는 점에 있다. …참된 선교란 우선 자신의 인성을 그분께 온전히, 그리고 조건 없이 바침으로써 실제적으로 이루어진다. 사실 그분이 선교사이시며, 그분의 선교사명을 지속하는 것이 아니라면 참된 선교가 아니다. 그분의 선교사명을 지속한다는 것은 우리가 그분의 태도와 행위, 그리고 말씀을 반복하는 것만큼이나, 그분께서 우리 안에 오시어 당신의 선교를 점진적으로 완수하시고, 가시적으로 새롭게 변화시키시면서 다른 이들에게도 이를 확장시킬 수 있도록 협력하는 것을 의미한다.[317]

---

316 『봉헌생활』 n. 76.
317 A. Pigna, *La vita consacrata. Trattato di teologia e spiritualità, I-Identità e missione*, p. 349. 이러한 의미에서 마리아 역시 축성된 이들의 선교에 있어 최상의 교사로서, 완벽한 '선교사(missionaria)'였다고 말할 수 있겠다. 그분께서는 특별한 행위를 완수하는 방식으로써가 아니라, 자신의 정신과 마음, 그리고 몸을 하느님께 내맡김으로써 인류 역사의 구세주로서 말씀을 인격적으로 현존케 하셨기 때문이다. cfr. 『봉헌생활』 n. 34c.

사도들은 구세주께 행했던 확고한 신앙고백으로써 그분을 따르는 가운데 삶을 온전히 나누게 되었다. 이처럼 축성된 사람은 하느님을 섬기고 그분을 선포함으로써만이 아니라, 그리스도께서 지속적으로 현존하시는 자리가 됨으로써 그분의 구원 행위가 이루어지도록 협력하는 가운데 하느님을 영광스럽게 한다.[318] 이러한 사실은 『봉헌생활』에서 "축성된 사람들의 첫째가는 선교 임무가 그들 자신에 관한 것으로써, 그리스도의 성령의 작용에 마음을 여는 것"[319]이라고 주장하는 근거에 대해 밝혀 준다. 따라서 『봉헌생활』은 축성된 사람들의 임무에 대해 다음과 같이 강조하고 있다.

> 교회는 여러 가지 고귀한 목적을 위한 봉사에 투신하기 이전에, 하느님의 은총으로 변모되도록 자신들을 내맡기며 복음에 완전히 순응하는 축성된 사람들을 필요로 합니다.[320]

축성된 사람들의 선교사명은 다른 이들에게 그리스도의 진리와 그분을 따르는 생활의 심오한 의미를 밝혀 주는 일이다. 그들은 복음의 근본적인 요소를 함축적으로 드러내 보이는 존재라는 점에서 추종의 생활을 가시적으로 보여 주는 표징이 되어야 할 임무를 갖는다.[321] 이러

---

318 Cfr. A. Pigna, *La vita consacrata. Trattato di teologia e spiritualità, I-Identità e missione*, p. 351.
319 Cfr. 『봉헌생활』 n. 25b.
320 『봉헌생활』 n. 105b.
321 P. Martinelli는 H. U. von Balthasar의 말을 빌어, '표징'으로써 축성된 이들의 선교에 대해 설명한다. "'수도생활은 모든 교회가 서원하는 바를 가시적으로 보여 주는, 마치 성사적인 표징이다. 이 성사가 없다면 교회의 실재는 존재하지 않게 된다. 사실 교회는 동시에 마리아 안에서도 가장 내면적인 자신의 실체와 상징을 찾는다.(실재와 성사, *res et sacramentum*) 따라서 그리스도께 온전히 사로잡히고, 그분께 축성된 사람들의 존재는 단지 염원하는 대상일 뿐만 아니라 교회를 위해서 필요한 것이며, 그것은 직무적인 활동이나

한 이유에서 축성된 사람들에게 "하느님의 계획 안에서 인류 역사의 정점인 일치의 증거자와 설계자로서 친교의 참 전문가가 되어 친교의 영성을 실천하라."[322]라는 요구가 주어진다. 앞서 우리가 '사도적 생활양식(apostolica vivendi forma)'에 따르는 삶에 대해 살펴보았던 것처럼, 예수님 추종의 특별한 체험은 참된 친교와 나눔, 협력에로 이끌어 주는 준거가 된다. 즉 그리스도 추종의 진리와 심오한 의미는 그리스도교 공동체의 크나큰 풍요로움을 보여 주는 하나의 교회를 이루도록 우리를 인도해 줄 것이다. 따라서 친교란 축성된 이들의 선교사명에서 배제될 수 없는 요청이며, 그들은 삶의 완전한 일치를 이룸으로써 하느님 구원계획의 증거자가 되도록 불리어진 것이다.

예수님께서 사도들에게 맡기신 중요한 임무란 당신의 죽음과 부활의 삶을 증언하라는 것이었다. 또한 초대교회와 사도들은 자신들이 말하고 행하는 것만큼이나 살아가는 모습과 그분에 대해서 내적으로 알고 있는 것들을 통해서(요한 15,26; 1요한 1,1-3 참조) 그리스도의 증인으로서 소개되고 있다.[323] 하지만 어느 누구도 자신들이 증언하고자 하는 실재에 참여하는 방식이 아니라면 참된 증언을 할 수 없는 것이다. 오히려 자신이 되어야 하는 존재(dovere essere)로서의 삶을 진정한 방식으로 살아가려는

다른 일들을 통해서가 아니라 축성된 존재 자체로써 필요한 것이다.' 개인적으로 이러한 주장은 본 발타살이 축성생활을 교회 안에서 취사선택할 수 있는 선물 혹은 카리스마로 축소시키려는 모든 시도로부터 어떻게 거리를 두고 있는지 잘 설명해 주는 것이라고 본다. 즉 이것은 무엇을 행함으로써가 아니라 어떠한 존재인가라는 점에서 본질적이라는 의미이다." P. Martinelli, *Significato della teologia di Hans Urs von Balthasar per gli istituti secolari e i movimenti ecclesiali*, in AA. VV., "Atti del simposio internazionale di teologia in occasione del centesimo anniversario della nascita di H. U. von Balthasar", a cura di André-Marie Jerumanis e A. Tombolini, Eupress FTL, Lugano 2005, p. 394.

322 『봉헌생활』 n. 46a.

323 Cfr. A. Pigna, *La vita consacrata. Trattato di teologia e spiritualità, I-Identità e missione*, p. 363.

노력만이 그 사람을 그리스도의 참된 증인이 되도록 만들어 주며, 이로써 자신이 고백하는 진리를 드러내고, 나아가 그리스도의 신비체 안에서 하나의 공동체를 이루도록 해 준다.[324] 이러한 의미에서 『봉헌생활』은 축성생활의 고유한 임무란 참행복의 정신이 아니고서는 세상을 변화시킬 수 없다는 것을 탁월하게 증명함으로써, 세례받은 모든 이들이 복음의 근본적인 가치에 대해서 일깨워 주는 것이라고 밝히고 있다.[325] 여기서 '복음의 가치를 일깨우다'라는 표현은 축성생활자의 임무가 단지 보여 주는 것만이 아니라, 자신들이 말하고 열정적으로 추구하며 기쁘게 살아가는 가치들을 구체적인 삶 안에서 체험하고 있음을 드러내는 것을 뜻한다. 따라서 『봉헌생활』의 본문에서는 그리스도를 보다 가까이 따르도록 불리어진 사람들이 축성생활 안에서 보여 주는 증거의 두 가지 차원, 즉 인격적 증거와 형제적 생활 안에서의 공동체적 증거에 대해서 설명하고 있다.

선교는… 인격적 증거를 통하여 세상에 그리스도를 현존하게 하는 것입니다.[326]

더욱이 수도생활은 선교를 위한 공동체의 형제생활이라는 그 고유의 또 다른 모습으로 그리스도의 사명을 계속합니다. 그러므로 수도자들은 주님이신 예수님께 대한 그들의 봉헌이 더욱더 인격적일수록, 공동체 생활이 더욱더 형제적일수록, 수도회 고유 사명에 더욱더 열심히 참여할수록 사도직에도 더욱더 열렬히 투신하게 될 것입니다.[327]

---

[324] Cfr. *Ibid.*, p. 364.
[325] Cfr. 『봉헌생활』 n. 33a.
[326] 『봉헌생활』 n. 72b.
[327] 『봉헌생활』 n. 72d.

형제생활은 축성된 사람들의 영성적 여정에서, 그들의 끊임없는 쇄신뿐만
아니라 세상 안에서 그들의 사명을 완전히 성취하는 데에서도 근본적인
역할을 합니다. …그러므로 저는 축성된 사람들에게 예루살렘의 초대 그리
스도인들의 모범을 따라 형제생활의 강화에 투신하도록 권고합니다. 곧 그
들은 열심히 사도들의 가르침을 받아들이고, 공동으로 기도하며, 성찬례를
거행하고, 무엇이든지 자신들이 소유한 재화와 은총을 함께 나누었습니다.
(사도 2,42-47 참조)³²⁸

축성생활자들의 사명과 관련해서 『봉헌생활』은 그들 자신의 인격적 증거를 통하여 그리스도를 세상에 현존케 하는 일을 가장 우선시하고 있다. 동시에 공동체의 형제생활은 우리의 마음 안에 심어지고, 형제들을 특별한 하나의 가족으로 모으도록 해 주는 하느님 사랑의 결실인 초대교회 공동체의 모습을 상기시켜 줌으로써 그리스도의 사명에 참여하는 것이라고 말한다.³²⁹ 이로써 축성된 이들의 첫째가는 증거와 그들의 고유한 기여란 구원자이신 분을 본받아 하느님과 형제들에게 온전히 선사된 생활이라는 점이 분명해진다. 말하자면 그리스도를 따르고 본받는 생활 안에, 그리스도께 일치된 존재로서의 인격적 증거와 살아야 할 실재로서의 형제생활을 통한 증거라는 두 가지 차원이 합치되고 있는 것이다.³³⁰ 이에 대해서 『봉헌생활』에서는 다음과 같이 확

---

328 『봉헌생활』 n. 45a.
329 Cfr. B. Secondin, *Il profumo di Betania. Guida alla lettura dell'esortazione apostolica 'Vita consecrata',* p. 62.
330 사실 교회의 여러 공식 문헌들에서도 교의적인 가르침을 전하거나 삶의 체험이 없이 그리스도에 대해서 이야기하는 것보다 그리스도교 신앙을 삶으로써 살아가며 얻은 증거가 갖는 중요성에 대해서 강조하고 있다. "'현대인은 스승의 말보다 좋은 표양을 주는 사람 (testimoni)의 말을 기꺼이 듣습니다. 스승의 말을 듣는다면 스승이 좋은 표양을 주는 사람 (testimoni)이기 때문입니다.' …그러므로 교회가 세상을 복음화하는 것은 무엇보다도 교회의 행동과 삶을 통해서입니다. 다시 말해 주 예수님에 대한 충실성을 삶으로 증언함으로써, 또한 청빈과 무욕, 현세 권력에 맞서 자유를 증언하고, 한마디로 성덕을 증언함으로써

인하고 있다.

> 축성생활의 은사들은 하느님과 이웃에 대한 헌신적인 봉사의 학교에서 친밀하고 기쁨에 찬 삶의 친교를 통하여 성자께로 인도합니다. 그리하여 축성된 사람들의 자세는 '점진적으로 그리스도께 일치됨으로써, 그들은 외적인 것, 감정의 동요 그리고 성령의 감화를 받을 수 있도록 하는 자유를 가로막는 모든 것에서 초탈하는 법을 배웁니다.' 그 결과 축성된 사람들은 그리스도의 사명을 이어받아, 그분의 나라를 전파하기 위하여 그분과 함께 일하며 고통을 감내할 수 있게 됩니다.[331]

(2) 그리스도의 예언자적-종말론적 선교사명에 대한 참여로써 그리스도를 따름

이제까지 살펴본 모든 내용을 통해서 그리스도를 더욱 가까이 따르라는 부르심을 받은 축성생활자들은 자신의 본질적 정체성으로서 그분의 증거자가 되어야 할 특별한 임무가 있다고 하겠다. 이는 외적인 모습으로서보다는 자신의 인격적 자질과 관계된 '표징'이라는 개념이 갖는 참된 의미에 대해서 밝혀 준다. 이러한 이해와 더불어 『봉헌생활』은 축성생활의 '표징'으로써 역할은 하느님과 복음의 진리들이 그리스도인의 생활에 대해서 갖는 탁월성에 대한 예언자적 증거를 통해 실현

세상을 복음화할 수 있습니다."(현대의 복음 선교 n. 41); "오늘날 사람들은 스승보다 증인을, 가르침보다 경험을, 이론보다 삶과 행동을 더 신뢰합니다. 선교의 시작이며 다시없는 형태는 그리스도인 생활의 증거입니다."(교회의 선교사명 n. 42); "현대인들 또한 -흔히는 아마 무의식적으로- 신자들에게 그리스도에 관하여 '말해 달라'는 요청뿐 아니라, 어떤 의미에서는 그분의 모습을 '보여 달라'고 간청합니다. 모든 역사적 시기마다 그리스도의 빛을 비추어 주고 새로운 천년기의 세대들 앞에 그분의 얼굴을 빛나게 하는 것이 바로 교회의 사명이 아니고 무엇이겠습니까? 그러나 우리 자신이 먼저 그리스도의 얼굴을 바라보지 않는다면 우리의 증언은 지극히 부적절할 수밖에 없습니다."(『새 천년기』 n. 16)

331 『봉헌생활』 n. 36d.

된다고 말한다.[332] 그리스도의 예언자적 역할에 참여한다는 원리에 입각한 이 예언자적 증거란 그리스도를 따름이 가져다주는 결실 외에 다른 것이 아니다.[333] 이에 대해 『봉헌생활』은 말한다.

> 축성된 사람들의 설득력 있는 예언자적 증거는 하느님 현존의 표징들이 인간의 시야에서 멀어진 듯한 현대 세계에서 그 어느 때보다 요청되고 있습니다. 이것은 하느님의 탁월성과 영원한 생명에 대한 확인을 필요로 하며, 하느님의 영광과 그분의 백성에 대한 사랑을 위하여 자신을 완전히 봉헌하신 정결과 청빈과 순명의 그리스도를 따르고 본받음으로써 입증됩니다.[334]

이와 관련해서, 과연 '예언자적 증거'라는 표현이 무엇을 의미하는가에 대한 물음을 제기할 수 있다. 이 물음에 해답을 찾기 위해서, 우선 예언 활동(profetismo)과 예언직(profezia)이라는 단어에 대해 특별히 관심을 기울일 필요가 있다. 사실 이 두 가지 단어는 관련된 다른 표현들, 예를 들자면 예언자적 증거(testimonianza profetica), 예언자의 자세(atteggiamenti profetici), 예언자의 용기(franchezza dei profeti), 예언적 표징(segno

---

332 Cfr. 『봉헌생활』 n. 84a.
333 Cfr. B. Secondin, *Il profumo di Betania. Guida alla lettura dell'esortazione apostolica 'Vita consecrata'*, p. 63. L. Di Pinto 역시 따름과 예언직 사이의 특별한 관계에 대해서 명확히 설명하고 있다. "예수님의 카리스마는 그분을 따르는 사람에게 세상 안에서의 하느님의 현존과 그분의 뜻에 대한 표징들을 식별할 수 있는 통찰력 있는 시선을 부여한다. 이로써 교회의 가시적인 경계 '밖에서 주어지는 예언' 또한 알아들을 수 있고, 현재 우리에게 요구되는 새로운 선택을 감행할 수 있게 된다. 추종은 예언직이기도 하다. 이로써 우리가 희망하는 목적인 하느님의 자녀들이 가지는 충만한 자유가 드러날 것이며, 그것이 하느님의 미래로부터 우리에게 다가오리라는 확신에도 불구하고, 하느님의 주권을 통한 종말론적 개입이 모든 형태의 구속된 종살이로부터 인간을 자유롭게 해 줄 것이라는 사실을 말과 행위로써 증명해 준다." L. Di Pinto, *o. c.*, p. 247.
334 『봉헌생활』 n. 85a.

profetico)과 더불어 예수님의 예언직³³⁵에 기초한 축성생활의 본성과

335 신약성서 여러 곳에서 예수님께서는 메시아가 도래할 시기를 기다려 왔던 이들에게 예언자로서 소개되고 있다.(요한 4,19; 6,14; 마태 21,9.11; 루카 24,19) 특별히 예수님에게서의 예언직 수여는 요르단 강에서의 세례 장면(루카 3,21-22)을 들 수 있다. 또한 나자렛 회당에서 그분은 당신 자신이 하느님께서 예언자들에게 보내신 성령을 부음 받은 메시아이며 예언자로서 사명을 수행하고 있음을 공개적으로 선포하고 있다. "주님께서 나에게 기름을 부어 주시니 주님의 영이 내 위에 내리셨다."(루카 4,18) 이로써 메시아이며 예언자로서 예수님께서는 가난한 이들에게 기쁜 소식을 전하고 잡혀간 이들에게 해방을 선포하며, 주님의 은혜로운 해를 선포하는 사명을 시작하고 있다.(루카 4,18-19a) cfr. M. Conti, *Il profetismo della vita consacrata*, in "Informationes SCRIS" 22 (1996), pp. 73-74. 예수님은 종말론적 예언자로서의 두드러진 특성을 보여 주고 있다. 그것은 단지 일반적인 범주를 벗어나는 카리스마적인 권위를 지니고 말씀하시거나 행동하시기 때문만이 아니라, 삶의 증거와 당신 말씀의 효력을 가지고 아버지의 나라를 선포하시기 때문이기도 하다.(『교회헌장』 n. 35 참조) 사실 이스라엘 역사에서의 예언 운동의 기본적인 근거가 되는 성조들의 하느님, 탈출기의 하느님께 대한 충실성은 예수님의 삶과 행위를 이해하기 위해 중요한 열쇠가 된다. 그러나 예수님의 실천은 그분의 보다 심오한 영감이란 것을 제외하고서는 그 진정한 의미를 깨달을 수 없다. 즉 그분은 하느님의 어느 한 예언자 혹은 어떤 한 증인이 아니라, 하느님의 유일한 예언자이며 유일한 증인이신 것이다. cfr. J. O. Tuñi Vancells, *Testimonianza*, in "DTVC", Milano 1994, pp. 1746-1747. 좀 더 상세히 예수님에게서의 예언직의 특성들에 대해서 열거할 수 있다. ① 예수님에게서 고유한 것은 당신의 생활 가운데, 그리고 죽음에서도 하느님을 아버지(Abbà)로 모시고 사셨다는 것이다. 하느님과의 사랑스러운 관계 안에서 사셨던 예수님의 이러한 친밀감은 당신의 영원한 거처가 되기도 하였다. ② 예수님의 예언직은 '주님께서 이렇게 말씀하신다'라고 전하는 데 있는 것이 아니라 '그러나 나는 이렇게 말한다'라고 하시는 데 기초한다는 점에서 구분되는 것이다. ③ 예수님은 단지 동정을 표하시기만 한 것이 아니라, 고난 받는 주님의 종의 모습을 취하시며 사람들의 고통을 모두 당신의 것으로 삼으셨다. 이러한 방법으로 예수님은 말씀과 행위로써 위로를 전하기만 하지 않으시고 당신 자신이 고통을 짊어지셨다. ④ 예수님께서는 비유의 말씀으로 하느님의 동정과 위로를 선포하셨다. 사실 그분 자신이 이러한 하느님의 비유이며, 하느님께서 아버지(Abbà)이심을 선포하시기 위한 매력적인 말씀이시다. ⑤ 동정과 위로의 하느님께서는 예수님을 통해서 당신의 나라를 알리신다. 즉 하느님의 주권은 소외된 처지에서 해방하시기 위해서 궁핍한 이들, 고통 받는 이들과 당신을 동일시하시는 예수님, 그들의 신원을 회복시키고, 이웃들과 하느님을 위해서 그들을 자유롭게 만드시는 그분을 통해서 이 세상에 실현되고 있다. cfr. A. Aparicio Rodriguez, *Profetismo*, in "DTVC", Milano 1994, pp. 1397-1401. 예수님의 인격과 사명에서 드러난 예언자적 특성에 대해서 보다 자세히 알아보기 위해서는, G. Marchesi, *Gesù di Nazaret chi sei? Lineamenti di cristologia*, San Paolo, Milano 2004, pp. 150-184; G. Theissen - A. Merz, *Il Gesù storico. Un manuale*, Queriniana, Brescia 1999, pp. 299-347; J. C. R. Garćia Paredes, *Discepoli e testimoni di Cristo*, Libreria Editrice Vaticana, Città del Vaticano 1999, pp. 28-38; R. Fisichella, *Gesù di Nazaret profezia del Padre*, Paoline, Milano 2000, pp. 98-145; V. Battaglia, *Cristo. Profeta definitivo del Padre*, in AA. VV., "I religiosi sono ancora profeti?", a cura di J. M.

역할을 표현하기 위해 매우 빈번히 사용되고 있다.³³⁶ B. Secondin에 따르면, 앞서 제시한 '증거'와 '표징'이라는 개념에 반영되는 축성생활의 '예언직'이라는 주제는 특별히 '도전과 자극(sfide, provocazione)'이라는 용어와 연관되어 사용됨으로써 그 의미가 풍요롭게 표현되고 있다. 일련의 '도전(sfide)'이라는 말은 축성생활이 정결, 청빈, 순명, 그리고 형제생활로써 현대의 문화를 향해 제시하는 예언적 활동을 표현한다.³³⁷ 다른 한편 도전이나 자극으로 번역되는 'provocazione'라는 용어는 교회 내적인 의미에서 하느님의 요청에 대해서 증언하며 환기시키는 기능으로 이해된다.³³⁸ 즉 이 말은 현대의 문화 안에 뿌리내려야 할 가치라든가, 또는 분명하면서도 이 시대 사람들에게 동요를 불러일으킬 수 있는 복음의 응답을 요구하는 상황을 표현한다.³³⁹ 여기에서 우리는 축성생활의 예언자적 역할에 대한 두 개의 근본적인 방향성을 찾아볼 수 있다. 말하자면, 하나는 하느님의 뜻을 거스르는 모든 것들에 대해서 고발하는 기능이라면, 다른 하나는 복음을 역사 안에 적용하고, 실행하기 위한 새로운 방법들을 개발해 나가야 한다는 것이다.³⁴⁰

Alday, Edizione Ancora, Milano 2008, pp. 35-37을 참고하시오.

336 『봉헌생활』 안에서 예언직이라는 주제와 관련된 용어들은 사전적으로는 대략 28번 정도 나타나는데, 특별히 대부분은 84항(10회)과 85항(5회)에 집중되어 있다. cfr. A. Pardilla, *Vita consacrata per il nuovo millennio. Concordanze, fonti e linee maestre dell'esortazione apostolica 'Vita Consecrata'*, pp. 956-958.

337 사실 『봉헌생활』에서는 특별히 현대의 축성생활에 제기되는 세 가지 탐욕으로부터의 도전이란 향락문화, 소유를 탐하는 물질주의, 그릇된 자유에 대한 과도한 욕망들이라고 설명한다. 축성생활자들은 자신들이 서원하는 것들에 대한 철저하고 기쁨에 찬 실천을 통해서 정결과 청빈, 순명의 요구와 아름다움을 보여 주도록 요청받고 있다는 것이다. 따라서 이것은 축성생활자들의 예언자적 증거로써 가장 긴급하게 받아들여야 할 임무 중에 하나인 것이다. cfr. 『봉헌생활』 nn. 87-91.

338 Cfr. 『봉헌생활』 nn. 71. 80. 85.

339 Cfr. 『봉헌생활』 nn. 88. 89. 91; B. Secondin, *Il profumo di Betania. Guida alla lettura dell'esortazione apostolica 'Vita consecrata'*, p. 96.

따라서 예언직이란 고발하거나 심판하는 용기만이 아니라 창조적인 제안을 보여 줄 수 있는 근원적인 힘을 지녀야 하며, 이로써 모든 이들이 모색하고 실현해 나갈 수 있는 또 다른 길, 또 다른 방법을 향해 인도할 수 있어야 할 것이다.[341] 그러나 소홀히 여기지 말아야 할 것이 있다면, 그것은 『봉헌생활』에서는 참된 예언직이 되기 위한 조건에 대해서도 소개하고 있다는 점이다. 이에 대해 문헌에서는 참된 예언직이란 인간적인 노력의 산물이기보다 무엇보다 하느님 성령의 특별한 은사라는 점을 밝히고 있다.

> 진정한 예언은 하느님에게서 태어납니다. 곧 하느님과 우정을 맺고, 여러 가지 역사적 상황에서 그분의 말씀에 주의 깊게 귀 기울이는 데서 비롯됩니다. 예언자들은 가슴속에서 하느님의 거룩하심에 대한 불타는 열정을 느낍니다. 또한 그들은 기도의 대화를 통하여 그분의 말씀을 듣고, 그 말씀을 그들의 생활과 입술과 행동으로 선포하며, 죄악에 맞서 하느님을 대변하는 백성이 됩니다. 예언자적 증거는 하느님의 뜻, 자기봉헌, 교회 안에 신뢰에 찬 친교, 영적 식별과 진리에 대한 사랑의 실천을 꾸준한 열정으로 추구하도록 요구합니다.[342]

> 축성된 사람들은 자기 목숨까지도 걸기를 두려워하지 않는 예언자의 용기를 가지고 어디에서나 진리를 증언하라는 요청을 받고 있습니다. 예언은 선포와 생활의 일치에서 특별한 설득력을 끌어냅니다. 축성된 사람들은 하느님의 말씀에 비추어 끊임없이 자신을 쇄신할 때, 교회와 세상 안에서 그들의 선교에 충실한 자들이 됩니다.[343]

---

340 Cfr. 『봉헌생활』 n. 84b.
341 Cfr. B. Secondin, *Il profumo di Betania. Guida alla lettura dell'esortazione apostolica 'Vita consecrata'*, p. 99.
342 『봉헌생활』 n. 84b.

위의 85항은 참된 예언자적 증거가 되기 위한 세 가지 조건을 제시하고 있다. 말하자면 그것은 예언자적 용기, 선포되는 메시지와 실천적인 생활 사이의 일치, 하느님의 말씀에 충실함을 통한 끊임없는 자기 쇄신이다.³⁴⁴ 다른 한편 84항에서는 '예언자'의 정의가 묘사되고 있는데, 그는 하느님의 뜻에 대한 지속적이며 열정적인 바람을 가지고 하느님의 말씀을 들을 수 있는 사람이어야 한다는 것이다. 따라서 하느님의 대변인으로서 예언자의 능력은 신앙으로부터, 그리고 우선적으로는 자기 존재의 수직적인 차원으로부터 얻어진다. 그는 하느님께서 역사의 주인이시며, 역사란 하느님의 계획과 판단하심에 종속되어야 한다는 사실을 지각하고 있는 사람이다.³⁴⁵ 이것은 그 자체 안에 다른 모든 가치들을 상대화하는 과정과 하느님의 뜻을 제외하고, 절대적이며 결정적인 것으로 여겨질 수 있는 모든 것들을 거슬러 싸우라는 요구를 함축하고 있다.³⁴⁶ 이러한 의미에서 다른 모든 것을 포기하는 행위 자체는 오직 하느

---

343 『봉헌생활』 n. 85ab.

344 이에 대해서 우리는 J. Rovira의 견해에 따라 예언자의 자질을 특징짓고 구분할 수 있는 몇 가지 기본적인 기준에 대해 부연할 수 있다. "사랑, 충실성, 용기, 겸손과 기쁨. 하느님과 사람들을 위한 사랑은 그로 하여금 반대와 거부의 위험을 무릅쓸 뿐만 아니라, 생명까지도 걸 수 있는 불안정함을 감수하도록 해 준다. 겸손, 그것은 자신 자신이 말하는 것이 아니라 다른 한 분, 하느님의 이름으로 사람들을 위해서 말하는 것이기 때문이다. 기쁨은 모든 이들을 위해 기쁜 소식을 전하고, 성탄의 기쁨(루카 2,10)으로부터 시작하여 죽으시고 부활하신 그리스도를 통해 충만히, 그리고 결정적으로 성취될 그 '큰 기쁨(요한 5,11: 17,13)'을 선포하기 때문이다. 그리고 이 기쁨은 어느 누구도 빼앗아 갈 수 없는 것이기도 하다.(요한 16,24)" J. Rovira, *Vita consacrata e profezia*, Supplemento a Testimoni, Bologna 2001, p. 29. E. Bianchi도 교회의 가르침에 기초하여 수도생활에서의 예언직이 실현되기 위한 세 가지 조건에 대해서 소개한다.(믿고 신뢰할 수 있는 생활, 예수 그리스도의 삶에 기준을 두는 생활, 무상의 은총으로 드러나는 생활) cfr. E. Bianchi, *Quale profezia la vita religiosa offre al nostro tempo?*, in ViCo 44(2008), pp. 136-139.

345 Cfr. J. C. R. García Paredes, *Teologia della vita religiosa*, p. 122.

346 Cfr. A. Pigna, *La vita consacrata. Trattato di teologia e spiritualità, I-Identità e missione*, pp. 402-403. 이 점에서 축성된 사람은 자신의 정체성으로부터 나오는 필요적인 결과로써, "반대의 표징"이어야 한다. A. Gemma는 이에 대해서 다음과 같이 역설한다. "수도생활은

님만이 절대적인 분이시며, 아무것도 하느님의 주권과 복음의 가치를 대체할 수 없음을 가장 효과적으로 선포하는 일이다.347 그러나 조금 앞서 설명했듯이 예언자적 증거는 고발의 의미만 있는 것이 아니다. 그것은 새로운 길을 모색해 감으로써348 역사적 상황 속에서, 그리고 교회공동체와의 깊은 친교 안에서 행해지는 식별의 과정을 수반하는 것이다. 이와 관련해서 B. Secondin은 하느님 말씀과 역사의 관계에 대한 고찰을 통해 예언자의 식별이 가지는 중요성에 대해서 강조한다.

'그리스도 추종'에 있어서 그분과 마치 동일화의 경지에 이르기까지 되는 매우 고유한 특권적 삶의 형태이다. 축성된 사람은 자신의 사랑과 자신에게 있어 유일한 것들과 더불어, 자기 자신마저도 그리스도께 봉헌한다. 그럼으로써 사람들이 보고 듣고 사랑하기를 염원하는, 생생히 활동하시는 그리스도를 늘 새롭게 알아볼 수 있는 방식으로 표현한다. 그런데 의심의 여지없이 복음에서 그리스도는 반대의 표징이시다. 따라서 수도자도 자신이 그러한 표징이 되는 것을 수용해야만 한다. …시메온은 마리아의 영혼을 꿰찌르는 칼날에 대해서 이야기함으로써 그 예언을 통해 이 같은 사실을 미리 확인해 주고 있다. 따라서 예수님과 마리아처럼 축성된 사람은 반대의 표징이 되어야 하며, 교회와 세상 가운데 그분의 모습을 분명하게 보여 주고 그분의 현존과 행위를 증명하는 이어야 한다." A. Gemma, *Vita consacrata: Una nuova profezia*, Napoli 1985, p. 255. 따라서 같은 책의 이어지는 부분에서 저자는 이러한 반대의 표징이 수반하는 5개의 특성에 대해 소개한다.(구분, 차별화, 십자가에 못 박힘, 순교, 그리고 증거) cfr. *Ibid.*, pp. 256-259.

347 Cfr. 『봉헌생활』 nn. 84a. 85a.

348 이러한 이유에서 인간적 가치들을 상대화하는 과정이 그 가치들을 평가절하하거나 혹은 부정하는 것으로써 간주되어서는 안 될 것이다. 이와 관련해서 87항은 복음 권고들에 대한 선택의 진정한 의미를 영적인 치유 행위(terapia spirituale)로 소개한다. "복음 권고를 따라 살려는 결단은 결코 참된 인간적 가치들을 위축시키지 않으며, 오히려 그 가치들을 변화시키도록 이끌어 줍니다. 복음 권고를 성에 내재된 가치, 자기 자신의 유익을 도모한다든지 물질을 소유하고 싶은 정당한 욕구에 내재된 가치들을 부정하는 것으로 여겨서는 안 됩니다. 그러한 의향들이 인간 본성에 토대를 둔 것이라면 그 자체는 선한 것입니다. …정결, 청빈, 순명의 서원은 원죄의 상처를 과소평가하지 말라는 경고입니다. 이는 또한 창조물의 가치를 긍정하는 동시에, 하느님을 절대선으로 가리킴으로써 창조물을 상대화합니다. 그러므로 복음 권고를 따르는 사람들은 자신을 위하여 성덕을 추구하는 동시에, 인류를 위하여는 말하자면 영성적 '치료법'을 제시합니다. 왜냐하면 그들은 모든 피조물에 대한 우상 숭배를 거부하고 어떤 의미에서는 살아 계시는 하느님을 눈에 보이게 하기 때문입니다."

예언자는 말씀의 제자직을 통해, 즉 하느님의 음성을 듣기 위한 주의 깊은 침묵을 통해 양성된다. 또한 그는 하느님의 말씀이 '새로운 것'을 만들어 가는 자리인 역사적 상황들을 통해서도 양성된다. 그러므로 하늘에서 땅 위로 떨어지는 이 말씀은 역사와 아무런 관련이 없는 것이 아니다. 이 말씀은 역사 안에 빛을 밝혀 주는 것이며, 그 역사를 판단해 주고, 또한 이 역사를 다른 차원을 향해 나아가도록 인도해 주는 것이다.[349]

이로써 우리는 현 시대의 다양한 문제들과 관련해서 축성생활의 예언자적 역할이 교회와 사회에 대한 비판적 의식을 갖는 것만으로는 충분치 않고, 역사의 변화와 도전에 직면하여 존재의 새로운 모델,[350] 봉사의 새로운 형태를 제시해 줄 수 있어야 한다고 강조할 수 있다. 예수님을 아무런 조건 없이 따르라는 부르심이 끊임없는 새로움으로 수도생활의 영적 체험을 일으켜 주는 것처럼, 축성된 사람의 예언자적 활동은 그 자신이 언제나 모든 순간에 새로움을 결실로 맺게 해 주는 출발점에 놓임으로써 분명해진다.[351] 이러한 이유에서 축성생활의 예언자적 기

---

349 B. Secondin, *Il profumo di Betania. Guida alla lettura dell'esortazione apostolica 'Vita consecrata'*, p. 99. 같은 저자는 다른 책에서도 이렇게 언급하고 있다. "엄청난 일을 행하기에 앞서 예언자의 행동 방식은 시대의 징표와 도전들을 식별하는 것이다. 이로써 그는 하느님께서 무엇을 원하시는지, 어떻게 응답을 바라시는지 통찰하는 것이다. 예언자는 '주님의 마음에 맞는 사고방식과 행동양식을 촉진해야 한다.'(『봉헌생활』 n. 57d); 하지만 그는 또한 세상의 불의에 대해 비판하며, 그 의식을 일깨우기 위한 자극제가 되어야 한다.(『봉헌생활』 nn. 82b. 89b)" Id., *Abitare gli orizzonti. Simboli, modelli e sfide della vita consacrata*, p. 38.
350 여기서 흥미로운 것은 『봉헌생활』에서의 인간학에 대한 C. Militello의 연구이다. C. Militello는 축성생활의 세 가지 측면에 대해 신인 상호성의 표징(무상성), 인간학적 상호성의 표징(차이, 즉 타자성), 그리고 우주적 상호성의 표징(아름다움)이라고 소개한다. cfr. C. Militello, *o. c.*, pp. 164-170.
351 Cfr. J. O. Tuñi Vancells, *o. c.*, p. 1749. 같은 저자에 따르면 예언자적 증거로써의 수도자의 영적 체험은 다음의 세 가지 성격, 즉 카리스마적인 체험, 반대와 거부의 상황 속에서도 나타나는 창조적인 면모와 식별하는 특성 등을 지닌다고 말한다. cfr. *Ibid.*, pp. 1747-1750.

능의 본질은 현 시대에 날로 커져 가는 인간적 가치들에 대한 우상숭배와 같은 상황에 직면하여 대안으로써의 삶의 형태를 창조해 가는 모습 안에서, 그리고 참된 가치들을 추구하며 살아가는 새로운 삶으로써 하느님 나라와 복음이 육화되는 자리를 마련해 가는 모습을 통해서 보다 명확히 드러나게 될 것이다. 바로 이 점에 있어서, 우리는 역사 안에서 하느님의 절대적 주권과 하늘나라의 보화에 대해 미리 예고해 주는, 축성생활의 예언자적 차원이 갖는 또 다른 근본적인 면모를 발견할 수 있다. 이처럼 축성생활은 역사 안에 이뤄져야 할 하느님 나라의 신비스러운 모습을 특별한 방법으로 드러내 보여 줌으로써 교회의 종말론적 차원의 표징이 된다.[352] 즉 축성생활은 하느님 나라의 가치와 그 결정적인 도래를 향해 모든 노력을 기울이는 자신의 존재 방식으로 이러한 사실을 확인시켜 주고 있는 것이다. 이것을 『봉헌생활』에서는 다음과 같이 설명하고 있다.

> 이러한 관점에서 우리는 종말론적 표징인 축성생활의 역할을 더욱 분명히 이해할 수 있습니다. 사실 우리는 축성생활이 미래 하느님 나라의 예표라는 가르침을 계속 받아 왔습니다. 제2차 바티칸 공의회는 이 가르침을 다시 제의하면서 축성은 '미래의 부활과 천국의 영광을 더 잘 예고하는 것'이라고 말합니다. 축성생활은 특히 전통적으로 다가올 세상의 선취로 이해되어 왔으며, 이미 인간의 완전한 변화에 영향을 미치고 있는 동정서원을 통하여 하늘나라의 영광을 예고합니다.[353]

종말론에 대한 설명에서 언급하지 않을 수 없는 것이 있다면, 그것은

---

352 Cfr. 『교회헌장』 n. 44c.
353 『봉헌생활』 n. 26c.

하느님 나라에 대한 두 가지 관점 사이의 긴장이다. 즉 하느님 나라는 우리 안에 이미 와 있는 것이지만, 또한 우리는 하느님 나라의 결정적인 도래를 기다리고 있다는 것이다. 이 두 가지 관점을 형성하는 역동성 안에서도 축성생활은 '동정서원을 통해서'[354] 결정적으로 도래할 세상을 선취하여 보여 주는 표지가 된다. 『봉헌생활』에서 이러한 선취는 두 가지 기본적인 자세, 즉 '열렬한 기다림'과 '그리스도를 만나리라는 열망'을 통해서 구체화된다.[355] 먼저 희망의 자세로써 '기다림'이란 무기력하거나 나태한, 그리고 애매모호한 태도를 뜻하지 않는다. 그보다는 활동적인 것이며, 어떠한 '일이나 사명'에 대한 '임무를 지니고 깨어 기다리는 행위'[356]이며, 하느님 나라의 고귀한 가치들이 역사 안에 구현되도록 만드는 일이다. 이러한 의미에서 『봉헌생활』은 다음과 같이 설명한다.

---

354 사실 동정은 항상 종말론적인 의미에서 미래의 세상에 대한 예고이며, 그리스도의 재림에 대한 예언으로 이해되었다. cfr. E. Bianchi, *Celibato e verginità*, in "NDS", Roma 1985, pp. 176-194. 교회의 가르침에서도 축성된 사람의 정결은 "내세에 온전히 드러날… 천상 행복의 특별한 표지"(『완전한 사랑』 n. 12a), "내세의 천상 신부의 종말론적인 모습"(동정녀 축성 예식 n. 1), "미래의 세계를 생생하게 보여 주는 표지"(사제의 직무와 생활에 관한 교령 n. 16c)로 표현되고 있다. 또한 『교회헌장』 n. 44c; 『교회법』 n. 573,1: 607,1; 『구원의 은총』 n. 11c와 L. Crippa, *L'insigne dono della castità consacrata*, Ancora, Milano 2005를 참고할 수 있다.

355 Cfr. 『봉헌생활』 n. 26d.

356 A. Pigna는 개인적인 책임을 동반하는 행위로의 '기다림'과 관련하여, '깨어 있음'에 대한 복음적 의미에 대해 강조한다. "'깨어 있음'에 관한 복음의 비유들은 기다림의 의미와도 불가분의 관계로 서로 연결되어 있다. 반면 시간이 지나면서 약화되고 희미하게 사라지게 되는 기다림이란 어떠한 열정도 상실케 함으로써 끝나 버리게 된다. 주님의 재림을 기다리거나 바라는 그리스도교적 희망이란 것도, 비록 더디더라도 지속적이고 자동적으로 이뤄져 가는 역사의 변혁에 대한 전망과 결부된, 더 나은 세상에 대한 모호한 바람으로 대체된다면 그것은 어떠한 개인적인 책임감도 마비시키는 일이 될 것이다. …이 모든 것은 비록 외적으로는 들뜨게 할 수 있더라도 결국엔 수동적인 자세를 취하도록 만드는 일 외에 다른 것이 아니다. 왜냐하면 이러한 모습은 결정적으로 아무것도 기다리지 않는 것이기 때문이다." A. Pigna, *La vita consacrata. Trattato di teologia e spiritualità, I-Identità e missione*, pp. 414-415.

'오소서, 주 예수님!' (묵시 22,20) 이 기다림은 결코 수동적인 것이 아닙니다. 미래의 나라를 지향하는 것이지만 인류 사회에 대한 정의와 평화, 연대와 용서에 대한 실질적인 열망을 인간 사회에 불러일으킬 수 있는 참행복의 정신을 통하여 하늘나라가 지금 여기에 현존하게 됨을 활동과 선교로써 드러냅니다. …축성된 사람들은 그들의 은사에 힘입어 신앙과 그리스도인의 희망으로 밝혀진 새로운 미래를 가리키는 성령의 표징이 됩니다. 종말론적 기대가 하나의 사명이 됨으로써 하늘나라가 지금 여기에 더욱 완전하게 건설될 수 있게 합니다.[357]

따라서 생생한 열정을 지닌 기다림만이 책임감과 임무에 대한 역동적인 활력을 불러일으킬 수 있는 것이다. 이 점을 중요시하면서, 『봉헌생활』은 수도승 운동의 전통적인 가치들을 상기시키는 가운데 생생한 기다림을 실현해 왔던 축성생활을 세 가지 차원에서 함축적으로 묘사하고 있다. 즉 축성생활은 첫째 그리스도 안에서 세상의 쇄신을 선포하는 '천사적 생활'이며, 둘째는 하느님의 놀라운 업적을 '기념하는 생활'이고, 셋째로는 우리가 지니고 있는 희망의 궁극적인 성취를 '기다리는 생활'이라는 것이다.[358] 이처럼 구세주이신 그리스도 안에서 실현된 사랑에 대한 기념과 파스카의 구원사업을 완수하시기 위해서 오실 그분의 재림에 대한 기다림 사이에서, 축성생활은 복음에 온전히 중심을 둔 생활로써, 그리고 세상의 결정적인 변화를 향한 탈출의 여정을 걷는 생활로써 이해된다.[359]

더욱이 이 기다림의 자세는, "오소서, 주 예수님!"이라는 청원과 "아

---

357 『봉헌생활』 n. 27ab.
358 Cfr. 『봉헌생활』 n. 27d.
359 Cfr. B. Secondin, *Il profumo di Betania. Guida alla lettura dell'esortazione apostolica 'Vita consecrata'*, pp. 111-112.

버지의 나라가 오게 하소서!"라는 기도와 합치되고 있다는 점에서, 그리스도를 만나리라는 열망과도 긴밀히 연관되어 있다.[360] 이 점은 우리가 기다리는 날이란 바로 주님의 날이라는 사실을 뜻한다. 말하자면 우리들에게 기다림이란 그리스도를 찾고 그리스도를 만나는 일 외에 다른 것이 아니다. 『봉헌생활』은 그리스도와의 이 만남이야말로 축성생활의 종말론적 차원에서 지향해야 할 결정적인 목표라는 점을 명확히 밝히고 있다.

> 그리스도께 자신의 인생을 바치는 사람들은 그분을 만나 그분과 영원히 살리라는 희망 안에서 삽니다. 곧 '그들 안에서 타오르는 불, 곧 성령이신 사랑의 불로 뛰어드는' 열렬한 기대와 열망, 그리고 천상 것을 추구하는 (골로 3,1 참조) 사람들에게 주님께서 아낌없이 부어 주시는 은혜로 고무되는 기대와 열망을 안고 살아갑니다.[361]

이처럼 축성생활의 예언자적, 종말론적 차원은 궁극적으로는 그리스도와의 결정적인 만남을 분명히 지향하고 있다. 축성생활의 토대를 이루는 그리스도와의 만남에 대한 이 기다림과 열망을 통해서 교회와 세상 안에서 그리스도의 참된 제자로서의 예언자적 증거가 명확히 드러난다는 것이다. 동시에 A. Pigna가 주장하는 바와 같이 우리는 이러한 삶의 방식 안에서 그리스도를 따르는 참된 길을 발견할 수 있을 것이다.

우리는 현 시대 교회를 위해서 가장 필요하며, 축성생활에 있어서 가장

---

360 Cfr. 『봉헌생활』 n. 27b.
361 『봉헌생활』 n. 26d.

고유한 예언자적 증거란 그분의 재림을 기다리는 가운데 표현되는 그리스도와의 만남이라는 이 열망을 생생하게 간직해 가며, 또한 눈에 보이도록 해 주는 일이라고 믿는다. 만일 교회가 그리스도와의 결정적인 만남을 염원하지 않는다면, 하느님의 어린 양의 참된 약혼자로서 정의될 수 없을 뿐만 아니라 올바른 삶의 길에서 벗어남으로써 그분에게 불충실한 존재가 되고 말 것이다. 또한 그것은 어떤 사람이 그분을 만나고자 하는 생생하고 확실한 열망 없이는 불가능한 참된 따름의 길을 잃게 만들 것이다. 사실 그분과 함께 살아가고자 하는 바람, 그분을 찾으며 그분과의 만남에 대한 기다림이 없다면 그분을 따름에 대해 말하는 것이 무슨 의미가 있겠는가?[362]

이제까지 우리는 축성생활이 어떤 방식으로 그리스도의 예언자적 활동에 참여하는 참된 예언자로서의 영적인 모델이 될 수 있는지 검토해 보았다. 이 같은 사실은 축성된 사람들에게 그리스도를 전적으로 선택함으로써, 그리고 자신들의 삶의 계획을 규정하는 하나의 원칙으로 그분의 영적인 여정을 받아들임으로써, 견고하고 심오한 영성의 원천에로 끊임없이 회귀하려는 노력을 요구한다. 축성생활은 특별한 방식으로 그리스도를 따르려는 생활이다. 따라서 축성생활은 그분과의 결정적인 만남에 이르기 위해서 그분께 대한 충실성을 항상 더욱 키워 나가는 삶의 여정인 것이다. 이 점에 있어서『봉헌생활』에서도 축성된 사람들에게 그들 스스로가 절대적인 가치들을 갈망하고 있는 우리 시대의 사람들을 고무시킬 수 있는 강한 표징으로써, 그리스도께 대한 매력적인 증거가 될 것을 요구한다.[363] 따라서 축성생활자들은 하느님

---

362 A. Pigna, *La vita consacrata. Trattato di teologia e spiritualità, I-Identità e missione*, p. 411.
363 Cfr.『봉헌생활』n. 93f.

께 자신의 모든 것을 집중시키고, 그리스도를 따르며 그분께 동화되는 일에 모든 노력을 기울이는 생활을 통해서 그분의 증거가 됨으로써 비로소 교회와 세상 안에서 그들의 고유한 사명을 완수할 수 있게 될 것이다.

종합

아무런 조건 없이 그리스도를 따르고자 하는 특별한 삶의 형태로써 축성생활의 정체성에 대한 숙고는 축성된 이로 하여금 예수님의 신비에 직면하도록 이끌어 준다. 바로 이 점에서 축성된 이들의 모습은 유일하고 배타적인 방식으로 자신의 삶의 준거이신 예수님에 의해서 정의될 수 있어야 하고, 또 그렇게 되어야만 할 것이다. 그럼으로써 예수님 안에서 자신의 가장 심오한 정체성을 찾게 된다. 이러한 그리스도 중심적인 관점은 그리스도와의 관계 안에 축성생활의 기원이 있음을 밝혀 줄 뿐만 아니라, 또한 예수님의 생애 자체를 통해서 체험되고 표현된 삼위일체적인 전망 안에 축성된 삶이 뿌리내리고 있음을 보여 준다. 따라서 『봉헌생활』은 축성생활이 삼위일체의 생생한 신앙고백(confessio Trinitatis)이라고 소개한다. 즉 축성생활은 모든 거룩함의 원천(Fons totius divinitatis)이신 하느님 아버지의 부성과 그분의 주도적인 능력을, 당신 자신의 아름다움으로 인간을 매료시키고 당신과 동일한 삶의 방식을 살아가도록 초대하시는 그리스도의 인격과의 신비스러운 만남을, 그리고 고유한 은사를 통해서 부름 받은 이들의 마음 안에서 내적으로 활동하시며 그들을 그리스도께 동화되도록 이끌어 주시는 성령의 행위를 담고 있는 생활인 것이다. 이러한 삼위일체적 전망은 『봉헌생활』의 주된 신학적 노선으로써 축성생활 성소의 삼위일체적인 구조를 명확히 밝혀 주고 있을 뿐만 아니라, 복음 권고의 서약으로써 특징 되고, 그리스도께 동화됨을 궁극적인 목표로 삼고 있는 축성생활의 본질을 심도 있게 표현해 준다. 그리스도의 삶 안에서 드러난 거룩한 삼위의 친밀한 관계 안에서 해석된 복음 권고에 대한 숙고를 통해서, 그리고 내재적(ad intra)이며 동시에 외향적인(ad extra) 삼위일체의 역동적인 활동을 통해서, 『봉헌생활』은 자신의 존재 방식과 친교의 생활, 세상을 향한 선교의 활동 안에서 드러나는 수도공동체의 형제적 생활에 대한 깊은 이해를 돕는다. 그리하여 축성생활은 삼위일체 신앙고백으로 자신의 존재에 대한 최상의 자격을 얻게 되며, 주님이신 그리스도를 통해 계시된 상호 간의 무조건적인 사랑의 계명을 확고히 살아가게 된다.

축성생활 안에서 나타나는 이러한 삼위일체적 차원은 물론 그리스도론적인 차원과도 긴밀히 연관되어 있다. 왜냐하면 축성생활은 특별한 추종의 삶을 통해서 삼위일체적인 생활의 심오한 본질을 드러내 주는 그리스도의 존재와 그분의 내적인 자세에 동화되고자 노력하는 생활이기 때문이다.[364] 따라서 『봉헌생활』은 『교회헌장』의 신학적 노선과 같은 견지에서 축성생활을 특징짓는 고유한 특성이란, 하느님의 아드님께서 이 세상에 오시어 수용하셨던 삶의 방식을 재현하는 것이라는 사실을 재확인하고 있다.[365] 즉 축성생활은 그 본성상 성부께 축성 봉헌된 그리스도의 존재와 선교사명을 수행하는 데에 온전히 집중된 생활 방식이며, 특별한 방법으로 그리스도를 따르는 가운데 얻어지

---

[364] Cfr. B. Secondin, *Il profumo di Betania. Guida alla lettura dell'esortazione apostolica 'Vita Consecrata',* p. 65.
[365] Cfr. 『교회헌장』 n. 46; 『봉헌생활』 n. 18c.

는 그분께 대한 충만한 동화의 과정 안에서 그 고유한 의미를 찾아가는 생활인 것이다. 이러한 점에서 『봉헌생활』은 『교회헌장』의 신학적 노선을 따라 축성생활에 대한 그리스도 중심주의 관점을 계승하고 있다. 뿐만 아니라 『봉헌생활』은 축성생활 안에서의 그리스도께 대한 외적인 추종, 그분께서 사셨던 생활과 지니셨던 마음에 내적으로 동화되는 과정에 대해 소개하는 가운데, 주님과의 더욱 생생하고 인격화된 관계와 신비적인 일치에 대해 제시함으로써 이러한 그리스도 중심적인 신학을 더욱 완벽하게 발전시켜 나가고 있다고 하겠다.[366]

온전한 존재로서 그리스도께 동화되는 과정에 대해 살펴보기 위해서 우리는 그 출발점으로써 하느님의 사랑에 대한 체험, 말하자면 모든 그리스도인에게서 진정한 성소의 토대가 되는 그리스도의 유일한 매력에 대해서 설명하였다. 이와 관련해서 『봉헌생활』은 고대 그리스 교부들의 신학적 범주인 아름다움에 대한 사랑(Philokalia)이라는 주제를 새롭게 재해석하며, 축성생활은 '하느님의 유혹'에 대한 체험의 실제적인 표현으로써 하느님의 아름다움과 사랑을 추구하며 이에 도달하기 위한 지속적인 여정이라고 말한다. 존재 내면에서 주님의 아름다움과 선하심에 대한 영적이며 인격적 체험에 자극받고 사로잡히게 된 사람은 그리스도 추종의 삶을 위한 초대에 '예'라고 응답하며, 자신에게 필요한 분, 자신의 존재를 충만케 하는 유일한 분으로서 그분을 선택하고 온전히 그분께 결합되기 위한 삶을 받아들이게 된다. 이러한 관점을 보다 심화시켜 가기 위해서 『봉헌생활』은 무한하고 매력적인 사랑의 원천으로써 예수님의 거룩한 변모 사건의 성화에 대해 매우

---

366 Cfr. J. Castellano Cervera, *Lumen Gentium – Perfectae Caritatis, Vita Consecrata. Unità dinamica e novità di tre testi magisteriali sulla vita consacrata*, p. 178.

특별한 방법으로 소개하고 있다. 변모 사건 안에서 특별한 영감을 불러일으켜 주는 이 성화는, 제자들이 변모된 그리스도의 모습에 일시적이고 신비적으로 참여하게 되었음을 자각하게 되는, 정적이거나 혹은 미학적인 차원의 해석을 제공해 줄 뿐만 아니라, 제자들로 하여금 그분을 따르는 여정을 새롭게 시작하도록 도와주는 동시에 십자가의 길을 용기 있게 걸어갈 수 있도록 준비시켜 주기도 한다. 여기서 변모 사건은 삼위일체의 친교에 이르기 위해 올라가는 것과 일상으로 내려오는 것이라는 두 가지 역동적인 움직임으로 구성되어 있는 사건으로 해석된다. 이러한 사실은 마치 그리스도 추종을 위한 하나의 비유로 축성생활의 파스카적인 차원을 보여 주는 가운데, 그리스도와 특별한 관계를 맺으며 그분께 동화되는 과정 안에 구체적으로 참여케 한다.

이어서 축성생활 안에서 그리스도께 동화되는 과정과 관련하여 우리는 "그리스도께 전 실존을 동화시킴" 또는 "그리스도의 신비에 깊이 동화됨"과 같은 효과적인 신조어에 대해 살펴보았다.[367] 사실 모든 그리스도인들은 세례성사 때 받은 축성의 기초 위에서 이러한 목표에 도달하도록 정향되었으며, 따라서 동일한 그리스도 추종의 삶을 살아가도록 초대되었다. 하지만 축성된 사람들은 더욱 열렬히 그리스도 추종의 삶을 살아가며, 규칙서나 회헌이 규정하는 구체적인 방식으로나 내적이고 인격적인 차원, 모든 면에서 그분께 동화되고자 하는 사람들이다. 이러한 점에서 우리는 『봉헌생활』에서 묘사되고 있는 두 가지 전형적인 표현인, "철저성(radicalismo)"과 "보다 더(di più)"라는 어휘에 대해 주목하였다. 이 표현들에 대한 분석은 『봉헌생활』이 축성생활 안에서의 축성과 특별한 동화라는 주제를 설명하면서 의도하고 있는

---

[367] Cfr. 『봉헌생활』 n. 16bd.

예수님의 인격과 생활을 대변하는 강렬한 실존적 중심성에 대해서 보다 분명히 이해하도록 도와준다. 모든 은사의 주권자이시며 협력자이신 성령의 선물인 이 특별한 축성을 통해서 축성생활은 '그리스도의 생활 방식을 반영하는' 생활로써 뛰어난 성격을 지니는 '객관적 탁월성', 혹은 '복음적 탁월성'을 취하게 된다. 이로써 축성된 사람들에게는 그분의 마음을 간직하며, 그분의 감성에 길들여지기를 받아들임으로써 그리스도의 삶을 더욱 분명히 드러내는 생활이 요구된다. 또한 그리스도께 향한 이러한 동화의 과정은 필연적으로 수도자들로 하여금 하느님 사랑의 아름다움과 권능을 완벽히 드러내 주며, 교회 안의 모든 은총, 특별히 축성생활의 은총을 발견하게 되는 십자가의 신비(mysterium Crucis)에 참여함으로써 그분께 온전히 일치하도록 인도해 준다. 그리하여 축성생활을 통한 그리스도 추종의 삶은 그리스도 안에서 변모를 향한 여정, 결국 그리스도화의 여정과 동일시되기에 이른다.

다른 한편 『봉헌생활』은 그리스도 추종이라는 동일한 전망 안에서 축성생활에 대해서 '사도적 생활양식(apostolica vivendi forma)'이라는 또 다른 관점을 제시해 주고 있다. 축성생활의 기원은 교회 안에서 생겨난 역사적 혹은 우연한 현상으로 축소될 수 없으며, 그리스도의 구원 의지와 그분의 생애 안에 깊이 뿌리내리고 있음이 분명하다. 사실 예수님께서는 이러한 축성생활의 생활 방식을 육화시키고 완벽히 살아가신 분이시며, 또한 당신의 제자들에게 맡겨 주신 분이시다. 즉 그분께서는 아버지께 완전히 봉헌된 삶의 방식을 육화시켰을 뿐만 아니라, 제자들로 하여금 당신과 동일한 삶의 계획에 참여하여 새로운 공동체를 건설하기를 원하셨던 것이다. 이러한 사실은 우선적으로 예수님의 생활과 사명이 당신의 가르침을 받으며 온전한 포기를 통해 당신을 따랐던 제자들의 삶의 몫이 되었던 것처럼, 이제는 축성된 이들이 사도적 생활양식을 계승하며 이같은 역할을 수행하게 되었다는 것을 의미한다. 사도들의 생활양식을 그리스도 추종을 위한 하나의 특징으로 바라보는 이해를 토대로, 우리는 축성생활에서의 몇 가지 주요한 원리들을 찾아볼 수 있었다. 이 원리들이란 그리스도와 삶의 일치를 실현하기 위해서 그분과 함께 지내는 것, 그분을 따르는 데 있어서 양립할 수 없는 모든 것을 포기하는 일, 그분의 사명에 참여하는 것, 온전히 자유로운 의탁 안에서 하느님을 위한 봉사에 임하는 것, 예수님을 중심으로 하는 새로운 가족과 형제적 공동체를 형성하는 일 등이다.

이러한 고찰을 통해서 우리는 그리스도를 철저히 따르는 생활의 자연스러운 결과로써 축성생활의 특별한 사명에 대해서 검토하였다. 이 사명은 예수님의 예언자적인 활동에 참여하는 것으로써 축성과 선교 사명 사이의 일치 안에 기초하는 것이다. 실제로 『봉헌생활』에서는 축성생활의 사명을 그리스도의 예언자적인 활동에 결부시키기 위해서, 그리고 각기 다른 차원에서 축성생활 사명의 다양성에 대해 설명하기 위해서 여러 가지 상징적인 용어들을 활용하고 있다. 이 상징적인 용어들 가운데 우리는 '증거'와 '표징'이라는 두 가지 표현을 택해서, 그리스도의 증인으로서 축성된 이들의 근본적인 사명이 무엇인지 살펴보았다. 축성된 이들의 선교사명이란 무엇보다 어떠한 행위를 하기에 앞서 그리스도의 구원하시는 현존이 실현되는 자리가 되는 일이다. 왜냐하면 참된 선교사는 그분이시기 때문이다. 이러한 이유에서 『봉헌생활』에서는 축성된 사람들은 자기 자신을 향해서 우선적으로 선교의 임무를 지닌다고 단언한다. 말하자면 그들은 자신의 실천적인 생활을 통해서 그리스도의 진리와 그분을 따르는 생활의 심오한 의미를 가리켜 보여 주어야 하며, 다른 그리스도인 신원들 가운데서 복음의 근본적인 가치를 일깨워 주는 가시적인 표징이 되어야 할 임무가 있는 것이다. 예언자적인 증거로써의 축성생활의 역할에 대한 이러한 관점은 그 종말론적인 기능에까지 확장된다. 즉 종말론적인 표징으로써 축성된 사람들은 그들 자신의 생활과 활동과 말로써 그리스도를 증언하며,[368] 이 세상 안에서 참된 영성을 위한 하나의 도전이 되어야 한다. 이로써 그들은 하느님 나라를 희망하며 그 가치를 지속적으로 추구해 나가는 동시에, 그리스도 안에서 이 세상의 참된 변모를 위해 매진하는 가운데 인간 존재의 새로운 모델을 제시해 줄 수 있게 될 것이다.

---

[368] Cfr. 『봉헌생활』 n. 109b.

마치며

'그리스도를 따름'이라는 은유적 표현은 그리스도인 생활의 핵심이 무엇인지를 명확히 보여 준다. 무엇보다 '따름'이라는 은유를 통해서 그리스도인이 예수님과 맺게 되는 근본적인 관계가 드러난다는 것이다. 예수님을 따르는 사람만이 그분과 참된 관계를 맺게 되고, 또한 그분께 대한 변함없는 믿음을 실천할 수 있는 보증을 얻을 수 있기 때문이다. 이 점에서 그리스도를 따름은 그리스도교 생활의 본질이며, 동시에 성령 안에서 복음의 가르침에 따라 삶의 모든 면에서 그리스도께 동화되는 삶을 살기를 바라는 이들에게는 가장 근본적인 요구가 된다. 따라서 『봉헌생활』은 초대교회 때부터 세상 한가운데서 예수님의 존재와 그 특유한 모습을 눈에 보여 주도록 하기 위한 하느님 아버지의 선물로써, 그리스도를 따르는 이 특별한 길로 부름 받은 사람들이 있었다고 고백한다.[1] 이 점에서 축성된 이들에게는 자신의 구체적인 삶의 모습을 통해 예수님을 보다 가까이서 따르라는 부르심과 생활양식을 전하는 일꾼이 되고, 다른 모든 그리스도인들이 영감과 활력을 얻을 수 있는 자극제, 또는 그리스도교 생활의 원형이 되라는 임무가 부여된다. 이러한 전제에서 우리는 축성생활의 기본적인 요소로써, 축성생활자들이 살아야 할 복음적 철저성이란 어떤 의미인지, 그리고 예수님의 철저히 따른다는 것은 어떤 내용을 담고 있는지 성서적, 역사적, 신학적 차원에서 살펴보았다. 이 글을 마치면서 이제까지 전개해 온 내용과 이를 통해 얻어진 결실에 준하는 몇 가지 성과들을 종합하면서, 이 주제와 관련해서 현시대 혹은 미래에 제기될 수 있는 요청에 부응하기 위한 새로운 전망에 대한 가능성을 제시하고자 한다.

---

[1] Cfr. 『봉헌생활』 n. 1.

성서적 관점에서 예수님의 부르심과 그분의 뒤를 따르는 여정은 이스라엘 민족의 선택과 해방, 순례를 통해서 예시되고 있다. 그리고 주님을 따르고 그분의 계명을 지키는 일로써 구약성경에서의 따름의 사건은 인간 편에서 결정적인 어떤 사실을 확인시켜 준다. 즉 따름은 우상을 거슬러 벌이는 하나의 전투이며 새로운 이스라엘의 정체성을 강화시켜 주는 기초라는 것이다. 이 점은 주님을 따르는 일이 우상숭배와는 대립되는 하나의 정식이 되고, 하느님으로부터 부름 받고 선택된 이스라엘 백성이 진정한 자아 인식에 도달하기 위한 여정으로 이해되었다는 사실에서 분명해진다. 이 같은 사실은 인각학적, 신학적 관점에서 특별한 가치를 함축하고 있다. 그 가치란, 인간은 주님을 따를 때에 비로소 자신의 삶에 있어서 근본적인 선택의 대상으로 삼는 것과 자신을 동일시하려는 위험한 유혹으로부터 자유로워질 수 있으며, 하느님의 모상으로 창조된 존재로서의 존엄을 충만히 실현시키라는 참된 성소를 발견할 수 있다는 것이다. 이와 더불어 구약성경에서 예언자 운동과 율법주의 전통은 보다 구체적인 방법으로 스승과 제자 사이의 관계에 기초한 따름의 모델을 제시해 준다. 그러나 이러한 예들은 역사의 예수님을 따르는 삶과 비록 외적인 형태에서 유사성을 가지고 있기는 하지만, 부르심과 제자들과의 관계 안에서 드러나는 그분의 주도적인 능력과 신적 권위와 같은 다양한 요소들의 차이점을 통해서 구분된다. 사실 예수님을 따르는 것은 단지 가르침을 준수하거나 계명을 완수하는 것만을 뜻하지 않는다. 그것은 보다 근본적인 면에서 예수님의 인격 자체에 일치하는 것, 그분의 생활과 운명에 동참하는 것, 그리고 그분께서 하느님 아버지의 뜻에 사랑으로 자유로이 순명하셨던 삶에 참여하는 것을 의미한다.

이어서 초대교회는 파스카 사건 이후에 예수님의 역사적 존재에 대한 일정한 단절에도 불구하고, 그분의 생애에 있어서 가장 중요한 순간인 수난과 죽음, 부활로부터 출발하여 그리스도인 정체성과 신앙의 본질적인 요소로써 따름이라는 사건을 전체적으로 재해석한다. 특별히 사도 바오로는 예수님과 그분의 제자들 사이의 기본적인 관계를 부활하신 주님과 모든 신자들 사이에 맺어지는 관계에로 전이시키기 위해서 '따름'이라는 용어에 대한 재해석을 시도하였다. 즉 그는 '따름'이라는 고유한 말을 그대로 사용하기보다, '동화됨'과 같이 성사적인 참여에 대해서 설명해 줄 수 있는 표현들과 더불어 '본받음'이라는 개념을 활용했던 것이다. 이러한 의미에서 '역사적인 예수님을 따름'과 '파스카 신앙 안에서 그분을 본받는다'는 것은 단순히 그리스도인 생활의 여정을 순차적으로 묘사하는 것만은 아니다. 오히려 이 두 개념은 본질적으로 서로 긴밀히 연관되어 있을 뿐만 아니라 각기 고유한 중요성과 효과적인 통찰을 통해 그 의미를 풍요롭게 상호 보완시켜 주고 있다. 달리 말해 전자는 역사적인 예수님의 인격과 그리스도교 신앙의 첫 번째 증인들이 그분과 함께 살아가는 생활을 결정적으로 제시해 주고 있다. 그리고 후자는 그리스도인 생활을 보증해 주는 확정적인 모델로서 예수님의 모습을 대면하게 한다. 이러한 의도에서 바오로는 그리스도를 따르는 생활의 연속성에 대해서 염두에 두면서도, 몇 가지 특색 있는 표현들, 예를 들면 '본받음', '그리스도와 함께', '그리스도 안에서'와 같은 표현들을 활용하여, 세례성사 안에서 주님과 신자들이 이루는 실제적인 친교와 그분께 점진적으로 동화됨이라는 목표를 향해 나아가는 생활에 대해서 표현하고자 했던 것이다. 결국 바오로 신학에서의 '본받음'이란 정적인 차원에서 윤리적인 생활의 모델을 본받는 행위가 아니라, 그리스도께서 우리 안에 새로운 인간의 모습과 본성을 성장시켜 나가시도록 그분께 자신을 맡기는 행위를 의미한다.

이러한 성서적인 고찰 이후에 우리는 수도생활 운동의 몇몇 대표적인 형태들, 성 베네딕도와 성 프란치스코, 로욜라의 성 이냐시오의 수도생활을 통해서 따름의 신학적 의미가 역사적으로 변화되는 모습을 검증해 보았다. 시대의 변천에도 불구하고 예수님의 삶과 말씀, 행위는 그리스도인 의식의 자각에 있어 지속적이고 거부할 수 없는 매력을 지녀 왔다. 수도회의 창립자들은 교회 안에서 예수님을 따르라는 요청에 대한 인식이 희미해지는 개탄스러운 상황 속에서 복음적 카리스마적인 쇄신을 위한 다양한 동력을 제공해 가며, 성령의 인도 아래 그리스도 안에서 변화된 자신들의 삶으로써 그분을 따르는 생활에 대한 요청을 살아내고자 하였던 것이다. 즉 수도생활의 스승들은 각기 다른 역사적 종교적 상황 속에서 예수님께서 사셨던 생활의 고유한 모습을 더욱 깊이 살아가도록 불리었음을 자각하였고, 그리하여 그리스도를 따름이라는 동일한 이상을 이해하는 데 있어서 서로 상이한 관점 혹은 다른 특별한 강조점을 두면서도 이러한 부르심을 실현하고자 노력하였던 것이다. 이러한 논증을 통해 우리는 수도자들에게는 언제나 그리스도를 따르는 생활의 특별한 의미와 가치를 제시하고, 재해석해 주어야 할 의무가 있다는 인식에 이르게 되었다.

현대에 이르러서도 제2차 바티칸 공의회와 그 이후의 교회의 가르침은 모든 그리스도인들이 그리스도를 따르고 그분의 제자가 되도록 부름 받았음을 상기하면서도, '그리스도를 따름'이 수도생활의 가장 고유한 특징이라고 소개한다. 물론 수도자들만이 그리스도를 따름이라는 복음의 근본주의적 요청을 배타적으로 수용하고 있는 것은 아니다. 하지만 분명한 것은 이 요청에 대하여 수도자들은 그리스도의 인격 안에 자신의 생활을 집중시키고, 그분의 광채로 자신들의 온 생애를 새롭게 읽어 나가는 일에 오롯이 관심을 기울이고자 한다. 이러한 사실은 그리스도를 따르는 삶이 수반하는 신앙의 근본적인 체험이야말로 수도생활의 모든 계획에 있어서 그 의미와 견고한 일관성을 제공해 줄 수 있는 유일한 토대이며, 또한 미래를 보장해 주는 버팀목이 된다는 점을 보여 준다. 이로써 최상의 규칙서로써,[2] 수도생활의 모든 임무와 형태, 계획에 있어서 절대적이며 유일한 근거로써의 그리스도를 따름이라는 요소의 가치가 분명해진다. 이러한 설명은 그리스도 추종의 역동적인 생활과 그리스도께 온전히 동화되는 삶을 실현하기 위한 효과적인 도구인 복음 권고들에 대한 다양한 설명과 그 목적성을 보다 명확히 이해하는 데 도움이 된다. 즉 제자들에게 그들 자신의 선택과 생활에 있어서 예수님과의 인격적 관계가 절대적이고 우선적인 가치를 지니는 것이다. 이처럼 복음 권고와 그에 준하는 포기의 요구 역시도 단순히 금욕적 비인격적인 행위가 아니라 예수님의 인격과의 관계 안에서만이 그 의미가 분명해진다. 달리 말하자면 복음 권고의 실천은 그리스도께 대한 추종이라는 고유하고 적극적인 관점에서 그분께 절대적인 우선권을 두는, 신앙과 무한한 사랑의 행위이어야 한다는 것이다. 따라서 복음 권고의 실천을 통해서 수도자들은 파스카 사건과 그리스도의 전 생애 동안의 선교활동에서 명확히 나타난 실존적 신비적 차원에 더욱 철저히 참여함으로써 끝까지 그분을 따르고자 할 뿐이다.

또한 우리는 수도생활 신학에 대한 이러한 공의회의 가르침의 맥락에서 그리스도 추종이라는 연구 주제와 관련하여, 교황 권고 『봉헌생활』의 특징적인 요소들과 새로운 점들이 무엇인지 마지막 장에서 다루어 보았다. 『봉헌생활』에서 두드러지게 나타나는 특징들 중의 하나는, 무엇보다 축성생활이 인류 역사 안에 구현된 살아 계신 하느님의 신비

---

2 Cfr. 『완전한 사랑』 n. 2a.

그 중심에서 드러난 삼위일체의 선물이며 흔적이라고 매우 강한 어조로 설명하고 있다는 점이다. 그리스도의 모범과 가르침에 기초한 축성생활은 그리스도와의 관계는 물론이거니와, 예수님의 삶 안에서 나타나고 실현된 삼위일체적인 전망 안에서도 그 기원과 정체성을 발견하게 된다. 상세히 설명하자면, 축성생활을 통해서 특별한 방법으로 그리스도를 따르는 일이란 모든 거룩함의 원천이시며, 인류를 구원하시기 위한 당신 사랑의 계획으로 한 사람을 끌어들이시는 하느님 아버지의 주도적인 능력으로부터 항상 시작된다는 것이다. 그리고 그것은 아버지께 이르기 위한 유일한 길이며, 삶에 새로운 지평과 결정적인 방향을 열어 주시는 예수님과의 만남과 관계되어 있다. 또한 이러한 생활은 기본적으로 성령론적인 의미를 함축하고 있는데, 이유는 부름 받은 이들의 마음 안에서 활동하시며, 당신 사랑의 선물로써 아버지의 부르심을 자각하고, 정결 가난 순명하시는 그리스도께 점차 동화하도록 인도하시는 분은 바로 성령이시기 때문이다. 따라서 이러한 삼위일체적 관점이 『봉헌생활』을 전체적으로 이해하기 위한 주된 신학적 노선이 되고 있다는 점을 명확히 이해할 필요가 있다. 즉 삼위일체적 관점은 삼위일체의 내재적, 외향적 역동성을 통하여 내적인 본성으로는 축성생활 성소의 구조에 대해서, 외부를 향한 축성생활의 선교와 관련해서는 공동체 안에서의 형제적 생활에 대해서 설명하기 위한 원리가 된다. 동시에 이 관점은 그리스도의 실존과 마음에 동화되고자 하는 축성생활의 실체를 더욱 깊이 이해하기 위해서도 필요한 것이다. 이러한 삼위일체적 그리스도 중심주의적 전망을 토대로 『봉헌생활』은 축성생활을 특별한 방법으로 그리스도를 따르는 생활이라고 설명한다. 그리고 거룩한 유혹에 대한 체험, 예수님의 변모 사건에 대한 장면의 소개로부터 시작하여 그리스도의 전 실존에 동화됨에 이르기까지의 과정을 소개하며, 축성생활은 하느님의 아름다움과 사랑을 향한 끊임없는 여정이자 그리스도의 신비에 참여하는 생활이라고 단언한다. 이 여정 안에는 당연히 특별한 축성의 토대가 되는 성령의 선물을 통해서 그리스도의 마음을 간직하고, 동시에 그리스도께서 먼저 사셨고 제자들에 맡겨 주신 당신의 생활양식과 선교사명을 계승하는 인격적 내적 활동이 함축되어 있다. 이러한 방법으로 축성생활자들은 추종하는 생활의 결과로써 그리스도를 통해 드러난 축성과 선교사명이 일치된 삶을 살고, 또한 그리스도의 예언자적 직무에 참여함으로써 그리스도를 따르는 삶의 진리와 그 심오한 의미, 그리고 복음의 근본적인 가치들을 가리켜 보여 주는 증거와 표징으로 살아가도록 요청받는다.

우리는 '그리스도를 따름'이라는 연구 주제에 대해서 다양한 관점과 『봉헌생활』에서의 고유한 설명을 통해서 이제까지 고찰해 왔던 내용들을 종합적으로 요약해 보았다. 글을 마치면서, 신학적 인간학의 관점에서 이 주제에 대한 새로운 전망을 제시하고자 한다. 그리스도를 따름이라는 것은 오직 예수님의 인격 안에서만 그 출발점과 궁극적인 목적을 갖는다. 왜냐하면 그분을 따르는 것은 무언가를 얻기 위해서나 어떠한 이상에 도달하기 위해서, 혹은 어떤 계획을 실행하기 위한 것이 아니라, 단지 실제로 그분을 따르기 위한 것 자체에 목적이 있기 때문이다. 그분 자신이 삶에 의미를 부여해 주는 비교될 수 없는 유일한 가치이며, 구체적인 규범이다. 또한 예수님은 다른 여타의 가치들을 평가하는 척도를 재조정하고, 진정한 인간적 가치의 유효성을 확인시켜 주는 기준이 된다. 즉 그리스도를 따르는 것이 그리스도교 윤리의 본질적이고 고유한 기초라 한다면 그분 자신이 살아 있는 인격적인 규칙서이며 새로운 윤리의 핵심이 되는 것이다. 사실 복음의 윤리라는 것도 마음 깊은 곳에 이르기까지 그리스도의 모습과 태도에 동화되는 여정으로써 그분을 따르는 생활을 통해 표현되는 것이다. 따라서 예수님을 따르고자 하는 사람은 새로운 가치들을 실천하기 위해서 지금까지 살아왔던 것과는 다른 새로운 가치 질서 안으로 들어가야 하며, 이에 맞갖은 철저한 포기를 수용하는 가운데 새로운 삶의 방식을 시작해야 한다. 그렇다고 해서 이러한 사실이 비인격화의 위험을 초래하거나, 신경증적인 증상에 빠질 수 있는 자신의 성향이나 그릇된 열망들을 심화시키는 것은 아니다. 오히려 추종의 생활은 자기 자신으로 벗어나서, 즉 자신에 대한 과도한 관심과 이기적인 삶의 방식으로부터 탈피하여, 예수님 안에서 진정한 삶의 방향을 찾고 해방을 위한 길을 발견하도록 해 준다. 따라서 예수님의 삶을 살아가는 것을 선물로 받아들이고 그분을 충실히 따르는 가운데 자기 자신에게 지나치게 관심을 집중시키고자 하는 경향에서 자유로워진 사람은, 그분께서 그러하셨듯이 오히려 최상의 자아실현에 이르게 되며 삶의 충만한 의미를 얻게 될 것이다. 이로써 그리스도를 따름은 예수님과의 관계 안에서 삶의 완성에 이르게 되는 참된 자유를 향한 해방의 여정이라고 단언할 수 있다.

　이러한 논증은 추종에 대한 또 다른 관점, 즉 그리스도를 따름이 자유를 향해 나아가는 여정이라는 사실에 대해서 숙고하게 해 주는 새로운 전망의 출발점을 제공해 준다. 이 논문의 서두에서 밝힌 바와 같이, 그리스도를 따름은 본질적으로 역동적인 의미에서의 하나의 여정으로 이해해야 한다. 이것은 정적이며 관계적인 차원에서는 근접성이나 친밀감을, 또한 이와 달리 역동적인 성격과 활동성을 그 특징으로 하고 있다. 전자는 누군가와 함께 지내는 것, 또는 따르는 생활의 대상이 되는 사람 곁에 머무는 것을 말하는데, 즉 예수님께 가까이 다가가는 것, 그분과 함께 살아가고 그분이 머무시는 곳에 함께 머무는 행위를 뜻한다. 한편 후자는 예수님께서 가시는 곳을 향해 나아가는 것을 말한다. 사실 예수님은 한정된 공간에 틀어박혀 고정된 삶을 살아가는 정적인 모습과는 전연 거리가 먼, 단순히 물리적인 차원에서만이 아니라 모든 면에서 순회하는 생활의 카리스마적인 인물로 묘사된다. 따라서 그리스도를 따름은 기본적으로 가까이 머무는 것과 활동적인 측면이라는 이 두 가지 원리 사이에 놓이는 것이며, 이를 위해서는 그분의 뜻에 따라 순응하는 유연성을 지니고 지속적인 여정을 향해 걸어가야 할 것이다. 이것이 의미하는 바는, 예수님을 따른다는 것은 어떠한 삶의 자리나 상황, 고정된 지위, 그리고 정체된 생활양식에 우리를 한정시키는 모든 구속으로부터 벗어나는 해방의 여정을 뜻한다. 이러한 의미에서 추종은 마치 우리가 안정된 생활의 확실성이나 평온함을 기쁨의 원천으로 여기며, 우리가 살아온 체험이나 삶의 처지에 자신을 한정시키는 부동의 생활양식과는 전적으로 배치된다. 아마도 우리가 겪게 되는 삶의 모순도 이처럼 때로는 새로운 경험을 쌓을 수 있는 기회나 눈에 뜨일 만한 특별한 활동을 불안하게 찾아다니면서 우리 자신의 능력이나 개인적인 명성을 추구하는 것과 같은, 안정성의 추구와 참된 자유 사이에서 동요하는 데에서 생겨나는 것은 아닌가? 또한 그리스도를 따르는 일에 있어서의 어려움이란 우리가 현재 머물고 있는 곳에서 나와 다른 곳을 향해 나아가기를 주저하거나, 아무런 활동 없이 그저 예수님 가까이에 머물러 있기만을 바라는 데에 기인하는 것은 아닐까? 이에 대해서 J. M. Castillo는 이러한 부동주의(immobilismo)는 마음 깊은 곳에 자리 잡고 있는 두려움에서 생겨나는 나약함의 열매라고 말하면서, 예수님께서는 제자들과 함께했던 기간 중에서도 매우 결정적인 시기에 그들이 가졌던 세상의 메시아니즘에 대한 이상과 바람을 깨뜨리시며 당신을 따르라고 호소하셨다는 사실을 강조한다.[3] 사실 성서적 의미에서 두려움이란 다름아니라 예수님을 따르기 위한 여정과 그분의 운명을 자신의 것으로 수용하는 일을 가로막게 하는 근본 원인이며, 신뢰와 용기, 자유의 결핍을 뜻한다.[4] 따라서 이 두려움을 극복하기 위해서 우리는 두려움의 기원이 어디서부터 생겨나는지 살펴보고, 개인의 능력이나 자발적인 의지가 아닌 예수님과의 삶의 여정, 하느님의 계획 안에 전적인 신뢰를 두어야 할 것이다. 이러한 점에서 예수님을 따름은 매우 정교하게 얽혀 있는 모든 형태의 예속된 생활과 마음 깊은 곳의 장애물인 두려움에서 자유롭게 되어, 하느님의 뜻을 발견할 수 있는 곳을 향해 가는 길에 자신의 온 생애를 투신할 수 있는 사람들의 내적인 삶의 자세이다. 이러한 의미에서 추종은 하나의 탈출(esodo)이며, 자유를 향한 순례이다. 또한 추종은 예수님을 보다 깊이 알기 위한, 그리고 그분에게서 '자유의 사도'로서 불린 우리의 정체성을 찾기 위한 보다 효과적인 방법이다.[5] 그리고 이 자유의 사도로서의 직무란 하느님께서 우리를 위하여 행하신 모든 일을 다른 사람들에게 전하는 일이다. 즉 그것은 우리를 예수님 곁에서 그분의 찬연한 광채 속에 머무르도록 초대하시기 위해서, 하느님과의 거리감, 두려움과 왜곡된 관계들로 특징되는 모든 형태의 어두움의 권세로부터 우리를 자유롭게 하신 하느님의 영광스러운 행위를 선포하는 일이다.

더욱이 이러한 추종은 우리의 발걸음을 특정한 실존적인 상태에 고정시키도록 허락하지 않는다. 추종은 그 자체로 미래를 위한 개방된 자세를, 앞으로 나아가게 하는 긴장감을 수반하기 때문이다. 아무런

---

[3] Cfr. J. M. Castillo, *o. c.*, pp. 22-27.
[4] Cfr. F. Martínez Díez, *Rifondare la vita religiosa. Vita carismatica e missione profetica*, p. 107.
[5] Cfr. J. M. R. Tillard, *Religiosos. Un camino de evangelio*, Madrid 1975, p. 127.

적극적인 활동이나 혁신의 노력이 없다면 추종은 그 의미를 잃게 될 것이며, 오히려 단순한 복종이나 과거로 퇴행하는 원리, 혹은 맹목적인 모방에 불과하고 말 것이다. 따라서 추종은 하느님께서 허락하시는 미래에 대한 희망으로 언제나 새롭게 고양되며, 수도공동체가 직면하게 될 새로운 역사적 상황 안에 예수님께서 가신 여정을 현재화하는 일이어야 한다. 그리고 이것은 오직 참된 추종을 위한 영적인 생기를 불어넣어 주시는 예수님의 성령께서 인도해 주실 때 가능한 일이다. 성령께서 행하시는 일은 우리 각자에게 언제나 근본적으로 새로운 것이기 때문이다. 물론 이러한 새로움 역시 예수님께서 이미 이루신 것을 새롭게 발견하는 일이며, 그분에게서 계시된 바를 새로운 방식으로 전하는 일이다. 성령께서는 예수님께서 계시하신 고유한 가르침에 무언가를 보충하시는 것이 아니다. 다만 예수님 안에서 근본적으로 새롭게 변화된 생활이 도덕적인 규정들로 가득 찬 무기력한 제도에 의해서 변질되지 않도록 해 주신다. 따라서 예수님을 따르는 생활은 성령의 활동에 의지할 때 비로소 역사 안에서 다양한 형태를 취하며 실현될 수 있고, 또 그렇게 실현되어야 할 것이다. 이러한 의미에서 추종은 변치 않는 유일한 형태로 존재하지 않는다. 그것은 여러 역사적인 시기에 부름 받은 사람들의 능력에 맞게 예수님의 성령께서 선사하시는 풍요로운 선물과 은사를 통해 구체적으로 실현될 수 있도록 열려 있는 생활이어야 한다. 이 점에서 오늘날 수도자들은 현시대에 직면하게 되는 여러 형태의 도전 가운데서도 더욱 막중한 책임을 가지고 예수님을 따르는 생활을 보다 충실히 살아가기 위한 노력을 경주하며, 이러한 생활의 역사적 실체를 구체적으로 보여 주라는 요청을 받고 있는 것이다.

후기

유학 시절에 살았던 선교 수도회의 기숙사와 인근 학교 도서관 사이에 큰 공원이 있었습니다. 제게는 천천히 산책을 하며 걸을 수 있고, 때로는 소나무 우거진 그늘 밑에 앉아 조용히 머물다 올 수 있었던 쉼의 공간이 되었던 곳입니다. 어느 날, 풀섶 사이로 가느다란 선이 그어져 있는 것을 보고 무얼까 싶어서 가까이 들여다보았습니다. 개미 길. 작은 개미들이 수없이 지나다니는 곳에 잔디조차 나지 않는 뚜렷한 길이 생긴 것을 신기해하며 바라보았던 기억이 납니다. '우보천리'란 말이 있듯, 방향을 잃지 않고 아무리 작은 발걸음이라도 꾸준히 딛고 나갈 때 길이 생기고, 희망이 생기는 것이리라 믿었던…

귀국 후에 몇몇 수녀회에서 강의 부탁을 받으면서 시작했던 논문 번역 작업을 마치며 책을 내게 되었습니다. 서툰 실력으로 번역을 하며, 우리말로 옮겨 놓은 글을 보면서 '내가 썼던 논문이 이런 내용이었구나…' 하는 낯선 체험을 하는 것도 참 흥미로운 일이었습니다. 한편으로 처음에 학위논문 주제를 선정하면서, 아직 축성생활 신학의 학문적 토대가 부족한 한국 교회 안에서 조금이나마 보탬이 되는 작업이기를 바랐던 지향도 문득 떠오릅니다. 더욱이 축성생활의 해를 보내며, 교회 안에서 축성생활자들의 신원의식의 재확립과 쇄신을 위한 노력이 요청되는 이 시기에 책을 낼 수 있게 된 것만으로도 제게는 의미 있고, 감사한 일이라 생각합니다. 이 책을 내면서 저의 부족한 글을 지도해 주셨던 호세 로비라(J. Rovira CMF) 신부님께 감사드리고 싶습니다. 논문을 쓰고 번역하는 동안 기도와 격려로 함께해 주신 수도회 수사님들, 수녀

님들과 동료 사제들에게도 감사의 인사드리며, 교정 작업에 참여해 주신 분들의 수고에도 감사드립니다. 그리고 변함없는 기도와 사랑으로 누구보다 가까이 저의 수도생활 여정 중에 함께해 주셨던 분들, 특히 부모님께 존경과 감사의 마음 담아 인사드립니다. 또한 성모님의 도움으로, 당신 아드님을 따르는 거룩한 부르심을 받은 모든 이들이 그들 자신의 변모된 삶의 증거로써 천상 본향을 향한 빛을 끊임없이 비추게 되길 기도합니다.

2015년 8월 15일

성모 승천 대축일에
백 남 일 요셉 신부